U0808665

“十一五”国家重点图书出版规划项目
大连市软科学资助出版项目

21世纪
科技与社会发展丛书
（第一辑）
丛书主编 徐冠华

城市科技体制机制创新

杜 辉 刘慧卿 ／著

科学出版社
北京

内 容 简 介

城市作为一个区域经济实体和科技创新的载体，在向市场经济转轨的过程中，如何实现科技体制机制的创新，如何通过科技体制机制的创新实现城市自主创新能力的提高，如何评价一个城市的科技体制机制创新的效能，既是实践难题，也是理论问题。本书通过解剖一座城市的科技体制机制，分析它的创新模式，也许可以为解答上述问题提供一些有益的启示。

本书可供科技管理部门、科学研究机构、政策研究部门相关人士参考，也可作为大专院校学生以及企业界人士学习、探讨的案例读本。

图书在版编目(CIP)数据

城市科技体制机制创新 / 杜辉，刘慧卿著．—北京：科学出版社，2010

(21 世纪科技与社会发展丛书)

ISBN 978-7-03-026233-2

Ⅰ．城…　Ⅱ．①杜…②刘…　Ⅲ．科研管理 - 体制改革 - 研究 - 中国
Ⅳ．G322．0

中国版本图书馆 CIP 数据核字（2009）第 229807 号

丛书策划：胡升华　侯俊琳

责任编辑：侯俊琳　郭勇斌　汪旭婷　杨　然 / 责任校对：刘亚琦

责任印制：赵德静 / 封面设计：黄华斌

编辑部电话：010-64035853

E-mail：houjunlin@ mail. sciencep. com

科学出版社 出版

北京东黄城根北街 16 号

邮政编码：100717

http://www. sciencep. com

中国科学院印刷厂 印刷

科学出版社发行　各地新华书店经销

*

2010 年 1 月第　一　版　开本：B5（720 × 1000）

2010 年 1 月第一次印刷　印张：13

印数：1—3 000　　　　字数：255 000

定价：42.00 元

（如有印装质量问题，我社负责调换）

“21 世纪科技与社会发展丛书” 第一辑

编委会

主　编　徐冠华

副主编　张景安　曲晓飞

委　员　刘晓英　胥和平　胡　珏　杨起全

编辑工作组组长　刘晓英

副组长　赵　刚　赵人楠　胡升华

成　员　侯俊琳　李　军　邹靖白　魏建军　纪丰岩

总　序

进入21世纪，经济全球化的浪潮风起云涌，世界科技进步突飞猛进，国际政治、军事形势变幻莫测，文化间的冲突与交融日渐凸显，生态、环境危机更加严峻，所有这些构成了新世纪最鲜明的时代特征。在这种形势下，一个国家和地区的经济社会发展问题也随之超越了地域、时间、领域的局限，国际的、国内的、当前的、未来的、经济的、科技的、环境的等各类相关因素之间的冲突与吸纳、融合与排斥、重叠与挤压，构成了一幅错综复杂的图景。软科学为从根本上解决经济社会发展问题提供了良方。

软科学一词最早源于英国出版的《科学的科学》一书。日本则是最早使用"软科学"名称的国家。尽管目前国内外专家学者对软科学有着不同的称谓，但其基本指向都是通过综合性的知识体系、思维工具和分析方法，研究人类面临的复杂经济社会系统，为各种类型及各个层次的决策提供科学依据。它注重从政治、经济、科技、文化、环境等各个社会环节的内在联系中发现客观规律，寻求解决问题的途径和方案。世界各国，特别是西方发达国家，都高度重视软科学研究和决策咨询。软科学的广泛应用，在相当程度上改善和提升了发达国家的战略决策水平、公共管理水平，促进了其经济社会的发展。

在我国，自十一届三中全会以来，面对改革开放的新形势和新科技革命的机遇与挑战，党中央大力号召全党和全国人民解放思想、实事求是，提倡尊重知识、尊重人才，积极推进决策民主化、科学化。1986年，国家科委在北京召开全国软科学研究工作座谈会，时任国务院副总理的万里代表党中央、国务院到会讲话，第一次把软科学研究提到为我国政治体制改革服务的高度。1988年、1990年，党中央、国务院进一步发出"大力发展软科学"、"加强软科学研究"的号召。此后，我国软科学研究工作体系逐步完善，理论和方法不断创新，软科学事业有了蓬勃发展。2003～2005年的国家中长期科学和技术发展规划战略研究，是新世纪我国规模最大的一次软科学研究，也是最为成功的软科学研究之一，集中体现了党中央、国务院坚持决策科学化、民主化的执政理念。规划领导小组组长温家宝总理反复强调，必须坚持科学化、民主化的原则，最广泛地听取和吸收科学家的意见和建议。在国务院领导下，科技部会同有关部门实现跨部门、跨行业、跨学科联合研究，广泛吸纳各方意见和建议，提出我国中长期科技发展总体思路、目标、任务和重点领域，为规划未来15年科技发展蓝图做出了突出贡献。

在党的正确方针政策指引下，我国地方软科学管理和研究机构如雨后春笋般大量涌现。大多数省、自治区、直辖市政府，已将机关职能部门的政策研究室等机构扩展成独立的软科学研究机构，使地方政府所属的软科学研究机构达到一定程度的专业化和规模化，并从组织上确立了软科学研究在地方政府管理、决策程序和体制中的地位。与此同时，大批咨询机构相继成立，由自然科学和社会科学工作者及管理工作者等组成的省市科技顾问团，成为地方政府的最高咨询机构。以科技专业学会为基础组成的咨询机构也非常活跃，它们不仅承担国家、部门和地区重大决策问题研究，还面向企业提供工程咨询、技术咨询、管理咨询、市场预测及各种培训等。这些研究机构的迅速壮大，为我国地方软科学事业的发展铺设了道路。

软科学研究成果是具有潜在经济社会效益的宝贵财富。希望“21世纪科技与社会发展丛书”的出版发行，能够带动软科学的深入研究，为新世纪我国经济社会的发展做出积极贡献。

徐冠华

2009年2月11日

第一辑序

随着经济与社会的发展，软科学研究的体系和成果为经济与社会发展的科学决策提供了重要支撑。“21世纪科技与社会发展丛书”的出版，旨在充分挖掘国内地方软科学研究的优势资源，推动软科学研究及其优秀成果的交流互补和资源共享，实现我国软科学研究事业的健康发展，为我国经济与社会发展的科学决策做出积极贡献。

大连市有着特殊的地缘位置，地处欧亚大陆东岸、辽东半岛最南端，东濒黄海，西临渤海，南与山东半岛隔海相望，北依东北平原，是东北、华北、华东及世界各地的海上门户，与日本、韩国、俄罗斯、朝鲜等国往来频繁。作为著名的港口、贸易、工业、旅游城市，大连市的经济社会发展对于东北地区、全国乃至整个东北亚地区都有着重要的战略意义。这个大背景为大连市软科学的发展提供了肥沃的土壤，同时大连市还拥有众多大学、科研院所及高水平的科研队伍，因此，大连市发展软科学有着得天独厚的优越条件。近年来，大连市的软科学事业发展很快，已经在产学研合作、自主创新、体制改革、和谐社会建设、公共管理、交通运输、文化交流等领域，开展了深入而广泛的软科学研究，取得许多令人瞩目的成绩。

通过“21世纪科技与社会发展丛书”的出版，大连市软科学研究的优秀成果及资源得到了科学整合。一方面，能够展现软科学事业取得的进步，凝聚软科学研究人才，鼓励多出高质量、有价值的软科学成果，为更多的决策部门提供借鉴和参考；另一方面，能够通过成果展示，加强与其他城市和地区软科学研究人员的沟通和交流，突破部门、地方的分割体制，改善软科学研究立项重复、资源浪费、研究成果难以共享的状况，有利于我国软科学研究的整体健康发展。

第一辑编委会

2009年2月5日

前　言

“提高自主创新能力，建设创新型国家”，这是以胡锦涛同志为总书记的党中央把握全局、放眼世界、面向未来做出的重大战略决策。《中共中央关于制定国民经济和社会发展第十一个五年规划的建议》明确指出：“要深入实施科教兴国和人才强国战略，把增强自主创新能力作为科学技术发展的战略基点和调整产业结构、转变增长方式的中心环节，大力提高原始创新能力、集成创新能力和引进消化吸收再创新能力。”（中共中央，2005）

科技管理体制是自主创新的制度基础，科技政策是科技创新的助推器。2006年2月9日，中共中央国务院做出《关于实施科技规划纲要增强自主创新能力的决定》（以下简称《决定》）。《决定》提出，经过15年的努力，到2020年使我国进入创新型国家的行列。同日，国务院发布《国家中长期科学和技术发展规划纲要（2006—2020年）》（以下简称《纲要》），提出了四项计划、八大前沿、九大措施、十项研究、11个领域和16个专项（国务院，2006）。其中，第三部分专门提出“创新体制机制，走中国特色自主创新道路”。《决定》指出，实施《纲要》，体制机制是关键。我们必须深化科技体制改革和经济体制改革，进一步消除制约科技进步和创新的体制性、机制性障碍，有效整合全社会科技资源，推动经济与科技的紧密结合，形成技术创新、知识创新、国防科技创新、区域创新、科技中介服务等相互促进、充满活力的国家创新体系。要继续推进科技体制改革，充分发挥政府的主导作用，充分发挥市场在科技资源配置中的基础性作用，充分发挥企业在技术创新中的主体作用，充分发挥国家科研机构的骨干和引领作用，充分发挥大学的基础和生力军作用，在实践中走出一条有中国特色的自主创新道路。

2006年科技部印发《关于国家科技计划管理改革的若干意见》的通知，通知指出，国家科技计划管理改革的指导思想是：全面贯彻党的十六届五中全会精神，坚持科学发展观，落实《纲要》精神，以促进自主创新为核心，以发挥科技对经济和社会发展的支撑和引领作用为宗旨，以提高管理水平和效率为重要目标，转变政府职能，加强宏观管理，强化制度建设，构建符合社会主义市场经济体制和科技发展要求的“权责明确、定位清晰、结构合理、运行高效”的国家科技计划体系，推进国家科技计划管理的公正、公开、规范和高效（科技部，2006-01-17）。

为了研究和探讨在中国国情下城市科技体制机制创新的具体模式和思路，我们以大连市科技体制机制创新的思路和具体举措为典型，提炼和考察我国在向社会主义市场经济转型中，科技体制机制创新的道路。大连市作为对外开放的先导城市，努力在创新型国家建设中争当先锋。2006 年 4 月 6 日，大连市科学技术创新大会提出，到 2010 年要初步建立起具有大连特色的区域创新体系，要通过深化体制机制改革，建设创新型城市。为此，我们 2006 年特别组成“大连市科技体制机制创新研究”课题组，该课题成为大连市科技局 2006 年软科学中标项目。经过一年半在全国各地的考察和调查研究，针对大连市科技体制机制的实际情况，我们归纳和提出 9 个制度创新方面的问题，形成本书的 9 章内容，供读者们参考。

由于时间仓促，书中不妥及疏漏之处在所难免，望广大读者批评指正。

杜　辉　刘慧卿

2009 年 11 月

目　录

第一章　科技体制机制创新的指导思想和基本思路

第一节　科技体制机制的内涵和外延

科技体制是按照一定规则建立的制度体系或制度安排，它包括科学技术领域的规划、管理、资源配置、市场交易、成果评价、产业化运行等方面的制度规则；包括科技规划体制、工作管理体制、资源分配体制、企业创新制度、产学研一体化体制、科技交易市场体制、科研机构管理体制、专利和知识产权保护体制、科技进步评估体制等（杜辉，2006）。

机制又称机理，本来是机械学上的概念，意指机器的内部构造、运转过程中各零部件之间的相互关系及工作原理，现在已经广泛应用于各学科的研究。在自然科学里，机制引申为事物或自然现象的作用原理、作用过程及其功能。应用到社会科学领域中，机制用以表示社会的政治、经济、文化活动各要素之间的相互关系、运行过程及其形成的综合效应，或社会组织、机构的内部结构及其运行机理。

从机制一词的定义中我们可以看出，机制是指构成事物有机体的内部各要素、各部分之间的相互联系、相互制约关系及调节形式，因此它具有使事物有机体各要素相互适应、相互制约、自行调节的组织能力。

科技机制是以制度为前提和基础，建立在一定制度基础上的引导技术更新和技术进步的作用力定势，它包括科技创新动力机制、科技创新传导机制、科技创新协同机制、科技投融资机制和科技成果转化机制等具体机制。总体上，这种机制是以现代市场经济制度为基础、以开放性体系为特征、协同创新的产业技术进步机制。科技机制本身的创新是指依托市场机制，推动科技创新动力、协同、投入、转化、评估的运行作用力的变革。

科技创新机制既是发展的方向和目标，又是一种实际的运行方式。这种机制建筑在一定的经济制度和开放体系条件下，是现代市场经济条件下科技发展的当然选择。

科技创新机制包含着质的规定性：一是科技创新机制意味着“三个面向”，

即面向市场、面向未来、面向国内外，将科技发展建筑在市场经济基础上，建筑在依托国际竞争基础上，建筑在国内外科技成就基础上；二是在全方位开放的体系中，打破地区、行业、集团、所有制和军民生产之间的限制，按照有限资源优化配置的原则，有效地动员产学研自主创新能力，有效地利用国民经济的科技源和科技研发能力，全面推进国家的自主创新能力；三是利用现代大生产、专业化分工的有效形式，形成产学研双向互动的大协作的格局，加快科技成果向生产力转化。

作为一种技术进步机制，它可以体现为一组具体的机制，其中包括创新动力机制、协同创新机制、创新资源投入机制、集约化创新组织管理机制和创新评价机制。

(1) 创新动力机制是指经济体系中内在的创新冲动关系。创新主体通过现代企业制度和法人治理结构的改革，在市场盈利前景激励和外部竞争的压力下，不断产生知识、技术、产品创新的需求和冲动；通过内部和外部的激励制度，激励创新型企业家的成功欲望和科技研发人员的创新成果欲望，引导创新机构的不断创新。

(2) 协同创新机制是指经济体系中内在的协作创新关系。我国工业在技术创新协作方面，已经取得了初步的成绩，但是协作的水平仍然比较低，分工协作的规模不大，尤其是企业界、研究机构、大专院校和政府部门之间缺乏有效结合的方式和动力，需要通过市场互利互惠的制度建设，建立起产学研相结合的一体化制度。

(3) 创新资源投入机制是指经济体系中内在的创新资源利用关系。要通过市场竞争和资本市场的配置，引导社会各种资金通过研发投入、风险投资、抵押贷款、基金项目、公司制、合同制、政府采购等多种方式和渠道，注入创新活动。

(4) 集约化创新组织管理机制是指经济体系中内在的创新组织管理关系。要适应市场经济规律，提高宏观管理水平，加强整个国民经济创新资源的计划性和集约性，突出强调集中配置有限公共科技资源，要打破部门之间、行业之间、地区之间的分割体制。

(5) 创新评价机制是指经济体系中内在的共有的创新评价要求和关系。它通过科学的科技评价制度，明确评价对象和评价内容，平衡科技创新的长期、中期、短期绩效，建立合理的项目评价体制，对科技创新的目标、科技创新的效能、技术水平等做出科学合理的评价，建立科学的成本管理机制，实现科技创新与经济发展目标的一致性。

科技创新不单纯是技术创新，它必然伴随着社会转型。社会转型包括企业转型、市场转型、政府转型和文化转型。没有社会、政治、政策、文化环境的转型，创新只能是一种美好的愿望。它需要整合断裂的技术创新链条、营造创新文化环境，而制度创新必须先行。体制创新是一种制度创新，涉及科技资源分配制度、知识产权制度、研发机构组织制度、科技创新规划管理制度等全方位的制度创新。

我国科技体制改革经过十几年的探索和实践，已经取得了明显的成效。但主要依靠科技进步来支撑经济增长的体制机制尚未完全形成，适应现代化建设需要的科技创新体系尚未完全建立起来，科技成果转化率不高，企业作为创新主体的老大难问题没有从根本上解决。所以，建立有利于科技和经济相结合、科技链与产业链相衔接、科研机构与企业相融合的新机制，促进科技成果向现实生产力转化，使科技进步从经济发展的外生变量转变为内在动力，仍然是实施科技体制创新的重要任务。

制度变迁作为科技创新的动力，主要体现在激发创新动力、优化科技资源配置、推动科技成果转化和产业化方面。其中产权制度改革有助于从创新利益上激发创新活动；创新资源管理的集中和合理配置的改革有助于发挥科技资源的创新效率；突破部门、科研院所、企业之间的隔膜有助于创建产学研相结合的创新体系；市场的改革和知识产权保护制度的创新有助于推动科技成果的转化和产业化（杜辉，2006）。

第二节 国外科技体制机制创新的经验

国外科技体制创新的经验是建立在市场经济条件下的科技资源配置基础上的，它的基本方向是以企业为主体、以风险投资为重要投入、以政府采购为推动、以产学研一体化为载体、以孵化器和孵化基地为生长点、以知识和技术市场为中介（葛恒云，2006）。其中：

（1）充分发挥科技创新中企业的作用，突出政府以企业创新为轴心的观念。在技术政策上，美国政府明确将私人部门提升到突出的地位。不论是科学政策上还是技术政策上，联邦政策的基本目标都是为私人部门的科技活动提供良好的环境，而不是替代之。在《技术与国家利益》中，克林顿政府提出："只有私人部门具有管理新技术的开发并使之市场化这一复杂过程的技能和能力，同时承认政府在提高私人部门的能力方面发挥着极其重要的作用。"（黄先智，2003）日本的科技创新方式，是以企业主导型为特征的。这种科技创新方式使其研究和实验发展 R&D 活动的目的性极强，管理活动严谨而有效，从而保证了技术创新投入的高效率和对经济增长的高贡献率。

（2）突出政府在创造创新环境方面的责任。印度 2003 年的《科学技术政策》突出体现了印度政府在其国家科技创新体系建设中，在制度改革方面的创新和魄力，推动政府科技管理体制创新。该文件提出，要由科学家和技术专家来运作印度中央政府各个以科学为基础的部；中央政府各部所有主要的社会经济部局都要有高级科学顾问机构；中央政府永远保留一个由工业界领导人、知名科学家和技术专家、各科学部的代表组成的最高科技顾问机构；建立一种机制对各级科技体系的学术和管理结构及程序进行持续的评审，以确保改革取得成效。为了使科技管理体制创新取得突破，国家管理体制也要进行相应的改革。美国克林顿政府明确提出联邦政府在技术政策中的首要作用是为民间创造一个商业环境，使其创新和竞争的努力开花结果。它包括：①为新技术发展与商业化消除法律、政府规则和经济上的障碍，评估关于竞争性的美国法律和规定，建立培养创新性的政策。②为21世纪美国具有世界先进水平的技术、工业进步、商业的繁荣和发展投资于基础设施建设。目前与未来，基础设施是发展与使用新技术能力的基础。21世纪知识密集型的经济需要联邦政府鼓励使用新技术来满足交通、卫生、教育、图书馆和其他领域的需求。③政策必须要寻求融合军事和商业工业基地的方式，使其既能满足国防又能满足民用技术的需求，既有效率又有效果。冷战结束和民用作用的增加已使美国不能同时保持军用与民用两个基地。④发展一支具有世界水平的、可进入快速变化、知识密集的经济中去的劳动大军（葛恒云，2006）。

(3) 强化竞争机制，完善竞争的研究开发环境。日本通过改革现行的科技技术体制来增加竞争性资金，进一步扩大科研人员对研究经费选择的幅度和自由度，在今后5年，把竞争性研究资金增加两倍，确保课题必要的和充分的经费，以评价为主推动改革；对于获得竞争性资金的科研人员的所属机构，应按照研究经费的一定比例匹配经费，用于改善获得竞争性资金的科研人员的研究环境和提高整个研究机构的功能；对获得多项竞争性资金的研究部门，要将与此相关的经费汇总，有效管理，灵活使用。为了激励中青年科研人员的创新动力，日本还广泛普及任期制，增强人才的流动性。在研究机构之间形成人才流动的机制，对青年科研人员实行任期聘任制，建立通过评价其业绩赋予终身职务的制度；国立研究机构、独立法人研究机构和国立大学等研究机构，要对35岁以下的青年研究人员广泛采用任期制，对研究岗位原则上实行公开招聘，对有研究资质、研究能力的研究人员提供公平的就职机会。研究机构要制定任期制和公开招聘的方针和计划，要把推行任期制和公开招聘作为评价研究机构的一个重点。

(4) 推动产学研一体化和孵化器、孵化基地建设。发达国家以重要科技园区和孵化基地为核心，或者以大学区为核心形成区域创新体系已经成为一种成功的模式，有效地带动了一些城市和地区的科技创新建设。例如，20世纪末美国以斯坦福大学为核心创办了世界上第一个科技工业园区，孵化器的概念又被美国人首创，建立了美国的硅谷、波士顿128号公路，日本的筑波科学城、硅岛，英国的剑桥科学园，韩国的大德研究园地，前苏联的西伯利亚科学城，法国的索菲亚，安蒂波利斯科学城，加拿大的北硅谷，新加坡的肯特岗科技园等大大小小900多个，这些以大学和研发基地为核心的科技创新体系的特点都是一个以大学、研究中心、商业和金融界为一体的研发创新链。印度提出要赋予各个科技部门、大专院校、科研机构充分的自主权，消除官僚主义，同时简化行政审批手续以提高科研项目的运作效率。为了实现产业与科学研究的协调效应，将成立自治性的技术转移组织作为大学和国家实验室的辅助组织，由它们促进知识向产业的转移。

(5) 加强区域创新体系的建设。国际上关于创新体系的研究也很早。1987年英国一名著名的创新研究专家首先提出了国家创新体系（national innovation system）的概念（Freeman，1987）。它的基本含义是指由公共和私有部门共同组成国家范围内的网络系统，这个系统包括了以企业为主体，囊括科研机构、大学、中介机构以及政府部门，组成科技资源集聚、引入、创造、改进和扩散的系统，整体上提升国家的自主创新能力。

(6) 高度重视知识产权的创造与管理。印度通过建立知识产权制度，促使印度的研究开发计划产生更多的知识财产，并使之得到妥善的保护和迅速实现商业化。日本在实施科技创新中十分重视研发资源的高效利用和充分开发，科技创新投入的产出效率居世界领先水平。专利生产是日本高效率利用研发资源很有说服力的例证。日本每年专利申报总量达到15万项以上，到1995年底，日本专利申请总量已达200多万项。1996年专利申请18.7万项，排在美国（38.4万项）之后，列世界第二位。

(7) 加强金融资本市场建设和财税体系的配套建设。发达国家加强风险投资资本市场的培育，推动科技投融资体制创新，其中主要集中在风险投资的设立、评价体系、退出机制方面。印度提出要推动财政支持体制创新，发展一系列税收、非税收财政手段支持科技创新工作，刺激研究开发活动，尤其是产业界的研究开发活动。在制定战略计划时，要听取经济学家、金融专家在相关财经政策方面的意见。推动基础研究资助机制的改革和创新，特别是要简化行政和财务手续，使全国各个不同机构的研究计划能够有效运作。

(8) 加强政府采购体制的创新，尤其是政府采购的原则、方向、目标以及对自主创新能力的作用，这些对我们今后的政府采购原则和方式起到借鉴作用（葛恒云，2006）。

(9) 推动科技人力资源管理体制创新。印度的科学家和技术专家的绝对数量很大，但在质量方面不适应需要。因此，印度政府提出，要启动新的创新计划来吸引和培养年轻的研究人才，学术、产业、政府和其他部门要为他们提供良好的就业机会，同时鼓励科学家和技术专家在产业、学术机构和研究实验室之间流动以提高科技的质量和生产率。与科技相关的政府部局要从其预算中提取一定的比例来资助学术和研究机构，使研究人员可以改变研究领域和开拓跨学科领域。此外，还要加强再培训，奠定熟练人力资源的基础；提高妇女参加科技活动的权利，向她们提供更多接受高等教育和技能培训的机会；建立新的机制促进有印度血统的科技精英归国，为印度科技发展做出贡献；启动创新性计划使高等院校教师掌握当代研究方法和了解新兴科学领域。

（10）高度重视国际科技交流与合作，突出国家利益和本国优势。印度政府认为，通过国际合作，科学研究和技术发展可以产生巨大的利益，通过物质和智力资源共享，共同的目标可以有效地实现。为此，2003年的《科学技术政策》提出要加强两方面的国际科技交流与合作：印度政府将促进印度学术机构和实验室参与直接惠及印度科学发展和安全目标的国际科技合作计划，也包括作为平等伙伴参加的大科学项目；印度政府还特别强调要发展与发展中国家尤其是周边国家的合作（葛恒云，2006）。

第三节　我国科技体制机制创新的主要方向和客观依据

科技体制的模式来源于经济管理体制。有什么样的经济体制就有什么样的科技管理体制。按照市场化程度，科技管理体制可以细分为“政府包办型”和“市场导向型”两大类。

“政府包办型”科技管理体制主要产生在中央计划经济条件下，它突出表现为科技创新的主要动力、主要投入、创新成果、成果转化主要来自于行政部门的作用，通过行政部门实现一切科技资源配置。这种以政府科技计划为中心、以政府投入为主导的科技管理体制构成传统的科技体制典型形式。

现代市场经济中的“市场导向型”科技管理体制，集中表现为科技创新主体在于经济主体，科技投入主体来自企业，知识创新成果来自市场主体，成果转让和产业化来自市场行为。在科技创新活动中，市场经济条件下政府的作用主要体现为“场地维护”。现代市场经济中，政府既不是运动员，也不是裁判员，而是场地维护员。政府的职责一是通过制订计划和政策引导企业行为；二是制定游戏规则和维护游戏规则，并且是通过法律予以维护；三是通过市场和科技中介机构来配置社会和政府的科技资源，包括项目评审、招投标、鉴定、评奖、专利申请和代理、创业投资和科技资金投入等；四是培育市场主体，扶植企业自主创新能力。

中国的科技体制机制创新以改革开放以来最为显著。伴随着经济体制由中央计划经济转向市场为导向的市场经济，国家对于科技创新的管理方式也在发生转变，突出地表现在“由政府包办型转向市场导向型的科技创新，创新主体由官办机构为主逐步转向以企业为轴心”。

计划经济时期，中国科技体制主要沿袭计划经济的框架，国有官营比重过大，形成政府独立出资不堪重负，科研机构、大学研究与产业发展不对接，企业研发缺乏动力等体制性障碍。官、研（学）、企科技创新体系由于缺少利益贯穿导致效益不佳，紧缺的科技研发资源被低效率利用的现象普遍存在。因此，中国科技创新有赖于科技制度创新。要不断调整科技创新产业的所有制结构，鼓励科技研发主体多元化，积极引入市场竞争机制，赋科技创新以经济活力。

改革开放以来，党和国家高度重视科技体制机制的创新，继 1985 年中共中央发布《关于改革科学技术体制的决定》以及 1999 年中共中央、国务院发布《关于加强技术创新，发展高科技，实现产业化的决定》之后，2003 年党的十六届三中全会做出关于加快经济体制改革的决定，又在有关科技工作的宏观调控、军民结合，以及自然科学与社会科学的融合三个问题上实现了突破，这三个问题多年来一直是困扰科技发展的重大体制性障碍。2003 年 10 月科技部办公厅副主任梅永红曾撰文提出，十六届三中全会实现了三个突破。突破一，强调加强科技宏观调控。宏观科技管理体制滞后，已成为制约科技发展的最主要障碍。具体表现在三个方面：一是科技资源高度分散；二是科技资产利用率十分低下；三是科技积累效应低下。突破二，军民结合、寓军于民、协同创新的战略举措。经济建设与国防安全是未来 20 年中国科技必须服务的两大任务，必须把这两个任务融合起来，统筹考虑改革当前军民分割的科技体制已迫在眉睫。在新的历史发展阶段，在军民结合的问题上，必须进一步推动加强国防军工生产与市场经济紧密结合的体制，建立开放的环境和条件，保障各种有效资源的优化配置和充分利用，促进科技要素在军民之间的双向流动和转移。在新世纪新阶段，要抓好军民结合、平战结合的宏观控制，提高军民兼容程度，增强平战转换和国防动员能力，形成长期稳定的军民融合创新体系及运行机制。突破三，管理体制要创新。推进重大科技创新，必须深化管理体制改革：一要抓大放小，国家层次只抓若干全国性的专项计划、专项工程、公益性科技任务和重大科技试点工程，大量科技任务连同部分科研经费，应当放给部门、地方或企业去进行；二要大幅度增加自然科学基金和大学科研经费，创建一批世界一流的研究型大学和国家实验室，参与国际科技竞争；三要尽快设立国家和民间的科技创新风险基金，以吸引更多人才投入重大创新；四要建立一笔独立的验证基金，对前景尚不明朗的创新项目，可先进行实验验证，或实施滚动式支持和推进；五要建立高效有序的科技决策指挥系统，强化科技运作力度和效能；六要改革科技奖惩制度，取消一般性奖项，增设科技创新大奖和科技伯乐奖，设立科技系统督察机构，对压制重大创新的行为、学术腐败、作假行骗等，依法进行查处（梅永红，2003）。

2005年10月《中共中央关于第十一个五年经济和社会发展五年规划建议》（中共中央，2005）明确提出要建设创新型国家。2006年1月26日《中共中央、国务院关于实施科技规划要增强自主创新能力的决定》确定：经过15年努力，到2020年使我国进入创新型国家行列。建设创新型国家，核心就是把增强自主创新能力作为发展科学技术的战略基点，走中国特色自主创新道路，推动科学技术的跨越式发展；就是把增强自主创新能力作为调整产业结构、转变增长方式的中心环节，建设资源节约型、环境友好型社会，推动国民经济又快又好发展；就是把增强自主创新能力作为国家战略，贯穿到现代化建设各个方面，激发全民族创新精神，培养高水平创新人才，形成有利于自主创新的体制机制，大力推进理论创新、制度创新、科技创新，不断巩固和发展中国特色社会主义伟大事业。

实施《纲要》，建设创新型国家，是全面落实科学发展观、开创社会主义现代化建设新局面的重大战略举措。这必将有利于提升我国自主创新能力和增强国家核心竞争力，改变关键技术依赖于人、受制于人的局面；必将有利于转变发展观念、创新发展模式、提高发展质量，加快推进新型工业化的步伐；必将有利于弘扬以爱国主义为核心的民族精神和以改革创新为核心的时代精神，大大增强民族自信心和凝聚力，促进全面建设小康社会宏伟目标的实现和中华民族的伟大复兴。全党同志特别是各级领导干部务必深刻认识建设创新型国家的极端重要性和紧迫性，切实把完成这项任务作为关系全局的大事抓紧抓好。

2006年2月国务院发布《国家中长期科学和技术发展规划纲要（2006—2020年）》，其中关于推进科技管理体制改革问题，主要提出以下几点：一要建立健全国科技决策机制；二要建立健全国家科技宏观协调机制；三要改革科技评审与评估制度；四要改革科技成果评价和奖励制度。

综上所述，我国科技体制机制创新模式将是“市场导向、政府推动”，具体体现为以下几个重要方面：

其一，创新活动以企业为主体，以市场机制为动力。

其二，以创新利益为纽带，以官产学研服和多元投资主体、科技中介组织六位一体的创新体系为载体。

其三，以市场导向为基础、以政府科技计划为主导、以完备的知识产权市场和科技市场为条件、以完善的科技政策体系为环境、以公共创新资源重点扶植为引领的创新体系。

第四节　大连市科技体制机制创新的成就和现状

改革开放的30年，在历史的长河中只是短暂的一瞬。但是从1978年改革开放以来，大连市的科技创新步伐，与全国一样，展示出辉煌的一页。到2007年底，大连的科技进步贡献率达到了51%，专利申请量年均增长32.1%，研发投入占城市GDP比重达到2%，高新技术产业增加值年均增长39.3%，全市软件和信息服务业企业700家，有36家是世界500强企业，软件销售收入215亿元，增长率为48.3%，城市整体上开始向创新型城市转型。据中国社会科学院倪鹏飞主持的2004年全国部分城市科技进步综合评价指数测算，大连在16个重点城市中，综合科技进步指数为57.36，排第6位，列居南京、沈阳等城市之前（杜辉，2007）。

一、大连市科技体制机制创新历程

改革开放以来，大连的科技创新历程与全国同步，大体上经历了三个重要的时期。第一个时期，1978～1990年前后，是科技体制创新和科技成果产业化起步时期；第二个时期，1991～2002年前后，是重点推进高新技术产业化时期；第三个时期，2003年至今，是突出自主创新能力和建设创新型城市的时期。

第一个时期，1978年11月党的十一届三中全会决议，将党和国家的工作着重点转向以经济建设为中心的轨道上来，也拉开了新时期我国科技创新的序幕。早在邓小平同志刚刚复出的时候，他就高瞻远瞩、自告奋勇地提出自己主抓科技和教育。1978年3月在邓小平同志的主持下，全国科学大会召开，会议向世界宣布，中国将依靠科学技术进步，大踏步地走向现代化。1985年3月13日，中共中央做出《关于科学技术体制改革的决定》（以下简称《决定》）。《决定》指出，现代科学技术是新的社会生产力中最活跃和决定性的因素，全党必须高度重视并充分发挥科学技术的巨大作用。同时规定了当前科学技术体制改革的主要任务。《决定》从宏观上制定了科学技术必须为振兴经济服务、促进科技成果的商品化、开拓技术市场等方针和政策，促进了科技成果向现实生产力的转化以及高新技术产业化的发展，揭开了“文化大革命”后国家全面科技体制改革的序幕。作为经济体制改革的一个重要部分和最先实施内容，这一改革政策的颁布极大地促进了我国经济和科技的结合以及由此而生的中国多领域跨越式进步。1988年9月5日邓小平在会见捷克斯洛伐克总统胡萨克时，提出了“科学技术是第一生产力”的著名论断。

大连市作为国家改革开放的重点城市，对外开放和科技体制机制创新都走在全国的前列。1984年国家批准大连市作为14个沿海开放城市之一，批准大连市建立全国第一个国家级经济技术开发区。在国家和省政府的统一部署下，大连市科技体制改革取得较大的进展，初步形成了以政府投入为主导的科技投融资体系，市属科研院所转制取得进展，技术产权交易市场形成一定规模。

第二个时期，以中央1991年关于加快高新技术产业化的决定和建立高新技术产业园区的决定为标志，国家科技创新开始重点向高新科技产业化转移。根据党的十三大提出"注意发展高技术新兴技术产业"的要求和中央对发展高技术新兴产业的部署，1986年原国家科委提出"高技术研究发展计划"，即"863计划"。1988年8月原国家科委又提出促进高新技术成果商品化及其应用扩散，建立有国际竞争力的高新技术产业群的"火炬计划"。1991年3月，国务院批准了国家高新技术产业开发区高新技术企业认定条件和办法。1995年中共中央国务院再次发布关于加速科学技术进步的决定。1996年，国家发布深化科技体制改革的决定，提出科教兴国的战略。1999年，党中央国务院再次发布关于加强技术创新、发展高科技、实现产业化的决定。

根据国家和辽宁省的部署，大连市十届人代会于1991年制定了《大连市科学技术进步条例》；1993年中共大连市委、市政府做出了《关于科教兴市的决定》；1994年中共大连市委、市政府又做出了关于贯彻《中共中央、国务院关于加速科学技术进步的决定》的实施意见；1995年《大连市高新技术产业园区管理条例》获得通过；1996年《大连市技术市场条例》获得通过；同年，大连市政府印发了《大连高新技术产业园区高新技术企业认定管理办法》；1998年大连市政府出台了《关于扶植高新技术产业发展的若干规定》；1999年又出台了管理细则。所有这些，反映了大连市紧跟国家科技创新步伐，重点推进高新技术产业化的战略步骤。大连市高新技术产业伴随国家三次重大战略决策，经历了起步期（20世纪50年代~80年代初期）、转折期（20世纪80年代中期~80年代末期）、快速发展期（20世纪90年代初期至今）等三个阶段。自从1988年大连市将高新技术产业作为独立产业以来，在改革开放推动下，高新技术产业呈快速发展态势，电子信息、软件及动漫游产业快速发展，机电一体化项目取得新突破，新材料研发和生产能力进一步增强，生物医药产业化项目进展顺利，信息化建设不断取得进展。

第三个时期，以2002年11月党的十六大报告提出实施科教兴国战略和2005年10月中央提出建设创新型国家为标志，和全国一样，大连市重点突出自主创新能力建设和创新型城市建设。党的十六大报告提出构建国家创新体系，促进科技创新和产业化，走新型工业化的道路。2005年10月中共中央十六届五中全会通过的《国家中长期科学和技术发展规划纲要（2006—2020年）》和《关于第十一个五年经济和社会发展五年规划建议》中明确提出，要把增强自主创新能力作为科学技术发展的战略基点和调整产业结构、转变经济增长方式的中心环节，明确提出经过15年努力建设创新型国家。2007年10月党的十七大再次提出提高自主创新能力、建设创新型国家的任务。

大连市紧跟中央的部署，于2005年底在全国率先提出建设创新型城市的目标。中共大连市委、大连市人民政府及时颁布了《关于提高自主创新能力加快推进创新型城市建设的意见》，市政府还制定了《关于提高自主创新能力的若干规定》。2006年4月6日大连市科学技术大会宣布"十一五"期间大连科技工作主要发展目标：按照"自主创新、重点跨越、支撑发展、引领未来"的科技发展指导方针，坚持走中国特色的自主创新道路，全面推进原始创新、继承创新、引进消化吸收再创新。

二、大连市科技体制机制创新的特点

大连市科技创新的特点可以归结为四个突出：即突出引进消化吸收再创新、突出高新科技产业化、突出改造提升传统工业、突出自主知识产权的开发。

其一，突出引进消化吸收再创新。大连市作为口岸城市，具有对外开放和引进国外先进技术、先进创新模式的优势。"以引进消化吸收再创新为重点，推动原始创新和集成创新"成为大连市科技创新的重要特点。凭借这一创新模式，实施"引进来"战略，大连市企业在引进技术的同时，实现重大项目和关键技术的新突破。大连重工·起重集团从德国引进当今世界风力发电最先进的兆瓦级风电装备设计技术，正为中国水利水电集团自主开发兆瓦级风电成套装备；大连船舶重工在引进技术和国际合作的基础上，自主开发30万吨超大型油船、4000TEU级大型集装箱船。实施"走出去"战略，瞄准国际一流及时实施跨国并购或设立海外研发中心。大连机床集团2003年收购美国英格索尔曲轴系统公司及全部技术产权，在国际同行业中产生较大影响；光洋科技引进德国PA公司技术并消化吸收再创新，形成具有自主知识产权的产品；大森数控研发的中高档数控系统和机床关键功能部件在全国确立了领先地位。"十五"以来，全市规模以上工业企业用于技术引进经费达46.4亿元，平均增长速度为51.6%，用于消化吸收经费平均增长速度63.9%，形成自主知识产权1500项。大连市利用对外开放优势，推动科技国际交流与合作不断深入，一批有影响的科技项目和著名公司先后落户大连市。日本政府无偿援助880万美元建设的中日友好大连人才培训中心项目于2005年4月在大连市动工建设；大连市科技局与美国纽约州立大学签署了选派大连市部分软件企业家、孵化器管理者赴美培训协议。

其二，突出高新技术产业化。依据大连地区科技资源禀赋情况，大连市将软件信息、电子元器件、新材料、新能源、生物制药、海洋生物等产业确定为高新技术产业化的重点。"十五"期间，全市累计实现高新技术产值4166亿元，年均增长29%以上，其中2004年首次突破1000亿元，占辽宁全省高新技术产业产值比重达40%。从2001年到2005年我市高新技术产业产值一直保持25%以上的增长速度。2005年高新技术产品出口近30亿美元，占全市出口总值的23.7%。大连市共获得国家振兴东北老工业基地高新技术发展项目45项。2007年大连市高新技术产业产值和增加值分别达到2402亿元和602亿元，年均增长34.9%和39.4%，其中增加值占地区生产总值的比重为18.4%。高新技术出口每年以20%以上速度递增。大连市在高新技术产业空间布局上，初步形成了以旅顺南路软件产业带为基础的软件服务业产业走廊，以"双D港"、光电子产业园为核心的微电子产业基地，以金州国家农业科技园区为龙头的现代化农业示范区。涌现出华信、海辉、光洋、大森、珍奥等一批具有一定规模的重点高新技术企业。2007年，全市共认定高新技术企业509家。大连市是全国唯一的"软件产业国际化示范城市"，电子信息产业产值占全省同行业的60%以上。软件信息服务业成为全市高新技术先导产业。大连市通过软件园带动，推进旅顺南路软件产业带建设，重点发展软件服务外包；同时，大力发展超大规模集成电路，高层次承接国际电子信息产业转移。目前，大连市的软件及信息服务业发展迅速，软件和信息服务业企业发展到700家，其中有36家为世界500强企业；2007年销售收入达到215亿元，销售收入和出口年均增长保持在50%以上。

其三，突出依靠先进技术改造提升传统产业。转变发展方式，走新型工业化道路，既是国家总体发展战略的要求，也是大连市工业化成长阶段的必然选择。大连市作为东北老工业基地的重要组成部分，石油化工、重型装备、船舶制造是重点工业基础。在第十一个五年规划期间，大连市以振兴老工业基地和国家制造业信息化重点城市为契机，加快企业信息化技术应用速度。在全市机械、石化、电子、传播和装备制造五大行业实施制造业信息化示范工程，14家市级试点示范企业的国产化软件应用率达到60%以上，90%以上的企业不同程度地实施了ERP，70%以上的企业进入集成应用阶段。示范企业平均新产品开发周期缩短25%，库存资金占用率降低12%，核心竞争力得到进一步提高。大连市以中国石油大连石化公司为龙头，壮大石化产业规模和实力，实现炼化一体发展，建设环渤海地区重要石化基地；以大连重工·起重集团、大连机车厂、大连冰山集团等大型企业为骨干，延伸产业链，增强研发能力，推动重组联合，培育自主品牌，提升装备制造业层次，建设先进装备制造业基地；以大连船舶集团为龙头，推进造船业扩能升级，提高船舶产品的技术含量和附加值，打造世界级的船舶造修基地。科技进步对经济增长的贡献率由2005年46%提高到2007年的

51%。

其四，突出自主知识产权的开发。城市创新的根本在于自主知识产权的开发和保护。1984 年人大连市成立了市知识产权管理处。2001 年大连市成立知识产权局。配合《中华人民共和国专利法》，大连市颁布了《大连市鼓励专利申请专项经费管理办法》和《关于加强知识产权管理工作的规定》，全面推进知识产权战略。大连的专利申请量由 1990 年的 465 件，增加到 2005 年的 5573 件，其中发明专利申请量由 1990 年的 87 件增长到 2005 年的 991 件，都增长了 11 倍。大连市已经荣获国家知识产权示范城市创建市称号。过去五年大连市组织实施了光电子等 126 项自主创新重大专项，荣获国家、省级科技奖励 65 项，发明专利增长 20%，有力地推动由大连制造向大连研制转变。大连市通过名牌战略，推动自主知识产权的转化。到 2003 年底全市共拥有有效注册商标 13 000 件，平均每七户企业拥有一件注册商标，商标申请量每年保持在 1300 件以上。目前，大连市已经拥有中国驰名商标 16 件（冰山、七星、创世、ZWZ、华丰、咯咯哒、珍奥、獐子岛等），辽宁省著名商标 243 件，大连市著名商标 166 件，138 种产品获得辽宁省名牌产品称号，国家免检产品已达 15 个，大连海参、大连鲍鱼获得地理标志保护产品称号。2005 年市政府拨款 900 多万元，在全国率先完成了市及县区两级政府部门的软件正版化工作，被国家授予全国首家“软件版权保护示范城”称号。

三、大连市科技体制机制创新的基本经验

回顾大连市科技体制机制创新 30 年所取得的成就，其基本经验除了认真贯彻落实党中央、国务院关于科教兴国战略方针外，主要是结合大连市经济社会发展的实际，有针对性地选择城市科技创新的发展路径。其中主要是“四个注重”：注重发展定位、依靠创新驱动；注重政府为主导、企业为主体的创新机制建设；注重区域创新体系建设，推进产学研一体化；注重科技产业化基地建设。

第一，注重发展定位、依靠创新驱动。大连市科技创新思路明确、定位准确。作为口岸城市，大连属于丘陵地区，自然资源并不丰富。改革开放以来，中共大连市委、市政府非常重视科技事业的发展，明确提出了“科教强市”的发展战略。制定了鼓励科技创新的众多激励政策，包括《大连市人民政府关于扶持高新技术产业发展的若干意见》、《关于促进民营科技企业发展的若干意见》、《大连市引进人才若干规定》、《大连市人民政府关于加快科技企业孵化器建设的若干意见》、《大连市科技企业孵化器管理办法》、《大连市技术市场条例》等 30

多项规定、办法①，有力地促进了全市的科技创新和科技产业的发展。尤其是近10年来，依靠创新驱动，提升发展质量，转变发展方式，提升自主创新能力，成为城市重要的发展思路。大连在建设学习型城市和争创创新型城市中，突出创新驱动。全市研究与试验发展经费占地区生产总值比重由2001年的1.01%提高到2007年的2%。大连市连续三次被评为"全国科技进步先进城市"，是东北地区唯一获此殊荣的城市。"十五"以来全市高新技术产品产值累计实现2838.8亿元，年均增长25%以上；"十五"期间累计新增高新技术企业300家；全市实施各类科技计划1154项，专利申请10505件。

第二，注重政府为主导、企业为主体的创新机制建设。基于大连市科技创新原有基础和科技创新的基本规律，充分发挥政府在启动创新、激励创新、引导创新方面的主导作用，积极发挥政府科技计划项目和科技计划经费的种子资金作用。大连市本级财政科技三项经费投入由2001年的6720万元增加到2005年的

① 《大连市科学技术进步条例》(1991)
《大连市人民政府关于扶持高新技术产业发展的若干规定》(1999)
《关于促进民营科技企业发展的若干意见》(2000)
《大连市引进人才若干规定》(2004)
《大连市人民政府关于加快科技企业孵化器建设的若干意见》(2004)
《大连市科技企业孵化器管理办法》(2005)
《大连市技术市场条例》(2002)
《大连市科技项目招标投标管理暂行办法》(2005)
《大连市科技计划项目管理暂行办法》(2004)
《大连市专利资助经费管理办法》(2004)
《科技类民办非企业单位登记审查办法》(2000)
《大连市技术合同认定登记管理条例》(2001)
《科普税收优惠政策实施办法》(2003)
《关于加强知识产权管理工作的决定》(2003)
《大连市市属科研机构管理体制改革实施意见》(2001)
《大连市软件版权保护工作三年规划》(2005)
《大连市政府采购管理暂行办法》(1999)
《大连市人才工作居住证暂行规定》(2004)
《大连市人才储备基地建设试点工作方案》(2005)
《大连市引进优秀人才若干规定》(2000)
《关于促进科技成果转化的若干规定》(2000)
《大连市认定软件开发生产企业须知》(2001)
《大连市市属科研机构管理体制改革实施意见》(2001)
《大连市人民政府关于市属科研机构管理体制改革有关问题的通知》(2001)
《大连市鼓励专利申请专项经费管理办法》(2001)
《大连市科技咨询业注册咨询师认证及管理暂行办法》(2002)
《大连市科技咨询企业（机构）信誉等级评审暂行办法》(2002)
《大连市人民政府关于加快发展软件产业的实施意见》(2004)
《大连海关支持软件出口的若干措施》(2001)

23 756万元，五年合计为69 339 万元（表1-1）；大连市市级计划项目经费也由3664 万元增加到7375 万元，五年合计为28 296 万元；加上国家和省市项目经费由10 097. 1万元增加到15 007 万元，五年合计为66 002. 9 万元。大连市积极推进和引导企业加强自主开发能力建设。2001 ~ 2005 年，全市规模以上企业拥有科技机构的数量由2001 年的77 个增至2004 年的113 个。规模以上企业科技活动经费投入达22. 45 亿元，其中代表企业自主创新能力的研究与试验发展经费达12. 35 亿元，年均增长19. 9%。民营企业对技术创新的重视程度大幅度提高。2005 年末，全市依托民营科技企业组建的市级以上工程技术（研究）中心达到15 家，占市级以上工程技术中心总数的50%。

表1-1　2001 ~ 2005 年大连市主要科技指标统计情况

科技指标＼年份	2001	2002	2003	2004	2005	合计
科技三项费/万元	6 720	8 037	11 090	19 736	23 756	69 339
R&D 投入/亿元	13. 58	15. 69	18. 11	29. 4	35	111. 78
占 GDP 比重/%	1. 01	1. 07	1. 12	1. 5	1. 52	
专利申请量/件	1 231	1 487	3 055	4 377	5 573	15 723
专利授权量/件	684	698	910	1 096	1 471	4 859
组织实施各类科技计划/项	300	438	495	484	462	2 179
技术合同实现成交额/亿元	11. 05	11. 5	13. 2	15. 02	17. 75	68. 52

资料来源：根据大连市科技局《大连市科技创新能力基本情况报告》（2006 年4 月，第21 ~ 22 页）整理测算。

第三，注意区域创新体系建设，推进产学研一体化。大连市以制度创新推进技术创新，通过政府引导，强化企业的创新主体地位，推进官产学研资服六位一体的创新服务平台建设，加强专业化、国际化、综合化孵化器建设。大连着力打造以高校、科研院所为代表的源头创新体系，以科技企业孵化器为代表的创新孵化基地。全市已经组建国家重点实验室6 个，国家级工程技术中心（工程研究中心）5 个，国家级企业技术中心11 个，省级重点实验室和工程技术研究中心35 个，市级工程技术中心9 个，市级企业技术中心27 个。过去五年，大连新增孵化面积100 万平方米，孵化企业1000 多家，新认定国家级和省级企业技术中心9 家。全市在孵企业1800 家，累计毕业企业327 家，形成规模生产的企业近200 家，开发各类新产品1100 多项。二次孵化基地建设顺利，大连科技产业二次孵化基地已经投入运营，大连专利产业化基地等五个二次孵化器正在建设。中国科学院大连科技创新园建设已经启动。大连三科公司在高新园区投资建设纳米微粒子功能材料生产线，形成生产能力后三年内将实现销售收入5 亿元。大连三仪动物药品公司通过在民营科技企业创业中心一年半的孵化，现已经联合其他企业在香港二板市场成功上市。

第四，注重科技产业化基地建设。科技创新的驱动作用关键在于科技成果的产业化。大连市高度重视科技园区和科技产业基地的建设。大连高新技术产业园区是1991年国家首批批准的国家级高新技术产业园区之一，现由大连西部七贤岭产业化基地和东部的“双D港”组成，规划面积23.07平方千米，实际开发建设面积8平方千米。近年来，大连高新园区以提高科技创新能力为核心，以发展特色产业为重点，综合实力快速提升，区域竞争力明显增强。到2005年底，高新园区共有企业2385家，其中引进世界500强企业36家。2005年高新园区达到106.2亿元，同比增长31.1%，其中工业增加值178.8亿元，同比增长25.2%；总收入达到290亿元，其中高新技术产业收入206亿元；实现利税24.36亿元；实际利用外资24.7亿美元，按可比口径增长88%。大连软件园2001年被命名为国家软件产业基地；2003年国家发展计划与改革委员会、商务部、信息产业部批准大连成为全国5家软件出口基地之一；2008年2月大连市又被国家批准为国家级信息产业基地（杜辉，2009）。

第五节　大连市科技体制创新存在的差距和急需解决的问题

大连市科技体制改革经过十几年的探索和实践，已经取得明显成效，科技创新对经济发展及社会进步的贡献率不断提升，但在发展的过程中，特别是在“一个中心、四个基地”建设过程中，大连市科技体制技术创新还存在着一些差距和不足之处。城市创新体系未完全形成，企业为主体的创新基础尚不牢固，科技成果转化率还不高。主要表现在以下几个方面：

一是以企业为基础的创新主体建设尚未完全形成。具体表现为：①企业研发投入和专利申报比重不高。2004年企业研发投入占全市研发投入的比重不足45%；企业申报的发明专利占全市申请量的比重低于40%；②相当多的企业在创新活动中依然面向政府等、靠、要，缺少自力更生、向市场要资源的精神；③较多企业在创新活动中重产品、轻研发，重生产、轻市场，重装备、轻人才。

二是多元科技投融资体系尚不健全。①整体研发投入比重低。在R&D投入方面，大连市2004年R&D投入占全市GDP比重为1.5%，远远低于北京（6%），也低于上海、深圳、南京、沈阳等城市；R&D的投入指数在全国43个城市中仅排名第28位；②在利用科技贷款和社会融资方面，融资渠道单一。与发达地区相比，大连在这方面有很大差距。2001年上海市投资担保额为25亿元，而大连投资担保额为2亿元。北京、上海、深圳、西安、重庆、长春等地都有高新技术企业改造成上市公司，有的城市有多家高科技上市公司，而大连目前尚没有一家高科技上市公司；③在发展风险投资方面，无论是机构还是风险资本规模上，大连都较弱。2004年大连市的风险投资资金只有1亿元，而目前上海科技风险资金已从市政府出资的6亿元扩大到21亿元，2005年可达到30亿元；深圳1999年成立了创新投资公司，5亿资金将陆续到位；北京、广州、西安、青岛、宁波的风险投资资金都已超过数亿元。大连市科技风险投资公司较少，投资规模很小。④资本市场发育不良，创业投资缺少退出渠道；⑤科技型企业申请科技贷款、融资担保、政府贴息、改制上市等程序复杂，融资成本过高。

三是公共科技资源缺乏有效整合，宏观科技规划引导作用不强。①城市科学、技术、信息、农经等科技创新活动的事权、财权分散配置、多头管理，各自为政，部门分割，缺乏有效整合；②政府的科技规划缺少体制保障和制度支撑，计划引导缺少市场杠杆，对民间科技创新引领性不强；③公共科技资源投入重企业、轻项目，重数量、轻质量，重实物、轻研发，重规模、轻绩效，重复投入、撒胡椒面；④政出多门，经济政策和科技政策不衔接、不统一、难落实；⑤创新环境建设满足于条例和决定，轻科技市场建设，重有形活动，轻创新意识和创新文化建设。

四是官产学研资服六位一体的创新平台和机制尚不完善，具有大连特色的区域性创新体系尚未形成。①循于传统部门行业分工和隶属关系的旧体制，各自为战，企业、院校、科研院所分别创新、重复创新；②缺少股份制、项目公司制、项目嫁接制、技术协作制、合同制、创新联盟制、利益分享制等创新合作形式和合作经验；③知识产权市场和技术市场发育不良，缺少技术经纪人队伍，缺少技术成果转让、评估、扩散的有效形式、工作主体和有效载体；④公共技术创新平台建设不配套；⑤科技信息、项目代理、评估鉴证、法律咨询等中介机构不发达；⑥城市诚信系统和信用制度不健全，科技中介诚信体系不完备，科技中介行业管理不到位。

五是城市科技管理体制和机制效能不高。具体表现在：①城市创新动力不足，激励力度不大；②城市科技市场环境发育不足，技术和知识产权市场空间有限；③鼓励创新、求异思维、风险意识、容忍失败等城市创新文化和创新意识培育不足。

到2007年，“十一五”规划已经过半，大连市“十一五”规划的城市创新指标中除了高等教育毛入学率和15～64岁平均受教育年限两个指标没有完成中期目标外，其余五个指标均已完成中期目标（表1-2）。今后一段时期内，大连市尤其应当关注的是企业自主创新能力的培育和创新体系建设（杜辉，2009）。

表 1-2　大连市“十一五”规划创新能力指标完成情况

指标名称	2005 年	2010 年预计	五年年均	2007 年底	年均增长	完成情况	2008 年上半年
R&D 占 GDP 比重/%	1.5	>2.5	—	2	15.5	★★	2
高新技术产业增加值增长率/%	32.1	—	>30	43.3	39.3	★★★	30
专利申请量/件	5 000	18 500	>30	8 730	32.1	★★★	10 000
科技进步贡献率/%	40	55	—	51	—	★★★	52
高等教育毛入学率/%	43	50	—	13.2	—	★	13.25
新增劳动力人均受教育年限/年	12.6	13.5	—	13.2	—	★★★	13.25
15~64 岁平均受教育年限/年	9.7	10.5	—	9.8	—	★	9.83

注：★★★表示完成得非常好；★★表示完成得较好；★表示完成得不理想。

资料来源：根据大连市发展改革委员会《大连市国民经济和社会发展第十一个五年规划纲要中期评估报告》（2008 年 7 月，第 2~3 页）测算整理。

今后，大连市应当重点考虑企业自主创新能力建设和城市创新体系建设两个基本方面建设。

其一，企业自主创新能力建设是城市创新的源头。

（1）解决 R&D 投入问题。研发是增强自主创新能力的原动力，市场经济条件下，企业应当成为研发投入的主体。深圳研发投入的 90% 是由企业完成，而高新技术企业研发投入一般都超过自已销售收入的 10% 以上。大连目前研发投入仅仅有 45.7% 是由企业完成，高新技术企业研发投入占销售收入的比重超过 5% 以上的不多。为此，我们利用各种税收政策，鼓励高新技术企业加大研发投入，才能确保企业销售一代、生产一代、研发一代的可持续发展。

（2）加大吸收再创新的力度。在自主创新的三个层次中，引进消化吸收再创新是大连的相对优势。但是在引进消化吸收再创新的项目资金中，关键设备引进比重较高，达到 65%，消化吸收经费投入不足，与全部引进经费之比为1:27。与日本和韩国相比此项比例差距较大，没有达到通过引进实现仿制创新的目的。为此，引导企业加大消化吸收经费投入，控制单纯设备引进应当成为一条规则。

（3）鼓励开发具有自主知识产权的产品，鼓励高新技术企业创立知名品牌，尤其是具有双高（高新技术、高附加价值）的产业项目。高新技术企业的核心技术可以来自购买、引进、嫁接，但是更具长远价值的是企业自主研发的专利技术。我们要通过制度创新，帮助企业落实知识产权的权益，鼓励原创人员享受工业产权占注册资本35%的知识产权资本化，鼓励企业积极创立和培育具有自主知识产权的产品品牌和服务品牌，以放大知识研发的市场绩效。

（4）帮助企业学会拓展市场，加快高新技术成果的转化和产业化。大连不少高新技术企业具备自主研发的能力，但是如何将自己的知识成果推向市场，占领市场，转化为市场效益，依然是一些企业的难题。我们要通过社会推介、展会推介、市场推广支助等方式，练就企业参加市场竞争的能力。

（5）引导企业研发向上下游衍生产品转移，帮助企业扩大研发成果和扩散转移研发技术，通过政策引导更多的企业围绕核心产品构造配套产品链，通过园区集聚推动光电子信息类、生物制药类、新材料新能源类等相关产业的集群形成。

（6）通过举办海外学子创业周活动，建立海外学子产业园等形式，积极落实好大连原有的高层次人才引进奖励政策、落户政策、子女就业政策，帮助企业建设好重点实验室和博士后流动站，把高新技术企业营造成为吸纳创新型人才的重要载体。

其二，创新体系建设是城市自主创新能力建设的制度保障。为强化城市创新体系建设，要做到以下几点：

（1）构造知识产权交易、保护和流转的良好市场环境。要通过各种专利展会、技术交易市场、跨国知识产权交流引导专利技术交易与转化，进一步加大知识产权保护力度，营造良好的保护知识产权环境。

（2）积极推进产学研一体化的创新体系，鼓励大专院校和科研院所到企业设立中试基地，鼓励企业到科研院所设立专业技术研究院（所），形成研发－中试－产业化联动的机制。

（3）积极完善高新技术产业园区的功能。各种高新园区以及分园要以各种类型的科技企业孵化器为核心，不断建立和完善相应设施与机构，提供包括研发、信息、投融资、贸易、法律、担保、财务、评估、人才资源、国际交流与培训、产权及技术交易等多种创业发展所需要的服务。

（4）构建关键技术研发、创新孵化、成果转化、投融资、中介服务为一体的五大平台。组建装备制造业、石油化工、造船等传统产业以及电子信息和软件产业等专业生产力促进中心，组建跨区域多极生产力促进中心网络。政府要通过注资风险投资公司、担保机构，搭建政府银行科技资金平台等方式，激活民间资金，促进以政府为主导、民间投入为主、多元化投入并存的模式，帮助科技企业解决创新孵化、中试产业化的资金缺口。

（5）建立重点创新的产业目录。根据大连市具有相对优势的科技产业化项目，设立重点创新目录，包括数字化视听、多媒体电子装备、第三代移动通信系统、装备智能化嵌入式系统开发项目、服务器操作系统、半导体照明与显示、光通信与信息传输、太阳能电池、生物膜技术、清洁新能源以及膜材料应用技术、信息广电子材料应用技术、纳米材料应用技术等应用技术领域，积极引导高新技术企业在这些领域有所突破、有所收获。

第六节　加快科技体制机制创新是建设创新型城市的内在要求

“十一五”期间时逢国家提出建设创新型国家，使社会经济发展纳入依靠科技进步的轨道上来的重要战略机遇期。党的十六届五中全会明确提出，要把增强自主创新能力作为科学技术发展的战略基点和调整产业结构、转变经济增长方式的中心环节。这是中央在深刻分析国内外形势新变化的基础上，做出的重要判断和科学决策。大连市作为改革开放的先导城市，应当走在建设创新型城市的前列。

建设创新型国家或创新型区域，是经济发展的客观规律。多国经济发展模型表明，一个国家或地区人均GDP达2000～4000美元时，就应该进入创新导向阶段，这一阶段也正是工业化从中级阶段转向高级阶段的快速发展时期。这一时期，资本、土地资源等传统生产要素对经济增长的贡献率出现递减现象，而技术创新、知识进步日益成为推动经济社会发展的主要动力。它的主导产业逐步向高加工度、精细加工为主过渡；它的经济增长方式由传统的高能耗、高物耗、高投入向依靠科技进步为主导的集约增长转型。拉美国家的发展经验显示，工业化中期是重要的经济转型时期，原有的成本优势正在逐渐失去，如果不注意加快培育自主创新能力，对于欠发达国家与地区来说，就可能犯严重的战略性错误。

进入21世纪以来，我国经济社会发展已经进入工业化快速起飞阶段，2003年人均GDP已跃上1000美元的台阶，到2020年实现全面建设小康社会的奋斗目标时，人均GDP将达到3000美元。与此同时，我国经济发展也开始遭遇能源和矿产资源短缺的制约。这种人均资源禀赋较差，耕地资源、淡水资源、矿产资源相对短缺的情况，在今后一个时期将会更加突出。这些已经不允许我们继续走那种大量消耗资源能源的传统工业化道路，必须依靠自主创新走科学发展之路。

目前，世界上公认的创新型国家约有20个，包括美国、日本、芬兰、韩国等。这些国家的共同特征是：创新综合指数明显高于其他国家，科技进步贡献率在70%以上，研发投入占生产总值比重超过2%，对外技术依存度一般在30%以下。此外，这些国家所获得的三方专利（美国、欧洲国家、日本授权专利）数占世界总量的绝大多数。目前我国科技创新能力较弱，2004年我国科技创新能力在49个国家（占世界生产总值92%）中位居第24位，处于中等水平。

“十一五”期间，经济体制改革深入到产权层次，国家经济增长方式，转向以技术创新为轴心的技术进步方面；经济增长方式将由粗放型向集约型转变，由速度型向质量、速度、效益并重型转变，产业结构也进一步优化升级，实现高级化和合理化，这些都将产生大量的科技需求，都需要科技支撑和引领。在国家经济发展战略转型中，在振兴老工业基地和建设东北亚重要国际航运中心和电子信息、石油化工、装备制造、船舶制造等四大基地建设中，也迫切需要科技创新的支撑。

同时，建设创新型城市，也是构建和谐社会对科技的需求。建设和谐社会是大连经济社会发展所追求的目标，也是未来发展的必然趋势。和谐社会要求社会事业要充分发展、公共安全要充分保障、人与自然要和谐相处。要构建和谐社会，实现可持续发展，必须依靠科技进步。

根据国家建设创新型国家的总体部署，大连市应当一手紧抓自主创新能力的培育，推动中小企业的原始创新，发挥大中型企业的集成创新优势，利用好口岸城市引进再创新的便利，转变经济增长方式，力争成为国家自主创新能力的新成长点；另一手应通过制度创新和科技政策法规体系的构建，通过城市创新意识、创新文化的培育，全面提升城市的科技竞争力，争创创新型城市建设的示范区。

所谓“创新型城市”是指以科技进步为动力、以自主创新为主导、以创新文化为基础的城市形态（杜辉，2006）。

（1）它的主要标志是：城市技术对外依存度低于30%，技术进步对经济增长贡献率超过70%，发明专利申请量占全部专利申请量超过70%，企业专利申请量占全社会申请量超过70%，社会研发投入超过国内生产总值的比重3%，企业研发投入超过销售收入4%等。

（2）它需要一个完整的创新体系，不仅需要产学研的研发、转化、产业化的一体化，也需要关键技术研发、创业孵化、成果转化、中介服务和科技融资五大平台的支撑。

（3）它需要一个创新型科技管理体制、科技政策和科技法规，其基本要求就是：科技管理体制调控有效、科技政策引导有力、科技法规保障到位。

（4）它需要一个创新型的城市文化作基础，城市观念上以求异思维、创新意识、风险精神为特征，城市精神以崇尚创新、尊重知识、勇于创业为荣耀。

创新型城市建设不是孤立的，它是一个系统工程，它不是仅仅意味着技术进步和科技创新。创新城市是涵盖技术创新、组织创新、制度创新、融资创新、营销创新等全社会创新的一个创新体系，是城市实现跳跃式发展的重要途径和关键举措。从这个意义上说，创新城市也就是具有创新力的城市，它需要整个社会的体制机制转型配合。

这种体制机制转型包括经济发展模式转型、企业经营方式转型、市场结构转型、政府管理模式转型和城市文化转型。

经济发展模式的转型，重在重组和调整城市产出结构，必须从高投入、高能耗、高物耗的传统的粗放发展模式转向高技术含量、高附加值、低物耗的集约发展模式；必须加快发展高新技术产业，用新技术、新装备把传统产业改造成具有创新能力和市场竞争能力的产业，以此推动产业结构的战略性调整。

企业经营方式转型，重在促使企业成为城市创新的主体。一方面，通过企业制度创新，通过对国有企业和国有科研院所的产权制度、分配制度以及管理方式等进行创新性的改造，建立起现代企业制度，使之成为具有内在创新动力的市场主体；通过扶植民营科技企业，培育原始创新能力。深圳有近千家国家和省级高新技术企业落户，其中60%是民营科技企业，全市超过60%的高新技术项目也在民营企业。另一方面，推动企业由低端产品经营转向高科技含量的经营，由单纯的价格竞争转向质量和品牌竞争。

市场结构转型，重在突出科技市场需求。2005 年，深圳高新技术产品出口达350.6 亿美元，居全国第一。对于大连来说，要由一般的商品物流集散地，转变为科技资源、创新资源的密集区；要由“三来一补加工基地”转变为“科技成果研发基地”；要由依赖国外科技进口，转向出口科技产品和对外提供技术服务的进出口结构。

政府管理模式转型，重在培育城市自主创新能力。政府职能要由一般服务型政府重点转向加强创新激励型政府；工作重点要由营造投资环境，向打造科技创新高地、集聚创新资源转变；管理重点要由规范市场秩序，转向引导创新资源、激励创新要素的制度保障。

城市文化的转型，重点在于由守成文化转向创新文化。要通过基础教育、高等教育、新闻媒体、社区建设，在广大市民心底，培育起求异思维、崇尚创新、敢冒风险、敢为人先、宽容失败的文化风尚。逐步培育起城市的企业家精神、创业精神、团队精神、合作精神，使整个城市弥漫自主创新的文化氛围，使一切有利于社会进步的创造愿望得到尊重，创造活动得到鼓励，创造才能得到发挥，创造成果得到肯定。

第七节 大连市科技体制机制创新的指导思想、目标和基本思路

一、大连市科技体制机制创新的指导思想

大连市科技体制机制创新的指导思想是以建设创新型城市为目标、以整体创

新规划为导向、以培育企业创新主体为重点、以市场配置科技资源为基础、以官产学研资服六位一体的创新机制为载体，在提升原始创新、集成创新能力基础上，充分发挥引进消化再创新的优势，为全面提升城市自主创新能力奠定制度基础。

二、科技体制机制创新的目标

2006年4月6日大连市科学技术大会宣布“十一五”期间大连市科技工作主要发展目标：到2010年初步建立起具有大连特色的区域创新体系，在重点高新技术领域形成国际竞争优势，科技综合实力进入副省级城市前列，自主知识产权开发、应有、保护在全国处于领先水平。全社会研究与开发投入占比重要达到2.5%以上，高新技术产业增加值年均增长要保持在20%以上，专利申请量年均增长达到20%以上，科技进步对经济增长的贡献率要达到65%以上。其中，深化科技体制机制改革，加紧构筑城市创新体系，特别要强化企业的自主创新主体地位，充分发挥好大连市的高校和科研院所的创新资源优势。

为贯彻国家、省科技大会精神，落实《中共大连市委、大连市人民政府关于提高自主创新能力加快推进创新型城市建设的意见》，依据国家和省有关自主创新政策，结合大连实际，2007年，大连市政府印发了《关于提高自主创新能力的若干规定》，规定2006~2008年，大连市每年设立6亿元的自主创新专项资金；允许企业按当年实际发生的技术开发费用的150%抵扣当年应纳税所得额；以股权投入方式转化科技成果的，成果完成人可享有不低于该成果所占股份30%的股权；对中小企业开发的具有自主知识产权的高新技术产品，政府实行首购政策（大连市人民政府，2006-6-27）。据此，我们认为，大连市的科技体制机制创新目标应当为：

第一阶段，到2010年。

初步建立起具有大连特色的区域创新体系：区域创新体系包括以市场为导向、以政府推动为引导、以企业为创新主体、官产学研资服六位一体的协同创新组织、以研发、孵化、转化、融资、中介五大平台为载体、以科技市场和知识产权市场为纽带的区域创新体系。所谓大连特色包括：一是突出引进消化再吸收创新优势；二是重点培育企业主体和科技市场；三是重点扶植现代制造业、软件产业、生物制药产业的创新。

企业的创新主体目标：到2010年企业占全社会R&D投入比重超过60%；企业研发投入超过企业销售收入的3%；企业占全社会研发人员比重超过60%；企业占全社会专利申请量的比重超过50%；大中型企业普遍建立技术开发机构；科技进步对企业增长贡献率超过55%以上。

产学研一体化目标：形成以官产学研资服一体化为依托的研发、孵化、转化、投融资、中介五大创新平台；新建10～15个国家级工程（技术）研究中心和企业技术研究中心、3～5个国家重点实验室；引进国内有较强实力的研发机构（分支机构或研发总部）20家；各类大专院校、科研院所及有实力的企业建立国家级研发中心、技术工程中心总计达到50家；科技开发成果（发表论文、申请专利及发明非专利技术）年均保持30%以上的增长；专利申请量年均增长30%，到2010年突破13 500件，其中发明专利申请量占整个专利申请量的50%；产学研合作由区域性资源合作向利用国内外科技资源转变，由成果型松散模式向实体型紧密模式转变。到2010年，大连要建成各类孵化器累计40家，建立科技产业化（二次孵化）基地10个，总规模达到500万平方米，年孵化企业2400多家。健全各类中介机构，为科技成果转化创造良好的市场服务条件。

科技投入体制目标：调整科技事业费的基数，提高科技投入的增长率，使大连市财政的科技投入超过东部沿海发达地区的平均水平，财政科技投入增幅要明显高于财政经常性收入增幅；市科技三项费用占财政支出比重超过3%；各类科技风险基金投入占全市科技投入比重超过10%，风险投资总规模达到80亿元。

科技创新成果转化目标：到2010年，技术市场年合同成交额达到50亿元；高新技术产业增加值年均增长30%以上，2010年突破1000亿元；全市实现高新技术产品产值2300亿元，年均增长20%以上，占全市工业总产值的50%以上，高新技术产品出口交货值占高新技术产品产值的60%以上，具有大连特色和比较竞争优势的高新技术产业群基本形成。

科技人才政策目标：到2010年，大连市中级以上专业技术人员达到32万人；提高科技人才收入，到2010年，使大连科技人员的收入达到沿海发达地区科技人才的平均水平。

第二阶段，到2020年。

企业的创新主体目标：企业占全社会研发投入比重超过80%；企业研投入超过企业销售收入的5%；企业占全社会研发人员比重超过80%；企业占全社会专利申请量的比重超过85%；大中型企业普遍建立技术开发机构；科技进步对企业增长贡献率超过70%。

产学研一体化目标：形成以官产学研资服一体化为依托的研发、孵化、转化、投融资、中介五大创新平台；引进国内有较强实力的研发机构（分支机构或研发总部）50家；各类大专院校、科研院所及有实力的企业建立国家级研发中心、技术工程中心100家；科技开发成果（发表论文、申请专利及发明非专利技术）年均保持30%以上的增长速度；到2020年，大连要建成各类孵化器200多家，孵化面积1000万多平方米，年孵化企业4000家。健全各类中介机构，为科技成果转化创造良好的市场服务条件。

科技投入体制目标：调整科技事业费的基数，提高科技投入的增长率，使大连市财政的科技投入达到东部沿海发达地区先进水平，科技投入的增长要高于财政支出的增长；市科技三项费用占财政支出比重超过5%；各类科技风险基金投入占全市科技投入比重超过20%。

科技创新成果转化目标：到2020年，全市实现高新技术产品产值5000亿元，年均增长20%以上，占全市工业总产值的60%以上，高新技术产品出口交货值占高新技术产品产值的70%以上，具有大连特色和比较竞争优势的高新技术产业群基本形成。

科技人才政策目标：到2020年，大连市中级以上专业技术人员达到50万人；提高科技人才收入，到2020年，使大连科技人员的收入达到沿海发达地区科技人才的先进水平。

三、大连市科技体制机制创新的原则

其一，市场导向、政府推动原则。尊重市场规律，充分发挥市场机制在科技创新方向、科技创新项目、科技创新产品方面的资源配置基础作用，培育创新主体；政府科技规划要通过市场检验、市场手段来实现，政府要担负计划引导、政策扶植、资金支持、培育环境的功能。

其二，全方位、整体性原则。提升体制效能重在整体改革，包括科技规划、产权制度、技术市场制度、奖励制度、政策体系、法律体系等营造完整的创新体系。

其三，资源统筹、效能共享原则。建立官产学研资服六位一体的创新体系，突破各种产业壁垒和技术转移瓶颈，实现科技创新成果的共享、共进。

第八节 大连市科技体制机制创新的主要内容

大连市科技体制机制创新的主要方向为：市场导向、政府推动、企业为主体、产学研一体化、五大创新平台建设为重点，重点打造导向明确的科技计划管理体制、共享的公共科技资源顶层设计，构造多元高效的科技投融资体制，奠定创新主体的产权制度，构造官产学研资服六位一体的创新体系、健全完善的技术和知识产权交易市场。

大连市科技体制机制创新的具体内容包括以下几点。

（1）市场导向的含义：①以市场需求（包括中长期）为基点确定企业和城市的创新方向、项目、产品；②以市场需求为依据确定科技资源投入方向和重点；③以市场机制作为城市创新体系的基本机制；④以市场为轴心调整科技计划管理体制和科技政策。

（2）政府推动的含义：①以政府科技计划为主导引导社会创新方向；②通过政府掌握的公共科技资源重点扶植创新主体；③通过科技政策引导企业创新；④通过制定和维护科技市场法规、弘扬创新文化、打造创新环境。

（3）企业为主体的含义：①作为区域创新体系的出发点和落脚点，承担社会主要的创新活动；②作为经济实体提供科技创新、成果转化和产业化的主要资金；③集聚社会主要的应用型科技研发人才；④作为主要创新力量，成为社会专利发明的主体。

（4）产学研一体化的含义：①成为原始创新、集成创新、消化引进吸收再创新的全过程载体；②贯通研发、成果转化和产业化的流程；③成为社会创新体系的组织模式和内在机制。

（5）技术研发、企业孵化、成果转化、投融资、科技中介等五大平台含义：①公共技术创新平台；②创新型企业孵化公共平台；③科技成果转化公共平台；④公共科技投融资平台；⑤公共科技中介服务平台。

（6）知识产权市场和资本市场的含义：①知识产权获取和转让的渠道；②科技投融资的进入和退出渠道；③科技成果的转化通道；④科技发明创造的扩散辐射渠道。

大连市科技体制机制创新的重点在于：

其一，创新科技宏观计划管理体制，打造"市场导向、政府推动型"的有效创新机制。针对大连市科技计划管理体制的状况与存在的问题，科技管理制度创新，重点要做好科技资源共享的顶层设计，打破资源分散、封闭和垄断的状况；应当在科技宏观管理体制、科技计划管理体制和政府采购制度方面有所突破；有效解决科技政策与经济政策不协调的问题；设计经济发展和科技资源配置一体化的政策体系。应当支持和培育企业主体自主创新，促进技术引进和消化再创新，加强科技基础设施建设，加强科技人才激励以及出台其他科技资源配置的政策。

其二，创新企业体制，构造动力强劲的创新主体队伍。针对大连市企业创新主体建设的现状与问题，加强创新主体的产权制度、市场制度建设；培育创新主体的制度设计和政策体系；完善知识产权和技术市场交易规则和政策体系。

其三，创新产学研一体化模式，构造官产学研资服六位一体的协同创新机制。培育产学研相结合的新型体制；确定产学研"双向进入"的方略；大连市明确培育产学研相结合新型企业的发展目标；建立产学研合作新机制；提出大连市科研院所改制和创新能力培育的建议。

其四，创新科技投融资体制，构造多元化科技资源投入退出机制。认真分析大连市科技投融资体制的现状与问题，提出大连市科技投资规模与结构；构造企业自筹、创业投资、科技贷款、股权募集、政府创新基金多元化科技创新资金投入体制的制度安排；设计创业投资管理办法；组建跨行业跨部门的科技创新基金。

其五，创新科技中介体系。客观评价大连市科技孵化和科技中介体系；构建健全科技孵化、咨询、评估、技术市场交易等科技中介相关制度；提出大连市科技孵化器建设目标和大连市科技中介体系建设目标。

其六，创新型人才制度建设。提出大连市创新型人才建设的目标、原则、重点、生长机制。力争到2010年，努力把大连市建成中国北方具有完善创新型人才政策体系、高效市场体系、服务体系、工作机制的开放性的创新型人才集聚地。

其七，创新政策法规体系，构造良好创新环境。推动大连市实现科技政策和经济政策的协调一致，着重转变经济增长方式、确定两种政策即“双向参与”和“统一制定”，进行政策“自查”，实现科技政策法制化，培育城市创新文化，以建立两种政策协调一致的长效机制；完善和建立财税政策、财政投入政策、土地政策、人才政策体系，构建完备的科技创新地方性法规。

其八，创新科技评价体系。创新大连市科技评价体系主要关注两个方面的问题：一是创新科技考核评价体系，建立有效的激励和监督机制，主要用于对于城市内部的项目成果、科研单位、县区科技活动的考核；二是构建区域性科技体制机制竞争力评价指标体系，主要用于比较各个城市之间的科技体制机制竞争力。

第二章　创新科技计划管理体制，打造“市场导向、政府推动”的有效创新机制

科技管理体制主要包括科技计划管理体制、科技资源配置体制、科技组织的结构和布局体系、科技市场管理体制等。其中，科技计划管理体制主要是政府部门通过何种方式规划和调度科技创新力量的问题。这既包括科技规划的编制，也包括政府可支配的科技资源的配置方式。科技宏观计划管理体制主要包括科技（顶层设计问题）组织、计划、分配、法规、评估。

科技计划管理体制和机制的创新应当坚持两点，一是市场导向，二是政府推动。

鉴于科技创新活动具有投资周期长、见效慢、集成性强等特点，单纯依靠企业自发创新，进程较慢，故而，即使是发达的市场经济国家，也需要政府加强科技引导和投入。为此，作为一个国家的整体科技进步，科技创新中的“政府发动”显得非常必要。

这种“政府发动”型科技创新和体制创新，对于后发国家尤其重要。突破原有体制上和创新资源上的瓶颈，需要自上而下的制度变迁，需要外部资源推动创新。这种“政府发动”型模式的原因在于，后发国家企业弱小，缺少动力资源，创新信息不通畅，缺少规则。政府发动创新的重点在于组合要素、创新导向、增量助推。“政府发动”型并不否定“场地维护”型政府的意义，政府发动也要通过市场、通过第三方组织的运作，只不过在初期政府的增量助推和要素组合作用要强一些，后期创新导向作用要强一些。

市场导向是因为在市场经济条件下，原始创新、集成创新、引进再创新活动发端于市场需求，没有市场需求，研发成果难以被转化为商品，难以产业化，研发和产业化投资就没有来源。而加强政府推动，是因为自主创新是具有很高外部经济性的活动，仅靠市场很难使创新活动处于社会需求的最优水平。因此，政府必须发挥积极作用，努力营造有利于自主创新的环境，形成对自主创新的有效激励。国内外实践证明，政府在完善自主创新的综合服务体系，为自主创新提供财税支持，创造有利于自主创新的体制环境、文化氛围和人才储备等方面，都是大有可为的。为此，科技体制创新应当坚持“市场导向、政府推动”的原则，在推进科技管理体制向市场经济转轨的同时，加强政府的政策引导和政府种子资金的孵化作用。

第一节 创新科技计划的原则

2006年1月，科技部印发《关于国家科技计划管理改革的若干意见》的通知。通知要求：国家科技计划管理改革要围绕促进自主创新的主题，既要充分吸收和继承现有计划管理中好的经验和做法，更要与时俱进，坚定改革，大胆创新；既要坚持“有所为、有所不为”，重点解决当前国家科技计划管理中的突出问题，求真务实，提出切实有效的改革新思路、新举措，力争取得突破，又要加强总体设计，综合集成配套改革措施，积极有序推进。重点要突出以下几项原则：

（1）体现国家目标。围绕党的十六届五中全会提出的“十一五”国家经济社会发展目标，以《纲要》为指导，以提高自主创新能力为主线，结合经济社会发展对科技提出的重大需求，以解决经济社会发展中的瓶颈制约问题、提升产业竞争力、构建和谐社会、维护国家安全等为重点，充分发挥科技对经济社会发展的支撑和引领作用。

（2）促进自主创新。把促进自主创新摆在全部科技工作的突出位置，把提高自主创新能力作为推进结构调整和提高国家竞争力的中心环节，遵循科学和技术发展规律，实行分类管理，建立有利于促进自主创新的国家科技计划管理模式。基础研究和前沿探索类科技计划要鼓励自由探索，突出原始创新，提高科技的持续创新能力；应用开发及产业化类科技计划要面向市场，突出集成创新，以企业为实施主体，重点解决经济社会发展中的重大科技需求问题，提高科技的支撑能力。

（3）加强统筹协调。围绕国家整体的创新目标，充分发挥各方面的积极性。统筹考虑政府和市场在资源配置中的作用，统筹科技发展与改革，统筹项目、人才和基地建设，统筹基础研究、应用开发和产业化安排，统筹集成各方面的科技资源，充分利用国外的科技资源，促进资源的优化配置和科学利用。

（4）明确权责划分。国家科技计划管理要进一步明确计划、项目决策、管理、实施、咨询、服务等各类主体的权利与责任，强化责任制，加强监督，逐步建立咨询、决策、实施、监督相互独立、相互制约的科技计划管理体制。

（5）完善管理制度。围绕建立有利于自主创新的管理新机制，制定明确的管理流程和办法，规范科技计划管理运行的秩序，强化决策的科学化和民主化，推进依法行政和计划管理的制度化、规范化，保证科技计划管理的公正和公开。

（6）提高管理效率。国家科技计划管理要以提高管理效率和经费使用效益为目标，进一步简化程序，建立科学的评估监督机制和绩效考评制度，完善知识产权保护和成果共享机制，保证国家科技计划各项目标的实现。

第二节 创新科技计划的方式

在市场条件下，政府的科技管理职能中重要的一条就是做好科技创新规划，通过科技信息引导创新主体企业实现重点创新。

一、主要科技大国的科技计划创新

转入现代市场经济和知识经济时代，政府的科技规划依然发挥重要作用，但是规划的目标、内涵、方式、重点都发生了重大改变。在规划的目标上，更加强调领先性；在规划的内容上，由单纯科技进步指标，转向更加强调科技进步目标与经济社会发展目标的一致性；在规划的方式上，更重视强调专家科学论证，强调市场预测；规划的重点由过去较多地规划项目、规划具体技术，转向重点规划政府的政策导向功能、引导功能和扶植功能的发挥（国际科学技术发展报告课题组，2005）。

纵观世界上主要的科技大国，科技规划都发生过许多重大变革。据中国科学院成都文献情报中心2005年汇编的资料反映：在规划的目标方面，更加强调前瞻性和领先性。例如，日本政府提出了三“国”目标（“为世界做出贡献的国家”、“可持续发展的国家”、“生活质量高的国家”），并要在50年内获得30个奖。韩国国家科学技术会议2002年6月通过《2025年构想：韩国科技发展长远规划》，同年又制定了2002~2006年“科技基本计划”。韩国提出要跻身世界“七强”（G7），到2015年，韩国要成为亚太地区的主要研究中心；到2025年，韩国的科技竞争力排名要达到世界前7位的水平，并将在一些选定的特定领域加速领先于其他所有的竞争国家。韩国提出将信息技术、材料科学、生命科学、机械电子学、能源与环境科学、文化技术等几个领域作为优先发展领域，又从这些领域中选出一些需要大力开发的核心技术（中国科学院成都文献情报中心，2005）。

在科技规划内涵方面，整体性、协调性成为主流。《俄罗斯联邦2010年前和未来国家科技发展基本政策》提出，俄罗斯科技政策的宗旨是：“确保俄联邦国家战略目标的实现，其中包括提高国民的生活质量，实现经济增长，发展基础科学、教育、文化，保障国防和国家安全。”科技政策的目标是，“使国家的发展逐步走向创新之路”。俄政府还制定了11项具体任务、7个重要的政策导向等。该文件还涉及技术手段和组织措施。俄罗斯将建立完整的国家管理系统来协调科学、科技和创新活动，创造一种崭新的适应市场经济的科技组织形式，将科学研究、技术开发、教育、人才培养集于一体（中国科学院成都文献情报中心，

2005）。

在科技规划重点方面，兼顾科技进步重点领域和充分发挥政府扶植科技职能。2001年，日本政府出台第二个《科学技术基本计划》（2001－2005年）。该计划的一个特点是重点领域突出，这个计划明确提出将生物技术、信息技术、环境技术和纳米技术作为四个重点发展领域；计划还提出推进科技运营体制改革，加大人才的流动性，改革科技体制，改进研发课题资金的分配、研究成果的评价制度，实现企业与国立科研机构和大学的结合、成果的转化等；同时提出加大投资力度，日本中央政府上一个“五年计划”的研发经费为17万亿日元，这一个五年计划增加到24万亿日元，增长了41%。此外，获得预算资金的个人或集体还可再得到所属部门追加投入的30%的资金支持，确保这四个领域所需战略资源（人才、资金、设备）的落实。

在科技规划方式方面，强调科学论证、市场导向。日本从1980年开始，由模仿战略转向独立自主研发新技术战略。进入20世纪90年代以后，受泡沫经济后遗症的影响，日本经济长期在低谷徘徊，为振兴低迷的经济，也为追赶以美国为代表突然发力的知识经济的步伐，日本痛定思痛，经过科学论证，提出彻底告别“模仿与改良时代”，全面开启“科学技术创造立国”新时代。日本第二个《科学技术基本计划》明确提出了生物技术、信息技术、环境技术和纳米材料技术等四大重点领域。四大重点领域与能源、制造技术、社会基础技术、宇宙和海洋开发一起成为八大研发领域。在美国，克林顿政府时代的科技发展规划，表达了对重视私人部门投资积极性的思路。“在日益成为以技术为基础的社会中，私人部门的投资将由全球市场来推动，政府的财政和法规政策将促成和刺激这种投资。由于私人部门的投资很可能继续集中在短期的应用研究和开发上，所以联邦的投资就必须进一步用来增强基础研究，重建科学基础设施，强化长期的应用研究和开发，为R&D的长期健康发展提供种子基金。”（中国科学院成都文献情报中心，2005）

二、我国科技计划管理创新的主要方向

根据国家科技体制创新的主要战略部署，我国科技计划管理体制的主要方向是追踪世界主要创新大国的科技规划发展态势，紧紧把握当今科技创新的主要趋势，把握我国科技创新的历史条件，兼顾科技发展规划的前瞻性、整体性、协调性、导向性和科学性。

1. 构建有利于自主创新的国家科技计划体系

（1）发挥国家科技计划对创新活动的导向作用。科技计划是政府组织科技

创新活动的基本形式，主要包括国家科技计划、部门（行业）科技计划和地方科技计划等。作为科技计划的主体，国家科技计划要围绕促进自主创新，落实《纲要》提出的目标和任务。对现有的国家科技计划体系进行必要的改革和调整后，“十一五”国家科技计划体系主要由基本计划和重大专项构成：基本计划是国家财政持续稳定支持科技创新活动的基本形式，包括基础研究计划、科技攻关计划、高技术研究发展计划、科技基础条件平台建设计划、政策引导类科技计划等；重大专项是体现国家战略目标，由政府支持并组织实施的重大战略产品开发、关键共性技术攻关或重大工程建设，通过重大专项的实施，在若干重点领域集中突破，实现科技创新的局部跨越式发展。

（2）明确国家科技计划的定位。围绕有利于促进自主创新，国家各科技计划要进一步明确定位和支持重点。基础研究计划要突出原始创新，由国家自然科学基金和“973计划”构成，主要定位分别为自由探索性基础研究和国家目标导向的战略性基础研究；科技攻关计划要加强对国民经济和社会发展的全面支撑作用，加强集成创新，突出公益技术研究和产业关键共性技术开发；高技术研究发展计划（“863计划”）以发展高技术、实现产业化为目标，进一步强调自主创新，突出战略性、前瞻性和前沿性，重点加强前沿技术研究开发；科技基础条件平台建设计划要突出资源共享，以研究实验基地、大型科学仪器设备、自然科技资源、科学数据和科技文献等建设为主要内容，为提高科技持续创新能力提供支撑；政策引导类计划要有明确的政策导向和措施，重点加大对企业自主创新、高技术产业化、面向农业、农村的科技成果转化和推广、国际科技合作等的引导和支持。重大专项按照国家发展的战略需求，明确实施目标，根据需要和条件，成熟一个，实施一个。

（3）把加强自主创新作为优化国家科技计划经费配置的战略重点。根据公共财政要求和创新活动的特点，调整国家科技计划经费的配置和结构，加大对自主创新的支持力度。国家财政科技投入的重点是加大对基础研究、公益研究、高技术研究、产业共性关键技术开发的稳定支持，加大对科研基地、条件平台和科技队伍建设的支持。国家财政安排专项资金，保障重大专项的顺利实施。充分发挥市场对资源配置的基础性作用，进一步增强政府动员社会资源的能力，引导企业成为科技投入的主体，鼓励金融机构和社会其他力量加大对科技创新的投入，形成全社会投入自主创新的良好局面。

（4）加强科技计划的协调衔接。围绕国家的整体创新目标，加强国家科技计划之间、国家科技计划与部门、地方科技计划之间的协调衔接和集成，整合科技资源。建立制度性的沟通协调机制，适时就国家、部门和地方的各类科技计划的当年进展及下一年度安排等情况进行沟通协调，形成科技计划的年度报告制度，以加强集成，避免重复交叉。

2. 进一步推进部门（行业）和地方的自主创新工作

（1）发挥部门（行业）在促进自主创新中的作用。国家科技计划目标的确立及重大项目的确定，要充分听取部门（行业）的意见。把征集部门（行业）等科技需求和重大项目建议，作为科技计划管理的一个重要环节和措施。有效集成部门（行业）的资源，加大对行业共性技术的支持力度，充分发挥部门（行业）在攻关计划项目和“863计划”重大项目中的组织实施作用。加强部门（行业）的监督作用，推进国家科技计划的有效实施。在有关国家科技计划中设立行业引导项目，由部门（行业）负责管理和实施，重点支持行业科技发展中的前瞻性和创新性的技术储备、应急反应和基础性工作等，提高行业科技发展的持续创新能力。

（2）提高地方科技的自主创新能力。加强对地方科技工作的指导，强化地方科技管理部门的职责，充分发挥其在科技计划项目管理中的统筹协调作用，支持有条件的地方组织实施国家重大科技项目和共建实验研究基地，充分发挥地方资源优势。落实国家区域发展战略，加大对区域科技创新活动的支持力度，统筹区域科技协调发展，在有关国家科技计划中设立区域引导项目，主要由地方负责管理和实施，提高区域的自主创新能力。有效集成中央和地方的科技资源，加大科技成果转化及产业化的支持力度，促进区域经济发展。加强对县（市）科技信息平台等科技基础条件建设的支持力度，增强县（市）科技服务和支撑能力。

3. 加大对企业技术创新的支持力度

（1）加大国家科技计划对企业技术创新的支持。建立与企业的信息沟通机制，充分听取企业的技术创新需求，反映国家产业技术发展方向。应用及产业化类国家科技计划项目的立项要充分听取企业的意见，项目的评审要更多地吸纳企业同行专家参与。加大对企业自主创新活动的支持，鼓励企业参与国家科技计划项目的实施。对于重大专项和基本计划中有产业化前景的重大项目，优先支持有条件的企业集团、企业联盟牵头承担，或由企业与高等学校、科研院所联合承担，建立以企业为主体、产学研联合的项目实施新机制。

（2）支持大型骨干企业的技术创新基地建设。加大对大型骨干企业技术创新基地建设的支持，鼓励并支持有条件的企业独立或联合科研院所、高等院校等建立国家工程中心、科技成果产业化基地等，建设一批企业的研发中心，打造企业技术创新和产业化平台。加大现有研究开发基地与企业的结合，建立面向企业开放和共享的有效机制，提高企业的自主创新能力。

（3）搭建科技型中小企业的创新平台。支持科技型中小企业参与国家科技计划项目的实施，鼓励科技型中小企业整合科技资源，进行技术合作开发，增强科技型中小企业的自主创新能力。国家政策引导类计划要向科技型中小企业倾斜，加大对科技型中小企业创新创业的支持力度。支持生产力促进中心、科技孵化器等中介机构的建设，建设一批服务于科技型中小企业的创新服务平台，形成有利于科技型中小企业成长和创新的新机制和环境。

4. 促进科技自身的持续创新能力建设

（1）加强对项目、人才、基地的统筹安排。国家科技计划从以支持项目为主，逐步转向统筹安排项目、人才、基地，实现从技术突破的单一目标向科技持续创新能力提高的综合目标转变，把人才培养和基地建设作为项目论证和考核的重要指标。加强发展与改革的结合，优先支持改革取得实质成效的科研院所和企业以及国家（重点）实验室、工程中心等国家科研基地承担国家科技计划项目任务。加强项目实施与能力建设的有机衔接，通过国家科技计划的实施，造就一支创新队伍，建设一批创新基地，提高科技持续创新能力。

（2）加大对创新人才的支持力度。在有关国家科技计划中设立人才专项资金，支持青年创新人才、跨学科复合型人才、优秀创新团队以及“小人物、小团队”的成长。鼓励科学家自由探索，高度关注具有创新性的“非共识项目”并加大支持力度。提高科技计划项目的人员费用支出比例，鼓励科技人才的流动与交流。建立科学的人才评价指标体系，鼓励和支持青年人才、海外留学人才等参与国家科技计划项目。

（3）加强和统筹创新基地的建设。制定国家创新基地的发展规划，加大对国家（重点）实验室、工程中心等创新基地建设的统筹和支持力度，合理布局创新基地建设。国家科技基础条件平台建设计划把创新基地建设作为重要内容予以支持。改革国家创新基地的管理运行模式，对创新基地实行分类支持和管理，对基础研究类和社会公益类基地实行稳定支持与动态调整相结合的方式；对工程化、产业化性质的基地，实行政府引导、多渠道投入和共建的方式；成果推广示范基地及其他综合性基地通过竞争择优、后补助或项目倾斜等多种方式支持。鼓励共建创新基地或联盟，制定公共科技资源的开放与共享标准与规范，促进资源共享。

5. 加强知识产权管理

（1）加强国家科技计划项目知识产权的管理和保护。开展重点领域知识产权态势分析，建立国家科技计划项目的专利查新制度，并把它作为立项的重要依据。突出自主创新，把创造知识产权和技术标准作为国家科技计划项目实施的重要目标。加强国家科技计划形成的知识产权管理和保护，科技计划项目经费可用于支持重大成果和国内外发明专利的申请和保护。

（2）形成有利于自主创新的科技成果鉴定与管理机制。改革科技成果鉴定方式方法，建立科学的科技成果评价指标体系，发挥成果鉴定与管理对自主创新的积极导向作用。完善科技成果的评价评估制度，进一步发挥社会中介机构在科技成果评价中的作用，国家层面不再组织成果鉴定，对技术水平的评价不作为项目验收的内容。制定和完善国家科技计划成果共享机制和办法，建立国家科技计划成果数据库，完善国家科技计划重大创新成果的报告、登记和信息发布制度，促进科技成果的技术转移、转化和共享。

6. 积极推行有利于创新的科技计划管理新机制

（1）加强技术预测工作。建立面向社会和产业需求的技术预测制度，把技术预测作为科技计划管理的基础性工作，建立健全技术预测机构和队伍，完善技术预测方法，建设国家技术预测平台，提高技术预测的科学性和权威性，为国家科技创新政策、发展战略、发展规划、计划的制订和调整、优先发展领域的选择以及研发资金投向和重点等提供决策支撑。

（2）建立和完善独立的评估制度。在国家科技计划及项目管理中引入第三方独立评估制度。加强科技计划评估专家队伍和独立评估机构的建设和管理，规范评估程序，制定和完善有利于促进自主创新、适应不同科技计划和管理工作特点的评估指标体系。加强对科技计划、重大项目、科研机构、科技人员和基地等的评估工作，为计划项目调整和科技工作的绩效考评提供科学依据。

（3）发挥中介服务机构在计划项目管理中的作用。制定分类管理办法，规范中介机构的服务，提高其服务质量。进一步明确职责，充分发挥中介服务机构在计划项目管理中的作用，通过合同委托等方式参与计划项目评审、评估、监督、成果评价与推广等管理工作。

（4）建立信用管理制度。加快制定科技计划信用评价指标体系，建立信用管理数据库。对项目实施过程中的相关机构、主要承担单位和责任人，以及咨询、评审专家等进行信用记录和信用评价，并将其信用状况作为决策的重要依据。

（5）建立统一的国家科技计划管理服务信息平台。加快国家科技计划管理的信息化建设，充分运用信息技术，构建网上科技计划管理“一站式”服务平台，逐步实现科技计划项目的网上运作和管理。建立重大项目储备数据库、科技计划项目信息数据库等，加强综合信息管理，避免交叉重复，提高科技计划决策与管理的科学性。

7. 进一步提高国家科技计划管理的公开性

（1）完善专家参与国家科技计划管理机制。建立统一的国家科技计划项目咨询、评审和验收专家库。参与项目评审、验收等的同行专家，要从专家库中随机抽取，扩大专家遴选的范围。充分发挥专家在战略、技术、经济、经费预算等方面的咨询作用，规范专家参与计划项目管理、咨询、监督的方式和程序，建立回避等制度，完善专家参与管理的机制。

（2）改革完善国家科技计划项目的申报评审机制。规范项目的申报评审程序，严格项目的申报评审要求，国家科技计划项目原则上实行网上申报管理。建立立项决策和评审咨询相互分离的机制，根据计划项目的不同特点，逐步实行网上评审等制度。加大竞争性项目的招投标力度，实现决策的公开、公平与公正。根据科技创新的自身规律和经济社会发展的急迫需求，建立项目立项的快速反应机制。

（3）提高国家科技计划管理的透明度。在严格遵守国家保密规定的前提下，按照政务公开的范围和程序，凡不涉及保密的国家科技计划项目的申报、立项、实施和评价等信息，都要通过电子政务网络系统等及时向社会公开，积极推行项目公告公示制度，提高科技计划管理的透明度。

8. 加强国家科技计划经费的管理与监督

（1）进一步完善科技计划经费管理办法。按照国家公共财政改革要求，完善科技计划项目经费预（决）算制度，建立科技经费预算管理信息系统。建立科学统一的科技计划财务管理制度体系，进一步规范国家科技计划项目经费、管理经费的支出科目、报表体系和使用范围。加强对项目配套资金的监管，保障科技经费的及时拨付和合理使用，提高科技计划经费使用的规范性和有效性。

（2）建立制度化的经费使用监督机制。加强国家科技资产的管理，加强对科技经费使用的监督，逐步形成财政审计部门的专业监督、科技计划主管部门委托的第三方监督和项目组织部门及承担单位的日常监督相结合的监督管理机制。加强科技计划经费的绩效考评，逐步形成制度化，提高经费使用效益。

9. 建立国家科技计划管理的责任机制

（1）建立国家科技计划管理分层责任制。进一步明确国家科技计划项目决策、咨询、管理、实施等各主体的职责和权限，强化目标管理，建立目标责任制，实现分层负责。建立问效问责制度，对按照层级目标确定的各责任主体进行跟踪考核，以绩效评估为基础，对计划项目目标完成不力或管理不善者追究相应责任。

（2）建立国家科技计划管理咨询、决策、实施和监督相互独立、相互制约的新机制。在完善专家咨询机制的基础上，科技计划主管部门侧重于计划目标的决策；项目组织部门和实施单位加强对项目实施的过程管理，对项目的实施效果负责；加强对科技计划项目的实施监督，积极引入第三方中介机构进行独立的评估监督，重大项目的实施可引入监理制度。逐步形成咨询、决策、实施、监督相互独立、相互制约的科技计划管理机制。

三、大连市科学计划管理体制创新的指导思想和基本原则

近些年，大连市科技计划发挥了一定的引导和扶植作用。从2001年到2005年累计完成市级科技项目1215项，累计科技计划经费28 296万元，加上省政府和国家的科技项目经费，科技项目经费达66 002.9万元（表2-1）。从2001年到2005年市级科技三项费用累计达到69 399万元（表2-2）。全市R&D投入占GDP比重由2001年的1.01%上升到2005年的1.52%（表2-3）。

表2-1　2001～2005年大连市科技计划执行情况

名称＼年份	2001	2002	2003	2004	2005	合计
市本级项目数/项	199	238	303	274	201	1 215
市本级经费/万元	3 664	3 757	7 000	6 500	7 357	28 296
国家省市项目数/项	300	438	495	484	462	2 179
经费总额/万元	10 097.1	8 990.8	15 421.3	16 486.7	15 007	66 002.9

资料来源：根据大连市科技局《大连市科技创新能力基本情况报告》（2006年4月，第22页）整理测算。

表2-2　2001～2005年大连市本级科技三项投入情况

名称＼年份	2001	2002	2003	2004	2005	合计
科技三项经费/万元	6 702	8 037	11 090	19 736	23 756	69 399

资料来源：根据大连市科技局《大连市科技创新能力基本情况报告》（2006年4月，第21页）整理测算。

表2-3　2001～2005年大连市R&D投入情况

名称＼年份	2001	2002	2003	2004	2005
R&D投入/亿元	13.58	15.69	18.11	29.4	35
占GDP比重/%	1.01	1.07	1.12	1.5	1.52

资料来源：根据大连市科技局《大连市科技创新能力基本情况报告》（2006年4月，第22页）整理测算。

未来“十一五”期间，大连市应当根据国家科技创新大会的精神和大连市

科技创新大会的要求，加快科技计划体制的改革和创新。具体的指导思想和基本原则如下所述。

1. 指导思想

以提高自主创新能力，建设创新型城市为目标，把科学发展观贯穿到科技计划管理改革全过程；以建立新型的科技计划运行机制为重点，推动科技资源有效集成和优化配置的新型体制建立；以科技计划信息化为手段，实现公开透明、客观公正、运转高效；以转变政府职能为突破口，逐步建立起一套科学规范的科技计划管理新体系。

2. 基本原则

(1) 突出自主创新、体系创新原则。围绕创新型城市建设目标，通过科技计划管理的改革，着重解决企业主体的自主创新能力和城市创新能力的提升问题；通过改革建立和完善产学研一体化的研发体系和整个城市的创新体系。

(2) 突出市场导向、政府推动原则。科技计划管理改革应当体现市场配置资源的基础作用，通过市场手段实现科技资源优化配置和科技计划管理。政府科技管理部门重点抓好整体规划和科技市场，充分发挥中介机构在科技项目筛选、评估论证和跟踪管理过程中的作用。

(3) 突出统筹协调、资源集成原则。整合国家、省、市、区、县市各类科技资源，形成跨部门、跨区域上下联动互补机制，促进科技资源的计划管理集成化和系统化。

(4) 突出绩效管理、严格监督原则。要在科技计划管理规范化、制度化的基础上，精简优化计划管理程序，降低计划管理成本；要明确科技计划管理的权利与责任，实行权责一致，依法行政；要建立科学的评估监督制度、绩效考评制度和责任追究制度，逐步形成咨询、决策、实施、监督相互独立，相互制约的科技计划管理体制。

四、构造新的科技计划结构和科技经费配置重点

“十一五”期间，大连市科技计划主要由重大科技专项、基本计划和专项资金构成。

一是重大科技专项：对城市经济和社会发展具有全局性、战略性的科技创新项目。这些项目反映城市重大科技需求，有助于推动增长方式转型、提升产业结构、开辟创新产业，能够形成自主知识产权或重要技术标准。重大专项由政府部门根据城市科技发展战略目标进行规划、设计、评估和组织实施。

二是基本计划：包括科技攻关和科技创新平台建设等计划，主要从重大项目、重点项目和育苗项目三个层面进行安排。科技攻关计划重点围绕工业、农业和社会发展领域，加强集成创新和引进消化吸收再创新，开展公益技术研究和产业关键共性技术开发；科技创新平台建设计划主要是集成政府、企业和社会各类创新资源，以科技研发、创新孵化、成果转化、中介服务、投融资等创新平台建设为主要内容，为提高科技持续创新能力提供支撑。

三是专项资金：包括科学技术基金和科技型中小企业创新基金。主要是为促进企业自主创新、推进高新技术产业化和科技成果转化以及科技创新人才培养等而设立的专项资金。科学技术基金是用于培养高层次中青年科技人才从事基础研究、应用研究和高新技术研究的专项资金；科技型中小企业创新基金主要用于支持初创期的科技型中小企业增强创新能力，引导全社会对科技型中小企业技术创新的投入。

“十一五”期间，要把政府资金支持的重点调整到大连科技创新体系、创新环境建设和引导企业加大研发投入，推动企业自主创新，提高竞争能力上来。2006年大连市人民政府印发《关于提高自主创新能力若干规定》的通知规定：在科技投入方面，要建立以政府投入为引导、企业投入为主体、直接和间接融资为支撑的多元化、多渠道的全社会科技投入体系。到2010年，全社会研究开发投入占国内生产总值的比例达到2.5%，确保财政科技投入稳定增长。各级政府要把科技投入作为财政预算保障的重点，在年初编制预算和预算执行中的超收分配，都要体现法定增长的要求。2006年，市财政科技投入要大幅度增长，在此基础上，“十一五”期间财政科技投入增幅明显高于财政经常性收入增幅。2006~2008年，设立市自主创新专项资金（以下简称“市创新专项”），每年6亿元。其中，市本级财政安排3亿元，主要用于重点产业技术创新、引进消化吸收再创新、重大科技成果转化、科技创新平台及科技企业孵化器建设、科技型中小企业技术创新、知识产权创造与保护以及科技投融资引导（贷款贴息、担保补偿、风险投资补贴）等；大连开发区财政安排1.5亿元，大连高新园区财政安排1.5亿元，主要用于开发区和高新园区内涉及优化全市产业布局的重大科技创新项目、创新孵化平台建设和科技招商引资等。各区（市、县）财政也要设立相应的专项资金（大连市人民政府，2006-06-27）。

一要加大对自主创新的支持力度。要重点安排一定比例的专项经费，保障全市重大科技专项的顺利实施，提高城市的核心竞争能力；加大对公益领域，特别是对科技创新和服务体系等公共平台建设的经费投入比例；加大对项目、人才、基地的统筹安排力度，逐步弱化对技术突破单一目标项目的支持；对创新性强的小项目和非共识项目给予特别的关注和支持，对企业以提高自身效益为目的的一般性低水平项目原则上不再支持；协调整合国家、省、市和社会各类科技资源，积极探索科技经费适应市场经济要求的多种使用投入形式，试行部分科技经费有偿使用，滚动支持科技项目中试和产业化办法。

二要加大对企业创新投入的支持力度。根据大连市“十一五”科技规划目标要求，到2010年，企业研发投入要占大连市整个研发投入的60%。在科技经费安排上，要重点向企业投资建立的工程技术研究中心、重点实验室和研发平台倾斜；要重点企业组合投入，科研院所参与的产学研相结合的科研联盟倾斜；要重点扶持社会建立的各类科技投融资平台，构建多层次科技投融资体系倾斜。

三要完善科技计划经费安排管理机制。要建立完善的科技计划项目经费预（决）算制度，从制度源头上解决目前科技经费使用不规范问题。要规范科技计划项目经费、管理经费的支出科目、报表体系和使用范围，加强对项目配套资金的监管，保障科技经费的及时拨付和合理使用。逐步构建包括对科研活动参与者、管理和决策者在内的多环节的科技经费监督体系。

五、建立科学的科技计划工作程序

大连市科技计划主管部门的管理体制和运行机制上的改革，是全市整个改革工作的中心环节。

1. 目标决策

大连市科技局计划财务处根据科技规划和年度全市科技工作计划，负责编制科技计划项目申报指南，提出年度科技计划的支持方向和重点、年度科技计划支持的各类项目数量和项目经费安排比例等方案，提交局长办公会研究确定。

2. 执行责任

有关业务处室根据局长办公会研究确定的年度科技计划项目申报指南，结合分管领域实际，负责制定具体实施计划；组织推荐分管领域科技项目，其中重大以上科技项目，要提出综合调研报告和预算情况；负责监督、检查项目执行情况，按期进行总结和验收。

3. 评估论证

大连市科技局负责建立完善独立的评估制度和科技中介服务机构及专家信用制度，并委托具有一定资质条件的科技中介服务机构，负责对项目申报材料进行初步形式审查；组织专家对受理项目进行评审论证；协助有关单位组织开展科技项目的招标活动；配合有关业务处室对实施项目进行监管和绩效考评。采取社会竞争的办法由局长办公会选定科技中介服务机构。

4. 监督考核

大连市科技局负责建立严格高效的考核监督体系，制定《大连市科技计划项目管理办法》、《大连市科技计划项目评估管理办法》、《大连市科技计划项目招投标管理办法》等规定。局监察部门负责对科技计划关键环节和廉洁行政行为进行监督，对职权范围内的违规行为进行责任追究。

5. 平台建设

大连市科技局负责改造提升市科技局门户网站功能，建立纵向国家、省、市，横向部门、企业和内外网并联的方便快捷的计算机网络系统，建立各类科技计划项目和专家信息数据库。通过网络推行科技计划管理信息和项目公开、公示制度，逐步构建网上科技计划管理“一站式”服务平台体系，提高科技计划管理工作的透明度。

六、政府采购制度改革

政府采购是以政府为主体、为满足社会公共需要而进行的采购活动，是一种典型的“公共采购”。政府采购不仅是完成公共物品的采购任务，也不仅是节省政府财政资金的问题，而是必须从社会公共大局出发，围绕国家要实现的总体社会经济目标而进行的采购活动。在国家确立自主创新的发展战略环境下，作为政府采购管理与决策机构，应该如何认识自主创新的价值，如何有效运用政府采购的特殊功能作用，促进自主创新和自主知识产权的开发与应用，显然是需要认真探讨和改革的问题。

目前大连市虽已出台《大连市政府采购管理暂行办法》以及《各类机关事业单位定点采购管理暂行办法》，但总的指导思想还是节约资金、提高资金利用率，在促进自主创新，提高科技竞争力方面发挥的功能作用明显不够，与大连市建设创新型城市的总体战略规划不相适应。大连市的政府采购可以采取以下多种措施，充分发挥其促进自主创新的功能作用。

一要按国家制定的政府采购自主创新产品目录，选择需要重点扶持的产品，形成“大连市政府采购自主创新产品目录”，并适时根据国家、省、市发展战略以及科技法发展动态进行调整。

二要对自主创新产品进行优惠采购、优先采购。所谓优惠采购，即对具有自主创新及我国自主知识产权的产品或专利成果，实行价格优惠。对于自主创新和拥有自主知识产权的产品和服务，政府可以以高于其他同类不具有自主创新产品的价格采购，自主创新产品政府价格优惠的幅度，可以根据创新程度和自主知识产权情况规定。所谓优先采购，一是在政府采购中，在政府需要的功能条件不变的情况下，凡是具有自主权创新、或者说拥有自主知识的产品，一律优先采购；二是参与政府采购市场的产品或服务，都具有自主创新成分，在其他条件基本接近的条件下，优先采购自主创新含量更高的产品或服务。

三是政府首购政策。对于中小企业技术含量高的创新产品及成果实行政府首购政策；对于国家重大创新产品技术，政府可向中标科研机构预拨资金，实行政府首购政策；对于企业自主开发且具有行业共性的技术，在确保知识产权保护的前提下，由政府指定部门收购，以平价、低价或无偿转让的形式供其他企业使用，避免重复开发。

四是设置最低权值或固定比例。政府采购相当多的情况是采取招标采购，招标采购在很多情况下采取综合计分法。因此，凡是涉及技术含量较高的产品或服务的采购，政府都需要设置自主创新、自主知识产权因素，并对该因素进行评分，政府需要规定自主创新因素的最低权值或本国自主知识产权比例，权值以下或比例以下的产品不予采购，以真正发挥政府采购促进自主创新的作用。

五是废除课题经费预拨制，建立创新成果政府采购制。进行课题经费预拨，事前支付巨额资金，获得的只是一种创新的可能而已，而且容易产生政府采购过程中重申报、重虚名、轻实质内容、轻验收把关等现象，而建立事后的创新成果政府采购制，政府对于已经取得了实质性成果的项目，实行招标采购制，得到的是一种实质成果。

第三节　创新科技管理组织体制

科技管理组织体制是指国家科技创新活动、科技资金分配、科技计划导向、科技成果评估等活动的组织方式和组织制度，它是科技创新活动的制度保障。

一、日本的科技管理组织体制创新

1. 领导体制改革

日本根据1999年国会通过的政府改革法，在2001年1月改革内阁的同时，政府一系列行政体制改革也正式启动，其中包括将中央政府原有的22个部门和机构压缩为13个，原各政府部门和机构的下设单位和下属咨询机构也要进行压缩，将一些国立机构（国家实验室、国立医院、国立大学等）的性质改变为“独立行政法人机构”，赋予其组织和管理上更大的自主权。对日本科技体制影响最大的改革举措当属将原文部省与科技厅合并为文部科学省，以及将国立大学和部分国立研究机构“改制”为独立行政法人机构（龚旭，2008）。

2. 主管机构重组

在旧体制下，文部省和科技厅掌握了政府近70%的研究经费。由于这两个部门的职能不同，在R&D预算和科技政策导向方面一直存在竞争关系，因此，即使同属国立机构，但由文部省管辖的国立大学和科技厅所属的国立研究所也很难开展合作。另外也存在着经费分散使用的问题。为了改变这种状况，自2001年4月1日起这两个部门合而为一，新成立的文部科学省的科学政策旨在改善大学的科研环境与条件，促进国立大学和国立研究所之间更紧密的合作，推动官、产、学联合。这一举措受到了日本科技界的普遍欢迎（龚旭，2008）。

3. 研究机构改制

日本科技体制改革的另一重要举措就是将国立大学和部分国立研究机构改为独立行政法人机构。首先改制的是国立研究机构，自2001年4月始，改制的研究机构成为独立行政法人，采用灵活自主的管理模式，使研究机构从官僚控制中摆脱出来，获得更多的管理灵活性和学术自由。国立大学法人化改革将于2004年4月开始实施，改革将涉及大学的法律地位、组织治理、人事及绩效考评、财务与财产管理等重要而广泛的问题。成为独立法人后，大学的教职工将不再是国家公务员，因而大学灵活的人事与工资制度，聘请外国人担任大学校长或系主任等都将成为可能。将国立大学改制后可以确保大学的自主性，可以运用富有民间特色的经营手法，引入机动、灵活、具有战略性的组织和财务运营方式。通过设立大学外部理事等方式，邀请外部人员参与管理，实现开放式的大学运营。当然，这些优势不会在大学改制后自动显现，需要有一系列配套政策与措施的实施，而且，大学必须在转变“身份”后逐步建立起一套自我管理的制度与方法，培育其自主发展的能力，才能最终达到改革的目的（龚旭，2008）。

4. 成立综合科技主管部门

重构科技政策体制与机制。改革前日本政府制定科技政策的决策机制随时代发展已呈现重大缺陷，相关部门虽有针对自身利益而提出政策变革的动议，但内阁和国会缺乏进行统一规划与协调的独立的政策机构。改革后的政治体制加大了内阁及总理大臣的权力，尤其是在政策制定方面，注重发挥其超越各部门之上的综合协调作用。2001年1月6日日本政府进行了内阁改革，新设立了内阁办公室，直接对内阁总理大臣负责。其法律地位高于各政府部门，其成员不仅来自政府各相关部门，而且来自民间和非政府组织。内阁办公室特设的担当大臣中有一名为科学技术政策担当大臣，内阁还设立了几个相应的“智囊”机构（称之为

“会议”），负责科学技术政策的机构是“综合科学技术会议”，在法律上受内阁总理大臣领导，但实际上由科学技术政策担当大臣具体负责，其规模、组织、权威和职责都远远超过了其前身——1959年设立的原“科学技术会议”（龚旭，2008）（广东省科技厅成果处，2007）。

二、我国科技研发体制创新

我国高层科技研发体制创新主要是通过建立国家科技管理部门间的沟通协调机制，强化国家战略部署和政府宏观调控能力，打破各自为政，防止政出多门，合理配置国家资源；充分调动、利用部门和地方的科研力量与资源优势，共同推动增强原始性创新能力的工作。我国基层科研组织体制改革主要是通过科研院所人事制度、聘用制度和课题负责制来实现的（科技管理编委会，2005）。

20世纪80年代以来，国家一直对计划经济时代形成的科技体制进行改革，从1999年开始，这一改革全面展开。近20年来，有1000多家开发类科研机构先后进入市场，产业化能力大幅度增强；社会公益科研机构分类改革基本到位，创新能力逐步提高；企业、高校和地方科技力量明显增强，在一定程度上改变了产业与科研相分离的局面。但是，科技发展中的一些障碍尚未从根本上解决，这其中包括科技管理体制的行政化。从最上游的基础研究如“973计划”和“863高技术发展计划”，到下游的“星火计划”，政府通过对项目经费的分配，掌握着重要的科研与技术开发项目的方向。这种科技体制固然具有一定优势，但也存在不少问题，即科研活动在很大程度上由行政人员控制，科研人员的创造力受到抑制，而不在市场中的审批人员难以预料大量市场开发项目的市场需求。于是，不少项目是为创新而创新，缺乏与市场衔接的渠道。这样的项目耗费大量宝贵资金，却难以产生较大的经济与社会效益。因此，深化科技体制改革，必须重新定位行政部门在科学研究与技术开发中的职能。胡锦涛在全国科技大会的讲话中明确指出：“要建立竞争机制，坚持国家科技计划对全社会开放，支持和鼓励国内有条件的各类机构平等参与承担国家重大计划和项目，为全社会积极创新创造良好条件。”国家的基本职能就是搭建鼓励创新的机制和平台，在基础研究领域，通过建构良好的科研院所体制，保障科研人员的学术自由；在技术开发领域，保护知识产权，激励企业的技术创新。至于具体的科研与开发项目，则可以让大学、企业、自主的研发机构自行决定。为此，建议政府寻求更为灵活的公共科研经费分配机制，强化其专业色彩和社会色彩。有关政府部门可以针对国防等方面的需要组织重大技术攻关。不过，即便是这类技术创新活动，其主体也同样应该是企业。“十一五”规划建议已经明确提出：“建立以企业为主体、市场为导向、产学研相结合的技术创新体系，形成自主创新的基本体制架构。”这不仅是市场体制的需要，也被各国的实践证明是最有效率的。

我国国家科技部组织的“863计划”是国家最高层级的创新计划，是我国研发组织体制的一个创新典型。“863计划”以改革和创新的精神，在借鉴国外高技术管理有益经验的基础上，吸收了我国20世纪60年代搞“两弹一星”的组织管理和近年来科技体制改革的成功经验，并结合实际情况，在管理体制上勇于开拓创新，大胆实践，探索出一套新的行之有效的科技管理体制。“863计划”管理体制的创新，为激活广大科技人员的科技创新，为计划的成功实施提供了制度保证，也可以说，管理体制的改革与创新是“863计划”取得卓越成就中的一个重要组成部分。

首先，“863计划”把科技创新与体制创新紧密结合，创造性地运用了专家技术决策、部门协调、监督评估和信息服务的管理体制和运行机制，并初步形成适应高技术发展规律和我国国情的新体制以及高技术研究发展战略和总体布局，不仅保证了计划项目的顺利实施和目标的实现，为出成果出人才创造了条件，同时也为进一步深化科技体制改革，探索科技与经济紧密结合的产业化机制提供了十分有益的经验。

其次，“863计划”改革的核心是决策管理和拨款制度。在决策管理方面，“863计划”实行专家管理和专家决策制度，统一指挥、科学决策、专家负责、分层管理，这在我国科技计划管理中是一个创举。将政府的作用由直接行政指挥转变为从科研重点、竞争规则等方面进行间接调控，给科学家以更大的技术决策权，提高了决策质量和决策效率，降低了决策成本，为我国在“发展高技术，实现产业化”的战略目标的实施过程中，充分调动科学家的积极性和创新能力，以适应世界科技快速发展变化的节奏，探索高技术研究开发项目发展的客观规律，促进高技术成果迅速转化为生产力等方面都起到了很好的效果和作用。

再次，在拨款制度方面，“863计划”把发展“两弹一星”的成功经验与市场竞争机制相结合，实现课题负责制和专款专用制度，打破部门、地区的分割，用竞争的方式集中起全国最有优势的力量，为国家在现有的科研基础、物质经费条件下，最大程度地有效调动、利用和集成各种智力资源、学科资源、经费资源、部门资源和地区资源和为实现计划有限目标的突破，创造了更好的环境和条件。

最后，组建跨课题的项目组。为了突出重点，有效利用、集成各部门各相关主题和领域的成果、技术和优势，满足国家不同时期的重大战略需要，“863计划”及时设立了一系列具有明确战略和技术目标的重大专项和专题，采取成立总体组、知识产权联盟等新的组织管理模式，大大提高了项目的组织效率，推动了产、学、研相结合，加快了项目进度。如“中国高速信息示范网研究开发”项目，从技术、合同管理等多方面进行了充分论证，突破原有框架的组织结构、立项方式、管理模式和工作制度，设立新的跨主题的课题组织、常设总体组并对项目进行管理。这种创新的管理和组织模式为该项目的立项、联合攻坚和顺利联网铺平了道路，使我国在这一领域实现了技术上的跨越突破，为下一步发展实用化高性能高速信息网络奠定了基础。

三、大连市科技组织体制创新

大连市科技组织体制创新的指导思想是：要做好科技资源共享的顶层设计，打破资源分散、封闭和垄断的状况。要树立全市科技工作与经济发展一盘棋的思想，点面结合、加强集成，从观念上和体制上突破各生产部门之间、地方企业之间、军民之间条块分割、相互封闭的格局，使各部门、各企业、军民之间能密切合作，充分利用资源，充分发挥各方独特优势，真正达到集成创新的效果。主要应当在科技宏观管理体制、科技计划管理体制和政府采购制度方面有所突破。

大连市科技组织体制创新应当遵循的原则包括：

(1) 有利于促进科技政策与经济政策的紧密结合，促进科技政策与社会主义市场经济的相互适应。推动企业和科研院所以市场为导向，市场要什么就开发什么、研制什么；

(2) 利于政府职能转变。在科技宏观管理和计划管理改革上，要突出“场地维护型”、“服务型”政府的管理方式；

(3) 有利于科技资源集成。把各类科技计划横向结合、上下连接，优化配置科技资源；

(4) 有利于监督制约机制形成。按照权责一致的原则，明确决策、执行和监督三者的关系，强化并健全互相配合、相互制约的监督新机制和责任追究制，形成勤政廉洁、务求实效的良好氛围；

(5) 有利于建立完善的政府采购制度和评价制度。

具体内容包括：

第一，组建“大连市科学技术统筹规划委员会”作为全市最高的科技规划和资源调配的组织机构，由市长担任主任，主管副市长任副主任，由科技局、农委、教育局、经委、发改委等各个部门分管科技副主任担任委员，统一规划城市科技发展方向和重点项目，统一协调研发、成果运用、资金配置、政策配套等事关全局性的科技发展事务。通过建立这种新的宏观管理体制和创新机制：①突破部门之间、地方之间、军民之间条块分割、相互封闭的格局，打破科研与推广体系条块分割的界限，破除科研部门只管成果研究开发，经管、农技等行业主管部门只管成果推广的传统体制弊端；②要通过市场导向，推动企业和研发部门按照市场需要什么就开发什么，市场需要什么就研制什么的原则，努力促进科技资源的有效配置和综合集成；③加强科技行政管理部门与综合部门、行业主管部门之间的协调，强化科技行政管理部门宏观协调和管理科技工作的职能。

第二，合并组织机构。政出多门、多头管理是传统行政体制的弊端，它不仅导致行政效率低下，更导致有限创新资源的利用低效。为此，应当通过行政组织机构的合并和调整，将信息、科技教育、技术服务等各种创新活动集中管理，包括将计划、项目审批、资源调度、人事管理、激励手段、政策制定等相对集中起来。①方案一，将知识产权局、信息产业局与科技局合并，组建科技信息局，作为大连市科学技术统筹规划委员会的办事机构。并将农业口、经委口、教育口、中小企业口等部门的创新资源配置权力集中于科技信息局，统一管理全市的创新资源；②方案二，学习青岛的经验，将科技局、知识产权局、信息产业局和高新园区合并。不仅将政府科技管理的各个方向统一管理，而且将城市创新基地和创新源头的载体合并，有助于科技主管部门既抓住整体创新规划和公共资源整合，也便于直接推动城市创新基地的发展。

第三，建立起全市统一的创新基金。将分散在各个部门的各种基金、资金（包括科技三项费用、国家专项资金、财政补贴资金、信息化推进资金、科技农业生态农业基金、中小企业担保基金、创业投资基金等）统一为一个总的创新基金，成立全市性的创新基金管理委员会。委员会由科技局、财政局、中小企业局、信息产业局、农林局、经委、金融办等各部门派员参加，主要负责制定统一创新基金的规则、资金补偿、资金投向、委托基金管理人的审查等事项，便于集中全市的创新资源，全面解决政出多门、多头管理和有限资源撒胡椒面的弊端。

第四，政府政策性科技投入要全面实行市场招投标制。大力推进政府政策性科技投入的社会化管理进程，提高政府行为的透明度。通过法律、法规形式将城市的科技投入最低增加幅度和占地方生产总值的最低比重确定下来，保证科技投入增长幅度高于同期财政支出和地方生产总值增长幅度。所有的政策性科技投入实行市场招投标制度，面向国内外所有的企业、大学、科研机构乃至个人招标，成立专家评审委员会，对投标人进行科学筛选和认定，政府相关部门只负责政策的制定和解释，整个招投标过程由中介机构组织实施。

第五，建立公共科技资源参与式预算制度。所谓参与式预算是指政府的公共投入资金规模、方向、项目、经手人员、投入程序全部对市民公开，由市民监督并且由市民对投入项目进行选择。这种参与式预算方式不仅在于政务公开和公共财务监督，也在于优化公共资源投入的科学性和民主性。无锡市率先在两个街道进行参与式公共预算试点，政府将几个拟实施的公共服务建设项目的方案和预算草案向公众公布，由群众代表投票决定哪些项目应当优先实施。城市的科技投入项目采用参与式预算进行决策，也是一种科技投入体制的制度创新，它可以将城市主要科技投入项目进行公示，通过群众代表和专家进行票选，帮助政府进行科学决策。

第六，要建立完备的政府采购制度和评价制度。①要按照国家制定的政府采购自主创新产品目录，选择需要重点扶植的产品，形成“大连市政府采购自主创新产品目录”，并实行动态管理；②在政府采购预算中按照目录标明的自主创新产品，财政部门在预算审批过程中，优先安排采购自主创新产品的预算；③政府采购合同要优先授予自主创新产品；④自主创新产品价格高于一般产品时，应根据科技含量、市场竞争程序等因素，对自主创新产品给予价格优惠，提高自主创新产品的中标率；⑤对于企业自主开发且具有行业共性的技术，在确保知识产权保护的前提下，由政府指定部门收购，然后以平价、低价转让或无偿提供的方式供其他企业使用，缩短推广应用周期，避免充分开发；⑥政府对于某些需要研究开发的重大创新产品或技术，采用公开招标方式，面向全社会确定研发机构，并与研发机构签订合同，为创新研究项目提供资金支持；⑦对中小企业开发的具有自主知识产权的高新技术产品，政府实施首购政策。

第七，建立政府信息资源社会共享机制。目前我国从中央到地方的多极科技、经济、文化、教育等信息数据的调查、统计、发布都是采取政府管制，这种信息管理体制的弊端在于，一是由于部分数据与职能部门或个人的政绩直接相关，因此谎报、瞒报的情况在所难免，致使基础数据就失真；二是各个职能部门之间相互封闭，不能沟通和交流，致使统计口径不规范、重复统计、重复计算现象严重，大大降低了科技信息的使用价值；三是部分政府部门把所掌握的信息作为“寻租”的手段，致使大量科技、信息资源不能及时为社会共享。为此，创新监督制约机制：①应当通过行政法规的形式，明确界定政府信息统计的工作程序和规范，规定政府提供信息服务的职能和公开义务；②制定政府信息公开的内容和项目，规定政府信息公开的程序和办法，加强大连市科技主管部门政务公开力度，将政务公开上升到制度高度，解决政务公开操作性以及政务公开的信息不对称问题，从制度上和社会舆论上监督大连市科技宏观管理工作；③加强科技项目招标、评审和评估工作，发挥科技顾问团和独立科技中介机构的作用，逐步建立科技计划项目的立项决策，管理、评价相对分离、相互制约的新机制；④合并重组政府各部门的网站，在此基础上建立起面向全社会的政府信息服务网络，提高信息的社会共享程度，从而加强政府的服务职能。

第八，加大政府财政对科技发展，特别是对高新技术产业发展的支持力度。到2006年，市本级应用技术研究与开发资金达到当年财政一般预算支出的3%，以后每年此项资金的增长率要高于当年财政一般预算支出增长率的10%以上。此项资金主要用于企事业单位应用技术研究与开发。各区、市、县的应用技术研究与开发资金的比例及增长不得低于大连市本级。从2005年开始，市政府每年安排专项资金，重点扶持高新技术成果转化项目。扶持方式主要是补贴、奖励和贷款贴息。该专项资金的实施办法由大连市科技局、财政局另行制定。各区、市、县政府也要相应设立专项资金。大连市本级专项资金对各区（先导区除外）、市、县建立的专项资金给予一定比例的匹配。

第四节 健全大连市知识产权保护制度

一、大连市知识产权保护制度的成就

“自主知识产权”也称自有知识产权，它是与使用他人知识产权相对的概念，就是产品生产者对产品中包含的核心技术拥有自己的知识产权，这其中主要是专利权（也称为工业产权），也包含部分的著作权和商标权。它一般是指在一国疆域范围内，由本国的公民、企业法人或非法人机构作为知识产权权利主体，对其自主研制、开发、生产的“知识产品”（如计算机软硬件、网络信息产品等）所享有的一种专有权利。

当今世界，有效的知识产权制度强劲地推动着社会财富的创造，为企业和个人的创造、革新提供动力，为知识经济的发展提供稳定的制度基础。企业的核心竞争力，从硬件上来讲就是知识产权，从软件上来讲就是文化。这两个融合在一起，企业就会立于不败之地。发达国家通过知识产权的创造、管理、实施和保护，获得了巨大的经济利益，知识产权成为西方企业集团和跨国公司利润快速增长的主要源泉。例如，美国发明专利占专利申请量的80%左右，2000年，IBM公司的利润总额达81亿美元，其中，知识产权的许可、转让收入为17亿美元，占利润总额的21%。

目前，我国正在快速成长为世界专利申请大国。自2003年以来，我国实用新型专利和外观设计专利申请数量已经连续三年位居世界首位。“中国制造”已经延伸到世界的绝大多数市场。但到2006年，我国99%的企业既没有申请国际专利也没有申请国内专利，国内许多企业缺乏自主创新能力，掌握与运用知识产权制度的水平不高，应对知识产权纠纷和参与国际竞争的能力有待加强。虽然我国发明专利申请数量已经位居世界第四位，但是，其中近半数发明专利申请来自国外，在移动通信、无线电传输等高新技术领域，来自国外的发明专利申请占比更是高达90%以上。国外向中国申请专利占中国同类发明专利比例最高的是无线电传输领域，高达93%；第二是移动通信，占91%；第三是电视系统，占90%。其后依次是传输设备占89%、半导体占85%、电视零件占85%、遗传工程占75%、西药占69%。考虑到国内申请的93 485件发明专利中有1/3来自于三资企业，我国企业在自主创新特别是核心技术突破方面仍然任重道远。我国已经进入知识产权大国行列，但并非知识产权强国。我国企业的自主知识产权意识和专利意识还比较薄弱，根据有关调查资料显示，在我国22个高新技术产业开发区的近万家高新技术企业中，平均6家企业才有一项专利，9家企业才有一个注册商标（李菲、邓卫华，2006）。

近些年我国专利申请数量虽然逐年递增，但是，知识产权的保护利用意识尚需加强。现在，国外大批跨国公司纷纷利用知识产权抢占我国市场，在高新技术领域中申请的专利保护已占我国专利申请总量的80%，而在信息存储技术方面高达92%。目前，我国多数行业和企业的核心技术和关键设备，基本上依赖国外，缺乏能够支撑经济结构调整和产业技术升级的技术体系，特别是缺少拥有自主知识产权的核心技术。

为此，包括中国工程院院士倪光南在内的一批科学家、企业家强调，如果要想真正壮大中国的软件和其他高新技术产业，最需要加强的是必须尽可能拥有自己的专利、自己的知识产权。要支持和鼓励以专利创业、依靠专利技术发展的中小型高新技术企业。只有从企业创业开始，积极采用拥有自主知识产权的技术，才能有效避免“产业技术空心化的危险”。

党的十七大报告针对国内目前知识产权保护现状，给出了科学的提法：“实施知识产权战略”。2007年，我国不少地区、行业、企业的知识产权战略制定实施工作都取得了重要进展。截至目前，全国共有17个省（自治区、直辖市）成立了知识产权战略工作专门领导机构。国家烟草、医药、信息产业等行业也研究制定了知识产权战略。2005年6月国家知识产权战略制定工作正式启动；2008年4月9日国务院总理温家宝主持召开的国务院常务会议上审议并原则通过《国家知识产权战略纲要》；2008年6月初国务院向各省、自治区、直辖市人民政府，国务院各部委、各直属机构印发了《国家知识产权战略纲要》，并要求认真贯彻实施（田琳琳，2008）。

大连市早在2005年就已开始制定商标战略。在市委、市政府的高度重视和领导下，到2007年末，大连市共有各类注册商标28 000多件，其中国家驰名商标16件、省著名商标243件、市著名商标166件。近年来，大连市坚持以提高自主创新能力为主线，大力实施科技人才、知识产权和国际化三大战略，努力搭建科技研发、创业孵化、成果转化、中介服务和科技融资五个平台，自主创新能力不断提升，高新技术产业保持快速增长，为区域创新体系建设做出贡献。连续三次被评为全国科技进步先进市、软件产业国际化示范城市、全国科技企业孵化器体系建设试点城市和国家半导体照明工程产业化基地等称号。“十一五”以来，专利申请量累计17 929件，专利授权6845件，在不到两年半的时间里就已经超过“十五”总量。2008年上半年，全市专利申请总量为3094件，同比增长73.3%；全市专利授权总量为1133件，同比增长15.4%。成功举办了5届中国国际专利技术与产品交易会，30个国家、地区的7000余家厂商、5万余件专利项目参展。第6届中国国际专利技术与产品交易会于9月3日在世界博览广场隆重开幕。

同时，大连市认真贯彻落实国家及省科技大会精神，优化知识产权政策环境，制定出台了《大连市人民政府关于全面加强知识产权工作的意见》，修订了《大连市专利和集成电路布图设计申请自主管理办法》。市委、市政府先后出台了《关于提高自主创新能力，加快推进创新型城市建设的意见》、《关于提高自主创新能力的若干规定》等重要举措。成立了由分管副市长任组长、20几个部门参加的知识产权工作领导小组。市知识产权局先后组建了知识产权服务中心和知识产权行政执法处。全市10个区市县全部成立了知识产权局，建立以9家专利代理公司、10家商标代理机构为主，知识产权服务中心等专业服务机构为辅的知识产权中介服务体系（田琳琳，2008）。

近些年，大连市知识产权保护工作取得显著成效。1996～2000年大连市累计专利申请量为4127项，授权量为2260项，占申请量的54.8%；2001～2005年累计专利申请量达到15 723项，授权量为4859项，占申请量的30.9%（表2-4）。近几年，大连市发明专利申请量占专利申请量接近20%（表2-5），科技项目、成果、新产品、技术市场成交额数量有所提高。技术转让合同是一个城市科技创新能力的具体体现，2005年大连市技术市场实现技术合同成交额17.2亿元，占国内生产总值的比重达到0.8%。技术交易呈现多元化发展格局，技术交易的领域由过去占主导地位的软件行业、电子技术扩展到造船、机车、石油化工等多个领域。民营科技企业发展劲头不减，继续雄居技术交易的龙头地位。部分国有企业经过技术改造后也雄风重振，一举突破前几年技术交易徘徊不前的局面。2008年，大连市专利申请总量为8244件，连续5年居东北各城市之首。其中，发明专利1926件，同比增长20%；实用新型专利4249件，同比增长74%。

表2-4　1996～2005年大连市专利申请、授权状况　（单位：件）

名称＼年份	1996	1997	1998	1999	2000	2001	2002	2003	2004	2005
申请量	643	671	679	961	1 173	1 231	1 487	3 055	4 377	5 573
总计	“九五”期间累计申请4 127项					“十五”期间累计申请15 723项				
授权量	223	289	371	602	775	684	689	910	1 096	1 471
总计	“九五”期间累计授权2 260项					“十五”期间累计授权4 859项				

资料来源：根据大连市科技局《大连市科技创新能力基本情况报告》（2006年4月，第22页）整理测算。

表 2-5 2003~2005 年大连市各种专利申请量及其比例

年份 \ 名称	总量/件	发明专利/件	比重/%	实用新型/件	比重/%	外观设计/件	比重/%	技术市场交易/亿元
2002								11.5
2003	3 055	653	21.4	954	31.2	1 448	47.4	13
2004	4 377	869	19.9	2018	46.1	1 490	34.0	15
2005	5 573	991	17.8	2714	48.7	1 868	33.5	17.2

资料来源：大连日报，2006 年 4 月 7 日，第 5 版。

大连市为创新知识产权保护体系，营造特色知识产权保护体系和环境，先后制定和出台了《大连市专利资助经费管理办法》等八项政策，完善知识产权联动执法组织体系和行动机制，营造保护知识产权的良好社会氛围。各职能部门在市保护知识产权工作组的统一领导下，以专利权、著作权和商标权为重点领域，以货物进出口、各类展会和商品批发市场、定牌加工、印刷复制为重点环节，以假冒商标、侵权盗版比较集中的车站、码头、机场、主要商业区、集贸市场、超市、星级宾馆、旅游景区为重点区域，以知识产权权利人反响强烈、影响恶劣的案件为突破口，加大执法力度，提高执法效率，专项整治工作取得了明显成效。2005 年年底，国务院保护知识产权专项行动督察组对大连市知识产权保护工作给予高度评价。

大连市为推进专利技术转移，鼓励专利申请，提高自主知识产权拥有量，专门设立了专利申请资助资金，几年来共资助专利申请经费 410 万元，资助专利申请 4740 件。同时，大连市还建立科技创新奖励机制，2003~2005 年大连市有 5 项技术发明获得国家技术发明二等奖（表 2-6）。2005 年全市科技大会分别评选出发明专利金奖、资助知识产权优秀软件产品民营科技企业创新奖各 10 项，给予总计 500 万元的重奖，这些措施有效地促进了大连市专利申请量的大幅度增长。另外，大连市组织科技竞赛并通过参赛作品申请专利等方式，来提高青少年科技创新能力。大连市还承办了四届中国国际专利技术与产品交易会，这是目前国内唯一的国家级国际性专利展会，有来自 20 多个国家和地区以及国内大部分省市的 25 300 多个专利项目参展。

大连市还实施品牌工程，加大商标保护力度。到 2005 年底，大连市注册商标已近 2 万件，名列全省第一。目前大连市已培育中国驰名商标 8 件（表 2-7），省著名商标 186 件，市著名商标 183 件。注册农产品商标，促进农业发展，增强涉农企业和农民商标保护意识，鼓励、支持注册集团商标和地理标志证明商标，引导涉农企业和农民利用商标战略开发地方资源。目前大连市已拥有“础明”、“驮峰”等较为知名的农产品商标 100 余件，其中“金州大樱桃”、“长海海参”和“庄河大骨鸡”三件地理标志商标的申请已上报国家工商总局商标局。以保护商标专用权为核心，严厉打击商标违法行为，商标监管工作成效显著，商标违法行为总体呈下降趋势。

表 2-6 2003～2005 年大连市获国家技术发明二等奖名单

序号	年份	项目名称	主要完成单位	主要完成人
1	2003	酶转化法生产等人参稀有皂苷	大连轻工业学院	金凤兰
2	2003	含二氮杂萘酮联苯结构新型聚芳醚砜酮及其制备方法	大连理工大学	蹇锡高
3	2005	聚烯氰用高效脱氧剂的研制及工业应用	中国科学院大连化学物理研究所	张涛
4	2005	压电石英现代测试理论、方法、系列化新型测量及其应用	大连理工大学	孙宝元
5	2005	海参自溶酶技术及其应用	大连轻工业学院	朱蓓薇

资料来源：根据大连市科技局《大连市科技创新能力基本情况报告》（2006 年 4 月，第 23 页）整理。

表 2-7 大连市中国驰名商标名单

序号	产品类别	注册商标	生产企业名称
1	制冷设备	冰山	大连冰山集团有限公司
2	润滑油	七星	中国石油天然气股份有限公司大连润滑油厂
3	男西装套服	创世	大扬集团有限责任公司
4	工业轴承	ZWZ	瓦房店轴承集团有限责任公司
5	家具	华丰图形	大连华丰家具有限公司
6	鲜鸡蛋	咯咯哒	大连韩伟集团
7	保健品	珍奥	大连珍奥集团股份有限公司
8	海产品	獐子岛	大连獐子岛渔业集团股份有限公司

资料来源：根据大连市科技局《大连市科技创新能力基本情况报告》（2006 年 4 月，第 20 页）整理。

大连市加强软件版权保护，促进软件产业健康发展，为此，制定了《大连市软件版权保护工作三年规划》，对软件版权保护工作进行了规划和部署。2004 年市政府出资 550 万元统一采购软件，全市 56 个政府部门实现了软件正版化。2005 年又在全国率先实现县区政府部门软件正版化。大连市的软件正版化工作得到国务院有关部门的高度评价，2005 年 6 月被评为全国软件版权保护示范城市。

大连市还强化知识产权的海关保护，强化知识产权执法，加强海关边境保护。近三年来，大量海关实施知识产权风险布控六次，共查处知识产权侵权案件 144 起，案值累计人民币近 400 万元。发挥审判职能，加强知识产权司法保护。三年来，大连市中级人民法院共受理侵犯著作权和专利纠纷等知识产权案件 369 起，结案 222 件，结案率达 65%，审理质量逐步提高。

二、创造和保护知识产权的政策主张

目前，国际上有关技术标准和知识产权的保护、竞争和冲突将呈现纵横交错、纷繁复杂的新格局。大连市要放眼世界、面向未来，广泛吸收发达国家和国内先进省市的成熟经验，严格遵守知识产权法律法规和国际条约协定，进一步完善知识产权保护管理体系、政策体系、执法体系，全面提升执法队伍的执法能力，营造良好的自主创新环境，为建设创新型城市提供强有力的保护和支撑。在知识产权开发及专利扶植保护制度上，进一步完善大连市专利申请、管理交易制度，建立知识产权激励机制，制定专利申请资助、实施支持和转让鼓励制度，组建大连市知识产权行政执法队伍，加大知识产权执法力度，切实保护知识产权权利人的合法权益，大力扶植和发展规范知识产权中介服务机构。

大连市知识产权和专利申请量目标为：到2010年发明专利申请量平均年增长30%，发明专利申请量占整个专利申请量的50%，企业专利申请量占整个专利申请量的50%以上。

在未来鼓励和强化大连市知识产权保护方面应当重点加强如下制度建设：

其一，在“市创新专项”中设市知识产权专项资金，对大连市重点产业核心技术领域取得的自主知识产权尤其是发明专利予以资助。鼓励申请国外专利，提高对发明专利、国外专利申请和维持费用补贴的标准。对专利示范企业予以重点支持。鼓励企事业单位及个人申请国外专利，对大连市企业单位和个人申请国外专利，市政府按专利费的50%给予资助；对于申请实用新型专利给予30%的资助；对申请国外发明专利并获得授权的，市政府按专利申请费的60%给予资助。

其二，试行专利质押制。拥有专利的大连市企业或个人，可向市知识产权管理部门申报知识产权质押认定。经认定，市商业银行可给予一定额度的专利质押贷款。“市创新专项”每年安排一定资金建立专利质押贷款风险准备金。

其三，支持大连市企业、行业组织、研究机构自主制定或参与制定重大技术标准。自主研制并被批准为国家标准的，市知识产权专项资金择优给予不低于30万的研发经费支持；自主研制并被批准为国际标准的，市知识产权专项资金给予不低于50万元的研发经费支持；参与制定重大技术标准的给予一定支持。

其四，鼓励企业打造知名品牌。对获得国家驰名商标、省、市著名商标和国家、省名牌产品称号的产品，按照《大连市名牌产品管理办法》等规定予以奖励；对新获得国家免检产品称号的企业且成功注册并使用大连地区地理标志商标的给予重点奖励；对其中具有较高科技含量的自主创新名牌产品，优先列入技术改造、新产品开发等计划。

其五，建立自主创新产品政府采购制度。市有关部门按照公开、公正程序对大连市自主创新产品进行认定，并向社会公告。市财政部门会同有关部门，综合国家、省相关产品目录及大连市自主创新产品，制订《大连市政府采购自主创新产品目录》，向社会发布并实行动态管理。在采购项目已确定的情况下，应当优先安排采购自主创新产品的预算。对中小企业开发的具有自主知识产权的高新技术产品，政府实行首购政策。以价格为主的招标项目评标，要根据自主创新产品科技含量和市场竞争程度等因素，给予其一定幅度的价格扣除；以综合评标为主的招标项目要增加自主创新评分因素并合理设置分值比重。研究制定促进本地自主创新产品参与市场竞争的有效办法。

其六，加强企业商业秘密保护。建立企业商业秘密保护事前防范和事后救济机制，严格规范管理。建立各类法人和个人知识产权信用档案及信用披露制度，强化行政和司法救济，依法严厉打击知识产权犯罪，营造知识产权保护的信用和法制环境。

第五节　加强大连市科技市场建设的若干举措建议

科技市场的交易活动是指技术开发、技术转让、技术咨询、技术服务及其他技术性经营活动。根据《中华人民共和国科学技术进步法》及国家有关法律、法规，结合本市实际，应当大力扶植大连市科技市场和知识产权市场的建设。

总体上，大连市应当按照“放开、搞活、扶植、引导”的方针，培育、发展技术市场。公民、法人和其他组织均可在大连市行政区域内依法从事技术交易活动，不受地域、行业和经营范围的限制。技术交易行为应当遵守国家法律、法规，遵循自愿平等、互利有偿和诚实信用的原则，不得损害国家和社会公共利益，不得侵害他人的合法权益。反对技术交易中的不正当竞争行为。

其一，推动技术交易市场改制为公司制，使之成为知识产权和风险投资的集聚和退出渠道。①在技术交易市场和产权交易市场合并重组的条件下，将技术交易市场由事业单位转制成为股份公司，成为法人组织；②组织力量对无形资产评估、知识产权报价、交易费用、挂牌方式、经纪人队伍、权属转让等问题进行论证和设计，力争推动拥有知识产权的企业和项目多挂牌、多交易；③搞好挂牌企业和挂牌项目的股权规范化试点，积极推动私募基金进场交易，为风险投资和技术开发项目做好退出的渠道；④在技术和知识产权交易市场交易制度的改革基础上，不断提升技术产权交易中心服务意识，延伸增值服务链，促进技术交易市场成为风险投资集聚和退出的渠道。

其二，通过地方立法和政府条例以及政策优惠，允许技术专利和知识产权折股比例达到企业股权的70%。无论是企业工商注册、知识产权转让、税务登记还是评定高新技术企业和高新技术产品，都应当恪守70%的无形资产股权规定。

其三，管营分离，强化技术市场监管。市科学技术行政部门设技术市场监管机构，配备专职人员，负责技术市场监管工作。技术交易市场管理应遵循监管与经营分离的原则，科技局技术市场监管部门负责技术市场交易政策法规管理，本身不得进行技术交易活动，技术市场股份公司负责经营。各级财政、税务、审计、人事、公安、物价、技术监督等行政管理部门，应当按照各自的职责，协同做好技术市场管理工作。大连市科学技术行政部门是本级人民政府监管技术市场的职能部门，负责本行政区域内的技术市场监管工作。

大连市科学技术行政部门监管技术市场的职责是：

（1）宣传、组织实施有关技术市场的法律、法规。

（2）负责技术中介机构的审批和技术经纪人的资格认定工作。

（3）负责技术合同认定登记工作。

（4）依法查处技术交易活动中的违法行为。

（5）管理、使用技术市场发展基金。

（6）其他技术市场监管工作。

其四，引进技术经纪制度。大力扶植技术市场中介机构，实行技术经纪人资格认定制度。技术经纪人从事技术中介活动，需领取市技术市场主管部门颁发的《技术经纪人资格证书》。

其五，奖励技术市场交易的单位和个人。鼓励专业技术人员和相关机构参与技术市场交易活动。专业技术人员在不侵害所在单位权益的前提下，可依法从事业余技术交易活动，并取得收入。鼓励离、退休的专业技术人员依法从事技术交易活动，并获得报酬。科技人员从事技术交易活动取得显著社会效益和经济效益，经市技术市场主管部门核定并出具证明后，可以作为晋级和职称评定的主要依据之一。在技术市场管理和技术交易工作中做出突出贡献的单位和个人，政府或者主管部门应当给予表彰奖励。对经认定登记的技术合同，按下列规定提取奖励费用：①技术供方应从技术性纯收入中提取10%～30%奖励对该项技术交易有贡献的科技人员，对向贫困地区开展技术交易的，上述比例可提高到20%～40%；②技术受方应从技术合同项目投产后三年内最高一年的新增利润中一次性提取5%～10%，奖励实施该项技术的主要决策者和有贡献的科技人员；③大专院校、科研机构对本单位专职从事技术经营的人员，可从其经营取得的技术性纯收入中提取3%～10%给予奖励。

其六，对技术市场交易行为实行税费优惠。凡从事技术交易活动取得技术性收入的单位和个人，可凭技术合同认定登记机构出具的技术合同认定证明，向税务机关申请减免营业税、所得税。税务机关依照国家有关规定审核后，给予办理。

其七，设立技术市场发展基金。市人民政府应多渠道筹集资金，建立技术市场发展基金。技术市场发展基金用于：①组织技术交流、交易活动；②扶植技术项目开发；③技术市场的基础性建设；④奖励技术市场交易成功的企业和个人。

其八，组建大连市知识产权行政执法队伍，完善专利申请、管理交易制度，制定专利申请资助、实施支持和转让鼓励制度。专利申请量和专利授权量反映了一座城市自主创新能力的规模。专利申请、专利交易和交易转让是专利实现的重要中介环节。大连市要通过大力鼓励专利申请代理、专利转让中介等机构，建立专利申报的资助资金，通过立法确立地方性专利交易和专利转让的技术产权交易市场规则，形成完善的专利申请、专利转让的市场体系，同时建立专利执法队伍，监督和维护大连市知识产权的交易行为和利益。

第六节 创新科技园区的管理体制

一、大连高新园区的优势与劣势

高新园区建设是城市创新体系的重要载体。大连高新园区的建设取得了一定成就。2004 年在辽宁省各高新技术园区中，大连园区工业总产值居第一位，达到 339 亿元，高新技术产值 210 亿元。2005 年大连高新园区完成 106.2 亿元生产总值，工业总产值 170 亿元，营业总收入 290 亿元，实际利用外资 4.7 亿美元，财政收入 35 亿元（图 2-1）。

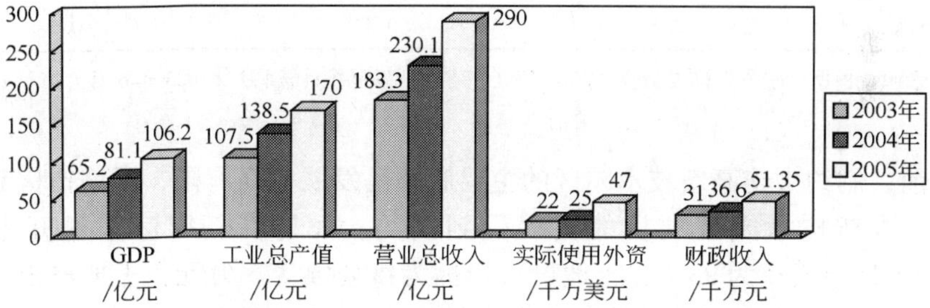

图 2-1 大连高新园区 2003～2005 年主要经济指标比较

资料来源：根据大连市科技局《大连市科技创新能力基本情况报告》（2006 年 4 月，第 9 页）整理测算。

但是，大连高新园区无论在规模、企业品质等方面距离其他先导城市有相当的距离。其一，2004 年其他城市如上海、深圳、苏州、长春、西安等的高新技术园区工业总产值分别为大连的 5.93 倍、3.2 倍、2.9 倍、2.2 倍和 1.5 倍（表 2-8）。2004 年大连市在辽宁省七个高新园区中，营业总收入依然低于沈阳（表 2-9）。其二，根据国家规定，高新区的高新技术企业必须达到区内企业的 10%，但是大连和沈阳高新技术园区的高新技术企业不足10%。多数企业技术含量和创新能力不强，尤其是在资助研发和高起点引进消化吸收国外高新技术方面，差距比较大。一些企业存在着贸而不工和科而不研、研而不果现象，相互之间进行低层次、重复性的竞争经营，缺乏现代技术内涵，没有形成资助创新的主体。其三，高新技术园区服务不到位。西安高新园区有120家金融机构入驻，它们主动上门服务，在贷款、投资等多方面为区内高新企业排忧解难。而大连市高新技术园区内的金融机构数量不多，服务品种和项目较少。

表 2-8　2004 年全国部分高新技术园区工业总产值对比表

高新技术园区	沈阳	大连	上海	深圳	苏州	长春	西安
工业总产值/亿元	330	339	2008	1088. 37	1000	743. 1	510. 52

资料来源：根据大连市科技局《大连市科技创新能力基本情况报告》（2006 年 4 月，第 4 页）整理测算。

表 2-9　2004 年辽宁省各高新技术产业园区主要经济指标（单位：亿元）

城市	总收入	工业总产值	高新技术产值
沈阳	580	330	200
大连	442	339	210
鞍山	205	172	114
辽阳	103	78	42
营口	53. 56	46. 92	35. 35
锦州	53. 5	35. 3	25. 2
葫芦岛	2. 3	2. 1	0. 58

资料来源：根据辽宁省咨询委员会《2005 年辽宁省经济发展统计资料》（2005 年 6 月，第 4 页）整理测算。

目前，制约大连高新技术园区的主要瓶颈是发展空间有限，受城市区划体制的制约，高新技术园区项目的拓展受到制约。大连高新园区土地开发率为100%，土地建成率为93%，土地投入指标为每公顷326万元，土地产出指标为每公顷2060万元，土地收益指标为每公顷301万元。这一系列指标居全国高新园区的前列。

二、创新高新园区的管理模式

根据国务院发展研究中心吕薇等2002年所完成的课题《杭州“天堂硅谷”制度建设研究》总结的国内开发区或高新园区的管理体制可以分为三种基本类型。一是准政府的管委会体制。管委会作为政府的派出机构，其主要职能是经济开发规划和管理，为入区企业提供服务，主要适用于人口较少的相对独立的中小型新开发区。管委会本身就是政府职能改革的产物，开发区管理职能与行政区管理职能相分离。政府职能转变，机构精简，办事程序简化，效率高。实行用人机制改革，普遍采取竞争上岗等。大部分开发区在建设初期采取这种管理体制，但这只是一种过渡形式，当开发区发展到一定规模，城市功能健全以后，这种管理模式就不适应了。二是开发区与行政区管理合一的管理体制。其特点是开发区和行政区的管理合一，或者是两块牌子一班人马，这种模式主要适用于整个城区作为开发区，或者开发区是原有城区建制的一部分，如青岛黄岛开发区等都是这种模式。政府管理部门的体制保持行政区管理机构的编制和职能，其特点是便于协调，但是不好处理，包袱较重，财力不足。三是以企业为主体的开发体制。其特点是通过设立一个企业来规划、开发、管理一个开发区，开发公司实际上承担了一定的政府职能，进行公共事业开发。这种体制首创于蛇口，也称之为“蛇口模式”。上海的漕河泾、闵行、虹桥开发区，以及洋浦开发区和浙江省的宁波大榭开发区就采取这种模式。在这种模式中，开发主体不是一级行政组织或行政派出机构，而是投资开发商，但又要进行大量的公共基础设施投资。由于开发主体无法从区域税收中获得必要的投资补偿，其对基础设施的巨额投资或者转嫁到地价上，致使地价过高；或者因不能及时回收资金，债务过重，而陷入财务困境。

至于管理模式，从管理层次来看，管理机构有三种类型。一是开发区管委会一级管理。大部分功能单一的中小开发区采取这种管理结构。有时是管委会加开发公司模式，或管理与开发功能合一。二是决策和经营两级管理。主要适用于一区多园的开发区。开发区有一个负责总体政策和规划的决策管理机构，下面每个园区还有具体的管理和经营机构。如北京中关村科技园区是由一区五园组成的。因此设立了中关村园区大管委会和各区管委会两级管理机构。中关村大管委会主要负责总体发展战略、政策、条例和规划的制定，各区的管委会则负责区内具体发展规划、管理和服务。三是三级管理。如深圳高技术开发区采取决策、管理和经营服务三个层次。这种模式主要适用于分散的一区多园情况，增加了领导层的权威性，便于统一协调和规划（吕薇，2002）。

然而，无论是什么管理模式，它们所共同面对的是高新园区发展空间有限，园区事权、财权、受益权难以统一，这些严重束缚了高新园区的发展步伐。经过多年的探索，大连高新园区尝试一些变通的方式，努力突破高新园区空间限制和管理体制的制约，实现科技资源的共享。

其一，采取“委托管理、利益分成”的新管理办法。高新园区政府与园区之外的高新技术企业实行“三统一、三分离”的原则。即目标统一、领导统一、资金投向统一；运行机制分离、人事制度分离、财务制度分离。促使高新园区的科技创新能力向区外扩展。大连高新技术产业园区为解决土地制约问题，同时发挥其辐射和带动作用，提出了“一区多园”的发展战略，通过在各区、市、县建设分园的方式，拓宽了高新区的发展空间，带动全市经济快速发展。目前，已经建设了庄河、普兰店、甘井子和金州三十里堡等多个分园。最近，又签订了建设英歌石分园的协议，下一步还将建设瓦房店和旅顺分园、长海分园等。

其二，走出虚拟飞地的管理模式。高新园区与邻近城区合作，建立飞地式园区。这些园区由高新园区统一规划开发建设，社会管理由当地政府负责，区域所创造的税收由园区与当地政府按比例分成。大连高新园区采取托管方式，在税收属地化管理体制不变的情况下，对沙河口、甘井子区等其他街区的地块采取经营托管、盈利分享的管理模式，放大了高新园区的实际作用功能区。“十一五”期间，高新园区将在旅顺龙头街道、金州登沙河镇建立飞地园区，计划再开发土地8平方千米，近期重点抓好龙头微电子产业园一期4平方千米的开发与建设。

其三，探讨科技资本扩张、企业并购的方式，扩大科技资本的虚拟外延。可以考虑采取张江高科的模式，建设在高新园区的高新技术企业或者高新技术投资控股公司，通过技术和知识产权入股的方式，在其他区县街道设立分支机构或者与当地机构合资，而所在街道以土地和建筑物入股，将科技创新能力在不改变税收属地关系的前提下，实现科技资本扩张的效果。或者设立高新技术园区发展控股公司或者托拉斯，通过向区外并购、知识产权输出和联合的方式，扩大园区的知识产权和资本的扩展能力。

其四，依托高新技术园区，拓展产业飞地和产业带，创新管理模式，延伸高新园区的政策优势，赋予高新园区统辖规划开发管理产业带的权限。其中延伸地带（如旅顺南路）的公共性重要基础设施建设（大配套）由市政府投资，一般性公共基础设施由高新园区投资，园区内基础设施建设由开发建设企业投资，园区管委会负责对整个拓展区域规划、投资和开发，建设统一管理，确定投资主体，采取招投标的形式，积极吸引社会各类企业投资建设新拓展区域。大连市政府赋予高新园区管委会对拓展区域规划、开发建设、项目审批、税收、经济执法、企业管理等经济方面的管理权，文化、教育、卫生、民政、计划生育等社会管理职能仍由当地区政府负责。

其五，增量分成。为了明确各行政区的利益关系，调动各方面的积极性，应当采取存量不变、增量分成的办法，明确利益分享机制，使各方面利益得到体现。托管区的财政收入可以全部留给高新园区，园区管委会给甘井子区一定的一次性补偿。对于其他合作区域，考虑当地政府行使社会职能，每年需要一定社会事业投入，应将存量部分税收留给当地，增量部分主要是开发建设以后的新增收入。如果园区收入较多，可以采取按比例分成的办法，与“十一五”规划和2020年目标相一致，合作期计划15年。前8年高新园区分成比例高一些，然后逐年递减，到第9年以后，当地政府分成多一些，到2020年高新园区将建成的拓展区全部移交当地政府，不再享受税收分成。

其六，建立相关领导机构。①建议设立大连高新技术产业带领导小组，由市长任组长，先导区党工委书记和科技副市长任副组长；②领导小组下设办公室，办公室主任由高新技术园区主任兼任；③由领导小组办公室对口协调分园区的权限和利益协调。

第三章 培育创新主体，打造产学研一体化协同创新机制

企业是创新主体，而产学研相结合是有效的协同创新组织形式。国家创新体系由以企业为主体的技术创新体系、以科研院所和高校为主体的知识创新体系、社会化的科技中介服务体系以及鼓励创新的政策体系等部分组成。这些组成部分中最能直接体现国家竞争力的就是以企业为主体的技术创新体系。

第一节 国外企业创新主体的重要作用

企业作为创新主体的一个重要标志就是其研发投入是否成为社会研发投入主力。一般来说，发展中国家政府 R&D 投入比重大于企业投入比重。随着工业化进程，在研发投入方面，政府投入比重开始下降，而企业投入比重开始上升。在表 3-1 中可以发现，1992 年印度研发投入政府投入比重为 76.8%，而企业比重为 23.2%。中国 1993 年政府投入比重为 67.6%，企业投入比重为 32.4%。而同期美国政府投入比重为 28.1%，企业投入比重为 71.9%，刚好相反（徐冠华，2006-05-24）。

表 3-1 部分国家 R&D 经费负担情况

国家	美国	日本	韩国	德国	英国	法国	印度	中国	中国
年份	1993	1991	1990	1992	1991	1992	1992	1993	2002
经费单位	亿美元	亿美元	亿美元	亿美元	亿美元	亿美元	亿美元	亿美元	亿元
R&D 经费	1607.5	648.3	53.3	355.6	187.4	250.3	23.2	23.6	1287.6
占 GDP 份额/%	2.60	2.87	1.86	2.58	2.09	2.42	0.89	0.62	1.23
政府负担	451.7	126.7	13.9	101.7	57.5	95.4	17.8	16	498.8
企业负担	1155.8	485.6	39.4	253.9	129.9	154.9	5.4	7.6	787.8
政府份额/%	28.1	25.1	26	28.6	30.7	38.1	76.8	67.6	38.8
企业份额/%	71.9	74.9	74	71.4	69.3	61.9	23.2	32.4	61.2
企业∶政府	1∶0.39	1∶0.34	1∶0.35	1∶0.04	1∶0.44	1∶0.62	1∶3.31	1∶2.09	1∶0.63

资料来源：根据《中国科技统计年鉴》（1994～1996）和《2002 年全国科技经费投入统计公报》整理测算。

美国等发达国家之所以能保持经济长期繁荣和在高新技术产业上具有明显优

势，主要得益于其拥有强大的企业研发力量。如美国的贝尔实验室、IBM、MOTOROLA、杜邦、通用等大公司的科研机构，科研人员都达几千人，企业的科研投入也相当大。而中国恰恰在以企业为主体的技术创新体系方面相当薄弱，与西方发达国家相比有十分大的差距。日本科技创新是民间企业主导型，企业是R&D活动主体、投资主体和损益承担主体。企业创新的第一目标是市场效益，因而表现出明显的“近市创新”倾向。

日本从20世纪50年代中期开始实行自由经济政策，政府很少涉足竞争性行业，由企业担当市场竞争主要角色。企业为提高自身竞争力，不断研发新技术，特别是应用技术，形成贴近市场的技术创新机制，这是日本模仿式技术发展战略成功的基石。在企业“近市创新”的基础上，日本政府负担基础研究、公共技术创新的责任。日本的R&D经费70%来源于企业，70%用于企业，70%的R&D活动在企业进行。在日本企业中，集聚了大量科技研发的财力和人力资源。企业不仅具有强大的自主研发能力，而且通过委托项目和购买研究成果等方式，推动研究机构、大学的研究，主导整个科技研发体系的运行。据调查，即使像筑波这样科技名城中的机构，也有60% ~70%的课题是由企业支持的（冯之浚，2006）。

如表3-2所示，日本和美国把R&D活动和投资主体的责任交给企业，重视中小企业的地位作用，为科技创新提供各种支持和服务。美国把雇员500人以内的企业叫小企业，这个标准比欧洲小企业250人以下的标准要宽松得多。全美大约有2700多万家小企业，51%的产量是小企业生产的，99%的雇主是小企业投资者，52%的雇员在小企业工作，75%的新增就业机会是小企业创造的。因此，美国政府非常重视对小企业的扶持，特别是通过多种途径和形式帮助小企业科技创新。政府设立专项财政资金支持中小企业科技创新。美国联邦政府每年规定拿出2.5%的财政预算，专项用于支持小企业的科技研发。美国农业部、商业部、航空航天总署等政府各部门，都有支持小企业发展的专项资金，有些部门还建立有帮助小企业科技成果商业化的创业服务机构。美国政府所属的研究机构，也都有为小企业科技服务的专项经费，研究开发内容和科技成果转让，都把扶持小企业发展作为工作重点。政府设立为小企业技术开发和创业服务的职能部门——小企业管理局，名为管理，实为小企业提供咨询、帮助和保护（赵瑾璐、霍晶，2006）。

表3-2 中、日、美R&D经费来源与分配比较表 （单位:%）

	R&D经费来源				R&D经费分配		
	企业	政府	其他		企业	政府	其他
中国（1990）	23.4	54.9	21.7	中国（1990）	30.0	55.0	15.0
日本（1994）	68.2	21.7	10.1	日本（1994）	67.9	8.8	23.3
美国（1995）	59.4	35.5	5.1	美国（1995）	70.7	11.1	18.2

资料来源：作者根据各国相关数据测算。

第二节　中国企业成为创新主体的进程

中国的科技创新在相当长的时期是政府主办型，政府主管部门（科学技术委员会）立项、拨款，国家和地方科研院所和大学实施研究，企业开发应用。

改革开放以来，我国企业技术创新的动力逐渐增强，研发投入中，企业研发投入开始上升为主体。2002 年的全部研发投入中，企业占的份额已经达到61.2%，政府比重下降到38.8%。在过去，科技创新是一种政府主办单一主体型科技创新体系，在计划经济时期有其存在的合理性，在短缺经济和市场发育不良的条件下，对集中力量发展经济主体目标所需的科技也起到积极作用。但是，随着中国经济体制改革，市场日臻成熟，特别是面对世界范围的新技术挑战和技术竞争加剧，这些导致中国科技创新主体结构由政府主办型向政、企双主型转变。企业 R&D 的动因一方面来自政府放权让利创造的宽松环境，另一方面来自越来越大的市场压力。走出短缺桎梏的中国市场对企业科技创新提出了强大的要求，科技创新、产品创新已成为企业生存发展所必需。在企业 R&D 投入增加的同时，中国正在大规模推进国有科研机构企业化、民营化进程，提高科技创新与产品创新、产业创利的切合度。

2006 年科技部长徐冠华指出，我国企业整体上创新能力不足，企业研发机构少。据统计，目前全国规模以上企业开展科技活动的仅占25%，研究开发支出占企业销售收入的比重仅为0.56%，大中型企业仅为0.71%；只有万分之三的企业拥有自主知识产权。而我国的科研机构和高等院校经过多年来的积累，已经具备了比较充足的技术条件和潜力，同时有源源不断的原始创新成果涌现出来。因此，建立以企业为主体的技术创新体系，必须尽快整合资源，充分发挥科研机构和高等院校的作用。

徐冠华认为，推动企业成为技术创新主体，首先是创造良好的政策环境。通过项目支持企业是重要的，但项目能够支持的企业数量是有限的，项目能够发挥作用的时效也是有限的。更重要的、长期起作用的是政策，也只有政策才能真正调动千千万万的企业投入技术创新。其次是大力发展中介服务机构。这是在市场经济条件下一个重大的基础建设。在市场经济条件下，各类信息服务机构、企业孵化器、知识产权机构、资产评估机构、投融资机构、共性技术服务机构等科技中介服务机构是促进科技与经济结合，将千千万万企业和众多大学、研发机构联系起来的桥梁和纽带。最后是大力支持中小企业的创新活动。据统计，我国65%的发明专利是由中小企业获得的，80%的新产品是由中小企业创造的。我国53 个国家高新区内有自主知识产权的企业超过80%。为什么这些中小企业有这么多创新？道理很简单，这些中小企业如果没有自己的技术诀窍，根本不能生存，也不能发展。实际上，不仅仅是中国，在市场经济发达的其他国家也同样如此。在美国，80%以上新开发的技术是中小企业付诸产业化的。还要特别强调的是，在市场经济的条件下，中小企业是孕育大企业的摇篮。许多大企业都是通过中小企业由小到大、“大浪淘沙”滚动发展起来的。大家熟知的惠普、微软、戴尔以及我国的联想、海尔、华为、中兴等，都是如此。从长远来讲，造就有生命力的大企业靠什么？就是要靠千千万万的中小企业。因此，政府的一个很重要的责任，就是要为中小高科技企业的发展创造良好的环境（徐冠华，2006-05-24）。

中国一些城市，体制创新与技术创新有机结合在一起，如深圳的“四个90%”——“90%以上的研发机构设立在企业；90%以上的研发人员集中在企业；90%以上的研发资金来源于企业；90%以上的专利由企业申请”——其自主创新的研发模式在中国独树一帜。

在开展国有企业体制创新过程中，南京的“442”模式取得了显著成效。“442”模式的核心是从产权制度创新入手，建立符合市场经济规律的技术创新运行机制，并按照现代企业制度规范操作，使企业真正成为技术开发、投资决策、风险承担、利润分配的主体。其具体运作方式为：对具有自主知识产权且市场前景看好、附加值高的重点技术创新项目，从母体企业中独立出来，按母体企业出资40%、经营者和技术骨干出资不少于40%、市财政出资不多于20%（委托国有控股公司或母体企业持股）的比例组建“项目公司”，按照现代企业制度规范运作，这种股权比例简称为“442”。

“442”模式具有以下特点：一是其产品必须拥有自主知识产权，并市场前景看好，这是是否得到批准成立公司、财政是否投资的根本条件；二是投资各方必须以现金或新产品所需的原材料作价投入，不得以厂房、设备作价投入；三是公司所需的厂房、设备采取向母体企业租赁的办法；四是此类公司要按《公司法》规范运作，具有全新的机制。1999年，南京市共批准成立了19家“442”模式的公司，注册资本总额为4961万元。其中经营者、技术骨干个人出资2049万元，占总股本的41.3%；母体企业投资1862万元，占37.53%；财政出资1050万元，占21.17%。

全新的技术创新机制，大大激发了企业员工的积极性与创造性，新产品开发的速度加快，档次提高。南京第一个成立的“442”模式的公司，是在特困企业南京××机床厂工具车间基础上组建的“南京××专用设备制造有限公司”，去年开发了四个新产品，其中空调用渐开线部件，是获悉外商在国内找了几家大型企业均未开发成功后，冒着风险承担下来的，经过几个月的努力，终于获得成功，仅一套部件，外商认为可值1000万元；××仪器有限公司为提高企业的核心竞争能力，2000年已投入100多万元用于新产品的开发。全新的技术创新机制，使劳动生产率成倍增长，经济效益大幅度提高。首批试点的八家企业，去年实现销售收入1997万元，利润350万元，预计今年可实现销售收入7600万元，利润1500万元。南京××有限责任公司，有员工100多人，运行三个月即实现销售收入708万元、利润108万元，相当于母体企业700人的销售额。

“442”模式从产权制度创新入手，通过资产纽带，实现“官、产、学、研、金”的紧密结合，企业既集中了国有企业的人才、技术、品牌和社会信誉的优势，又具备个体、私营企业与投资者利益结合紧密，决策快，经营灵活的特点，为技术骨干创业和实现价值创造了机遇和条件，也给母体公司以优厚的回报，体现了体制创新与技术创新的有机结合，同时为国有企业将优质资产与社会资本融合，实现改革与发展的目标提供了经验。

辽宁省在重点推进装备制造业技术创新的过程中，原省委书记李克强强调推进装备制造业企业跨越式发展，要坚持以体制机制创新为动力。①要进一步深化企业改革，加快股份制改造步伐，推进装备制造业企业实现投资主体多元化。②要拓宽发展思路，积极鼓励中直企业、国外省外企业、民营企业参与辽宁省装备制造业改造重组。③发展一批跨地区、跨行业、混合型的装备制造龙头企业，提高综合竞争力。④要依靠科技创新推进产业升级，坚持引进技术与自主创新相结合，消化吸收引进的技术，不断提高自主创新能力。⑤推进企业技术研发中心建设，瞄准世界先进水平，突破一批关键核心技术，促进企业产品升级，提高企业竞争力。⑥充分发挥辽宁省科研院所众多的技术优势，大力开展产学研合作，完善企业技术创新体系，推进科技成果的转化应用。⑦要加大政策支持力度，采取多种有效措施，帮助企业减轻历史包袱。对重点领域重点企业，要进一步加大财政贴息扶持力度，支持重点企业的技术改造。⑧完善鼓励创新的政策体系，推进科研院所、高等院校和企业结合，积极扶持企业建立研发中心或科研院所参与研发中心建设。

辽宁省省长张文岳强调，各地区、各部门要积极采取措施促进装备制造业加快发展，要加快装备制造业的对外开放步伐，用开放促进企业制度创新、技术创新和管理创新；要加大国有大型装备制造企业的改革力度，用改革推进跨行业、跨地区、跨所有制的兼并联合和战略性改组；要把提升自主创新能力作为装备制造业发展的战略基点和产业升级换代、转变增长方式的中心环节；要培养和引进高层次人才，为自主创新的顺利实施奠定坚实基础；要大力实施品牌战略，促使装备制造业企业上品种、上质量、上水平；要扶持具有优势、配套能力强的中小企业加快发展。

为加快建立以企业为主体的技术创新机制，2009年辽宁省科技厅深入实施《辽宁省以企业为主体的技术创新体系建设工作实施方案》，以推进百家科技创新示范企业快速发展为重点和突破口，加大企业研发中心建设力度，促进大中型科技创新示范企业做强，中小型科技创新示范企业经济效益实现倍增，带动产业技术升级和经济持续快速发展。加强企业创新能力建设，提升企业的集成创新、引进消化吸收再创新和高技术产业化的能力。同时，大力推动企业通过与大学、科研院所联合建立以市场为导向、以利益为纽带、优势互补的产学研合作技术联盟，引导科研院所、大学进入主战场，提高企业的持续技术创新能力。引导骨干大中型企业和高新技术企业均建立产学研合作联盟。

第三节 大连市企业主体创新活动的现状和面临的问题

大连市多年来立足于大力推进产学研合作和企业自主开发能力建设，在全社会研发经费投入中，企业所占比重已经达到45.7%。“十五”期间传统工业开发新产品中，产学研合作开发占50%，全市市级以上的科研院所32家，国家级工程技术研究中心2个，国家重点实验室6个，国家级企业技术中心11个，省级重点实验室4个，省级工程技术研究中心3个，市级企业技术中心17个。然而，相对于深圳等创新先导城市来说，大连市企业自主研发和创新能力依然较弱，尤其是在产学研相结合的新型科技企业的建设上，还处于初级水平。

企业技术创新是指一项新工艺、新产品从研究、开发到投入市场并进入应用的一系列活动的总和。由于企业技术创新活动本身就具有创造性、风险性、市场性和总和性特点。在实践中，有许多因素制约着企业的技术创新活动。对于大连企业来说，主要影响因素包括：

其一，体制障碍。大连市经过20多年的改革，原有企业体制和计划体制已经发生根本变化，但是在企业技术创新领域中，还存在着许多难以克服的体制障碍。一是政府行为对企业的影响，一方面，政府部门的政绩效应，政府官员的任期考核制，许多政府出台的政策偏重于短期行为，甚至是为了GDP，热衷引进外资，上新项目，而对收效较慢的企业技术创新兴趣不大。在各级政府部门的考核指标中，许多地方政府把引进外资作为考核政绩的硬指标，但是对于国外技术的消化吸收和本地企业的技术创新却没有过硬的指标。另一方面，土地、信贷、科技资金等公共资源依然操纵在一些政府部门手中，“政策寻租”的空间依然较大。企业取得政府控制的稀缺资源，如土地、许可证等，不需要创新即可以赚钱。鲜明的经济效益对比，使一些企业宁愿在“搞关系”上下本钱，而不愿意做技术投入；而政府对一部分企业的扶植和地方保护，也使企业缺少竞争压力和技术创新动力。二是企业技术创新依然沿袭以前的中央和地方政府为主的科技研发体制。大连市企业技术创新能力薄弱，除了企业自身科研人员少、科研投入十分有限外，体制上突出问题是大量的应用型科研机构游离于企业之外。65%以上的科学家和工程师和近60%的研究开发活动都不在企业这个市场竞争主体之中，造成了科研院所的大量科研成果因不能适应市场需求而无法转化和产业化，而急需先进技术来提升产业发展的企业得不到需要的技术，只有靠大量引进，这种科技与经济脱节的状况制约着企业技术创新能力的提高。三是经济工作与科技工作分别由不同的行政领导负责，研究单位与生产单位之间缺少经济联系，科研单位的技术供给结构和企业生产需求结构出现不相匹配的问题。没有市场潜力的科研方向集中大量的科研人员，影响着技术创新和科研成果的转化。

其二，企业自身方面存在的障碍。目前大连许多企业缺少技术创新的动力，从企业自身方面来看，主要原因为：一是相当一部分经营者缺乏创新意识，认为国内科技成果没有国外设备来的快捷而风险小，重模仿、轻创新，热衷于拼资源、拼设备，甚至抱有“等、靠、要”的依赖观，一味指望政府的扶植。二是研发投入不足。资金投入是技术创新的必要条件。多年来大连大中型工业企业科研经费与销售收入的比例一直在1%以下徘徊，而目前世界上主要发达国家制造业的这一指标都在2.5%~4%，发达国家跨国公司都在5%左右。国际上制造业通常认为，技术开发资金占销售额1%以下的制造业企业难以生存，占2%的可以维持，占5%的才有竞争力。而大连市一些企业要么达不到销售额的1%，要么根本没有研发经费，企业自我积累能力很弱，企业没有发展后劲。三是技术创新人才匮乏。据有关调查，按万名劳动力中研发人员比较，大连的企业只是日本、德国的十分之一。创新人才匮乏直接导致大连市企业无力开展产品、工艺、设备的技术创新；四是大连市大多数企业还没有建立其自主的研发机构。根据有关普查资料，我国2万多家大中型企业有研发机构的仅占2%。2004年规模以上的工业企业只有11.9%的开展科技活动，大部分企业缺乏新技术、新产品的开发能力。大连市企业的研发活动状况比全国平均水平略高不多。

其三，市场方面的缺欠。大连市市场经济发育水平较低，存在着诸多不利于企业创新的障碍。一是市场有效需求不足，市场容量有限。教育、住房、医疗、养老等未来预期的不确定，使市场容量无法打开，与外地市场需求衔接也不十分通畅，由此对企业技术创新的动力拉动力较弱。二是市场过度竞争。在过度竞争的条件下，企业为了生存并应付当期竞争，往往把资金与精力全部投入到当期市场份额的价格争夺中，追求短而见效快的项目，而不愿意通过技术进步降低成本以获得成本竞争优势，或开发引进新技术获得新品质优势，更不愿意从事有长期效益并有风险的技术创新。三是在市场发育不良的条件下，市场行为不规范，不公平竞争较有市场，一方面市场垄断封锁造成企业规模难以做大，技术创新成本难以摊销；另一方面，假冒产品盛行，尤其是假冒商品成本中没有科研、开发费用，因而以较低价格与正宗商品竞争，更容易占领市场。四是技术市场不完善，没有形成与技术创新相应的中介服务体系，企业获得技术创新信息不灵，获得技术的成本过高，技术创新成果成功转化率不高，创新风险过大等，都导致企业在技术创新中裹足不前。

第四节 大连市创新主体的培育目标和制度建设

大连市培育产学研相结合的新型企业的发展目标为：到2010年“十一五”期末，企业占全社会R&D投入的比重超过60%；企业专利申请量占全社会申请量的50%；新建10~15个国家级工程（技术）研究中心和企业技术研究中心、3~5个国家重点实验室。目前的产学研合作方式，已经由区域性资源合作开始向利用国内外科技资源进行转变，由成果型松散模式向实体型紧密模式转变。其中，2006年大连市十大创新型企业在“十五”期间的研发投入占企业销售收入平均超过3%以上，自主创新产品销售占销售收入的比重都超过20%以上。

今后，大连市培育功能完善的创新主体，需要统筹解决制约企业创新活动的瓶颈和障碍，其中加快制度创新，深化体制改革是关键环节，具体举措包括：

第一，进一步转变政府职能。①政府部门从管企业向提供服务转变，重点放在提供市场信息、制定和规范市场环境、提供创新激励机制、帮助集聚创新资源，推动创新投入的主体逐步向企业转移。国有资产逐步从竞争性部门退出，国有资产管理要真正从管人、管事向管资产转变。②调整政府政绩考核目标和考核方式，强化政府经济主管部门和科技主管部门的协调，设立政府财政支出中的研发投入比例、经济增长中科技进步贡献率等刚性指标，转变政府行为的短期化倾向。③推动政府控制的公共资源分配方式的转变，通过建立规范正规的招投标、业主竞争等市场选择方式，在土地批租、政府项目、政府资金分配等领域力行公开、公正、公平的市场办法，最大限度地遏制“寻租”现象和幕后交易行为。④政府的创新资金使用，应当逐步由扶植企业转向扶植研发，由项目投入转向奖励创新成果，把有限政府资金用在创新机制的形成上。⑤加大政府资金投入的力度。要加大政策对企业投入研究开发的激励力度，对企业研究开发投入总量占销售收入比例达到一定程度的，给予一定的财政补贴；要加大对科技型中小企业贷款财政贴息的规模，优先鼓励和支持中小企业采取联合投资、共同委托等方式进行合作研发；要加大对创新型企业到境外创办技术研发中心的外汇和融资支持力度。

第二，大连市要坚决打破垄断产业的自然垄断和行政垄断。企业的技术创新能力和创新动力也取决于产业部门的性质和其在整个产业的地位。处于自然垄断的行业或拥有行政垄断地位的企业往往依靠垄断地位，通过垄断市场份额和垄断价格谋取垄断利润，排斥技术进步和创新，也遏制了本行业的技术创新和竞争。为此，进一步消除垄断，打破不公平竞争的市场格局是推动企业技术创新的制度创新。大连市应当加紧推进一些资源性行业，如邮电、电力、供水、供气等公用事业部门的改革方案，制定特许经营条例，在垄断部门和行业形成多头竞争或有限多头竞争的格局；加紧清理国有企业与民营企业、外资企业在市场准入、土地出让、劳动用工、贷款、税收、征费等方面的不平等或歧视政策，帮助民营企业和国有企业在公平的起点上参加技术创新的竞争。

第三，要继续推进产权制度改革，加快培育企业内部创新机制的形成。从我国的情况来看，企业创新能力较强的往往是民营企业，国有企业除了如大唐电信等少数企业外，多数自主创新能力较弱。其原因不外乎几点：一是传统国有企业债务和冗员等包袱沉重；二是技术创新利益分配不合理，往往是技术创新产生的资产和效益是国家的，债务和风险是企业的，责任是经营班子和职工的；三是技术创新决策主体缺失，国有出资人没有真正到位，国有企业领导人任期制，重大创新决策实际上找不到决策主体；四是运行机制不合理，技术创新与市场结合不紧密，研发成果难以转化为生产力；五是调节机制失序，目前技术创新调节主体仍然是以政府为主，政府部门之间仍然存在着多种不协调。大连市一些主要工矿企业国有经济比重依然比较大，石化、造船、装备制造等传统工业占优势，企业自身创新动力不足。尤其是在计划经济条件下，是“不搞改造等死，搞改造是找死”。进行现代企业制度的创新，目的在于使企业能够自主面向市场、寻求发展之路。一方面，大连市要通过股份转让、外资嫁接、管理层收购等方式加速国有股本的退出，推动民营资本参与国有企业机制转换；另一方面，在保留国有控股的企业中，建立现代法人治理结构，推动企业参与市场的科技竞争。企业内部通过三项制度的改革，形成依靠科技进步、依靠知识要素、依靠科技人员、依靠创新寻求发展的机制，积极增加科研开发的资金投入，加大新产品、新项目的研发，使每一个企业都能够具备不懈的创新动力和能力。要建立科学规范的科技进步考核机制，用创新指标考核评估国有企业管理者的业绩。

第四，民营中小企业是科技创新的有生力量。一方面，要努力降低中小企业进入限制，给予更多的创新企业、创新者以施展才华的机会。调整各个先导区、工业园区的土地使用费，也可以采取政府出资入股的方式，将土地使用费转化为企业的股份，减轻中小企业初创时期的资金压力。各级政府要重复认识到涵养税基、扩大税源是增加税收的长远大计。对于科技企业或与科技创新有关的中小企业，经有关部门认定后，一律享受先导区优惠减免政策。保证民营企业平等参与政府计划项目的竞标，积极组织并扶植科技企业申报国家及各级政府的科技计划项目、国家科技型中小企业技术创新基金项目，设立中小企业专利申请基金，鼓励中小企业研究和开发具有自主知识产权的技术和产品。另一方面，努力打造民营科技型中小企业品牌，选择重点领域，面向上海、浙江、江苏、广东等地知名民营科技企业品牌，吸引其在大连投资建厂，将南方民营企业家的创业意识和民营企业管理经验引进大连。同时重点培育大连本地的软件、新材料、海洋保健品、生物制药等领域的龙头企业，重复发挥其引导和带动作用，促进大连市区域产业集群的形成。

第五，增强企业创新意识、帮助企业建立完善的创新机制。企业创新是一个长期艰难的过程。开始阶段需要政策引导、政府推动。但是从长远发展看，企业单靠扶植是长不大的，长期依靠政府很难取得预期效果，只有当企业从技术创新中体会到甜头时，才能形成企业自觉的创新活动。所以帮助企业建立创新意识，营造创新文化尤其重要。就企业层面来说，市场竞争压力就是最好的创新激励机制：①大连市应当帮助企业建立内部创新激励机制，通过明晰产权关系，疏通知识产权、技术专利折为股本的渠道，使发明发现者从企业股权收益中分得应有的利润，激发员工的创新热情；②要推动企业建立健全技术开发机构，鼓励有条件的大中型企业和企业集团建立高水平的技术研发中心，使企业真正具备自主的研发能力；③加大新产品、新工艺、新技术的开发力度，要按照“人无我有、人有我优、人优我特、人特我新”的开发原则，积极运用高新技术，实现销售一代、投产一代、储备一代、再研发一代的产品开发链，使企业始终处于技术优势地位；④引导企业将政府扶植的研发基金、风险投资基金、新产品、新项目贴息贷款等重点投入自主知识产权的开发项目中去；⑤帮助企业落实科技人才的职称评定、户口安置、家属就业、子女就学等实际问题，帮助企业引进核心技术人才，建立良好的科技人员成长机制；⑥帮助企业学会开拓市场、利用城市各种展会、博览会、洽谈会宣传独立开发的新产品、新技术；⑦帮助企业学会模仿创新，逐步改变跨国公司获得研发暴利，而我们的企业只能领取微薄“加工费”的局面；⑧经营结构上，推动企业将“橄榄形”（生产制造环节特别大，研发和营销这两头特别小）结构向“哑铃形”（研发和营销这两头特别重，而生产环节细小）转变，提升利润空间。

第六，积极探索产、学、研合作的机制与模式。一方面，实施多种形式的产、学、研联合开发工程。通过合作制、股份制、产权转让、兼并重组等多种形式，把企业与科研单位紧密结合起来，使科技成果能够快速转变为现实生产力。另一方面，鼓励企业和大专院校及科研院所共建实验室、工程技术中心、高新技术经济实体等，建立起企业与大学、研究院所互动互利联合开发的新机制，促进企业之间、企业与高校之间、企业与科研院所之间的知识流动和技术转移，不断提高其研发水平和效益。

第七，进一步培育知识产权市场和技术交易市场。充分发挥生产力促进中心的作用。用打包政策、打包贷款担保、打包孵化力量等方式，降低企业科技创新成本，鼓励企业加大研发投入，为中小企业提供技术援助，建立良好的投融资平台、技术转让转化平台、科技中介服务平台。

第八，进一步完善各项科技型企业创新的扶植政策。一是建立和完善孵化科技型中小企业的信用担保制度；二是支持大型企业与国际知名企业共同建立研发中心，研发中心享受高新技术企业待遇；三是政府向风险投资公司注入创业投资基金，对风险投资机构予以税收减免。

第五节 培育大连市创新主体的政策主张

2006年，大连市政府出台的关于提高自主创新能力的若干规定，提出强化企业创新主体地位，并做出相关决定（大连市人民政府，2006-6-27）：

一是强化企业技术开发投入的主体地位。允许企业按当年实际发生的技术开发费用的150%抵扣当年应纳税所得额。实际发生的技术开发费用当年抵扣不足部分，可按税法规定在5年内结转抵扣。企业提取的职工教育经费在计税工资总额2.5%以内的，可在企业所得税前扣除。

允许企业加速研究开发仪器设备折旧。企业用于研究开发的仪器和设备，单位价值在30万元以下的，可一次或分次摊入管理费，其中达到固定资产标准的应单独管理，但不提取折旧；单位价值在30万元以上的，可采取适当缩短固定资产折旧年限或加速折旧的政策。

二是鼓励企业建立研发机构。大连企业被认定为国家、省、市级企业技术中心的，跨国公司和国内知名企业单独或与大连相关机构联合在大连设立研发中心、研发总部的，大连有实力的企业在海外新建或合资设立研发机构并达到一定投资规模的，经认定，从“市创新专项”中给予一定的扶持。

对符合国家规定条件的企业技术中心、国家工程（技术）研究中心等，进口规定范围内的科学研究和技术开发用品，免征进口关税和进口环节增值税。

三是建立企业自主创新统计和评价体系。一般工业企业研究开发投入占销售收入的比例最低要达到1%，大中型企业要达到2%以上。其中，高新技术企业必须达到5%以上。将企业的研究开发投入、研发机构建设、知识产权创造与保护及新产品开发等自主创新能力指标列为考核、评价企业的重要指标和政府支持的重要依据。

实行国有企业自主创新问责制。由国有资产管理等部门对国有企业经营者完成企业自主创新能力指标情况进行严格考核。

四是实行高新技术企业认定优惠政策。国家高新区内新创办的高新技术企业认定后，自获利年度起两年内免征企业所得税，两年后减按15%的税率征收企业所得税。经认定的国家高新区外的高新技术企业比照园区内高新技术企业的待遇，由市和区市县两级财政予以资金扶持。

对高新技术企业和高新技术项目用地，其技术水平、投资规模和投资强度等达到一定要求的，经市有关部门批准，收取的土地出让金按20%~80%的比例予以返还；对在规定区域内生产具有国内外先进水平软件产品的高新技术企业，经市有关部门批准，收缴的土地使用权出让金中的纯收益全额返还企业。

五是高新技术企业承担的符合国家有关管理目录规定的市级以上政府各类科技计划重点项目，其所需进口自用设备以及按合同随设备进口的技术及配套件、备件，可免征进口关税和进口环节增值税。

经市外汇管理部门批准，我市高新技术企业经常项目外汇结算账户限额可按上一年度进出口额的50%核定。市商业银行对资信好的科技产品出口企业可核定一定的授信额度。鼓励高新技术产品和现代装备制造类产品的一般贸易出口，对以上出口产品报关至货款到账期间的短期贷款给予贴息。

六是对于非高新技术企业生产的高新技术产品和利用高新技术改造的项目，从投产之日起5年内；列入国家级重点新产品计划的产品，自产品销售之日起3年内；列入大连市重点新产品计划的产品，自产品销售之日起2年内；对处于中试、工业性试验阶段的高新技术产品，经认定，由市和区市县两级财政通过专项资金予以扶持。

七是扶持科技型中小企业和民营科技企业的发展。在“市创新专项”中设立市科技型中小企业技术创新资金，推进科技型中小企业开展自主创新。

新创办的科技型中小企业以出让方式取得土地使用权的，经有关部门批准，土地出让金可按协议出让国有土地使用权的最低价标准缴纳；一次性支付有困难的，可在3~5年内分期缴纳。

单位和个人从事技术转让、技术开发和与之相关的技术咨询、技术服务取得的收入，免征营业税。企事业单位进行技术转让，以及在技术转让过程中发生的与技术转让有关的技术咨询、技术服务、技术培训所得，年净收入在30万元以下的，暂免征收所得税。经认定的民营科技企业享受国家、省、市规定的有关政策。

八是用高新技术改造和提升传统产业的步伐。认真落实财政部、国家税务总局关于《落实振兴东北老工业基地企业所得税优惠政策的通知》精神。

（1）按企业自愿原则，鼓励相关企业提高固定资产折旧率，缩短无形资产摊销年限，可在现行规定的基础上，按不高于40%的比例，缩短折旧和摊销年限。

（2）对符合老工业基地重点扶持企业所发生的购进技术改造设备、软件以及用于自制更新改造设备所形成的固定资产的购进货物或应税劳务、通过租赁方式取得的固定资产以及为固定资产所支付的运输费用，按进项税额实行增值税抵扣（按财政部、国家税务总局的《东北地区扩大增值税抵扣范围若干问题的规定》执行）。

(3) 鼓励传统产业开发和应用高新技术和先进实用技术成果，加快老工业基地改造。鼓励企业在内部建立各类科技开发中心（包括研发中心、工程中心、博士后科研工作站）。凡列入市政府重点扶持的为本企业服务的工程技术中心，其直接用于购置科研设备和配套软件的投入达到100万元以上的，给予20%的补贴，100万元以下的，给予10%的补贴。

(4) 鼓励工业企业加大研发与科技投入。企业技术研发和科研的投入占销售收入达到3% ~5%的，按超过3%部分的30%给予奖励，对达到5% ~10%的，按超过5%部分的15%给予奖励。

(5) 鼓励国有企业在制度创新中推进技术创新。对于改造成高新技术企业的原国有企业，可将前三年国有净资产增值中不高于50%的部分作为股份，用于奖励有贡献的科技人员和经营管理人员。

九是创造有利条件，加大国企改革的力度。认真落实《辽宁省人民政府关于深化国有企业改革的政策意见》（辽政发［2005］15号）。

(1) 对符合国家规定的高新技术产业开发区内的高新技术企业改制、改组后经有关部门认定符合减免税条件的，按15%的税率征收企业所得税；企业改制中被收购的企业房地产转让到收购企业的，暂免增收土地增值税；企业产权转让不征收营业税。

(2) 以专利权、商标权、非专利技术以及其他高新技术成果作价出资的，其占注册资本的比例最高可达70%。以上述无形资产出资的，经全体出资人认定，可不进行资产评估验证。

(3) 支柱产业（重点指两大基地和三大产业）和高新技术产业的改制企业，经省政府批准，可采取授权经营和作价出资（入股）方式处置土地资产。界定国家资本金或股本金的比例，按评估审核地价的20%~30%掌握，其余部分计作国有企业资本金或股本金。

十是重点扶持科技型中小企业和民营科技企业发展。在“市创新专项”中设立市科技型中小企业技术创新资金，推进科技型中小企业开展自主创新。新创办的科技型中小企业以出让方式取得土地使用权的，经有关部门批准，土地出让金可按协议出让国有土地使用权的最低价标准缴纳；一次性支付有困难的，可在3 ~5年内分期缴纳。

近些年，大连市依靠科技进步，推动企业技术创新和产品升级换代。在2008年应对全球金融危机中，大连的企业得益于历年来的技术储备。大连船用柴油机有限公司面对世界经济形势的巨大变化，波澜不惊，通过技术创新提高产品附加值和市场占有率，提高技术等级，增加产品附加值，进一步提高抗击风险的能力。2008年完成工业总产值同比增长69.86%，实现销售收入增长62.46%，实现利润总额增长172.89%，人均产值达200万元，人均利税达40万元。大连船用推进器有限公司是我国最大的船用螺旋桨专业化生产企业。虽受金融危机冲击，公司保证员工不降薪，不下岗，企业不裁员。该公司今年的生产经营任务饱满，主要经济指标会继续提高。正是因为大连船用推进器有限公司不断提高产品的技术含量，企业才保住市场；正是因为对经济形势的变化早有准备，企业才能面对危机从容不迫。这说明，面对复杂多变的国际市场和经济环境，企业必须大力提高自主创新能力，提高核心竞争能力；必须加大研发投入，不断对产品进行升级转型。大连冰山集团有限公司尽管受到金融危机的影响，但公司根据市场变化，制定了刺激企业技术创新和产品销售的奖励政策，确定了以效益为中心，实现集团化、专业化、国际化、效益化的发展思路。中国华录集团有限公司面对2009年的市场萎缩、产品降价等不利因素，决定加快新产品研发，快速占领市场（刘晓华，2009）。

第六节 推动科研院所体制创新

一、大连市科研院所改制的成果

推进科研院所体制和机制的创新是加快技术创新体系建设的重点工作。为将科研机构推向市场，我国从1985年就开始以减拨科研机构事业费为主要内容，深化科研院所改革，逼着科研人员走向市场。但是，由于大部分科研机构实行的是事业单位企业化管理，这种改革并未从体制上根本解决科技与经济脱节的问题，不少科研机构持“小富即安”的观念，课题越做越小、经费越来越分散，解决不了产业发展的关键问题。事实证明，这种管理体制已不适应社会主义市场经济的要求。

1999年5月，国务院办公厅以国办发［1999］18号文下发了《国务院办公厅关于批准国家经贸委管理的10个国家局所属科研机构转制方案的通知》，标志着技术开发类科研机构体制改革的正式实施。按照这一通知的要求，国家经贸委管理的10个局所属的242家科研机构通过转为科技企业、转为中介机构、进入企业等方式开始改制工作，工商注册已基本完成。国务院办公厅还发文对不同类型、分属不同部门的科研机构改革提出明确要求。

根据国务院《关于深化科研机构管理体制改革的实施意见》精神和科研院所及经济发展对科技需求的实际，按照“统筹布局、分类指导、试点先行、一所一策、积极推进”的原则，大连市科研院所（表3-3）改革在科技部的指导下，在大连市委、市政府主要领导的重视支持下，调整结构、转换机制，优化学科结构和科技资源配置。社会公益类科研院所改革在试点的基础上，取得了新的进展。

表 3-3　大连市自然科学类独立科研院所

序号	科研院所名称	主管部门
1	中国科学院大连化学物理研究所	中国科学院
2	大连组合机床研究所	部委
3	大连化工设计研究院	部委
4	大连恒庄化工有限公司	部委
5	光明化工设计研究院	部委
6	国家海洋局海洋环境保护所	部委
7	中国北车集团大连机车研究所	部委
8	辽宁省经济林研究所	省属
9	辽宁省农业科学院大连生物技术研究所	省委
10	辽宁省海洋水产研究所	省属
11	大连市农业科学研究所	市属
12	大连粮油科学研究所	市属
13	大连市服装研究所	市属
14	大连市畜牧兽医研究所	市属
15	大连市林业科学研究所	市属
16	大连市环境科学设计研究院	市属
17	大连计算机应用技术研究所有限公司	市属
18	大连市农业机械化技术推广站	市属
19	大连市水利科学研究所	市属
20	大连市轻化工研究所	市属
21	大连市建筑科学研究设计院股份有限公司	市属
22	大连市轻工设计研究院	市属
23	大连市海洋气象科学研究所	市属
24	大连港设计研究院	市属
25	大连塑料研究所	市属
26	大连合成纤维研究所股份有限公司	市属
27	大连电子研究所	市属
28	大连制盐设计研究所	市属
29	大连市水产研究所	市属
30	大连市锅炉压力容器检验研究所	市属
31	大连市医药科学研究所	市属
32	大连市公安局刑事科学技术研究所	市属

资料来源：根据大连市科技局《大连市科技创新能力基本情况报告》（2006 年 4 月，第 18 页）整理。

大连市科研院所的体制改革工作始于1985年，现已经历了三个阶段。

第一阶段，1985～1990年，以科研院所拨款制度改革为突破口，通过实施技术合同法，发展科研生产联合体，促进科技与经济的结合，增强广大科技人员的市场意识和竞争意识。

第二阶段，1991～1995年，以科技产业化为标志，推动科技成果向现实生产力转化。大连合成纤维研究所、大连电子研究所等一批开发类科研院所通过“自我完善型”、“吸纳企业型”、“两头在内、中间在外型”（研究、开发和产品销售在所内，生产和零配件加工在所外企业）和“一条龙工程技术承包型”等多种科技产业化模式，增强科研院所的实力和活力，促进了地方经济的发展。

第三阶段，1996年至今，尤其是2000年以来，以结构调整、人才分流、机制转化、制度创新为主要任务，进入整体推进改革的攻坚阶段。到2001年底，大连市拥有归口管理的市属科研院所23个，在职职工总数1901人，离退休人员1455人，其中技术开发类院所14个，在职职工504人，离退休人员331人。国家技术创新大会召开后，为了推动市属科研机构管理体制改革工作顺利进行，大连先后出台了《大连市市属科研机构管理体制改革实施意见》、《大连市关于市属科研机构管理体制改革有关问题的通知》等文件，明确了大连市院所体制改革的基本思路和相关政策，特别是在允许科研人员提前退休的政策上有了重大突破，为许多老科技人员解除了后顾之忧，大大降低了改革成本。研发机构分为经营性和公益性两类。其中技术开发类14个，已经有11家完成转制，通过清产核资、资产评估、土地评估、股权设置、人员分流等方式，通过公司制等现代企业制度，进行人事制度改革，转变经营机制。通过转制，激活了一批科研院所的发展能力。例如，大连塑料研究所开发“双向拉伸塑料土木格栅网设备及技术”等六项新技术，并拥有多项技术储备，具有广阔的发展空间；大连合成纤维研究所组建了集团，与美国合作开发了安纶纺丝工程、融纺安纶技术，在全国化纤行业具有较高知名度。

据大连市第一次经济普查主要数据披露，到2004年末，全市科学研究、技术服务和地质勘察业法人单位1357个，从业人员2.6万人。按行业大类分组，从事研究与发展的法人单位占15.6%，从业人员5543人；从事专业技术服务业的法人单位占57.7%，从业人员15 961人；从事科技交流和推广服务业的法人单位占25.4%，从业人员3670人；从事地质勘察业的法人单位占1.3%，从业人员1101人。如果按照2004年末全部从业人员中单位从业人员1 858 912人计算，从事科学研究、技术服务和地质勘察业人员占1.4%，而研究与发展的从业人员占其中比重为0.298%（表3-4）。

表 3-4　科学研究、技术服务和地质勘察业法人单位按行业分组

行业		单位数/个	比重/%
研究与试验发展	合计	212	15.6
	自然科学研究与试验发展	38	2.8
	工程和技术研究与试验发展	104	7.6
	农业科学研究与试验发展	36	2.7
	医学研究与试验发展	23	1.7
	社会人文科学研究与试验发展	11	0.8
专业技术服务业	合计	782	57.7
	气象服务	16	1.2
	地震服务	9	0.7
	海洋服务	5	0.4
	测绘服务	27	2
	技术检测	111	8.2
	环境监测	26	1.9
	工程技术与规划管理	369	27.2
	其他专业技术服务	219	16.1
科技交流和推广服务业	合计	345	25.4
	技术推广服务	189	13.9
	科技中介服务	97	7.2
	其他科技服务	59	4.3
地质勘察业	合计	18	1.3
	矿产地质勘察	2	0.2
	基础地质勘察	10	0.7
	地质勘察技术服务	6	0.4
合计		1 357	100.0

资料来源：大连市第一次全国经济普查领导小组办公室．大连市第一次经济普查主要数据公报．《大连日报》，2006 年 2 月 25 日，A3 版。

2004 年的从业人员中，具有研究生学历及以上、大学本科、专科、高中、初中及以下学历的人员分别占 1.4%、11.0%、16.0%、27.7% 和 43.9%；在具有技术职称的人员中，具有高级、中级、初级职称的人员分别占单位从业人员总数的 3.0%、7.8% 和 8.4%；在具有技术等级证书的人员中，具有高级技师、技师、高级工、中级工资格证书的人员分别占单位从业人员总数的 0.3%、0.8%、3.1% 和 4.2%（表 3-5）。

表 3-5 单位从业人员学历、职称、技术等级情况

分类标准	从业人员	年末从业人数/人	占总数比重/%
学历	从业人员合计	1 858 912	100
	具有研究生及以上学历者	25 017	1.35
	具有大学本科学历者	205 249	11.04
	具有大专学历者	297 759	16.02
	具有高中学历者	515 151	27.71
	具有初中及以下学历者	815 736	43.88
职称	具有技术职称的人员合计	355 078	100
	具有高级技术职称者	55 349	15.59
	具有中级技术职称者	144 500	40.70
	具有初级技术职称者	155 229	43.72
技术等级	具有技术等级证书人员合计	156 874	100
	高级技师	5 676	3.62
	技师	15 137	9.65
	高级工	57 156	34.43
	中级工	78 905	50.30

资料来源：大连市第一次全国经济普查领导小组办公室．大连市第一次经济普查主要数据公报．《大连日报》，2006 年 2 月 25 日，A3 版。

2004 年末，大连市第二、三产业企业法人单位的实收资本总额（不含银行、证券、保险业）为 1855.2 亿元。其中，由国家投入的资本 458.2 亿元，占 24.7%；集体投入的资本 74.0 亿元，占 4.0%；由法人投入的资本 453.7 亿元，占 24.4%；个人投入的资本 489.0 亿元，占 26.4%；港澳台商投入的资本 60.5 亿元，占 3.3%；外商投入的资本 319.8 亿元，占 17.2%（表 3-6）。说明大连市企业机构的股本构成以及民营企业发展改革取得了一定成效。

表 3-6 企业实收资本来源构成 （单位：%）

企业类别	实收资本	国家资本	集体资本	法人资本	个人资本	港澳台资本	外商资本
各类企业总和	100	24.7	4.0	24.4	26.4	3.3	17.2
国有企业	100	80.9	0.1	18.7	—	—	0.3
集体企业	100	0.2	92.3	6.9	0.6	—	—
股份合作企业	100	1.2	7.2	73.7	17.8	0.1	—
国有联营企业	100	92.2	—	5.0	2.8	—	—
集体联营企业	100	—	45.4	36.4	18.2	—	—
国集联营企业	100	61.0	35.4	2.4	1.2	—	—

续表

企业类别	实收资本	国家资本	集体资本	法人资本	个人资本	港澳台资本	外商资本
其他联营企业	100	15.1	51.3	30.1	3.5	—	—
国有独资公司	100	84.0	—	16.0	—	—	—
其他有限公司	100	32.0	3.6	42.6	21.6	0.1	0.1
股份有限公司	100	18.2	0.9	53.7	24.5	—	2.7
其他内资企业	100	15.8	19.4	32.3	32.3	0.2	—
私营企业	100	—	0.5	5.8	93.7	—	—
港澳台商企业	100	9.2	1.7	23.1	4.5	60.0	1.5
外商投资企业	100	3.2	1.1	18.4	3.9	1.1	72.3

资料来源：大连市第一次全国经济普查领导小组办公室．大连市第一次经济普查主要数据公报．《大连日报》，2006年2月25日，A3版。

重点科研院所和大专院校是国家原始创新的重要源头，如何发挥大院大所的研发优势，如何形成院所与企业的创新合作关系，成为如今产学研一体化的重要内容。

中国科学院大连化学物理研究所（简称化物所）是国家级的专业研究机构，是坐落在大连市的一支重要的科研力量。化物所在寻求所企合作的发展中，取得了显著成效。从1985年到2005年，中国科学院大连化学物理研究所专利申请总量达到1260件，授权总量达到937件，在全国科研院所中一直处于领先地位。2004年专利申请198件，专利授权129件，其中发明123件。作为科研院所，化物所的重要优势就是具备研发潜力，但是如果没有企业的需求，成果难以转化；没有企业资金支持，院所研发缺少资金。

而为了可持续发展，为了更大的市场竞争力和利润空间，企业创新的愿望越来越强烈。企业作为创新主体，期望通过投资来实现更多的科研成果的转化。很多企业在自办研发中心之外，积极寻求与科研院所合作。科研院所的重要社会属性就是技术转移。企业和科研机构之间是一种战略联盟和伙伴关系。多年来，化物所从企业界得到的各项科研开发经费一直占总经费收入的80%。2005年化物所的科研收入为6000万元，占全所科研收入的30%。而科研院所回报企业的就是先进技术。例如，催化裂化干气中烯烃综合利用项目就是大连化物所和抚顺石油二厂联合开发成功，并实现工业化生产的一个项目，已申请了国内专利和11个国家和地区的专利。这也对国外产业进入中国形成了技术壁垒。在创造出一条具有中国特色的干气制乙苯技术路线的同时，也为企业带来可观的经济效益和社会效益。炼厂干气是石油催化裂解加工生产的尾气，通常含有15%～30%的乙烯，这些宝贵资源通常被作为燃料，甚至以点天灯的形式燃烧排空，长期未得到合理使用。自20世纪80年代以来，大连化物所与抚顺石化公司合作，独创了炼厂干气不经分离与苯生成苯乙烯的新工艺，年产 3 万吨工业化装置，于 1993 年在抚顺石油二厂投产成功，被列为第三世界科学院具有创新性的成果。仅以 2004 年为例，该项技术为抚顺石化带来产值 4 个亿。至 2005 年底，中国石油和中国石化就先后批准在国内开工建设 7 套干气制乙烯装置，年产共计 56 万吨，其中包括抚顺、大连和锦州的 4 套装置，设计年产共 30 万吨，预计形成销售收入 30 亿元。这项技术被中国石化定为“十条龙”之一，在行业内辐射推广和成果转化，被誉为“干气制乙烯模式”。近年来，化物所通过技术集成、资本融合、人才组合设立了 11 个高新技术控股公司，据不完全统计，2004 年实现产值总额约为29 743万元。从 2005 年开始，化物所开始减少持股比例，寻求股东多元化，因为这样更有利于推动技术转移，更有利于科技成果的产业化发展。

王选院士在描述产学研道路时，有一句精辟的话是“从科研走向市场的过程堪称‘九死一生’”。大连轻工学院生物与食品工程学院副院长朱蓓薇教授凭借专利技术“海参自溶酶”，获得 2005 年国家技术发明二等奖。在刚刚将研究成果推向企业时，一时难以与企业的需求对接。在与企业联合开发海参深加工产品的过程中，企业提出如何解决鲜海参捕捞后必须盐泽，否则会化掉的问题。因为在加工时必须脱出盐分，既增加了工序，又增加了成本，这就使研究的重点转向攻克海参自溶的问题，以此成为获得国家专利奖的契机。

大连理工大学和大连大学等院校，非常注重从企业实际需要出发，提升科研成果的针对性，不仅服务了社会，也大大提升了学校的科研质量。大连理工大学在 2000 年以前，每年的专利申请量只有五六十件，而 2005 年达到 180 件，其中绝大多数为发明专利。与专利申请量迅速增长相配比的是，在 2005 年全国各高校承担的国家自然科学基金项目中，大连理工大学以 103 项的数量跻身全国前五位。现在大连理工大学不仅追求专利申请的数量，而且注重提升专利技术服务于东北老工业基地振兴的质量，希望学校在振兴东北老工业基地中发挥智囊团、加速器、技术平台的作用。大连大学 2004 年专利申请比 2003 年翻了三番，达到了 52 件。专利这个新亮点归功于学校建立起有效的专利管理制度和奖励办法。2004 年，学校制定了《大连大学专利管理办法》，设立了鼓励专利申请的专项基金。同时规定，对属于职务发明的项目，由学校资助代理费及三年年费等。授权的职务发明创造者可获得发明 10 000 元、实用新型 2000 元、外观设计 1000 元的奖励额度。近两年，有 40 多个项目先后在中国国际专利技术与产品交易会上亮相，通过交易、交流，提高了学校的社会影响力，促进了专利成果产业化和进一步创新。大连大学生物医学工程研究所以自有专利技术为牵动，由大连科技风险投资管理有限公司和大连大学联合注资成立了产业化实体——大连垠艺生物材料研制开发有限公司，获得专利转化资金 430 万元。接着，依托其产业化平台，先后建成大连市医疗器械技术孵化器和辽宁省生物医学材料研发中心。

二、大连市科研院所进一步深化改革的重点

目前，大连市有23个市属科研机构。大连市科研院所改制工作虽然取得一定成绩，但是依然不够彻底。少数单位还存在着等、看、拖的思想，少部分科研院所如粮油研究所、食品研究所、计算技术研究所等的转制还没有完全结束。对科研院所转制后的扶植力度有待加强。尚未建立起“开放、流动、竞争、协作”的机制，内部缺乏活力，在激烈的市场竞争中难以立足等。《大连市市属科研机构管理体制改革实施意见》中提出的成立科技资产管理公司的方案，没有完全落实，科研院所转制后没有专项资金的扶植。此外，根据科技部的要求，还要启动公益类和农业类科研院所的转制试点工作。

第一，在科研院所制度和机制创新上，应当继续区分经营性和公益性两类研发机构，推动经营性科研院所深化产权制度改革，建立现代企业制度，转变职工身份，转变经营机制；帮助公益性科研机构理顺管理体制，创新干部、劳动用工、工资分配机制，建立健全考核目标，形成良性内部激励机制，建立现代科研院所制度；推动两类科研院所研发成果进入市场，取得持续研发的资源和需求。

第二，对于尚未完成转制的开发类科研院所，要继续制定科学合理的体制改革政策，注重政策的导向和创新性。在股份制改造过程中给予科研院所许多比企业改制还优惠的政策，鼓励科研机构股份制改造。实行股份合作制改制的科研机构允许从国有净资产中拿出10%~30%的比例，按照工龄长短、技术职务高低、贡献大小补偿给员工，作为对员工身份置换的补偿股。补偿股享有所有权、收益权、继承权、转让权。设立职工共有股，用于补充养老保险、职工住房补贴、医疗费用补贴等社会保障费用的筹措，由企业工会托管运作，专账管理。共有股的设置既减轻了院所转制的负担，又解决了老同志的后顾之忧。

第三，为了巩固开发类院所转制为企业、事业法人核销后的平稳过渡，设立改革过渡期，在过渡期内转制的科研机构可享受事业单位的人员分流、医保、住房、工资调整等相关政策。为解决好转制科研机构离退休人员和即将退休人员的养老问题，实行老人老办法的原则，将转制为企业的科研机构离退休人员（含提前退休人员）的离退休费集中发放，今后离休人员工资调整仍按事业单位待遇增调，所需经费由财政解决，解除了离退休科技人员的后顾之忧。为减轻转制科研机构负担，在分流富余人员方面，比照公务员条例，可办理提前退休手续，对不具备提前退休条件的职工，可一次性发放辞职补偿金，补偿金标准为本人三年全额工资。

第四，继续推进科技资产管理公司的筹建。鉴于科研院所所存国有资产，同时又可能发生新的科技投入、事业经费投入，因此必须增设专业化的科技资产管理公司。具体办法包括：①对原有开发类和公益性、农业类的科研院所中的国有

资产进行评估（包括一定的无形资产）；②与国有资产管理委员会和财政局协定，由科技局组建市属科技资产管理公司行使国有产权代表的职责，由该公司向所属科研机构派遣财务督察，确保国有资产的保值增值；③对公益性和农业类科研院所的法人代表，进行资格考核，进行国有资产保值增值的责任认定；④由科技资产管理公司对所代表的国有资产运行情况进行评估和考核。

第五，由科研机构兴办的科研生产经营实体，其收入免缴能源交通基金和所得税，三年内免征产品税、营业税、增值税。自筹资金兴办科研生产经营设施免交建筑税。科研机构出口创汇，新增部分三年内全额留成，用作单位的发展基金，自主使用。科研机构与企业联合创汇，按先分后税的原则处理，科研机构所得，享受上述待遇。

第六，鼓励创办民办科技机构，发挥其自筹资金、自主经营、自负盈亏以及技工贸、技农贸一体化等运行机制方面的优势，逐步改变科研机构所有制的单一模式，形成国家、集体、个人一起兴办科技事业的新局面。民办科技机构在承包科研课题、进行技术服务和申请科研成果奖励、银行贷款等方面，与国有科研单位具有同等地位。

三、重视转制后科研院所发展能力建设

科研院所的改革以人事制度和分配制度改革为重点，探索建立适应原始性创新要求的科研机构管理制度。形成有利于调动研究人员积极性，有利于创新资源优化配置，有利于形成以企业为主体的科技创新体系的新格局。

探索实行理事会制，形成理事会决策制、院所长负责制、科学技术委员会咨询制和职工代表大会监督制的现代科研机构管理制度。行业主管部门授权理事会对科研机构进行领导和监督，通过理事会对科研机构实行间接管理。

全面推行聘用制。推行固定岗位和流动岗位相结合的用人制度，实行专业技术职务聘任与岗位聘用并轨。实行岗位责任制管理，对考核不合格人员和合同到期后未续聘人员按照国家有关规定解除合约。改革对科研机构院所长的单一任命制，区别不同类型的科研机构，分别实行主管部门公开招聘、职工选举基础上的主管部门聘用等多种形式。

全面实行课题制，坚持课题负责人负责制，使课题负责人在批准的计划任务和预算范围内享有充分的自主权，减少管理环节与管理层次。建立灵活有效的激励分配机制，探索技术与知识作为生产要素参与分配的实现形式。实行按岗定酬、按任务定酬、按业绩定酬的分配制度，科研机构可自主决定内部分配，拉开收入档次。继续推进奖励制度改革，突出技术创新和科技产业化导向。精简奖项数目，促进技术创新。根据各种科技活动的不同特点，实行相应的评价标准和方法。

科研机构企业化转制后，不等于一蹴而就，还必须依靠科技优势，提高创新能力和研究开发水平，实现产业化，促进地方经济的快速发展。大连市转企的公益类科研院所在几年的运行中，通过体制创新实现新的跨越，在科研开发、产业化发展、人才培养等方面都取得了长足的发展。

技术开发类科研机构向企业化转制，是实现建立新型国家创新体系的重要步骤，也是当今世界各国为增强国际竞争力而普遍采用的重要手段。技术开发类科研机构企业化转制后，一方面可以把我国相当一部分优秀科技力量转移到企业组织形式下，直接从事企业的技术创新活动，提高我国企业的整体技术创新能力；另一方面，将进一步强化市场导向，除了继续竞争承担国家任务外，还能从市场上得到更多的经费来支持研究开发，吸引优秀科技人员，使自身的创新能力得到较快提高。引入市场机制会进一步加快产业化发展，这些院所有望发展成国际上具有一定竞争能力的高科技产业集团，成为我国高新技术产业领域的龙头企业。

大连合成纤维研究所是大连市科研院所转制的一个典范。该研究所从1985年开始削减事业费，从那时起，该所就开始沿着市场化的道路一步步走下去。据该所所长兼党委书记、著名合成纤维专家郭大生介绍，大连合成纤维研究所在1985年固定资产大概只有860万，而到2002年，除无形资产外，研究所固定资产已经达到3500万。另外，研究所已经连续六年每年的科技合同超过一个亿。合成纤维所在这18年的院所转制过程中所走过的路，成功的意义不仅仅在于一家市级研究所被推向市场后的成功自救，它已经创造了中国院所转制的一种新模式。2003年8月科技部部长徐冠华认为，这种模式主要具备四个方面的特点：一是能够根据市场竞争的需要确定自己的研究方向；二是能够把自己拥有的技术优势转变为在市场上的占有优势；三是以成套产品或系列技术为自己的发展目标；四是非常注重体制与机制的创新。

归结起来，大连合成纤维研究所的转制，主要在几个方面实现了突破：

一是意识上的突破，研究所必须面向市场，面向经济建设，否则就难以生存。

二是在发展路子上实现突破，必须到市场竞争中发展自己，把研究所的命运与行业紧紧连在一起——行业发展了，我就存在，行业衰败了，我就倒霉。

三是在内部机制的完善上实现突破，将研究所分为研发、产业化、后勤保障三大块，使研究所的每个人都有事可干。

四是紧紧扣住科研与生产、市场直接的衔接点，弥补科学研究与生产领域的断裂带。

然而，目前国内很多研究院所仅仅在某一个或两个方面实现了突破，还存在着这样或那样的问题。

今后，大连市院所转制过程中还有如下问题需要注意和突破：

（1）市属科研院所普遍缺乏具有国际水平、国际规模的公司。

（2）应用研究和基础研究有所缺乏，技术开发力度不大。

（3）前后专业间需要加强交叉，有利于产业链的构建。

（4）在工程技术上，要从技术开发到产业化、到市场、到效益，进行集成创新。

今后需要通过帮助公益性科研机构理顺管理体制，进一步推动公益性的科研机构和科研单位建立健全考核机制和内部管理制度，尤其是人事关系、干部任用、薪酬分派制度等体制机制的改进，通过内部激励和外部竞争压力，实现科研成果尽快进入市场，取得持续研发的资源和市场空间。

四、大连市公益性和农业类科研院所转制方案

公益性和农业类科研院所转制是科研机构改革的难点。鉴于公益性和农业类科研院所机构多半是非盈利性机构，且担负着社会公益事业和农业方面的专业项目研究任务，是社会公益性事业必不可少的组成部分。因此，其中大多数不能通过转制为企业而完成改制。为此，应当考虑对这类科研院所采取分类改革的方式，以提升科研质量、降低财政负担、提高科研经费使用效能为改制目标。对于公益性和农业类的科研院所，根据国家科技体制改革的方针，要整合重组、重新定位，实行分类改革，重点推动人事、劳动用工、分配制度的创新，建立现代科研院所制度。

可供考虑的改制方案主要包括：

（1）按照专业需要，进行合并重组，将九家市属公益性和农业类科研院所进行归类和合并，重组为少数几家公益性院所。

（2）将原有公益性科研院所的可盈利性的项目剥离出来，或者组建盈利性的企业化机构；或者保留在研究机构内部，作为盈利性项目单独管理。

（3）按照需要和国家标准，核定保留重组的或公益类科研院所所需的事业经费，包括人员费用和办公费用。

（4）科研经费采取政府按项目拨付和院所自行申报国家课题和向社会承揽课题的方式，政府科研经费按照合同约定进行绩效评估。

（5）原有科研院所重组改制前的负债，根据国家规定可以一次性核销，今后发生的负债由院所自行承担。

（6）退休人员的消化办法按照国家规定办理。根据劳动部、人事部、财政部、科技部等部门2000年2月的劳社部发［2002］5号文（《关于转制科研机构和工程勘察设计单位转制前离退休人员待遇调整等问题的通知》）规定，将国家经贸委所属的原10个国家局管理的242个科研机构、中央所属的178家工程勘

察设计单位以及建设部等11个部门（单位）所属的134个科研单位转制前离退休人员待遇调整为两类办法，一是有正常事业费的转制单位，转制前离退休人员不再执行企业离退休人员基本养老金调整办法，从2001年开始，其离退休待遇调整纳入国家统一的事业单位离退休费调整范围，由财政部门安排所需资金。二是没有正常事业费的转制单位，转制前离退休人员基本养老金调整按企业的办法执行，费用从基本养老保险统筹基金中支付。国家统一出台事业单位离退休费调整政策时，转制前离退休人员按企业办法增加的基本养老金与按事业单位办法增加的离退休费的差额部分，由原单位视经费情况自筹资金解决，并做好在职职工和离退休人员的稳定工作。

（7）重组后的公益性科研院所人员，采取全员合同聘任制，采取竞争上岗；按照岗位设定薪金待遇和劳保福利；奖金和其他附加福利按照科研项目的贡献分配。

鉴于公益性科研院所由于基本经费来自财政资金，为此必须建立一条完整的考评考核机制。其中包括对于参加科研项目的贡献度、科研项目的经济效益和社会效益评估，个人和团队的科技贡献，以确保形成内部的激励机制和奖励机制，避免重蹈“大锅饭”的覆辙。

表3-7　大连市国家级重点实验室

序号	实验室名称	所属学科	主管部门
1	催化基础国家重点实验室	物理化学	中国科学院
2	海岸和近海工程国家重点实验室	海洋工程	教育部
3	分子反应动力学国家重点实验室	物理化学	中国科学院
4	三束材料改性联合国家重点实验室	材料表面	教育部
5	精细化工国家重点实验室	精细化学工程	教育部
6	工业装备结构分析国家重点实验室	力学	教育部

资料来源：根据大连市科技局《大连市科技创新能力基本情况报告》（2006年4月，第25页）整理。

表3-8　大连市国家级工程技术研究中心

序号	工程技术研究中心名称	依托单位	批准部门
1	船舶导航系统工程技术研究中心	大连海事大学	国家发展和改革委员会
2	船舶制造国家工程技术研究中心	大连理工大学	国家发展和改革委员会
3	燃料电池及氢源技术工程技术研究中心	中国科学院大连化学物理研究所	国家发展和改革委员会
4	天邦膜技术工程技术研究中心		国家发展和改革委员会
5	催化剂工程工程技术研究中心		科技部

资料来源：根据大连市科技局《大连市科技创新能力基本情况报告》（2006年4月，第25页）整理。

表 3-9 大连市国家级企业技术中心

序号	企业技术中心名称
1	大连冰山集团公司技术中心
2	大连造船重工有限责任公司技术中心
3	中国北车集团大连机车车辆有限公司技术中心
4	瓦房店轴承集团公司技术中心
5	大连大显集团公司技术中心
6	大连华录集团技术中心
7	大连新船重工有限责任公司技术中心
8	大连盛道集团公司技术中心
9	大化集团公司技术中心
10	大连重工起重集团公司技术中心
11	大连机床集团公司技术中心

资料来源：根据大连市科技局《大连市科技创新能力基本情况报告》（2006 年 4 月，第 26 页）整理。

表 3-10 大连市省级重点实验室

序号	实验室名称	依托单位	批准时间
1	辽宁省技术中心清洁油品重点实验室	中国科学院大连化学物理研究所	2005 年 10 月
2	辽宁省快速检测技术与痕量分析重点实验室	中国科学院大连化学物理研究所	2005 年 10 月
3	辽宁省内燃机重点实验室	大连理工大学	2005 年 5 月
4	辽宁省微纳米技术重点实验室	大连理工大学	2005 年 5 月
5	辽宁省技术中心工业设备先进控制系统重点实验室	大连理工大学	2005 年 10 月
6	辽宁省生物基化学品重点实验室	大连理工大学	2005 年 10 月
7	辽宁省高电压强电场电离放电重点实验室	大连海事大学	2000 年后
8	辽宁省交通安全通信技术重点实验室	大连海事大学	2005 年 5 月
9	辽宁省物流航运管理系统工程重点实验室	大连海事大学	2005 年 5 月
10	辽宁省医学细胞分析生物学重点实验室	大连医科大学	1999 ~ 2000 年
11	辽宁省脑疾病重点实验室	大连医科大学	2005 年 5 月
12	辽宁省糖生物学与糖生物工程重点实验室	大连医科大学	2005 年 10 月
13	辽宁省 SPF 动物重点实验室	大连医科大学	2005 年 10 月
14	辽宁省植物生物技术重点实验室	辽宁师范大学	1999 ~ 2000 年
15	辽宁省水产品加工及综合利用重点实验室	大连水产学院	2005 年 10 月
16	辽宁省职能信息处理重点实验室	大连大学	2005 年 5 月

续表

序号	实验室名称	依托单位	批准时间
17	辽宁省野蚕研究重点实验室	辽宁省野蚕研究所大连生物技术研究所	2000年后
18	辽宁省食品安全检测技术重点实验室	辽宁省出入境检验检疫局检验检疫技术中心	2005年5月
19	辽宁省海洋水产分子生物学重点实验室	辽宁省水产科学研究所	2005年10月

资料来源：根据大连市科技局《大连市科技创新能力基本情况报告》（2006年4月，第26～27页）整理。

表3-11 大连市省级工程技术研究中心

序号	工程技术研究中心名称	依托单位	批准时间
1	辽宁省半导体照明与发光工程技术研究中心	大连路明科技集团有限公司	2004年
2	辽宁省高性能树脂工程技术研究中心	大连理工大学	2004年
3	辽宁省水产品深加工工程技术研究中心	大连轻工业学院	2004年
4	辽宁省化纤装备工程技术研究中心	大连合成纤维研究所股份有限公司	2004年
5	辽宁省先进船舶工程技术研究中心	大连理工大学	2004年
6	辽宁省智能化装备工业控制嵌入式工程技术研究中心	大连光洋科技工程有限公司	2004年
7	辽宁省数控机床工程技术研究中心	大连机床集团有限公司	2005年
8	辽宁省钛合金及制品工程技术研究中心	大连盛辉钛业股份公司	2005年
9	辽宁省肉类食品加工工程技术研究中心	大连市础明集团公司	2005年
10	辽宁省氟材料工程技术研究中心	大连市振邦氟涂料股份公司	2005年
11	辽宁省大森数控工程技术研究中心	大连大森数控技术发展中心有限公司	2005年
12	辽宁省环宇移动通信设备工程技术研究中心	大连环宇移动科技有限公司	2005年
13	辽宁省珍奥生物技术工程技术研究中心	大连珍奥集团有限公司	2005年
14	辽宁省玉璘海洋生物技术工程技术研究中心	大连玉璘企业集团有限公司	2005年
15	辽宁省精细化工工程技术研究中心	大连理工大学	1996年前
16	辽宁省镀铁工程技术研究中心	大连海事大学	1996年前

资料来源：根据大连市科技局《大连市科技创新能力基本情况报告》（2006年4月，第27～28页）整理测算。

表 3-12 大连市市级工程技术研究中心

序号	工程研究中心名称	牵头组建单位	批准时间
1	大连市嵌入式系统工程研究中心	大连光洋科技工程有限公司	2005 年 7 月
2	大连市动物生物制品工程研究中心	大连翔大生物技术有限公司	2005 年 7 月
3	大连市组织工程与生物材料工程研究中心	中国科学院大连化学物理研究所	2005 年 7 月
4	大连市先进船舶技术工程研究中心	大连理工大学	2005 年 7 月
5	大连市畜产品安全保障技术工程研究中心	大连塞姆生物工程技术有限公司	2005 年 7 月
6	大连市生物医药材料工程研究中心	大连大学	2005 年 7 月
7	大连市半导体发光与照明工程研究中心	大连路明科技集团有限公司	2005 年 7 月
8	大连市资源循环利用工程研究中心	大连振邦集团有限公司	2005 年 7 月
9	大连市海洋生物功能材料工程研究中心		2005 年 7 月

资料来源：根据大连市科技局《大连市科技创新能力基本情况报告》（2006 年 4 月，第 27 页）整理。

表 3-13 大连市市级企业技术中心

序号	技术中心名称	认定时间	序号	技术中心名称	认定时间
1	一汽解放汽车有限公司大连柴油机分公司技术中心	1997 年	12	大连第一互感器厂技术中心	2000 年
2	辽宁无线电二厂技术中心	1997 年	13	大连染料化工有限责任公司技术中心	2002 年
3	大连冰山橡塑股份公司技术中心	1997 年	14	大连振邦氟涂料股份有限公司技术中心	2002 年
4	大连大耐泵业有限公司技术中心	1997 年	15	大连瑞泽农药股份有限公司技术中心	2003 年
5	大连叉车责任有限公司技术中心	1997 年	16	大连美罗大药厂技术中心	2003 年
6	大连大富基缝纫机有限公司技术中心	1997 年	17	大连船用柴油机厂技术中心	2003 年
7	东北特钢集团公司技术中心	1997 年	18	大连大学啤酒股份技术中心	2004 年
8	大连电瓷有限公司技术中心	1998 年	19	大连政华洋塑料机械有限公司技术中心	2004 年
9	大连油泵油嘴厂技术中心	1998 年	20	大连绿源药业有限责任公司技术中心	2004 年
10	大连大高阀门有限公司技术中心	1998 年	21	大连光洋科技有限公司技术中心	2005 年
11	大连液压件厂技术中心	2000 年	22	大连第二互感器厂技术中心	2005 年

续表

序号	技术中心名称	认定时间	序号	技术中心名称	认定时间
23	大连环友电泵有限公司技术中心	2005年	26	大连嘉隆电机有限公司技术中心	2005年
24	大连华农豆业有限公司技术中心	2005年	27	大连碧海服饰有限责任公司技术中心	2005年
25	大连富地机械有限公司技术中心	2005年			

资料来源：根据大连市科技局《大连市科技创新能力基本情况报告》（2006年4月，第29页）整理测算。

第七节 推进产学研一体化的制度建设

第六节中的表3-7～表3-13展示了大连市国家级重点实验室、国家级工程技术研究中心、国家级企业技术中心、省级重点实验室、省级工程技术研究中心以及市级工程技术研究中心和市级企业技术中心，这些研发机构是大连市产学研一体化的基础。

要向国外学习，在基础科学研究方面推行集团科研体制，促进企业、大学和研究机构共同开展研究与开发工作。在我国，以城市为核心建设区域创新体系也成为重要经验。北京、深圳、西安等城市依托城市的大学园区和科技园区，构造了官、产、学、研、商为一体，集研发、孵化、创业、中介、融资为整体的创新平台，形成了以企业为主体，以技术中心、工程中心、国家级实验室、项目基地为轴心的研发基地，通过区县的高新园区、工业园区、大项目基地构造了区域创新的体系，极大地推动了区域创新能力和经济发展。

官产学研资服六位一体的创造体系中各项作用如下所述。

官的作用主要有：①科技规划指导；②政府资金扶植；③政策法规引导；④创新环境培育。

产的作用主要有：①提出创新需求；②提供中试和产业化基地；③提供产业化资金；④推动科技成果商品化和产业化。

学的作用主要有：①培养创新人才；②开发新技术；③指导企业创新。

研的作用主要有：①完成科技成果实验室工作；②承接企业科研项目；③向企业转让科研成果。

资的作用主要有：①提供科技研发资金；②提供成果转化资金；③提供融资平台。

服的作用主要有：①链接科技创新成果的需求双方；②提供成果转化的信

息；③对成果研发和成果转让的价值评估、鉴定、法律保护提供中介。

构建产学研一体化科技创新体系，在制度建设和机制建设方面，应重点考虑以下几点：

其一，明确技术入股或知识产权折股比例可以超过总资本的70%，大力鼓励组建产学研相结合的新型科技型企业或机构。这种股份制企业的特点，一是知识产权占据重要股权；二是由产学研共同组建；三是出资方式既可以是部分工业产权也可以是部分资金或部分技术专利。根据发达国家的经验和我们的实践，这种有效的产学研相结合的新型科技企业，主要通过“双向进入”方式，可以通过企业出资在大学或科研院所中设立研究中心或研究院，或者大专院校和科研院所在企业设立成果转化基地或中试基地，由此诞生的研发型企业或成果转化型的公司，具有目的性强、转化成功率高、资金有保障、研发中试和转化一条龙的特点和优势。大连化物所近几年，通过技术集成、资本融合、人才组合设立了11个高新技术控股公司，并依托其产业化平台，组建了产学研密切合作的战略联盟，取得了显著的科技产出效果。

其二，通过政策扶植，构建产学研利益共享的新机制。通过税收优惠、政府奖励，鼓励产学研各方采取双薪制、双轨制等方式推动产学研人才、项目、技术的相互融通，鼓励各方采取技术参股、利润分享、成果奖励等方式进入实质性合作；政府对产学研合作项目予以财政支持，合作项目所得享受高新技术产品的税收减免优惠，推动产、学、研为一体的有机结合创新体系。按照“广泛参与、优势互补、利益共享、风险共担”的原则，企业与高等院校和科研院所采取技术转让、委托开发、联合开发、共建技术中心、共办经济实体、人才合作等多种形式进行合作，加快建立产学研合作的投入机制、人才流动和培养机制、利益分配机制等。大连光洋科技工程有限公司规模不大，但是却与大专院校联合组建了清华大学数控技术工程化联合实验室、哈尔滨工业大学光洋运动技术工程化联合实验室和人事部批准的博士后工作站。按照“双向进入”的方式，企业与高等院校和科研院所采取技术转让、委托开发、联合开发、共建技术中心、共办经济实体、人才合作等多种形式进行合作。

其三，培育产学研相结合的新型科技企业的制度设计。一方面要加快科研院所的改制和转制，推动新型研发机构的股份制改造，落实知识产权入股的制度，推动公益性研发机构成果利益共享、内部劳动、工资分配机制的创新，调整公益性科研机构的管理体制；另一方面，在继续加强孵化器建设的同时，通过加强政府资金扶植、风险投资注入和退出的制度安排以及毕业企业的出站制度安排，来加强产学研相结合的创新型企业的培育。

其四，发挥公共创新平台的作用。通过以全面提升可持续发展能力和自主创新能力为目标，以企业自主创新能力和合作网络培育为核心，以关键技术研发平台、创业孵化平台、成果转化平台、中介服务平台、科技融资平台建设为载体，建设以企业为主体、官、产、学、研为一体的有机结合创新体系。到2005年底，大连市高新园区落户的各类科技研发中心已经达到94个，其中包括4个国家级科研基地、5个国家级工程技术中心、42家单位的研发机构和8个公共技术平台。研发内容设计电子元件、新型材料、软件信息、生物医药等众多国家重点发展领域。

其五，充分发挥“大院、大所”的骨干创新作用。大连市在“十一五”期间，应当建设高水平的知识创新平台。支持在连高校和科研院所进一步提升高层次创新人才培养和高水平科研成果原创能力。加快七贤岭大学科技城建设步伐，充分发挥大连理工大学、大连化物所在大学科技城中的龙头作用。加强对大连市现有国家、省、市级工程（技术）研究中心和重点实验室的扶植力度，夯实基础，提高水平，充分发挥其引领自主创新的骨干作用。对新争取的上述重点研发机构，市政府给予资助。支持在连高校哲学社会科学领域优势学科进入国家级重点学科，建成大连市社会科学创新基地。

其六，科研机构与企业联合经营，可以互相承包、租赁、参股、兼并，或进入企业、企业集团，或发展成科研型企业等；可以利用大连市智力密集区的优势，面向国际市场，创办或联办多种形式的分所、公司、企业、企业集团；也可以在沿海开放地区设立窗口，或直接在国外布点，建立各种独资、合资机构，促进外向型经济的发展和新技术产业的形成。

第四章　创新科技投融资体制，构建多元化科技资源投入机制

科技投融资体制是科技创新的血脉保障，通过什么有效方式取得科技创新的资金，如何提升科技投资的绩效，是衡量科技投融资体制好坏的标准。

鉴于科技创新活动具有风险大、投资周期长等特点，对投融资的来源、渠道、方式有不少特殊的要求。科技创新活动的投融资活动，不同于一般项目的贷款、股权投资或者信托投资，它需要各种特殊的风险评估、项目分析和退出机制。对于我国来说，科技投融资体制创新的主要方向就是推动科技投融资由以政府资金为主转向依靠市场融资为主。

第一节　国外科技投融资体制的特点

进入20世纪80年代以来，新技术革命浪潮席卷全球，世界各国面临着新技术革命的挑战。各国为了在世界竞争中处于优势地位，一方面通过多方筹资增加科技投入；另一方面创造和使用多种有效的投资形式，采取相应的措施，用好科技资金，取得了较好的效果。我国想要缩小同发达国家的差距，迎头赶上世界新技术革命的进程，就必须有选择地借鉴国外成功经验，迅速建立起有效的科技投资机制（葛恒云，2006）。

大连民族学院的刘秀玲在1999年中国科技年会上详细地分析了各国的科技投资机制。世界各国尽管社会经济制度不同，经济实力、科技水平各异，但在科技投资及有关做法上却有许多共同点，尤其是在那些社会经济发展较快的国家和地区。其中，一是各国科技研究与开发投入逐年增加，占GNP的比重逐年上升。1993年美国和韩国这个比重分别为2.6%和2.33%，1995年则分别上升为2.65%和2.7%。二是科技投资来源趋于多元化。主要有政府投资（包括中央政府、地方政府）、企业出资、银行贷款、社会（民间）筹资、引进外资等。在各种科技资金来源结构中，政府和企业是两个最主要的来源。两者之间的比例有两种情况：一种是政府投资占绝大部分，企业投资甚少，如印度、古巴等；一种是企业投资为主，企业投资高于政府投资10个百分点以上，如美国、日本、德国、韩国等。从发展趋势看，科技投资来源多元化是科技发展尤其是高新技术产业化的客观需要（刘秀玲，1999）。

值得关注的是市场经济国家的科技投融资机制中市场化融资和企业作用突出，市场化融资中风险投资地位突出。

高新技术产品除了具有高投入、高产出、高附加值、高增长率外，还有高风险的特点，因此，高新技术企业的发展应有风险投资的支持。风险投资就是以高新技术企业为投资对象的资金投入，即投入到研究新技术及高科技领域并使之形成生产力，达到商品化的资金。风险投资在被投资企业发展成熟后，透过股权转让获取长期资本增值收益。风险投资在国外发达国家中，已经有几十年的发展历史，尤其是在美国硅谷、日本的筑波等高新技术产业集聚地区，发挥了巨大的产业孵化作用。一些西方国家不仅风险投资的规模越来越大，作用越来越广泛，并且已经通过类似纳克达斯二板市场，形成了良好的资金集聚、融通和退出机制，通过立法和确立地方性规章，支持风险投资活动，构成发达国家投融资体制的重要支撑。在美国，风险投资在科技成果转化和应用过程中承担着重要角色。美国20世纪90年代以网络技术为核心的高科技产业得以迅速发展，风险资本投资发挥了非常重要的助推作用。美国1995年风险资本投入信息产业占全部风险资本的比重为47%，1997年上升到62%，1999年投入到信息产业的资金高达3000亿美元，是10年前的300倍。美国的风险资金来源多元化，由个人及家庭、企业、传统金融机构养老金。国外投资者、各类基金会和政府投资。其中，民间资金占主导地位，提供了70%以上的资金。目前，美国的风险投资业已形成网络化、集团化和国际化的趋势，风险资本据估计已达到600多亿美元，专门从事风险投资的机构有2000多家。

一般来说，风险投资的对象是具有高成长性的企业的先进技术或项目。风险资本的运作是体现了金融特点的直接投资，并在金融资本与产业资本的结合中形成了一套独特的行业选择、投资管理、金融运作的机制。从风险投资运作的过程看，一般要经历种子期、导入期、成长期和成熟期几个不同的阶段。在这几个不同阶段都有不同的介入主体和不同的运作方式。种子期的风险投资是创业者的乐园，通常除政府支持外，会吸引大量的天使基金进入。导入期和成长期，风险投资家介入，扶持好的项目或企业成长。到成熟期，则是投资银行家介入，策划和帮助企业到资本市场私募或上市，实现资本变现。届时，商业银行等金融机构也开始进入，风险投资家则逐渐撤出，进入新一轮投资循环。国际风险投资的不同阶段有不同的职能特点和主要的介入主体，从而形成专业化分工合作的链条。

在美国，高新技术企业是风险投资的需求主体。美国风险投资的对象主要集中在信息产业（软件、计算机、网络等）、医药保健产业、生物技术产业等高新技术领域。1978~1980年，在总计13.54亿美元的风险投资中有50%投向生物工程、通信技术、计算机、医药保健及其他电子技术产品；在20世纪80年代，投向生物工程、通信技术、计算机、医药保健四大产业的风险投资额为108.55亿美元，高达60%以上；1995到1998上半年，美国风险投资总额372.81亿美元，其中239.84亿美元投向高新技术产业。2002年，美国风险投资共支持了692家公司，投资总量约为42亿美元。从产业技术领域来看，风险投资额最大的前五个领域分别为软件、通信、生物技术、医疗设备和互联网等高新技术领域，这五个领域投资额为28.6亿美元，约占当年投资总额的70%。在互联网相关产业领域支持了340家公司，投资额为21.4亿美元，约占2002年风险投资总额的51.54%。美国硅谷的调查表明，硅谷20世纪70年代以后成立的风险企业，有30%把风险投资作为主要的创业资金来源，15%的企业明确表示，在创业的前五年中，风险资本是它们最主要的资金支持。在过去的几十年中，风险投资业培育了许多著名的高科技企业。如美国研究发展公司培育了数据设备公司，风险资本家罗克支持了世界电子工业巨人英特尔公司，还有著名的康柏计算机公司、戴尔公司、SUN计算机技术公司、苹果电脑公司、微软公司、LOTUS发展公司、基因生物技术公司等都是在风险投资的支持下成长起来的。

美国的风险投资公司具体可分为三类：一类是私人风险投资公司，其投资额占全部风险投资额的70%。私人风险投资公司一般采取“有限合伙制”的方式进行经营。另一类是小企业投资公司，这是美国政府办的，尽管是官办的，但却是自负盈亏的经济实体，投资对象是愿意让股票上市的高技术小企业。官办的小企业投资公司的主要目标是引导民间资金投向。对这种公司的活动，美国法律有若干明文规定：其创办资本不能少于50万美元；它不能将超过其资本总额20%的投资额作为风险资本向一个项目投资，并且对一个项目的投资也不得超过项目投资总额的49%。还有一类是大企业、大公司设立的风险投资分公司。在大公司的风险投资中，有一部分为内部风险基金，专门投放于内部风险企业。此外，大公司还对外部独立的风险企业提供风险资金，为的是广泛获取科技、生产和商业信息。日本的风险企业大都出自中小企业，这些风险企业得力于日本金融机构的支持。日本为了更有效地促进风险企业的发展，还实行了信用保证制度，即由政府出资成立信用保证机构，为风险企业贷款提供担保（刘秀玲，1999）。目前美国有4000多家风险投资公司，每年为10000多家高新技术企业提供资金支持（张孝德，2002）。

为了推进多元化科技投融资，世界各国采取了一些支持举措。一是政府向企业直接提供科技开发资金，或作为股本金、或作为政府低息贷款，或政府提供担保，由企业向金融机构申请贷款；二是发行企业债券，政府发行这种债券，要么以政府名义担保，要么直接以企业名义发行债券。根据美国现行的税法，这种债券属免税之列（刘秀玲，1999）。

第二节 大连市的科技投融资体制创新的基本方向

根据国内外科技投融资体制的经验，大连市的科技投入体系应当建立以政府投入为导向、企业投入为主体、直接和间接融资为支撑、多元化、多渠道的全社会科技投入体系。

一、政府科技投入方式的创新

政府科技投入是政府发动型科技创新的重要力量。大连市今后的政府科技投入，一要逐步加大规模，二要创新科技投入管理方式。

2006年大连市科学技术大会宣布：从2006年起三年内，市政府每年拿出6亿元设立自主创新专项资金。要充分发挥财政科技投入“四两拨千斤”的作用，通过财政直接投入、税收优惠等方式，增加政府投入，调动全社会科技资源配置能力，放大政府投入效应。2006年，市、县（区）两极财政科技投入要实现大幅度增长，在此基础上，“十一五”期间财政科技投入增幅要明显高于财政经常性收入增长。

改进政策科技投入方式，发挥政府资金的作用，应当成为科技体制创新的重要一环。但是，政府科技资金中无论市科技三项费还是专项科技基金的使用，都应当本着种子性、引导性、辅助性的原则，还应当通过政府资金动员社会资金成为科技创新资金的主体。

具体来说，政府资金主要应当担负以下几种功能：

（1）种子资金。主要作为科技型企业启动资金，用于企业实验室试验，中试、小试和创办企业资金，其原则：①主要用于创业原始资金；②主要用于研发投入；③主要作为政府股本投入。

（2）科研资金。主要作为研发资金投入：①主要用于研发投入；②各个阶段都可以投入；③主要给直接作为研发的设备、资料和人员开支。

（3）孵化器资金。主要是扶植孵化器建设的资金：①孵化器建设资金；②不同类型的孵化器，包括专项孵化器、综合孵化器；③支出包括孵化器建设所需要的设备、资料、人员开支。

（4）新产品研制资金。①新产品研发；②新项目的试销；③新产品的申请资金。

（5）专利申请资助。主要用于专利申请、维护、转让的费用。

（6）高新技术企业扶植资金。①主要用于支助高新技术企业的后续研发项目；②可以用于设备、资料、人员开支；③可以作为股本金注入。

（7）奖励资金。①主要作为奖励高新技术企业；②奖励研发成果；③奖励研发人员。

（8）贴息贷款。政府提供贴息，企业以此申请贷款：①主要用于项目开发；②企业创业资金；③企业成果资金。

（9）担保资金。政府提供担保：①担保贷款；②担保风险投资；③担保项目开发；④担保机构的股本金或代偿资金。

（10）风险引导资金。政府提供风险资金：①用于风险投资公司的股本金；②风险投资的风险补偿金；③风险投资公司的运行资金。

政府科技投入管理应当以一当十。要坚持“突出重点、集中使用”的原则，专项资金主要用于科技成果转化、创新平台建设、融资担保、国家和省支持项目的资金配套以及重大核心技术、关键共性技术的攻关等。改革政府创新资金配置方式，在加强总体规划、预算管理和绩效评估的基础上，实行科技经费“企业申请、专家评审、社会公示、政府决策”的管理模式，建立面向结构的财政科技投入追踪问效机制，强化绩效监管。

政府支出的企业创新投入，需要强调效益，达到“投一取十”的效果。因此要尽可能利用市场的手段进行间接扶植。不仅要设计科学的指标，而且要让一些垄断性的企业退出被扶植行列。政府对创新项目投入不能“只问耕耘，不问收获”，应当建立起跟踪机制，同时要出台政策，避免同一项目多部门拿钱。

以大连经济技术开发区为例。大连经济技术开发区 2002 年起由财政出资设立科技资金，当年安排科技三项费用 1000 万元，后三年分别为 1500 万元、1200 万元和 1500 万元，用于重点支持企业积极研究开发和高新技术产业化。据统计，2005 年开发区高新技术企业科技活动经费达到 4.5 亿元，占企业总支出的 5%。其中用于研发支出的经费达到 2 亿元，除了财政直接投入，信用担保公司的融资注册 3.5 亿元创办的目的就是提供委托贷款、金融机构担保贷款方式来解决高新技术企业的资金问题。目前该公司累计为开发区科技企业提供贷款和担保贷款 3 亿元，20 多家无法通过自身抵押物获得金融机构贷款的企业获得了贷款。由民营企业投资 5000 万元建设的大连未来科技孵化园，2003 年 2 月正式使用，目前有 33 家科技企业入驻。管委会投资 1000 万元建设的北方科技企业孵化基地 2003 年 6 月开工，2003 年 11 月正式投入使用，目前有 22 家企业入驻。

二、拓宽资金来源，实现投资主体多元化

中华全国工商联合会编写的第一部《中国民营企业发展报告》蓝皮书披露，我国民营企业自我融资比例达 90.5%，银行贷款仅为 4.0%，非金融机构为 2.6%，其他渠道为 2.9%。融资困境一直困扰着中小企业，严重制约着其创新能

力。在解决创新投资资金短缺时，要大力拓宽资金来源，除充分利用政府科技风险投资和银行科技贷款外，还应采取各种有效的措施，吸引总量超过6万亿元的民间资本向科技风险投资业流动，让民间资本逐渐成为中国创新投资的主要来源。

大连在科技投融资体制创新上，主要是突破投资渠道单一的传统瓶颈，建立以企业科技投资为主体、科技发展基金和技术产权交易市场为载体，以风险投资机制建设为动力，以信用担保体系为支撑的科技创新投融资平台。

一要形成多渠道投资体系，在逐步激活大连市民间投资的基础上，大力促进以政府投入为主体的模式向以政府投入为引导、民间投入为主、多元投入并存的模式转变，充分发挥不同投资主体的作用，积极推动企业与商业银行、民间资本建立良好的沟通渠道。鼓励银行对科技型企业提供贷款。

二要推动大连科技型企业股份制改造，转变经营机制，创造上市条件，促使更多的大连科技型企业进入主板市场或二板市场，帮助原有上市公司创新产品、创新技术，以更有利的创新资产取得增发、配股等再融资能力；重点扶植大连市的光电子、传媒技术、医药生物、海洋科技、环保项目进行股份制改造，培育核心产品和核心技术，争取增加大连市高新技术的上市额度和规模，力争每年融资达到3亿元。

三要完善企业信用担保体系：①促进商业银行对有条件的高科技企业直接投资或授信投资，解决中小科技企业贷款难融资难的问题；②充分利用信托投资、租赁投资、担保投资的作用，扩大科技型企业的融资方式和融资渠道；③鼓励各类担保机构支持科技型中小企业发展。通过市科技投融资引导专项资金设立信用再担保资金并建立贷款风险由企业、银行、担保机构、政府逐级分担和适当补偿机制；④对于担保公司为科技企业提供担保的，经认定后按担保公司实际发生担保资金的2%～5%给予奖励；⑤对高新技术产业化项目，探索适当放大抵押、质押的担保倍数或通过账户托管方式发放贷款；⑥专项资金发挥信用再担保作用，对担保机构为科技型中小企业担保发生的损失给予一定补偿。

四要重点培育和发展风险投资机构，扩大风险投资的规模。风险投资公司是对风险企业资金支持的有效形式。扶植地方性风险投资公司对发展高新技术产业非常必要，其资金来源可有以下途径：政府入股，由中央和地方在财政支出中安排一部分作为风险投资基金，以入股形式成为风险投资公司的股东；筹集社会闲散资金，由风险投资公司面向社会发行股票，吸收社会资金；各阶层捐助；利用外资。风险投资公司采用股份制，国家拨付的风险投资基金为主要股本，社会入股者是该公司的股东，股东按认缴比例分红并承担风险。公司业务除经营风险投资外，还负责科技信息搜集、风险企业经营、咨询工作，由专家组成技术评估小组进行项目可行性研究、论证。帮助风险企业提高经营管理水平，搞好市场预测、技术预测和分析工作。今后的方向是：①大力鼓励大连大中型工商企业、保险公司以及个人提供风险资本，建立大连民营科技企业发展基金。②吸引国内外有实力的风险投资基金，通过风险投资机构在大连设立办事处或联合创办风险投资基金、股份公司，以及国际先进的风险资本管理经验和模式带动大连风险投资业的健康发展。③通过市科技投融资引导专项资金，吸引国内外有实力的风险投资基金、风险投资机构在大连创办风险投资基金和股份公司，支持其投资大连市的高新技术企业，对投资大连市高新技术企业和高新技术项目发生的风险损失给予适当补偿。经认定，风险投资机构可以按总收益中不高于10%的比例提取风险准备金，用于补偿投资性亏损。④对设立的创业投资公司，市政府按照其注册资本给予2%的补贴。经认定，对占投资总额80%的资金用于高新技术企业风险投资的投资公司，市政府将按投入高新技术企业的实际发生额给予5%~10%的补贴，并享受高新技术企业相关优惠政策。⑤在大连市设立的创业投资公司注册资本最低额为3000万元人民币，创业投资管理公司最低注册资本为100万元人民币。经批准设立的创业投资公司，可运用全额资本金进行投资。引导和支持担保公司扶持高新技术企业。⑥完善风险投资退出机制。要遵循资本运作的客观规律，创造顺畅的退出渠道，以便有效吸引社会资金进入风险投资领域，保障风险投资的良性循环。要在政策上向高新技术企业境外上市倾斜，如在美国的NASDAQ市场和香港联合证券交易所设立的创业板块等处上市，吸引境外创业资本进入大连市风险投资市场。要鼓励非银行金融机构、上市公司、产业投资基金和其他公司及个人参与对高新技术企业的购并活动；金融机构、中小企业信贷担保基金及其他各类担保机构，要积极支持高新技术企业的股权回购活动。要进一步推动区域资本市场的建设，发展和利用现有的大连市技术产权交易所，使风险投资可以通过产权转让方式实现退出，为风险资本的进入和退出提供快速通道。

五要采取其他的配套措施，如建立统一协调的科技管理体制，制定有关政策和法规，采取财政、税收优惠措施，加快折旧等，引导企业增加科技投入，增强全民族的科技意识，创造一个科技发展及其产业化顺利进行的良好环境。采取一系列倾斜政策逐步引导外资投向风险企业。

三、培育大连市科技资本市场的几个重要举措

作为一个完整的资本市场体系，创业投资或风险投资市场包括项目市场、资本市场、股权交易市场和中介服务体系。项目市场向风险投资者提供科技含量高、市场前景好、管理运作规范的高新技术项目和企业；资本市场提供项目所有者需要的各种风险资金，包括基金、个人资金、企业资金、其他机构资金和境外资金；股权交易市场是风险资金的出口，既是风险投资者股权投资和回报变现的

集中场所，也为高新技术项目和企业提供稳定的融资渠道；中介机构是运用金融工具和手段连接资本市场、项目市场、股权交易市场的专业性服务机构，为资金所有者和项目所有者服务。资本市场、项目市场、股权交易市场和中介机构相互作用、相辅相成，构成了科技风险投资的市场体系。

具体来讲，有以下几方面的工作：

第一，培育项目市场。项目的来源有：科技创业者自行培育项目；中介机构协助培育项目；开展与境外投资银行的业务合作。通过与境外投资银行的合作，既直接培育项目市场，又促进国内的中介机构发展，促进科技风险投资市场与国际市场接轨。

第二，建立健全科学的风险投资制度，发展风险资本市场，保证风险投资的高效运作。在我国现阶段，可以采取“民办官助”的风险投资形式，“民办”有利于风险投资企业内部经营机制的规范化，保证风险投资决策的科学化和高效化；“官助”有利于提高风险企业的信誉，保证风险投资事业的顺利发展。严格规范风险投资的运营机制，保证风险投资业的健康发展：①发展大连市风险资本市场要坚持两条腿走路，一方面要引进来，另一方面要走出去，努力开通、扩张外部资金的利用渠道。目前许多国际风险投资公司、科技创新投资公司纷纷看好国内市场，应抓住机遇创造条件制定优惠政策，吸引国内外风险投资公司和科技创新投资公司来连设立分支机构；②通过科技投融资中介机构帮助境外风险投资机构筛选项目，对于一些引导大连市产业发展的重点项目，政府还可以提供一些引导资金，以降低风险投资公司的风险，增强他们的投资信心；③政府还应推动大连市企业与风险投资机构的合作，下大力气花大本钱，帮助优秀企业进入国内国外的风险投资市场，组织各种讲座，让企业和创业者了解风险资本市场状况、准入条件及进入途径，优先支持有较高技术含量的企业上市。

第三，为鼓励大连市民间资本和外地资本投资技术产权市场，市财政给予一定补贴。土地出让按协议出让国有土地使用权的最低价标准缴纳，并免收配套设施费。从2005年起，市政府每年投入1亿元，连续三年投入3亿元，重点培育大连科技风险投资市场，吸引境内外各类资本，发展创业投资公司和投资管理公司。

第四，尝试建立大连市地方性的证券化三板产权交易市场，活跃技术市场，使其成为科技风险投资的变现出口；大力发展中小板市场，创造条件适时推出创业板股票市场，使风险投资的内在运作机制能够正常发挥。从美国纳斯达克市场和英国另类投资市场（AIM）等的成功经验来看，境外创业板市场的顺利推出和迅速成长，均是以其所在国家或地区相对宽松的法律环境为前提的。一般而言，创业板市场的顺利推出和迅速成长的法律环境主要包括以下几方面：一是相对较低的上市公司市场准入标准；二是允许私募，以便于风险资金的进入；三是对发起人和管理层持股的限制流通时间较短，以便于风险投资的退出；四是允许推行股票期权等员工和管理层激励措施；五是对无形资产的出资比例限制较宽松。这次《公司法》、《证券法》修订案的通过为创业板的推出彻底扫除了法律障碍。《公司法》修订案第78条规定，股份有限公司可以采用向特定对象募集而设立的方式。同时，《公司法》修订案第127条将股份发行的原则从原来的“公开、公平、公正”修改为“公平、公正”，删除了公开原则。由此可见，《公司法》修订案允许非公开（私募）发行股份。上述有关私募的规定将有助于创业型中小企业以定向发行的方式引入风险投资基金或战略投资者。此外，对注册资本限额、管理层股权激励以及无形资产出资比例限制的调整都拓宽了中小企业的融资空间，从而为创新提供大力的资金支持。加快设立三板市场，将产权交易市场功能与技术交易市场加以整合，大力组建自己的三板产权交易市场，方便知识产权交易和高新技术企业风险投资的退出。

第三节 组建跨部门、跨行业的创新基金

传统计划经济的政府经济管理体制一个最大的弊端，就是条块分割、部门封闭，有限资源被分割为不同部门管理，每个部门只为属于本部门的企业、机构、事业提供政府资源，结果政府公共资源成为部门资源，按照部门首长的意愿来分配资金，成为部门首长获取部门政绩的工具和手段。如此公共资源分配，不仅导致公共资源的分散使用，而且也会滋生公共资源的部门寻租腐败行为。为此，计划体制的变革中，一个重要的内容就是改革传统的按行业、按部门分配资源，按部门设置专项资金的办法。按照市场经济的分配方式，应当是将有限公共资源集中管理，突破部门和行业的限制，组建跨行业、跨部门的政府资金管理机制，按照公开招投标的方式分配资金。

就公共科技资源来说，现在政府的科技资金有多种渠道和来源，有科技三项费用、有中小企业创新基金、有信息化推进资金、有国家的专项科技创新基金、有政府的农业专项科技支农资金。这些资金都隶属于不同部门来管理和分配。部门专项资金的分配原则第一是有助于体现本部门政绩，第二是有利于本部门利益的分配，第三是本部门熟悉的机构或企业，第四是了解政策资金或积极申报的企业机构。因此，难以做到科学、有效和符合整体经济发展需要。在这种公共资金分配体制下，有办法的企业可以多头获得政府资金，导致滥用公共资源，而更多的企业由于缺少公共资源信息或者缺少与政府沟通的渠道或者人际关系，难以取得公共资源的支持，这本身就是一种公共资源配置的不公正。

按照市场竞争和城市整体创新能力的原则，所有的这些政府资金作为公共资源，应当本着超越部门、行业利益的要求，统一组建城市综合创新基金，按照整

体创新效率原则分配资金。

其一，组建大连市跨部门、跨行业的创新基金管理委员会。委员会由科技局、发改委、经委、信息产业局、财政局、农林局、金融办等部门派员参加。委员会的职责包括：①基金分配原则；②基金组织方式；③基金管理人、托管人的审定；④基金管理人和托管人费用。

其二，组建大连市创新基金专家委员会。委员主要由经济专家、管理专家、金融专家、财务专家、法律专家等组成。职责是：①审核基金管理人的申报、年审、数据审核；②审核基金分配的对象财务、经营状况、使用效率；③投资对象的建议。

其三，基金按照开放式、逐年注入式组建。政府逐年向基金增加一定投入。该基金的性质为创新支助性资金，允许一定的坏账（0.5%）。

其四，创新基金作为公共资本以股本金、研发投入资金、运行资金、财政贴息、奖励资金进入企业，条件许可时，企业可以偿还政府资金，或政府转让公共股本由企业回购。

其五，基金委员会制定基金委托管理的考核指标体系，规定基金管理人的管理业绩、基金管理人的奖励方式和数额。

其六，政府创新资金采取公开征集需求者的制度，广告天下，动员更多的企业提出资助申报。由基金委员会和专家委员会进行公开、公正评定，筛选出值得政府资助的企业，以利于科学有效地利用政府资金。

第四节　扶植大连市创业投资的几点建议

2005年9月7日经国务院批准，2005年11月5日由国家发展改革委员会等十部委联合发布的《创业投资企业管理暂行办法》（下简称《暂行办法》），于2006年3月1日起施行。这标志着我国风险投资或创业投资运行，经过多年实践终于有了规范的运作行政法规，也标志着我国风险投资或创业投资将会面临新的发展机遇和广阔的发展前景。

《暂行办法》将创业投资界定为向创业企业进行股权投资，以期所投资创业企业发育成熟或相对成熟后主要通过股权转让获得资本增值收益的投资方式。而创业投资企业主要就是指向创业企业进行股权投资的企业。这种投资实质上就是风险投资，这种创业投资企业实际上就是指风险投资机构。所不同的是，创业投资比风险投资含义更为宽泛一些，可能不仅仅限于对高新技术企业的投资，且不一定寻求控股。但是就帮助创业企业产业化和依靠股权转让退出的特点来说，依然属于风险投资类型。

我国风险投资事业真正兴起于20世纪90年代，对于推动我国高新技术产业的形成和发展起到不可估量的作用。国家有关部门为了扶植和规范风险投资事业，已经颁布了一些部门意见和管理规定。例如，国务院办公厅1999年12月转发了科技部、国家计委、国家经贸委、财政部、税务总局、证监会拟定的《关于建立风险投资机制的若干意见》。全国许多省市依据自身情况，相继制定和颁布了一系列促进本地区风险投资发展的地方性法规。北京、上海、广州、深圳、天津、沈阳、合肥等城市和地区，风险投资都得到发展，已经有自己的管理意见和管理办法。

大连的风险投资或创业投资事业发端于20世纪90年代末期，经过几年运作，已经有数家风险投资机构进入运行，且对于扶植中小企业尤其是中小高新技术企业发挥了一定的作用。然而，相对于深圳、北京等城市，大连的创业投资无论在机构数量、投资规模上、运行效率上还是管理规范来说，都处在起步阶段，远远满足不了大连市的创业投资需求。值此国家《暂行办法》出台，正是大连市加快启动创业投资运行和管理的大好时机。为了更好地扶植中小企业的技术创新，更好地发挥大连市政府科技资金的运行效率，更好地引导民间资本转化为创业资本，特提出如下政策建议：

其一，尽快明确大连市创业投资企业的备案管理部门。《暂行办法》第4条规定，创业投资企业的备案管理部门在国家层级为国家发展和改革委员会，省级（含副省级城市）管理部门由同级人民政府确定。根据大连市部门职能划分和创业投资领域，可考虑大连市创业投资企业备案管理部门为“大连市人民政府发展和改革委员会”，并由它负责大连市创业投资企业的年检和负责向国务院相关部门报告，审核创业投资企业或创业投资管理顾问公司资格和高级管理人员的资格。

其二，根据《暂行办法》第22条，国家设立创业投资引导基金，地方政府财政可以设立配套资金。建议组建“大连市创业投资引导基金”，按照开放式、契约式基金组建基金会，同时承接部分国家创业投资引导资金。基金通过参股和提供融资担保等方式扶植创业投资企业的设立与发展。由市发展和改革委员会、科技局、财政局、国、地税务局、工商局、金融办等部门组建“大连市创业投资引导基金管理委员会”，负责审核批准创业投资引导基金的投向、基金经理人、托管人和基金管理的激励办法。聘请相关投资专家设立“创业投资引导基金专家委员会”，负责基金的具体投资方案和管理建议。

其三，为支持创业投资企业或者创业投资管理顾问公司，经“创业投资引导基金专家委员会”考核审定、由“大连市创业投资引导基金管理委员会”批准，市“基金”可以采取向创业投资企业或者创业投资管理顾问公司进行股本投资，作为创业投资企业的种子资金或者引导资金，或者委托相关机构进行创业投资。

其四，为了鼓励民间资本甚至外资参股创业投资企业，扩大创业投资企业融资渠道，可以考虑由“创业投资引导基金”通过固定贴息或提供风险补偿金等方式，确保创业投资企业投资高新技术项目和企业的一定收益率，或补偿创业投资的风险损失，以支持民间资本和外资进入创业投资企业。通过地方立法，界定个人、企业法人、社团法人、保险基金、外资以及私募基金参与创业投资企业的股本投资地位和权益。

其五，开办创业投资担保业务和保险业务。由政府出资组建创业投资担保机构或保险机构，或者对开办创业投资担保业务和保险业务的民营机构提供代偿资金，对创业投资项目和业务提供担保或保险。

其六，创新创业投资的运作模式。可以考虑采取政府担保、政府贴息为依托的创业投资循环模式。具体包括三个环节：第一个环节，政府对开征高新技术项目土地出让金提供担保，以土地证做抵押，以保证投资人在延期支付土地出让金的前提下，低成本进入园区进行基础设施开发。第二个环节，由创业投资公司进行先期房地产开发，形成固定资产；政府设立高新技术创业投资贴息基金，对创业投资企业的固定资产投资予以贴息，以确保创业投资企业一定的投资回报率。第三个环节，入园的高新技术企业，经过两三年租用园区固定资产，获得盈利能力后，或者将创业投资企业的固定资产转为股本金，即债转股；或者收购固定资产，高新技术企业再以该固定资产作为向银行贷款的抵押物，取得银行贷款，从而创业投资可以退出。

其七，根据《暂行办法》第3条，制定扶植创业投资企业的优惠政策。经创业投资备案管理部门的创业投资企业，可以参照享受大连市高新技术企业的各种税收、土地使用、担保贷款、科技资金扶植等优惠政策；创业投资企业的投资收益在一个月内再投资者，可以免除所得税；为鼓励高级投资经理人参与创业投资项目，对于创业投资企业人员工薪收入可以免除个人所得税。

其八，重组和规范建设大连市的多层次产权交易市场和资本市场体系。国家《公司法》、《证券法》修订案的通过为私募基金扫除了法律障碍。《公司法》修订案第78条规定，股份有限公司可以采用向特定对象募集而设立。有关私募的规定将有助于创业型中小企业以定向发行的方式引入风险投资基金或战略投资者。参考深圳、上海、北京等城市的经验，引进产权经纪人，通过私募民间资本组合投资方式参与企业股权交易。条件许可的情况下，可以探索三板市场的运行方式，引进信托资金、私募基金、境外基金、民间项目资金等扩大股权交易规模，为创业投资企业的股权投资建立良好的退出机制和退出渠道。

其九，参照国家《暂行办法》，加紧制定地方性《大连市创业投资企业管理条例》，具体界定：①“大连市创业投资引导基金”的性质、资金来源、组建形式、设立程序、投资方向、补偿方式和法律依据；②“大连市创业投资引导基金管理委员会”的法律地位和组建人员、组织方式、职责权力；③“创业投资引导基金专家委员会”的人员组成资格、法律地位和职责；④“大连市创业投资引导基金”的出资人、委托人、代理人、管理人、托管人的法律地位和资格；⑤地方性外商投资创业投资企业的管理办法；⑥根据《公司法》，就产权交易市场经纪人和私募基金的组成来源，界定个人、企业法人、社团法人、各类保险基金等参与创业投资的权益，以及它们参与地方性产权交易的法律地位和权利义务；⑦大连创业投资企业享受高新技术企业优惠政策的条件、地位和权益。

第五节 搭建大连市科技创业投融资平台

对大连1400家中小型科技企业的调查显示，企业平均注册资本为300万元，大多处于“种子期”，资金总需求为60亿元。这些科技型中小企业是最具创新活力的群体，同时也是面临着巨大创新风险的群体，制约它们的最大瓶颈就是融资难。政府的引导性资金解决不了高新技术转化及产业化过程中的巨大资金缺口，而商业性银行又因为投资风险而不敢贸然介入，致使高新技术转化和产业化过程资金短缺问题十分突出。银行贷款通常只能作为企业短期流动资金的来源，无法解决科技型企业的中长期产业化项目的资金需求。但是，可以通过搭建科技创业融资平台的方式，采取统借统还的方式，就可以较好地利用银行贷款。

投融资平台是指一种以投融资企业为依托的政府投资桥梁。通过政府职能转变，改变传统计划经济条件下政府直接投资的方式，建立起以骨干国有投资公司为基础经营政府投资的方式。这种投融资平台，资金来自各级政府财政资金、开发银行等银行贷款和社会资金，投资主体为国有投资公司，投资对象为扶植的相关项目和企业。它的功能是集中现金流，形成合力，快速增强投融资能力，是今后大连深化投融资体制改革，放大政府投资效应的核心环节。

近年来，上海、重庆、江苏、浙江、云南等地基础设施及城市环境改造和科技创新之所以取得突飞猛进的发展，主要得益于政府投融资平台的搭建和有效作用。上海于20世纪80年代末和90年代初，先后组建了久事、城投、申能等几家国有投资公司，筑起政府投融资平台。10多年间，这些公司共筹集了全市90%以上的城建资金。上海久事公司成立于1987年12月，是经上海市人民政府批准组建的国有独资综合性投资公司，经过10多年发展，该公司已经形成高科技、房地产和轨道交通三大产业板块，总资产达800多亿元，净资产300多亿元。上海城投公司成立于1992年7月，是经上海市人民政府授权并出资，从事城市建设资金筹措、使用、管理的专业投资控股公司，下属路桥、环境、置业、交通、水务等五大事业板块，成立以来共筹集资金1200多亿元，2004年底总资产达1100亿元，净资产达400多亿元（表4-1）。

表 4-1 上海与大连的投资公司资产比较

投资公司	建立日期	总资产/亿元	净资产/亿元
上海久事公司	1987 年 12 月	800	300
上海城投公司	1992 年 7 月	1100	400
大连建设投资公司	1988 年	18.55	14.16
大连市工业发展投资公司	1988 年	8.1	7.8

资料来源：根据大连市科技局和上海市科技局相关资料整理测算。

大连在搭建投融资平台方面虽然起步较早，投资公司数量也不少，但是规模较小，实力不强，作用发挥不够理想。早在 1988 年大连市就先后成立了大连建设投资公司、大连市工业发展投资公司，分别隶属于计委和经委，定位于城市基础设施项目建设和工业项目改造两大投融资平台。之后又分别依托建委、商业局和财政局，相继成立了城市建设投资公司、商业资产经营公司、融达投资有限公司等。这一举措领先于其他城市，甚至早于上海，但是十几年来运营效果却差强人意。首先，其自身实力不强，大连建设投资公司自成立起一直代表政府管理经营电力建设资金，先后以参股和委托贷款等形式投资了华能电厂、西太平洋石化、北良码头、热电厂建设和机场改造项目，主要通过分红获利，总资产 18.55 亿元，净资产 14.16 亿元。大连市工业发展投资公司主要负责管理从 1991 年起国家每年拨给大连的 5000 万元工业企业技改周转金，先后在大钢棒线材轧机、大显中华第一枪等技改重点工程，部分优势产业发展和企业搬迁改造，协助安置分流下岗职工等方面进行投资，2002 年又挂上大连市工业资产经营公司的牌子。到 2004 年底公司总资产 8.1 亿元，净资产为 7.8 亿元。融达公司成立于 2004 年 9 月，从经营商业银行 17.6 亿元不良金融资产起步，2005 年又担负起国家发行 70 亿元“软贷款”及其建设项目配套的“硬贷款”统贷统还的职能。而成立于 1992 年的城投公司一直靠经营管理两个停车场来维持。成立于 2003 年的商业投资公司也基本上没有发挥什么作用。总体上看，这些投资公司主要是依靠政府信用为机场承接融资与资产管理，机构尚不健全，功能不完善，特别是高层次投融资人才匮乏，难以发挥应有的作用，还不能算是真正意义上的投融资平台。此外，大连的投资公司分别隶属于不同部门，现在可用于城市基础设施建设的资源也分散在不同政府部门，各自为政，难成合力，难以形成统一的投融资平台。极大地限制了投融资能力的发挥，导致建设资金主要源于财政资金投入和银行贷款，其他资金来源渠道不畅通，不利于政府信用和政府投资的放大效应，导致许多优良资源综合开发利用不够，难以集中力量办大事。此外，偿债机制不完善。由于大连没有像上海那样的通过土地批租、市政规费收入、专营权有偿转让等着重方式建立起来的科学偿债机制，帮助投资公司化解投资风险，导致现有的投资公司多年来从未进行大规模融资活动，主动寻找项目投资意识不强，甚至满足于将资金参股个别效益好的项目分红或长期存入银行吃利息。

大连市科技局在2005年初与开发银行大连分行联手探讨新的融资模式。2005年1月由大连市生产力促进中心参股组建了科技创业融资平台——大连市科技创业投资有限公司，作为统借统还贷款平台。同年7月市科技局与开发银行签署协议，开发银行从2005年起，启动5000万元科技创业贷款额度，通过统贷统还方式贷给科技创业平台，并从大连市科技型中小企业中选定贷款企业，贷款企业作为最终贷款使用人偿还贷款。同时视平台运行情况，逐年增加额度。到2005年底，总计受理各类科技创业贷款项目150个，其中初步通过平台评估并推荐担保公司的项目有20个。这种科技贷款平台运作方式具有以下几个特点：①政府提供科技创业投资公司一定股本金作为启动资金；②政府每年提供100万元，连续三年，作为该平台的运行费用和风险补偿；③这种统贷统还以该科技投资公司为最终风险承担人，实际上政府是该平台的最终风险承担人；④这种贷款利率相对较低；⑤市科技局、市财政局对中小企业贷款户通过贴息方式择优补助，相对降低中小企业融资成本；⑥贷款也相对放宽了担保条件，厂房、土地之外的企业设备也可以作为抵押。

然而，单一科技投资公司的建立，并不能代表全市科技投融资体系的建立。大连的科技投融资平台建设应当本着分布推进、逐步完善的原则，按照现代企业制度，对现有几家投资公司进行改制重组，并通过完善企业机制、强化内部功能、扩大资本实力，最终搭建起大连市科技投融资平台体系。

就大连市科技投融资平台体系建设来说，可供选择的方案主要是：

其一，明确科技投融资平台定位。科技投融资平台应当发挥三大作用。一是资源整合主体。政府应当将财政预算收入、土地收入、存量资产、土地等有形资源和政府规划、行政政策、特许经营权、公共产品定价、政府信用、立法权等无形资产集中到投融资平台上，统一管理、使用，并通过分类、重组等方式使其发挥最大效率。二是明确投资主体。政府各项科技创新资金不便于直接向企业投资，应当通过组建科技投融资公司这个平台作为投资主体，先行投资。待项目成熟或企业盈利后，在通过项目包装、以股权转让等方式收回投资。三是明确融资主体。科技投融资公司作为融资主体，代表政府管理科技创新资金和科技资产，运用资本运作盘活存量资产，通过开发性金融机构贷款的引导作用吸引各种社会资金进入融资平台，统一进行创新项目投资。

其二，重组科技创新投融资公司。按结构优化、分工合理、体制顺畅的要求，对原有投资公司进行整合，形成少数几个较大的投资公司。建议将原有建投、工投、融达、商投以及新成立的科技创业投资公司等国有投资公司，进行资产重组，在国有资产统一管理的原则下，按照城市建设和科技创新两大类业务，重组为两大投资公司。将其做强做大，使其脱离原有部门隶属关系，按资产管理直接作为大连市国有资产管理委员会管辖的国有资产，主要经营金融性资产投融资主体。代表政府担当开发性信用贷款的承贷人，以经营管理“软贷款”为载体，将开发性银行作为长期战略伙伴，建立长期的银企关系，并利用各种融资手段，拓展融资渠道，扩大资金来源，形成自我积累与多方融资相结合，总量配置与存量调整相结合，争取财政、银行注入与面向资本市场融资相结合，利用国内资金与吸引外资相结合的投融资主体。

其三，加强科技资源整合。通过立法和政府决定将分散在各个部门的有形、无形科技资源，统一到科技投融资平台上加以整合，既可以通过资产规模放大，增强平台的投融资功能，更能够有效集中资源，用于急需的科技创新项目建设，实现科技创新的可持续发展。应当尽快将现有的研发机构、科技存量资产划归重组后的科技投资公司，使其净资产达到25亿元以上，达到发行企业债券的基本条件。对于增量资产，应当按照项目分类，由投资公司通过财政投入、银行借款和发行企业债券等多种方式，或作为发起人组建多元投资主体的项目公司，以募集社会资金。

其四，健全科技投资公司内部管理。投融资主体可以考虑按照母子公司框架搭建，且公司改组为国有独资投资控股集团公司，由国有资产监管机构授权经营国有资产，以重大项目为依托，可以组建若干专业投资公司，母子公司之间以资产为纽带联系，对于参股、控股和全资子公司，根据权益资本的比例实行不同的管理模式。对于专业科技型投资公司，进行企业机制和体制改革，建立投资、运营相分离的新型机制。不断完善法人治理结构，健全董事会、监事会制度。搞好公司内部机构设置和人才队伍建设，强化融资、投资和资产经营等核心功能，完善金融证券、债券管理、会计结算、项目投资、资质论证、可研分析、资产管理和处置等业务，积极引进和培养相应的高层次人才，为平台建设构筑雄厚的基础。

其五，建立完善的偿债机制。政府要根据投资公司投资项目的综合收益情况，每年在财政计划中，安排一定数额的财政资金作为偿债资金，以增强投资公司的融资和偿债能力。对于国家开发银行和政府的信用合作，要明确划分为政府信用贷款和非政府信用贷款两种形式。政府信用贷款由市政府确定的投融资平台承贷，市政府应当建立偿债基金，防范投资风险，统一协调还款。非政府信用贷款，政府应当根据债项的具体情况协调还款，由银行于项目单位确定具体还款合作事宜，政府不做担保。加强全社会的信用体系建设，塑造诚信政府，为科技投融资顺利进行创造条件。

第五章　创新科技中介服务体系，打造完备的科技服务平台

科技中介是指为技术的社会转移、技术成果的商业化应用和知识的社会扩散而提供的居间服务。科技中介服务是国家创新链条中不可或缺的一环。科技中介服务包括专利代理、知识产权评估、科技咨询、技术培训、科技评审鉴定、法律认证等服务。

在国外，科技中介服务活动主要由政府和民间的技术转让、技术咨询机构或组织进行；在国内，从事科技中介服务的机构逐年增多，只是出于功能上的差异，提法不一。

科技部有关文件对国内科技中介机构归纳为以下六个方面：

一是为科技资源的有效流动提供服务的科技中介活动的机构，如科技交流中心、技术交易所等。

二是利用科技文献资料和科技管理经验为社会提供咨询、评估服务活动的机构，如科技咨询公司、科技情报所、科技评估中心等。

三是为中小企业提供信息和技术平台的服务机构，如各类科技创业服务中心。

四是参与服务对象技术创新过程的服务机构，如工程技术研究中心、生产力促进中心。

五是为农业技术普及推广服务的机构，如农技推广站及农业示范基地或组织。

六是为技术转让、转化提供其他支撑的科技机构和组织，如专利事务所、发明协会等。

第一节　国外科技中介服务业的发展经验

科技中介服务业是科技创新的重要组织者和主要参与者，也是政府实施科技决策的主要执行者。美国的中介服务是一个极有生命力的产业，美国的许多经验值得我们借鉴。在美国，凡是中介机构可以做的事情，都放手让他们去做，使他们的服务范围最大化。核心的中介机构不能彻底企业化，它可以收取合理的服务费用，但不以赢利为目的，政府必须予以长期的支持。中介机构自身的激励来自

于服务对象对服务质量的评价，评价决定员工的收入。在美国，大多数的推广转化中介机构属于非赢利机构，因此，它们能享受政府对非赢利机构提供的一系列政策优惠。对于商业性推广转化中介机构，政府采取自由放任的市场经济政策，管理的重点在于采取法律和法规手段，创造公正公平的竞争环境（傅正华、林耕，2006）。

美国的中介机构发展很快，已形成一个极有生命力的产业，经营模式也日趋成熟，成为美国科技创新的重要组织者和主要参与者。中介机构在实施技术转移前，首先对新技术加以鉴定，对其市场前景进行预测，并进行实用性开发和中试放大，然后再以“交钥匙工程”和“出产品合同”等方式对技术吸纳企业进行全方位的服务，包括新技术的选择投标、工程组织实施、生产经营诀窍的配套转移、生产技术服务、职员技术培训、产品包销合同签订、经营管理指导等一系列成套服务，使技术吸纳企业得到“孵化”。美国促进科技成果推广转化的中介机构在科技创新和产业化中发挥着桥梁和润滑剂的重要作用，特别像在硅谷，正是由于众多推广转化中介机构的存在，才形成了硅谷适于大量公司创新创业的“栖息地”，推进了科技创新和产业化。这些中介机构主要包括技术咨询或经纪机构、大学和研究机构的技术转移办公室、孵化器、技术评估组织、技术测试与示范机构等。这些推广转化中介服务机构大部分依托于政府部门、研究机构、协（学）会、大学、咨询公司、风险投资公司（陈丽佳，2004）。

从国际经验来看，科技中介组织可以划分为赢利性和非赢利性两类。在美国非赢利性组织又包括国家设立的非赢利推广转化中介机构。国家设立的推广转化中介机构数量较少但规模和作用较大。根据美国法律，凡国家设立的任何机构，包括非赢利机构，均需由国会通过相应的法案，形成法律，方可设立。机构的职能、业务范围、经费来源均由该项法律规定。国家设立的非赢利推广转化中介机构的典型例子包括国家技术转让中心（NTTC）和联邦实验室技术转移联合体（FLC）等。更多的非赢利推广转化中介机构是民间设立的，大部分属于综合性较强的中介机构。综合性非赢利推广转化中介机构业务表现为高度的综合性，即同时承担相当于我国行业协会、生产力促进中心、科技企业创业服务中心、技术市场等多种中介机构职能。绝大多数有影响的综合性非赢利推广转化中介机构采取会员制的方式，以行业协会或企业协会的形式存在，并获得政府的项目资助（林耕，2005）。

而营利性的科技中介机构绝大多数为专业性机构，专业优势突出，更易于在商业竞争中生存和发展，其中就包括孵化器和风险投资公司。孵化器和风险投资公司业务目标非常相近，只是侧重点有所不同。二者都选择具有市场推广价值的科技成果，进行投资和培育，以取得投资回报为目的，不同之处在于风险投资侧重于资金运作，孵化器侧重于提供服务。二者有一定的互补性：孵化器对选中的科技成果也会进行直接投资，占一个合理的股份比例，但不像风险投资那样追求控股；孵化器主要提供管理咨询、办公场所、商业网络、市场渠道、技术测试、客户信息等方面的服务，直接介入程度较低，风险投资一般会直接介入初创公司的管理；孵化器除自己的投资组合外，还会向一些外围的会员公司提供服务，风险投资一般会专注于自己的投资组合。此外，营利性组织还包括技术咨询和评估公司，多数技术咨询和评估机构不是独立存在，而是作为大的咨询公司、风险投资公司和律师事务所内部的技术咨询部门。实际上，这是民间赢利性推广转化中介机构最常见的一种存在方式。

美国加州的区域技术联盟（Regional Technology Allies，RTAs）就是这一类中介机构，RTAs 成立于 1993 年，其目的是支持区域经济的发展，协调区域内的技术联盟，为加州的主要高技术产业区域如圣地亚哥、洛杉矶、硅谷及旧金山湾区的高技术企业服务。RTAs 是一个私立机构，其三分之一的经费来自于州政府的拨款，其余三分之二来自于企业、机构或个人的赞助及服务收费等。RTAs 已经成为加州科技创新的重要组织者和主要参与者，特别地，RTAs 服务于新成立的高技术企业，为企业牵线搭桥，也为政策制定者提供决策依据（Tang，2001）。

总的来看，到 20 世纪中后期，世界科技中介服务业真正进入了发展最快的时期，科技中介服务业在各方面均取得突飞猛进的发展。国际贸易额迅速增长，世界进出口贸易的重心逐渐由货物贸易向技术贸易和服务贸易转移。在乌拉圭回合谈判中，专业服务业贸易已列入了服务贸易总协定中，并占有举足轻重的地位。

当代的科技中介服务业呈现出一些新特点：一是行业不断细化，专业性越来越强，从技术咨询、战略咨询、到综合咨询，从技术培训到融资服务；二是现代科技手段广泛地应用于科技中介服务业，空前拓展了科技中介业的服务空间，提升了服务水平；三是组织方式和服务方式不断创新。近年来，随着网络技术的发展，科技中介服务行业的组织方式也发生了一定的变化，逐渐出现了科技中介连锁经营以及网络化的发展趋势，城市网络，区域性网络和国际化网络已不鲜见，这一切也促进了科技中介服务方式的不断创新；四是科技中介服务业呈现多元化趋势。各种科技中介服务由于功能和性质不同，经营主体可能不一样。有的科技中介服务适合私人公司式的商业化运作，有的适合政府、大学和研究机构以非营利机构的形式经营，还有的则属于混合型。但科技中介服务深深植根于市场经济中，在发达国家的各种科技中介服务中，大多以商业化形式运作，相对而言，发展中国家则更多地依靠政府的力量发展中介组织（黄南，2008）。

第二节 我国科技中介服务的能力建设重点

据统计，我国有各类科技中介机构 6 万余家，从业人员 110 多万，是我国技术市场中的一支重要力量，大多数成员来自科研院所、高等院校与政府机关（徐冠华，2002）。

第一，要组织和动员专业技术力量大力发展科技中介机构。要紧密结合科技、教育体制改革，推动一批科研机构建制转为科技中介机构；组织有条件的科研单位、高等院校立足于技术条件和人才优势，兴办各类科技中介机构；提高科技情报信息机构的信息采集、分析和综合加工能力，与技术交易机构共同发挥区域技术转移中心的作用。要充分发掘社会资源，引导政府部门所属政策调研、软科学研究等事业单位转变运行机制，在为政府决策服务的同时，面向社会开展科技咨询、评估活动；鼓励国有企业、民营企业和科研单位联合兴办科技企业孵化器或生产力促进中心，盘活存量资产；继续支持科技人员创办科技类民办非企业单位，从事科技中介服务。

要把完善农业技术推广服务体系作为调整农业产业结构、增加农民收入、促进农村经济发展的重要途径，采取专项措施，使农业技术服务机构进一步充实技术力量，通过转换运行机制获得新的发展动力，在先进适用科技成果推广应用中继续发挥重要作用。同时要大力扶持农业“龙头”企业和农村技术经济协作组织的发展，实行区域化布局、市场化运作，增强技术服务、农副产品深加工和市场开拓能力，为广大农户提供产前、产中、产后全程服务，成为农业技术推广服务体系的重要组成部分，大幅度提高农业生产的组织化、市场化程度。

第二，要努力提高科技中介的服务水平和服务质量。要完善科技中介服务门类，提高服务质量。具备条件的地方要积极采取措施，推动当地的科技中介业务向技术集成、产品设计、工艺配套以及指导企业建立治理结构、健全规章制度、完善经营机制等服务领域拓展，充实服务项目的技术内涵，满足日益多样化、系统化、高层次的服务需求。要结合当地经济结构调整，进一步加强面向特定行业、特定创业人员的服务业务，提高服务的专业化水平。针对投融资渠道不畅问题，大力发展创业投资服务机构，吸引社会资金支持科技创新活动。要深化科技中介机构内部管理制度改革，吸引专业人才进入各类科技中介机构，带动服务质量的提高。

第三，要培养一大批高素质的科技中介人才。科技中介服务工作是一项开拓创新性非常强的工作，一定要有创新型的人才。人才问题始终是提高和保证科技中介服务质量和水平的最突出的问题，要牢固树立“人才资源是第一资源”的思想，对一些优秀人才要在工作条件、生活条件上给予必要的保障，在政策上给予必要的激励，让这些人热心从事科技中介服务工作，并从中充分实现他们创造、劳动和智慧的价值。科技部也要把科技中介人才的培养作为人才战略的重要内容之一，做出统筹规划和安排，制定切实的措施予以落实。

第四，要注意扶持和培养一批大型骨干科技中介机构。这些机构对整个行业的发展至关重要，可以起到良好的辐射带动作用，树立品牌和示范效应，所以，各地方要建立稳定的投入渠道，选择有区域优势的生产力促进中心、科技企业孵化器、技术交易机构等，在共用技术开发平台建设、服务设备购置、从业人员培训等方面加大支持力度，打造精品服务项目，提高服务质量和水平。要紧密结合科技计划管理制度的改革，择优扶持一批科技评估、咨询机构培养高层次人才，提高项目论证、实施策划和效果评估能力，深入参与各类科技发展计划和成果转化工作的组织实施。星火计划、农业科技成果转化工作要重点支持农业“龙头”企业、农村经济技术合作组织，提高其先进适用技术应用能力。科技部将结合科技基础条件平台建设，和地方政府共同支持重点科技中介机构的发展。

第五，要不断创新服务方式和服务手段。科技和经济的高速发展，对科技中介服务的创新也提出越来越高的要求。近年来在美国出现了专门孵化互联网企业的创业孵化集团，融合了风险投资、多元化控股集团和孵化器的功能，实现了创意、管理和投资在孵化器内的一体化，是孵化器发展的一次升级。科技中介机构必须紧紧跟踪科技发展的步伐，适应科技创新的特点和要求，广泛应用现代科学技术，不断创新服务方式、服务手段和组织形式，迅速提高服务水平，才能在市场竞争中站稳脚跟。科技中介机构不仅要服务于创新活动的下游，把大学和科研机构的创新成果商业化，还要向创新活动的中上游延伸，直接参与到大学和科研机构的创新活动当中，从研究开发开始，就与大学和科研机构建立长期的合作伙伴关系。

第三节　大连市科技中介服务发展目标和相关对策

大连市经过多年的建设，科技孵化和科技中介体系初具规模。经过多年发展，大连市专利代理、科技项目招投标、知识产权评估和交易、科技咨询、检测监测、评审鉴定、资格认证等科技中介机构基本齐备。其中，大连市目前有11个国家级技术中心。全国共有国家认定企业技术中心361个，辽宁省有24个。大连市是副省级城市中国家认定的企业技术中心最多的城市。从1997年开始到2004年末，大连市先后认定20个企业为市级企业技术中心。“十五”期间，大连市共开发6500项新产品，其中市级企业技术中心共研发新产品4000种，占全市新产品总数62%，投产2400种，投产率为60%。在投产新产品中，处于国家先进水平以上的2440种，占投产总数的40%。

目前大连国家级企业技术中心开发费支出额占销售收入比重高于3%，瓦轴集团、新船重工、重工华录达到5%以上。市级企业技术中心开发费支出额占销售收入比重都达到2%以上，大柴、液压件、第一互感器等企业都达到4%以上。2005年通过对全市63户重点企业调查统计，技术开发费投入28.04亿元，占销售收入875.17亿元的3.2%，比上年增加0.4个百分点。其中市级以上技术中心企业技术开发费投入24.94亿元，占销售收入576.69亿元的4.32%；非市级以上技术中心企业技术开发费投入3.1亿元，占销售收入298.48亿元的1.04%。大连市各种企业技术中心通过产学研的合作，广泛运用国内外资源，有效地提高了企业的技术开发能力和水平，全市每年实施产学研合作项目百余项，在每年研制的新产品中，企业资助研发的约占20%，通过产学研合作开发的约占50%，几乎每户技术中心都与高等院校、科研院所建立了长期合作关系。

但是，相对于国内其他科技创新先导城市，大连在科技中介组织的作用、规则、体系建设上存在较大差距。一些科技中介机构的功能作用并未得到很好发挥。一是这些机构单体功能较弱，人员素质、技术手段等方面与中介机构的职能不相适应；二是这些机构多为官办，市场意识、服务意识比较淡漠，缺少规范化、商业化的运作经验，机制相对死滞；三是这些机构之间缺少配合协作，形不成整体合力，即使是同一系统的科技中介机构，合作配合意识很弱，甚至存在一定程度的不正当竞争。因此，要提高大连的科技中介机构的能力和水平必须突出解决以下几个问题。

第一，进一步剥离政府社会化职能，为科技中介机构腾出发展空间。①要把依靠科技中介机构完善管理和服务，作为转变政府职能的重要内容，对科技中介机构能够承担的工作，特别是面向中小企业的科技创新计划、先进技术推广、扶持政策落实等，要积极委托有条件的科技中介机构组织实施。②大力推行“行政决策咨询”制度，对重大事项决策、重大项目论证和重要工作部署，要进一步依靠科技中介机构，支持其独立客观地开展工作，在推进决策科学化、民主化的同时，为科技中介机构创造更广阔的发展空间。③高新区要在办好创业服务中心的基础上，选择一批功能互补的科技中介机构建立紧密业务关系，使之成为高新区服务功能的有效延伸，实现高效管理和优质服务。④各级科技管理部门在注重发挥科技中介机构作用的同时，也要加强对科技中介机构的指导和监督，提高他们的服务水平，杜绝可能发生的消极现象。

第二，健全科技中介机构体系。①在已有的生产力促进中心、科技交流中心、科技信息研究所的基础上，大力发展专业化的科技中介机构，比如围绕大连的科技产业发展特点建立软件技术、生物工程技术、机电一体化、节能环保技术等方面的技术服务中心，建立为地区和国际合作服务的技术咨询中心等，使大连的科技咨询服务和技术指导、信息交流向社会化和专业化的方向快速发展。②政府出资或支助非盈利性的科技中介组织包括技术研发中心、孵化器、专业协会、咨询中心、评估机构、信息中心等。③重点建立和完善科学合理的知识产权价值评估、折价入股、科技成果水平、效益、产业化评估、鉴定制度。④应当促进知识产权评估事务所、专利代理机构的发展，规范它们的行业行为，建立合理统一的知识产权折价、入股、转让价格的评估标准，尤其是加强知识产权评估师的职业资格考核和培训，使他们成为维护知识产权制度的行业力量。⑤重点扶植孵化器、科技园、专利代理、项目招标、知识产权评估、科技咨询、检测监测、资格认证等中介机构。⑥政府可以通过适当注入资本金、财政贴息、风险补偿、政策优惠等方式，对中介机构的业务拓展、项目开发、市场规范进行帮助。⑦可以设立专项奖励资金，重点奖励科技中介机构中提供优质服务、绩效明显的机构和个人。

第三，要建立公共科技信息平台。①要尽快解决公共信息渠道不畅、供应不足的问题，打破信息封闭，整合政府部门、科研单位、信息研究分析机构的信息资源，建立区域性公共信息网络。②各级科技管理部门要进一步向科技中介机构开放科技成果、行业专家等信息，为其提供及时、准确、系统的信息服务。③结合科技基础条件平台建设，下大力气支持以科技情报信息机构、成果管理机构、技术交易机构为基础的公共科技信息平台建设，并联合有关部门制定实施科技资源的共享制度。

第四，大力兴办各类科技创业服务机构、各种专业孵化器，形成吸引外部科技资源的凝聚核心。科技创新的核心是人才，拥有项目、具有创业精神的人才是最宝贵的科技资源。吸引此类人才的有效措施是大力兴办各类科技创业服务机构和各种专业孵化器，为科技人才创业创造良好的软硬环境。应以孵化器、各类科技园区的功能建设为重点，完善孵化器的配套设施，努力降低创业“门槛”，降低开业成本，为企业注册提供方便。切实提供高新技术企业发展的政策支持，开展注册、高新技术企业资格认定、企业投资战略咨询、企业管理咨询、投融资帮助等多方面的服务并大力支持企业与国内外科研院所的合作，为企业长远发展提供技术支持，迅速提升现有中介机构的能力和水平。①推进现有中介机构的体制创新和机制创新，使其面向市场，在市场竞争中提高科技服务水平；②加强对现有中介机构的设备、技术改造，充实高学历、高素质的各类人才，提高他们市场化、商业化的运作能力；③特别要重点加强市生产力促进中心、科技交流中心和科技情报服务中心建设，使其更好地发挥大连科技中介机构的带头和示范作用。

第五，加强各类科技中介机构的协调与合作。各类中介机构既有较独立的专业特点，同时，各中介机构之间又是一个统一的整体。对科技活动、科技主体的服务，不是一个中介机构所能完成的，必须靠各类中介机构的密切配合、协同运作。目前大连市存在着中介机构部门所有、互不配合的问题，影响已有科技中介机构作用的发挥。所以：①要按照市场经济的要求，对各个专业、来自于国内外的和各种所有制的中介机构进行系统整合，搞好各中介机构的合理分工和功能互补；②市科技主管部门要加强科技中介机构的协调指导，促进各类中介机构开展合作；③加强科技中介机构与高校、科研机构、其他中介机构的联合与协作。通过广泛建立协作网络，使科技中介机构一方面能够充分利用科研机构、高等学校的专业知识、优秀人才和技术开发、检测、中试设施，作为开展中介业务的重要支撑；另一方面能够与法律、会计、资产评估等服务机构和投融资机构协调配合，相互集成，为科技创新的全过程提供综合配套服务。

第六，要逐步建立有利于科技中介机构发展的政策法规体系，营造公平有序的市场环境。①要加紧研究制定促进和规范发展的政策法规体系，逐步明确各类科技中介机构的法律地位、权利义务、组织制度和发展模式，理顺政府与科技中介机构的相互关系，形成法律定位清晰、政策扶持到位、监督管理完善、市场竞争平等的良好政策法律法规环境。②科技中介机构是一个新生事物，全国性立法和条例的制定将是一个长期的过程。在这种情况下，地方率先总结经验，制定地方性法规，具有重要的作用，它不仅有利于规范各地科技中介机构的建设，而且将有力地推动全国性立法，从而推动我国科技中介机构的全面发展。

第七，为科技中介机构开展国际合作提供渠道。①要把推动科技中介机构的国际化进程，作为扩大国际科技合作与交流、组织开展出国培训等工作的重要内容。通过请进来、走出去的方式组织国内外机构的业务交流，学习和借鉴发达国家成功经验，特别是先进管理经验和专业化运作模式，使国内机构的服务水平逐步与国际接轨。②同时要支持有条件的机构积极开拓国际业务，在参与国际竞争中加快发展速度。

第八，充分发展行业协会的作用。行业协会在科技中介机构的管理和建设中发挥着不可替代的作用，建立健全各类中介行业协会是加强政府指导、完善科技中介管理体制的重要环节。①要以促进科技中介机构的规范、健康发展为宗旨，以会员制为主要形式，按照自愿、平等的原则组建各类科技中介行业协会，组织开展同业交流、跨行业协作和市场开拓活动，建立科学、民主的决策程序和行之有效的自我管理、共同发展模式。②科技管理部门要加强监督和管理，指导行业协会的自身建设，使之能够吸引优秀人才，为行业发展提供国家政策咨询、市场调研和预测、项目引进、国际合作和交流、人才培训、行业自律等方面的服务，及时向有关部门反映科技中介机构的意见和建议，成为科技中介机构与政府、中小企业、科研单位联系的重要渠道。③推动行业协会建立行业自律制度。科技管理部门要积极争取当地政府对行业协会开展行业自律给予充分授权和支持。行业协会要以国家法律、法规和政策为依据，制定和实施行业行为规范、服务标准、执业操守、违规惩戒、资质认证、信誉评估等行业管理制度，组织本行业的科技中介机构和从业人员自觉遵守、共同维护，形成重合同、守信用、诚信经营的行业风尚，使行业发展走上法制化、规范化的轨道。

第九，引导科技中介机构建立良好的信誉体系。良好的信誉是科技中介机构生存发展的基础。世界著名的美国安达信会计事务所，因涉嫌帮助安然公司造假而陷入信用危机，进而导致破产。这一事件提醒我们，“诚信”是市场经济活动中的安身立命之本，任何机构和个人都必须遵守“游戏规则”，贪图一时之利而置规则于不顾，必将受到规则的惩罚。当前我国科技中介机构发展受到制约的原因之一是缺少信誉评价体系，致使很多客户存在矛盾心理，一方面迫切需要中介服务，另一方面又感到风险较大，态度谨慎。因此，引导科技中介机构及其行业协会建立良好的信誉体系，应当提上议事日程。①建立信誉体系，要积极探索依托行业协会开展信誉评价和监督工作的道路，以科技中介机构为对象，以用户为中心，以服务质量为重点，采用科学、实用的方法和程序，对科技中介机构的服务能力、服务业绩和社会知名度、内部管理水平、遵纪守法情况、用户满意程度等进行客观、公正、公开的评价，评价结果向社会公布。信誉评价工作要以维护科技中介行业信誉、提高专业化服务水平、促进科技中介机构的全面发展为宗旨，以公平、公开、公正和自愿参加为原则，不得以营利为目的。②建立信誉评价信息发布和查询制度，推动信誉监督管理社会化；与科技中介机构从业人员培训计划的实施相结合，促进人员素质的全面提高。③科技管理部门在重大科技决策、科技计划实施、科技成果转化等工作中要充分发挥取得较高信誉的科技中介机构的作用。

第四节　制定和完善大连市科技中介服务促进条例

根据《中华人民共和国科学技术进步法》、《中华人民共和国促进科技成果转化法》和《大连市科学技术进步条例》等有关法律，制定《大连市科技中介服务发展促进条例》。这个条例应当包括：①科技中介服务企业被评为高新技术企业的享受高新技术企业的政策待遇；②设立扶植科技中介机构的专项资金，用于担保、财政贴息、担保代偿资金和奖励基金；③对中介机构进行资格认定程序、管理部门、管理规范和中介服务收费的规范；④制定科技中介机构行业协会的规章制度，加强中介机构的自律。

这个条例涉及的科技中介服务包括与科学研究、技术开发、技术转让及创新和科技成果转化直接相关的交易、经纪、咨询、评估、代理活动以及技术检测和认证、科技招投标、科技投融资、科技企业孵化创业服务等活动。

条例具体应当考虑：

一是鼓励有条件的单位和个人成立股份或合伙形式的科技中介服务组织。经认定的科技中介企业，经工商行政管理部门核准后，注册资本可以分步到位；鼓励和支持非企业性质的科研机构、高等院校的科技人员和教师等人员创办各类科技中介服务组织，或者在科技中介服务组织中兼职，或者直接从事科技咨询和高新技术成果转化等科技中介服务活动；允许以知识产权和专有技术等要素作价入股，占中介机构注册资本的比例可以达到35%；从事科技中介服务的单位和个人，属于民营和中小企业的，可以按规定申请大连市民营企业和中小企业发展专项资金支持；鼓励政府有关部门把技术性较强、面向公众服务且工作量较大的非行政性的事务性工作，委托给有条件的科技中介服务组织办理；鼓励金融机构积极为从事科技中介服务的单位和个人提供信贷、结算、财务咨询、投资管理等方面的服务。

二是推进科技企业孵化器的发展。鼓励与支持单位和个人建立科技企业孵化器及产业孵化基地，对重大建设项目在土地、房产等方面给予政策优惠；鼓励科技企业孵化器与被孵企业建立明晰的产权关系，孵化器通过服务可占已孵化毕业企业一定比例的股份；鼓励科技中介机构进入各级综合和专业孵化器，对入驻科技中介机构可简化手续，认定为高新技术企业的，享受高新技术企业的有关优惠政策；对入驻的科技中介机构可根据科技中介机构的功能作用及租用房屋的价格给予一定比例的房屋补贴，补贴办法另行规定。科技企业孵化器可申请高新技术企业认定，同等条件下优先考虑，通过认定享受高新技术企业的各项优惠政策，孵化重大高新技术项目的科技企业孵化器可享受非营利组织的各项政策。

三是设立专项资金。每年从各级财政用于科学技术三项费、更改固定资产投资和农业科技发展的经费中提取5%，建立科技中介及科技成果转化专项资金。其作为财政担保资金、贴息资金，对科技中介机构、中小企业、科研机构、高等院校，引进国内外知名科技中介机构、参与国民经济建设和社会发展中重大科技项目、工程规划活动，以及建设孵化器、孵化基地所申请的商业银行贷款，予以担保和予以财政贴息；作为项目资金，对成果转化项目、孵化器项目予以一定的资金资助；作为奖励资金，重点奖励在重大项目引进、重大成果转化中做出贡献的单位和个人；作为财政补偿资金，对为高新技术成果转化项目和高新技术企业服务的创业投资机构和担保机构，根据其业绩给予一定的资金补偿。

四是规定扶植政策。从事科技中介服务的单位和个人，符合国家和省、市规定条件的，享受国家和省、市规定的优惠政策，包括申请有关科技项目经费、科技成果申报各级科技奖项等均享有国有单位同等待遇；对从事科技中介服务做出突出贡献的单位和个人给予奖励；对科技中介机构的税收政策参照高新技术企业、科研机构的税收政策办理。

五是制定科技中介机构的资格认定办法和管理办法。积极开展科技中介机构的资质认证和信誉等级认证工作，加强科技中介机构的资质认证和信誉管理；科技中介机构的资质认证和信誉等级认证工作由市科技行政管理部门会同相关部门负责实施；从事科技中介服务的单位和个人，应当依法进行企业登记或者民办非企业单位登记，并应到市科技行政管理部门备案；从事营利性科技中介服务的非企业组织实行自主经营、自负盈亏，并可以按照有关法律、法规改制为企业或者实行企业化管理；单位和个人从事科技中介服务，应当遵守法律、法规，遵循公平竞争、平等自愿、互利有偿和诚实信用的原则，不得损害国家和社会公共利益，不得侵害他人的合法权益，不得以科技中介组织名义从事与科技中介无关的经营活动；科技中介服务收费实行在国家价格政策调控、引导下，主要由市场形成价格的制度；科技中介服务费的支付，属于企业的可以一次或分期摊入成本，属于事业单位的可以在事业费支出中列支；各级政府要推动对科技中介服务机构及人员的培训服务，大力促进科技中介人才的培养和引进，鼓励有条件的大学和相关机构开设中介服务业务培训课程，积极开展国际间科技中介人才交流，培养复合型、国际化的科技中介人才；各级政府在行业管理中要依法行政，竭诚为从事科技中介服务的单位和个人提供政策服务，落实各项政策，为促进科技中介服务的发展营造良好的政策环境；对行业管理中相关公务人员违背政策的行为，要及时予以纠正，并追究其行政不作为的责任；对违反法律法规的，应追究其法律责任。

六是组建科技中介行业协会并加强行业自律管理。科技中介服务实行行业自律管理，从事科技中介服务的单位和个人，可以按行业或经营方式、经营环节、服务功能等组建科技中介服务类行业协会。行业协会接受政府行政主管部门委托的任务和职责，按行业协会相关规范进行自律管理。科技中介服务类行业协会行使下列职能：①经法律、法规授权或者政府委托，进行行业统计调查，收集、发布行业信息；②进行会员资质审核等工作；③参与政府有关行业发展、行业改革以及与行业利益相关的决策论证，提出意见和建议；④依据协会章程或者行规行约，制定、修订行业规范、服务标准、从业人员守则，并组织实施；⑤建立行业信用档案和测评指标体系，定期公布信用情况和测评结果；⑥监督会员依法经营，对违反协会章程和行规行约，损害行业利益和会员利益的行为，采取批评、取消会员资格等措施；⑦开展行业市场调查，进行科技中介服务的需求分析，为行业各个科技中介机构提供市场信息服务；⑧组织开展与国内外的同业交流、跨行业协作和市场开拓等活动；⑨组织行业人员培训活动，为提高科技中介机构及人员的业务素质提供培训服务；⑩行使法律、法规授权或者政府委托的其他职能。

第五节 大连市科技孵化器建设和建设目标

科技孵化器是指以一定创业设施为基础，以资金提供、信息服务、培训支助、政策支持为依托的专业培育创新型企业的机构。孵化器是科技创新体系的重要组成部分，是区域创新体系的核心。广义的孵化器包括高新技术创业服务中心、科技创业服务中心、大学创业园及二次产业孵化基地（以下简称孵化器），是以促进科技成果转化、培养高新技术企业和科技企业家为宗旨的社会公益性科技服务机构。

一般的科技孵化器应当包括以下职能：

（1）通过整合社会科技资源，为在孵企业提供足够的创业场地和共享设施。

（2）具有扶持在孵企业的优惠政策和孵化资金投入，开展信贷担保及风险资本引导和产权交易服务的职能。

（3）搭建科技信息网络平台，能够提供国内外最新科技和产业信息。

（4）组织在孵企业开展各种科技交流、科技协作和市场开拓等活动。

（5）注重创业文化与氛围的营造，积极帮助创业者提高科技创业能力。

（6）适应在孵企业发展要求，做好各种培训、交流与合作服务。

其中，综合孵化器（创业中心）是集多种功能、面对各类科技成果、各类人才、各类企业的综合孵化平台。综合孵化器要在扩大规模的同时，把建设和发展重点放在提升孵化器的综合服务功能上。综合孵化器要重点完善和提高信息平台、投融资平台、技术支持平台、中介服务平台建设，大力发展为高新技术产业提供服务的各类中介组织，成立科技政策、技术、市场信息咨询机构和科技成果评估机构。为高新级企业以及专业孵化器、企业孵化器及其他孵化器提供信息、资金、管理等综合服务。重点扶植发展高新园区创业中心、留学人员创业园等。

建设面向软件、信息、生物医药、新材料、海洋、农业、环保等技术领域的专业孵化器。建立发展软件、光电子专业特色产业孵化器基地。将专业孵化器建设推向国际化和融资多元化的新阶段。提高高新园区的核心竞争力。重点扶植的专业孵化器有软件企业孵化器、生物工程企业孵化器、动漫游企业孵化器、环保企业孵化器。

建设科技企业孵化器公共专业技术平台，创建科技企业二次孵化器，承接一次孵化毕业的优秀企业。综合本地区的产业优势、产业结构建立专业技术服务平台，奠定未来企业孵化基地；建设企业孵化器信息化的网络平台及孵化器软件测试及服务方面的工业平台，重点扶植东软集团、路明集团、海辉公司等企业建立孵化器。

根据科研开发和产业化发展的需要，在日本、韩国、中国香港、美国等国家和地区建立与大连密切关联，为大连直接服务的国际孵化器，主要包括日本软件孵化器、美国LED孵化器、俄罗斯孵化器。

大连经过多年的建设，科技孵化和科技中介体系初具规模。到“十五”期末，大连基本上形成了专业孵化器与综合孵化器有机结合，主城区、新城区和各县区互补发展的孵化格局，被科技部确定为“全国科技企业孵化器体系建设试点城市”。目前已经建成各类孵化器28家，孵化面积37万平方米（表5-1），全市在孵企业1800家（表5-2），形成规模生产的企业近200家。但是，相对于创新型城市建设的要求，大连的孵化器在规模、投入能力、孵化机制、孵化水平上还有很大差距。

表 5-1 大连市孵化器发展情况

年份	2001	2002	2003	2004	2005
孵化器数量/个	12	18	22	26	28
孵化面积/万平方米	16.5	22	27	34	37

资料来源：根据大连市科技局《大连市科技创新能力基本情况报告》（2006 年 4 月，第 29～30 页）整理测算。

表 5-2 大连市孵化器明细表

序号	孵化器名称	性质	类型	孵化面积/平方米
1	大连市高新技术创业服务中心	国有	综合	54 000
2	大连海外学子创业园	国有	综合	20 000
3	海外学子产业园	国有	综合	12 000
4	大连理工大学——大学园	国有	综合	46 000
5	大连北方科技企业孵化基地	国有	综合	5 043
6	大连市西岗区高新科技发展中心	国有	综合	13 600
7	大连市中山区科技孵化中心	国有	综合	3 800
8	长海县海洋高新技术创业孵化中心	国有	综合	3 000
9	大连市农业科技孵化中心	国有	专业	5 000
10	瓦房店市农业科技创业中心	国有	专业	5 000
11	大连星海国际科技大厦	民营	综合	20 000
12	大连市旅顺民营科技产业化基地	民营	综合	12 600
13	大连未来科技孵化园	民营	综合	12 100
14	大连市民营科技企业创业中心	民营	综合	12 000
15	大连市科技产业孵化基地	民营	综合	10 000
16	大连天河科技创业服务中心	民营	综合	7 200
17	庄河市科技创业中心	民营	综合	2 000
18	大连亿成常设技术市场	民营	综合	4 000
19	大连工控·产品技术产权交易中心	民营	综合	8 000
20	大连软件园创业中心	民营	综合	86 000
21	大连翔大生物技术研发中心	民营	综合	6 000
22	大连市基因工程动物药物技术孵化中心	民营	综合	5 500
23	大连生物高新技术创业中心	民营	综合	6 000
24	大连獐子岛海洋生物研发中心	民营	综合	2 050
25	辽宁省生物医药材料研发中心	民营	综合	5 200
26	大连海洋水产高新技术研发中心	民营	综合	2 000

续表

序号	孵化器名称	性质	类型	孵化面积/平方米
27	大连市自润滑复合材料研发中心	民营	综合	2 000
28	大连市农水产品深加工技术研发中心	民营	综合	2 000

注：①国有孵化器10家、综合类8家、专业类2家，总孵化面积约17万平方米，在孵企业894家、毕业企业191家；②民营孵化器18家、综合类9家、专业类9家，孵化面积约20万平方米，在孵企业906家、毕业企业136家；③总计：孵化器28家、孵化总面积约37万平方米、在孵企业1 800家、毕业企业327家。

资料来源：根据大连市科技局《大连市科技创新能力基本情况报告》（2006年4月，第30页）整理测算。

近些年，大连在探索“二次孵化”方面有所发展。其中，大连科技孵化产业基地的建设成为大连市科技孵化链条中的接续环节，即“二次孵化”的载体，承载着经孵化后具有一定规模生产能力的企业来发展的任务。该基地为企业提供综合服务，使企业降低或减少向更大规模化生产过渡的风险和成本费用。由于该基地服务对象与初级孵化不同，其服务内容也有很大的差别，在满足一般性的服务基础上更加突出个性和效益服务，以满足企业在中等规模发展时期的特殊要求。目前，进驻大连市科技孵化产业基地的企业的条件是经过孵化器孵化、产品进入中试阶段或者产业化前期且具有成长性、市场前景好、对加工车间或者厂地有中等需求的中小型科技企业。入驻企业可以享受相关优惠政策：可优先认定为高新技术企业，享受大连市高新技术产业园区相应的优惠政策；优先享受大连市科技局对中小型科技企业的资助资金；可享受低租金优惠。该基地还以参资入股、抵押贷款等多种方式为入驻企业提供投、融资渠道。大连科技产业孵化基地成立于2005年3月3日，位于大连高新区火炬路3号，总面积5万平方米。一期占地8200平方米，投资5亿元，建成13 000平方米的孵化厂房及2400平方米的配套设施，现已投入使用。二期工程预计用三年时间完成3.7万平方米的建设，建成以企业为主体、产学研结合，具有自主创新能力的市场、融资、人才、公共、技术服务平台。目前，入驻该基地的企业包括：以光电研发为主、具备大连市行业权威检测、集产学研为一体的大连理工大学光电研究中心；以LDE发光新材料为主导产品的精拓光电子有限公司；以测斜仪定向模块、测斜仪传感机及石英加速设计为主导产品的大连华天精密仪器有限公司；以数字化电极调压、调速装置为主导产品的美恒自动化（大连）有限公司；以数据库及船用ERP系统为主导产品的康伯克数据库有限公司等。截至2005底，该基地产值达5000多万元的入驻企业有3家。为保证孵化出的企业高质量、高标准，并培育出优质企业家，大连科技产业孵化基地根据国家现行的融资渠道，在自有资金、财政资金、信贷资金、证券资金、非银行资金中选择、筛选出可行性强的方案执行融资计划。在具体运作过程中，该基地一是为在孵企业提供资产抵押贷款；二是在自有资金中设立种子资金；三是合作共同抵押贷款，或以入股等形式为在孵企业提供融资渠道，保证入驻企业无后顾之忧。同时协助在孵企业争取政府给予政策和资金的支持。“二次孵化”与初次孵化有所不同，因此孵化基地的服务内容也有所不同。“二次孵化”要求工作人员不但具备管理协调能力，还需具备相应的专业知识，对入孵企业早了解，对产品早掌握，根据实际情况为企业提供相应的帮助。进入“二次孵化”的企业不再需要一般性的行政、商务、物业服务，而需要为其提供自主创新的理念，构造以其为主体、产学研紧密结合、具有自主创新能力的市场、融资、人才和公共技术服务平台。目前，该基地可以为企业提供以下服务：资金筹措——用于产品规模化的直接投资；技术突破——需要专家型的人才进入，缩短试验周期，使产品尽快进入市场；市场开拓——引入业内的专业人才，迅速定位目标市场，建立畅通的销售渠道；信息网络服务——建设面向全国的技术专家网和市场调查网，帮助企业解决技术难点和产品目标的定位选择。在孵化器专业人才短缺的情况下，该基地还不断加大孵化器专业人员的培养，以适应孵化器的快速发展，保证基地达到国家级标准（刘丽，2007）。

大连科技孵化器建设目标：到“十一五”期末，争取各类孵化器达到40家，建立科技产业孵化（二次孵化）基地10个，总规模达到500万平方米。发展重点是以专业型孵化器和综合孵化器相结合的方式，加快光电子、生物工程与制药、新材料、环保等产业孵化器建设。同时，创新孵化器发展模式，形成集群孵化器、产业链孵化器的发展格局。五年内技术市场年合同成交额达到50亿元，争取船业投资的规模达到80亿元。

大连市科技局2005年9月发布了《大连市科技企业孵化器管理办法》（以下简称《办法》），该《办法》旨在加快科技成果转化，发展高新技术产业，培育中小科技企业，规范大连科技企业孵化器建设与管理，促进科技企业孵化器的健康发展。

《办法》中规定，申请市级孵化器资格认定应当具备的条件包括：①孵化器目标、性质、定位及发展方向明确；②具有可自主支配孵化场地，其中综合型孵化器建筑面积不少于5000平方米，专业技术型孵化器建筑面积不少于2000平方米，其中在孵企业使用的场地应占总场地面积的2/3以上，③综合型孵化器在孵企业不少于30家，专业技术型孵化器在孵企业不少于10家，年毕业科技企业数占在孵企业数的25%以上；④服务设施齐备，服务功能齐全，可为企业提供场地、商务、资金、信息、市场、培训、技术开发与交流、国际合作等多方面服务；⑤领导班子得力、管理机构设置合理，管理人员中具有大专以上学历的占70%以上；⑥管理制度健全，具有严格的财务管理制度，自身及在孵企业的统计数据齐全；⑦孵化器每年用于支持在孵企业发展的孵化资金不少于50万元，并与创业投资、专业担保机构等建立经常的业务联系；⑧实际运营时间一年以上，经营状况良好。

进入孵化器的孵化企业应具备以下条件：①企业或机构成立时间不超过2年；②企业产权清晰，能够自主经营、自负盈亏，有开办企业和实施孵化项目所需的基本资金；③企业从事研究、开发、生产的项目和产品应符合科技部等部门颁布的《中国高新技术产品目录》范围和国家及地方鼓励扶持的高新技术产业发展要求；④企业负责人应为熟悉本企业产品研究、开发的科技人员；⑤企业项目（产品）应符合国家关于环境保护的规定和要求；⑥申请进入孵化器的孵化企业，孵化时间原则上不超过3年。

孵化器毕业企业应具备下列条件中的两条以上：①经市科技局认定为高新技术企业（项目或产品）；②经营状况良好，主导产品有一定生产规模和市场占有率，具有产业化生产能力及条件；③年技工贸总收入在200万元以上，或在孵期间年技工贸总收入和资产递增率超过50%；④企业负责人具有较高的经营管理水平和较强的市场开拓能力。孵化器毕业企业由市科技主管部门统一组织考核，对符合条件企业颁发孵化器毕业企业证书。

孵化器毕业企业进入二次产业孵化基地，在同等条件下，可享受市、区、县各级科技计划、风险投资机构、贷款担保机构、科技型中小企业创新基金等科技资源的优先支持。科研院所、高等院校及企业为自身或本行业发展建立的工程技术中心或研发机构，具备下列条件的，可申请市级孵化器认定：①研发中心（机构）目标、性质、定位及发展方向明确，符合本《办法》第二条所规定的要求；②具有可自主支配场地1000平方米以上，其中在孵企业使用的场地应占总场地面积的2/3以上；③具备从事相关研发领域必备的硬件设施及设备，可为企业提供商务、资金、信息、咨询、市场、培训、技术开发与交流、国际合作等多方面服务；④领导班子得力、管理机构设置合理，管理人员中具有大专以上学历的占70%以上；⑤管理制度健全，具有严格的财务管理制度，自身及在孵企业的统计数据齐全；⑥正在研发的中心（机构）自主研发项目（技术）五项以上，进入中试阶段的研发项目两项以上；⑦研发中心（机构）年投入研发经费不少于100万元；⑧实际运营时间在一年以上，经营状况良好。

区（市）、县政府及其相关部门应在规划、用地、财政、收费等方面为孵化器提供政策支持；为孵化器（基地）的建设和发展提供必要的财政支持；市科技主管部门将按照国家、省级科技企业孵化器（基地）认定标准，向国家、省有关部门推荐国家、省级科技企业孵化器（基地）。

市科技主管部门将定期组织市级孵化器考核，对在孵化器建设工作中做出突出贡献的单位和个人给予表彰。对连续2年绩效评估达不到条件的孵化器，将取消其市级科技企业孵化器（基地）的资格。

第六节 扶植大连市科技服务平台的政策设计

要大力鼓励企事业单位投资建设研发中心并提升研发水平，鼓励研发中心建设按国家有关科技体制改革要求，以市场为导向，以现代企业制度为核心，建立自负盈亏、自我发展机制。

第一，对于设立的国家级研发中心（包括国家工程技术中心、国家工程研究中心、国家实验室）给予经费支持。

第二，在高新园区内新办的研发机构，认定为高新技术企业的，执行国家规定的税收减免政策。减免期满后五年，其技术成果转让收入占企业总收入60%以上的，园区财政按企业实现利润的15%奖励给企业。园区以外设立的市级以上研发机构，经市级以上科技行政管理部门鉴定为自行发明、研制的专利技术或成果，自获利年度起，企业技术开发、技术转让、技术咨询、技术服务所取得的营业收入占企业总收入的比例达到80%以上的，前2年按企业实现利润的30%给予奖励，后3年按20%给予奖励；达到60%以上的，前2年按实现利润的15%给予奖励，后3年按10%给予奖励。

第三，大力培育科技孵化体系，继续加大对科技企业孵化器建设的扶持力度，加快创新孵化产业的发展。经认定的科技企业孵化器，其土地出让金及配套费收取后返还60%（市级及以下留成部分），免征60%的水、电、气等增容费，免交孵化用房的交易手续费和产权登记费。对于孵化器用于信息平台、人才培训、技术服务等方面功能性建设的投资，由市政府按1:0.5比例匹配。科技企业孵化器自获利年度起，2年内按实现利润的30%给予奖励，后3年按实现利润的15%给予奖励。对孵化毕业后在大连注册的企业，3年内按照毕业企业实现利润的5%补贴给孵化器。对毕业后到大连市辖区以外注册的企业，应适当给予孵化器一定比例的补贴。

第四，继续办好软件园、光产业园、海外学子创业园、大学科技园和各级科技企业孵化器。

第五，对科技中介组织实行政策优惠，对从事科技成果转化的企事业单位，其转化项目的技术转让、技术开发和与之相关的技术咨询、技术服务所获得收入，经单位所在地税务部门核准，按其营业收入的5%予以补贴。经认定的科技中介机构（科技市场、科技产权交易所、专利事务所、科技咨询公司、科技评估认证机构、科技信息服务机构、科技人才交流机构等各类科技中介组织），其科技中介收入占企业总收入70%以上的，前2年按实现利润的30%给予奖励，后3年按10%给予奖励。

其六，在加快科技基础设施建设的政策上，①加大政府对科技基础设施建设的投入。在市财政预算中设立科技基础设施科目和专项资金，形成稳定的财政资金投入渠道，确保市财政对科技基础设施的专项投入占全部科技投入的比例逐年提高。加大对国家重点实验室、科研中心以及国家重大科研攻关项目的投入，使科研设施和装备保持先进水平，保证重大基础性研究的顺利进行。要加大力度建设科技文献及科技基础数据库和网络，进一步加强区域性资源共享；要围绕国家和大连市重点经济发展项目，结合政府和企业新建各类专业的集研发、分析、测试的大型实验中心。②引导社会资金投向科技基础设施建设，鼓励产学研联合建立国家工程中心等科技基础设施。优先支持企业建设国际重点实验室、国家工程中心、国家大型科学仪器中心、孵化器等科技基础设施。③鼓励企事业单位、社会团体、个人等通过中国境内非盈利机构捐建科技基础设施，制定政策鼓励各科研院所及企业改造升级科研仪器设备。

第六章　创新科技国际合作形式，打造引进消化吸收再创新的运营机制

科技领域的技术引进和国际合作、国际交流，是引进消化吸收再创新的主要渠道，也是学习国外科技创新、科技管理、科技创新运营机制的最佳通道。

第一节　引进消化吸收再创新是后发地区科技创新的最佳途径

引进消化吸收再创新是典型的日本模式。20 世纪 50 年代中期日本经济恢复到战前水平，在随后的经济高速增长期，日本大量引进美、欧的先进技术并加以消化、吸收和再度研发，使之日本化和产业化，形成一种垂范于世的技术发展模式。在这一框架下，日本利用有限的研发资源，以发达国家已经达到的技术水平为起跑线，迅速赶至世界技术前沿。1950 ~ 1976 年，日本支付 66 亿美元引进 208 万件专利，而依靠日本自己力量研发则需 2000 亿美元，日本由此节省了 95% 的研发经费和 2/3 以上研发时间，这无疑是高效率利用研发资源的杰作。引进加再度研发，是日本模仿式技术发展战略的精髓。有研究表明，日本引进技术的费用仅为再度研发费用的 1/7 ~ 1/2。如 20 世纪 60 年代中期，日本机械行业的研发费用中只有 16. 9% 用于技术引进，68. 1% 则被用于引进技术的消化和创新。1950 ~ 1970 年，日本技术引进费用增加了 14 倍，而主要用于消化、吸收、创新的研发费用则增长为原来的 73 倍（魏达志，2005）。

目前来看，我国高新技术企业自主知识产权的取得大体可以分为四类：一是自主开发，即企业核心技术人员自行开发并取得产权；二是合作开发的知识形成的产权；三是购买的知识包括向境外购买形成的产权；四是知识产权人以知识产权入股形成的。无论何种方式，最终应当转化为企业自主开发和自己拥有核心技术的知识产权，这为获取自主知识产权的主要渠道。

引进开发、模仿创新是知识产权创新的最初途径。模仿创新的最终目的是实现自主创新。华晨中国汽车控股有限公司提出在开发自主知识产权方面走“第三条路”的战略构想。所谓的第三条路，是针对完全自主开发以及与合资企业共同开发而言的。华晨中华汽车目前所走的就是第三条路，亦即在购买国外高新技术的基础上，精心打造拥有自主知识产权的属于自己的品牌，目的是为能够在未来

的国际市场上占有更多的份额。我国的高新技术企业应当学会走这种自主创新的第三条道路。

合作开发是国际趋势。知识共享、资源共享、信息共享、成果共享正在通过互联网以及一切国际社会通行的游戏规则，走进我们的生活。就像SARS突然袭来之后，中国的科学家们通过WHO（世界卫生组织）的协调，迅速与十多个国家的科学家们联手合作，共同探讨治疗SARS良策，从而很快走出病魔布下的雷区。“只有民族的，才是世界的”。我们的企业应当有容乃大，在市场竞争中应当学会运用现代企业购并、联合、加盟等经营手段，以宽大的胸怀加强与外商、与外地企业合作技术开发。

独立自主开发是科技创新的最终方向。现在中国软件企业的自主知识产权之风开始越吹越劲。据了解，2004年9月28日，中国科学院已经开发出全国第一款拥有自主知识产权的“龙芯”1号CPU芯片，这标志着中国已初步掌握了当代CPU设计的关键技术，第一款装有“龙芯”CPU的曙光“龙腾”服务器已开始推向市场。据悉，以中国软件与人工智能专家、中国工程院院士何新贵为首的专家组，已在着手对国内的软件企业进行专业标准化的CMM评估研究，联想、中创、浪潮、用友、亚信等较大规模的软件企业在商用、民用领域的自主软件份额持续保持上升态势。我国的软件产业和电子传媒业已经逐步具备独立自主开发的能力，应当积极探索自主创新的渠道。

20世纪90年代末期，中国的技术引进以比日本更大的规模迅速展开，1994年，技术引进用汇额40亿美元，1996年达143亿美元。但从总体上看，中国的技术水平较发达国家仍有较大差距。对于处于差距之间的技术，采取模仿战略是一条捷径，利用这种“后发优势”是明智之举。但是，目前中国存在技术引进不经济的问题。长期以来，我国技术引进存在诸多问题：

其一，惰性引进。重视引进，缺少消化、吸收和再度研发。2003年我国大中型工业企业技术引进投资与消化吸收再创新投资的比例仅为1∶0.07，而日本为1∶5，韩国为1∶7。陷入引进—淘汰—再引进的不良循环中。

其二，设备引进多，软技术引进少。1979~1996年，中国技术引进用汇总额中，设备引进占84%，而日本同类指标一般只占15%左右。从全国来看，根据《中国科技统计年鉴》统计，我国对外技术的依赖程度已经到了危险的境地，虽然我国一再强调要强化技术引进与消化吸收的有效衔接，提高技术配套和自主开发能力，但是设备引进重于技术引进倾向不改。

其三，各地区各部门重复引进现象严重、低水平技术引进较多。

其四，现行体制中科研机构与企业生产相脱节，科技引进的宏观调控乏力，相关科技监管机构政策缺乏或不配套等。

这些弊端大大降低了我国引进技术的消化和再创新能力。

第二节 大连市引进消化吸收再创新的成就和存在的问题

大连作为口岸城市，相对原始创新和集成创新来说，具有技术引进创新的先天优势。20多年来，大连市积极吸纳国际创新资源，开创了以开放为特点的科技创新新格局。

一是引进国际上技术先进的企业和项目。大连市充分发挥对外开放的良好基础和优势条件，以重大国际科技合作项目为载体，近五年来，先后200余次组织科技代表团赴18个国家或地区，进行科技交流和项目洽谈，签订科技合作项目近700项。IBM、HP、SAP、DELL等近30家世界500强IT企业相继落户大连高新园区。

二是广泛开展人才引进与交流合作。日本政府无偿援助880万美元的“中日友好大连日语人才培训中心”完成主体工程施工，年培训IT商务领域日语人才3000人。大连市科技局与美国纽约州立大学签署了选派大连市部分软件企业家、孵化器管理者赴美培训协议，组建科技人才海外培训基地。举办和组织“大连全球IT人才巡回招聘”等活动，2005年实际引进IT人才达5000多人。

三是积极争取国际科技援助。大连市荣誉市民、世界轮椅基金会主席贝林先生捐赠大连市价值1000万美元的非洲野生动物标本，并与大连理工大学和大连交通大学联建“净化水研究中心”和“轮椅技术研究中心”。

四是搭建国际化技术产品交易平台。国家级的“中国软件与信息服务交易会”已成为我国颇有影响的软件产业盛会，连续两年被评为“中国信息产业十大经济事件”之一；成功举办了四届“中国国际专利技术与产品交易会”，专利总量增加，专利质量提高，专利交易额扩大，有力推动了大连市知识产权占领的实施和专利技术的转化。

五是软件出口基地建设显著。大连软件产业被国家确定为国际化示范城市、软件人才国际培训基地、国家软件出口基地，2005年全市软件出口创汇3亿美元。

六是企业通过引进消化再创新取得发展。大连机床集团通过并购和技术引进，消化吸收再创新，掌握了国外的先进技术，提高了企业自主创新能力，使集团的产品水平登上了新的台阶，组合机床及自动线、柔性制造系统产品产销量居全国第一，国内市场占有率达33.5%。目前大连高新园区入驻的世界500强企业达到36家（表6-1）。

表 6-1　大连高新园区入驻的世界 500 强企业

序号	公司名称	500 强名称
1	通用电气（大连）行政管理技术咨询公司	GE
2	戴尔计算机亚太地区技术服务中心	DELL
3	埃森哲信息技术（大连）有限公司	ACCENTURE
4	国际商业电器科技大连分公司	IBM
5	新软（大连）信息技术有限公司	INTEL
6	思爱普软件系统（北京）有限公司大连分公司	SAP
7	大连松下通信软件工程有限公司	松下系统工程
8	松下电器软件开发（大连）有限公司	松下电器
9	惠普（上海）有限公司大连分公司	HP
10	毕博（上海）软件系统有限公司大连分公司	BEARINGPOINT
11	爱立信科技服务（中国）有限公司	爱立信
12	大连爱立信短距离无线解决方案有限公司	爱立信
13	东软诺基亚通信技术有限公司	诺基亚
14	索尼（中国）有限公司大连分公司	索尼
15	NEC 系统集成（中国）有限公司大连分公司	NEC
16	大连全数科技有限公司	日立
17	大连北光信息有限公司	理光
18	日本 SCM 系统服务株式会社事务所	美国卡特比勒、日本三菱
19	先河-爱思开信息工程学院	SK
20	华录松下电子信息技术有限公司	松下电器产业
21	大连松下电工亿达装饰工程有限公司	松下电器产业
22	大连家乐福商场有限公司	家乐福
23	大连冰山金属加工有限公司	三洋电机、日商井岩
24	大连冰山三洋洗染有限公司	三洋电机、日商井岩
25	大连通用热动力有限公司	通用热动力
26	大连光洋瓦轴汽车轴承有限公司	丰田通商
27	大连苏尔寿泵及压缩机有限公司	苏尔寿
28	大连中德控制系统有限公司	西门子
29	正大化工催化材料（大连）有限公司	正大集团
30	友邦担保（大连）有限公司	美国 AIG
31	丰田工机科技中心（大连）有限公司	丰田
32	大连住电科技有限公司	日本住友

续表

序号	公司名称	500强名称
33	NEC、微软、TTK DATA 注资华信	NEC、微软、TTK DATA
34	大连日创信息技术有限公司	日本日立
35	花旗软件（大连）有限公司	美国花旗
36	大连住新软件系统有限公司	日本住友

资料来源：根据大连市科技局《大连市科技创新能力基本情况报告》（2006 年 4 月，第 31 页）整理测算。

但是，与全国其他城市相似，大连市在目前的技术引进中，关键设备的引进比重较高，达到65%；消化吸收经费投入不足，技术引进经费与消化吸收经费投入比例为1∶0.037，低于全国平均水平。企业是自主创新的主体，与世界级的大公司相比，大连市高新技术企业一个突出的缺陷表现为技术创新能力弱，多数企业处于模仿阶段，不能自主地开发出引导市场需求、领先于同行业的核心产品、核心技术，而跨国公司是技术标准的制定者，大连市的一般企业只是技术标准接受者。具有自主知识产权的产品少，国内外知识知名工业品牌不多。这说明，大连市在引进消化吸收再创新领域，其合作机制和再创新机制尚存在差距。

第三节　加强消化吸收制度建设，打造大连市引进再创新机制

目前，大连市正处于一个新的重要发展阶段，其显著特征是：经济发展的水平更多地取决于对外开放水平；经济发展的空间更大程度上依靠对外开放的空间。因此，在统筹抓好原始创新和集成创新的同时，必须注重引进改造、消化吸收和创新发展并举，以引进改造为起点，以消化吸收为途径，以创新发展为目标，通过高水平、高质量的对外开放，实现高起点的消化吸收再创新，形成引进改造、消化吸收、创新发展的良性循环。

今后，大连市应当把引进基础上的再创新作为一项长期的战略任务，从体制机制创新入手，克服重引进、轻消化吸收的现象。强化引进消化吸收再创新将成为大连市建设创新型城市必须坚持的原则之一。充分发挥大连市对外开放的优势，着力推进引进消化吸收再创新。集成电路和 LED、生物技术和创新药物、新能源和新材料将成为技术引进的重点。

大连市 2010 年引进消化吸收再创新的目标是：①争取 5 年后技术引进经费与消化吸收再创新经费投入比例为 1∶0.1 左右，达到韩国等国家 20 世纪初的水平。②软件产品年出口能力达到 5 亿美元；③重大装备自给率达到50%；④对外技术依存度缩小到60%。

2006年全国科技大会提出加强引进消化吸收再创新的众多举措。2006年大连市人民政府关于提高自主创新能力的若干决定中，也提出要通过多种方式，推动大连市引进技术消化吸收再创新。

结合大连市的特点，从体制和机制创新上再造引进消化吸收再创新的机制尤为重要，具体设想为：

一是加强对技术引进和消化吸收再创新的管理制度建设。①要明确技术引进的指导思想、直接目的和方式。技术引进必须以提高自主创新能力为指导思想，引进的方式要从单纯引进生产线、成套设备向主要引进软件技术（即主要引进专利技术和专有技术）和必要的关键设备转变，大幅度提高引进软件技术的金额比重，引进的目的要从单纯的生产使用转向研发创新和开展国际合作，提升引进技术的价值利用率。②根据国家科技大会决定，凡由国家有关部门和地方政府核准或使用政府投资的重点工程项目中确需引进的重大技术装备，项目业主联合制造企业制定引进消化吸收再创新方案，作为工程项目审批和核准的重要内容，报请国家有关主管部门审批（核准）后实施。③根据国家产业政策，限制盲目、重复引进。定期调整禁止进口限制和进口技术目录。限制进口国内已具备研究开发能力的关键技术；禁止或限制进口高能耗、高污染和已被淘汰的落后装备和技术。对国内尚不能提供、且多家企业需要引进的重大装备，国家鼓励统一招标，引导外商联合国内企业投标。在进口装备的同时，应当引进先进设计制造技术，并确保国内企业有足够的分包比例。

二是建立引进技术工作的咨询和评估制度。①重大技术和重大装备的引进消化吸收和再创新方案须经有关部门联合资助的专家委员会进行咨询论证，明确消化吸收和再创新的计划、目标和进度。将通过消化吸收是否形成资助创新能力，作为对引进项目验收和评估的重要内容。要建立大连市技术引进和消化再创新咨询、管理、监督机构，建立大型技术引进项目评审制度，加强对技术引进的咨询、管理，防止低水平重复引进，并要制止因地方企业、政府、领导的狭隘的利益观念甚至政绩工程而导致的低水平引进和“消化不良”等现象。②要制定大连市技术引进及其消化吸收与自主开发、创新的行业技术振兴中长期计划，大连市应着重在软件开发技术行业、化工技术行业，以及物流行业制定中长期行业发展规划，并着重跟踪引进国际相应行业先进水平。③要发挥在连科研院所、高等院校的科技优势，建立消化吸收再创新技术支撑平台，对消化吸收再创新项目提供知识产权法律状况咨询、技术水平和市场前景评估，并提供技术服务。④建立大连市技术引进管理、评价系统及信息共享系统，制止盲目引进、重复引进和低水平引进。

三是建立政府扶植企业消化吸收再创新制度。①企业是引进消化吸收再创新的主体，要推动企业建立消化吸收与自主开发的新机制。在技术引进的主体上，要从过去以政府为主体向以企业为主体、科研和制造单位联合引进转变，政府在这个过程中起发动、咨询、导向、规则制定、秩序维护等作用。企业内部也要进行体制机制改革，建立与国际发达国家相接轨的技术管理机制，建立技术创新激励机制。通过科研机构的改革，使基础研究性和社会公益性研究机构与市场和企业充分融合。②通过税收优惠和财政贴息支持企业提高消化吸收经费的比重，“市创新专项”中设市引进消化吸收再创新专项资金，对关键技术和重大装备的消化吸收和再创新给予经费资助。③组织攻关力量，对引进的重点关键设备进行技术解剖，拓展仿制创新能力。④建立引进设备与引进技术审定制度，帮助企业筛选引进关键技术。⑤对订购和使用国产首台（套）重大装备的国家重点工程，政府优先予以安排。⑥建立由项目业主、装备制造企业和包销公司风险共担、利益共享的重大装备保险机制，引导项目业主和装备制造企业对国产首台（套）重大装备投保。

四是支持产学研联合开展消化吸收和再创新的制度化建设。①对重大装备的引进，用户单位应吸收制造企业、科研院所和高等学校参与，共同跟踪国际先进技术的发展，并在消化吸收和国产化的基础上，共同开展自主创新活动；②在大连市科技基础设施建设中，优先支持在重点产业中由产学研联合组建的技术平台，并使其承担重大引进技术消化再创新任务；③优先支持大连市企业联合研究机构和高等院校共同参与的消化吸收和再创新。

五是实施促进自主制造的装备技术政策。①针对大连市经济、社会重点发展领域和重点工程，由市综合经济部门牵头，并由使用部门和制造部门共同参与制定大连市装备技术政策，积极推进重大装备的自主制造；②大连市重点工程建设项目采用重大装备和技术，应符合装备技术政策；③对消化吸收再创新形成的先进装备和产品，纳入政府优先采购范围。

第四节 创新国际合作方式，推动科技运营机制与国际惯例接轨

国际科技合作是引进消化吸收再创新的重要方式。通过国际合作，一可以通过引进国际科技项目管理理念和模式，推动大连市科技管理和科技运营机制与国际管理接轨；二可以通过聘任外籍科技顾问，直接指导大连市知识产权保护、科技资源计划配置管理方式、风险投资和科技机构运营的规则、科技创新和科技体制评估方法等。

从体制机制上来说，加强国际科技合作的制度建设主要应当包括：

一是创新招商模式和合作模式。①探讨外商代理式招商、科技合作伙伴代理招商、国外飞地式技术研发合作等模式；②建立固定和制度化的合作平台和通

道。充分利用“专交会”、“软交会”的大型国际展会，通过互联网、电视、广播、报刊等媒体，推动国内外企业交流和合作；充分利用展会、学术交流、海外培训、联合研发多种形式，积极参与和组织重大科技合作计划，推进海外科技园、中外联合研究室、科研中心等建设；在巩固与日本、韩国等国际交流合作的基础上，开发欧美、俄罗斯市场，广泛开展双边和多边合作。

二是通过政策倾斜，鼓励建立联合研发机构。对列入重点的国际科技合作项目，政府将在财力上给予支持；对于以中方为主的科技合作项目，政府按投资规模给予一次性10%~20%的资助，对外资在大连市设立的研发机构，享受大连市高新技术企业待遇，尤其重视大力吸引日韩企业在大连设立研发机构。

三是完善海外学子创业园制度，通过人才培训和交流，带动科技项目的合作，继续吸引海外高级技术人才来连创业，特别是吸引在学科前沿领域有科技创新能力的留学人员来连从事开发活动。

四是政府科技主管部门建立海外科技项目指南，鼓励和引导具有竞争优势的科技型企业走出去参与国际竞争和参加国际科技项目的购并。

鼓励科研单位、大专院校、高新技术企业积极开展国际科技合作，大力提高大连市对国际科技资源的集聚能力。对列入市重点国际科技合作项目的企事业单位，市政府将在财力上给予重点和优先支持；对大连市企事业单位与国外知名研究机构合资合作建立科研机构的，并以中方为主运营的，市政府可以按其建设投资规模，一次性给予10%~20%的资助；鼓励外资在大连市投资设立研发机构，并享受大连市高新技术企业同等待遇。

第七章　创新人才体制，构建创新型人才生长机制

创新型人才是建设创新型城市的基础和源头。所谓创新型人才是指能够实现新科学、新知识、新技术发明创造和转化的人才，其中包括科学技术研发人才、成果转化人才和科学技术管理人才。

第一节　大连市创新型人才结构

到“十五”期末，大连市专业技术人才 38.4 万人，占全市人才总量的 31.7%；技能人才 24.1 万人，占全市人才总量的 19.9%；农村实用人才 11.6 万人，占全市人才总量的 9.6%；目前，大连市高级专业技术人才 5.7 万人，其中两院院士 21 人，博士生导师和长江特聘教授 607 人，国家重点学科带头人 130 人，国家和省百千万人才工程人选 627 人，省、市级优秀专家 327 人，享受国务院特殊津贴专家 1300 余人，市政府特殊津贴专家 501 人。

但是，目前大连市科技型人才与大连产业结构还存在很大差距。

一是高新技术人才短缺。①“十五”期末，高新技术产业，规模以上高新技术产品产值占同类工业总产值 40%，年均递增 24% 左右，软件产业连年保持 50% 以上的增长势头，年出口软件位居全国第四位。拥有一支具有较强创新能力、能够攻克经济建设和社会发展中各种复杂难题的社会科学与工程技术专家队伍，知识创新和技术辐射能力明显增强。到 2010 年，全社会 R&D 投入占 GDP 比重达 2.5% 以上，充分发挥高新技术产业对经济的倍增作用和乘数效应，高新技术产业增加值占 GDP 比重提高到 25% 以上。②软件人才缺乏。大连软件从业人员需要 8 万~10 万人，目前只有 3 万人。到 2010 年需要 15 万 ~20 万人。2005 年大连软件人才培训总计 4000 人左右。需求结构上，大连软件园人才需求第一类是软件开发人才，第二类是以语言特长为主的综合人才。其中软件开发人才需求缺口最大。软件开发人才需求，在企业分为软件架构师、项目经理 PM 和系统工程师 SE、软件工程师 PG 三个层次，需求数量为 1:2:7，其中中高级人才占总需求的 30%，但是从 2004 年新增从业人才来看，新增中高级人才仅占 10%。

二是四大基地人才不足。“十五”期末，“四个基地”产值占全市规模以上工业总产值的 77%。石化系统缺乏石油工程、化工机械和化学专业人才；装备

制造业缺乏数控机床加工技术、模具设计与制造、汽车检测与维修、机电技术应用和电子技术应用等人才；电子信息业缺乏计算机软件设计、计算机网络设计和电子商务人才。

三是航运中心人才短缺。到2010年口岸年货物运输总量9亿吨左右，其中海港年吞吐量2.5亿吨，集装箱年吞吐量1000万TEU（标准箱），成为环黄渤海地区重要的国际贸易干线港和中转港。空港旅客年吞吐量1000万人次，公路、铁路运输将得到大的发展，成为腹地型与中转型结合的东北亚重要国际航运中心。外贸自营出口年均增长16%左右，实际使用外资年均增长20%左右，力争新增世界500强企业投资项目50个，研发中心和区域总部20个。临港产业中船体、船机、船电、物流管理、证券投资、商务日文、涉外旅游专业人才短缺。

四是现代产业人才不足。大连市产业人才中第三产业占50%，但是人才结构不合理。2005年底，现代物流、金融保险、旅游会展等现代服务业正在迅速成长，全市物流企业数达到1500家、从业人员30万人。到2010年，服务业增加值占地区生产总值的比重提高到44%左右，现代服务业特别是生产性服务业有较大发展，涉外金融、期货、证券、保险和结算中心的服务功能进一步增强。大多数技术人才集中在科研院所、学校，高级物流人才、管理人才缺乏。上海科研院所综合服务、金融保险、房地产、社会服务四种产业比例大致是6∶2∶1∶1，共占专业技术人才总量的15%。而大连从事四种产业的比例大致是3∶1.5∶0.5∶5，共占专业技术人才的10%左右。

第二节 大连市创新型人才的建设指导思想、原则、总体目标

一、大连市创新型人才建设的指导思想

以提升城市创新能力为目标，切实落实科学的发展观，以创新型研发人才、创新型企业家和管理人才、各领域高级专家等高层次人才为重点，以政策创新为引导，以市场配置为手段，以创新型城市文化为基石，以培育创新型人才机制为依托，构造北方创新型人才高地。

二、大连市创新型人才建设的基本原则

坚持创新引领的原则。加大创新型人才管理体制和用人制度改革力度，着力创新人才培养、评价、选拔任用、合理流动、引才引智和分配激励等工作机制，

依靠制度创新，增强创新型人才工作的活力与效能。

坚持市场配置的原则。大力培育创新型人才市场体系，完善市场功能，规范市场秩序，发挥市场的调节作用，借助国际国内两个市场充分开发利用两种资源，促进人才空间布局合理化，队伍结构高效化，评价使用科学化，成长环境良性化，促进人才潜能的最大发挥。

坚持党管人才的原则。充分发挥各级党委的政治、组织、宣传优势，建立高效的人才工作运行机制，强化全社会人才意识，形成全社会共同推进人才强市战略的整体合力，努力提高人才资源开发的整体效益。

三、大连市创新型人才建设的总体目标

根据大连市国民经济和社会发展“十一五”规划总体目标对人才数量质量、结构布局、使用培养的要求，充分利用大连市面临的重大发展机遇和拥有的良好地域优势，整体优化人才环境，积极营造鼓励创新创业、支持改革探索的社会氛围，增强城市对各类人才的吸引力，使大连逐步成为适合各类人才创业和发展的城市，成为人才向往、人才辈出的城市。加大人才工作宣传力度，努力在全社会形成人人尊重人才、人人关心人才、人人竞相成才的良好环境。

（1）科技人才目标。2010 年，大连市人才总量由目前的 121.3 万人增加到 148 万人，年均人才增量保持在 5.5 万人，年均增长率保持在 3.8%~4.5%。其中，科技管理人才从目前的 27.0 万人增加到 32 万人，专业技术人才从目前的 38.4 万人增加到 45 万人，技能人才从目前的 24.1 万人增加到 30 万人，农村实用人才从目前的 11.6 万人增加到 20 万人。

（2）高级专业技术人才目标。总量达到 8 万人，其中具有正高级职称的专业技术人才 1.5 万人，享受国务院特殊津贴专家 1400 人，市政府特殊津贴专家 650 人，“新世纪百千万人才工程”人选 1200 人。其中科学家与工程师 15 万人，中国科学院院士和中国工程院院士达到 30 名以上，国家级突出贡献中青年专家 100 人以上，国家首席科学家 10 人以上，博士生导师和长江特聘教授 500 人以上，国家重点学科带头人 200 人以上。博士后科研流动站 30 个以上，其中企业博士后科研工作站 20 家以上。专业技术人才每年接受继续教育比例在 35% 左右。

（3）基础科技人才储备目标。全市大专及其以上学历人才占人口比重达到 12%，其中，管理人才、专业技术人才队伍本科以上学历比例分别从 29.5% 和 36.4% 提高到 35% 和 45% 左右，技能人才队伍大专以上学历从 16.4% 提高到 20% 左右，农村实用人才学历结构明显改善。

（4）企业科技人才储备目标。大连企业博士后科研工作站设站单位增至 35 个，在站博士后达到 50 人；民营企业博士后科研基地增至 15 个，招收项目博士

后60人。市级专业技术人才继续教育基地、技能人才培训基地和乡土人才培训基地数量达到140家，累计培训量达185万人次。

第三节 大连市创新型人才建设重点

市场需求是一个市场规律，有产业集聚才有人才集聚，有市场需求，才有人才价值的提升。大连市人才结构正面临粗放型向集约型过渡。大连市产业结构以重化加工业和服务业为主，精加工、深加工和高新技术产业比重提升，金融、信息服务、技术贸易等高级服务业比重相对较少，高级人才缺少空降的平台。人才集聚本身不是目的，一个城市人才建设的最终目的是推动城市的产出能力。我们人才工作的思路的根本着眼点只有放在人才的质量和生产力上，才能以较少的成本获得高的人才生产力。

为此，推动人才建设的转型，提升大连人才创新能力，应当成为大连今后人才建设的重点。具体应该包括：

其一，应当重点引进具有创新能力的人才。振兴老工业基地，当然需要引进和培育技工型人才和专业技能型人才。但是对于大连来说，更稀缺的是创新性人才。20世纪90年代初，大连的专利申请量和授权量与青岛差不多。但是10年后，2001年青岛的专利申请量为2024项、授权量1417项，分别是大连的1.64倍和2.07倍。由此可以发现大连的工业品牌和新兴产业与青岛等城市拉开距离的原因。

其二，在继续引进人才的基础上，应当将工作重点转向存量人才的效能提升。另外，据笔者测算，以高级人才高度集中为特征的高新技术企业为统计依据，大连高新技术企业的人均产出率和企业平均产出率，不仅低于全国平均水平，也低于青岛和沈阳等城市。在全国53个国家级开发区中，大连的高新技术企业人均产值排在第43位之后，而青岛列为第6位，沈阳列为第22位。由此可见，与其说大连缺少人才，毋宁说大连缺少人才生产率。就人才工作本身，引进人才是比较直观的、比较显效的成就，而加强人才质量建设需要持久的努力。这就需要我们在人才工作中破除“短视”行为，注重人才建设的长效机制。而人才效能的提高，主要靠人才的内涵增长，包括人才存量的质量、结构和创新精神。

其三，应当逐渐压缩单纯人才数量的投入，大大增加激励人才效能方面的投入。鼓励创新、鼓励拔尖、鼓励出人头地。在一定条件下，可以考虑将引进人才投入的固定年薪、人才安家费、科研启动费等资金，转化为成果奖励基金，或作为成果奖金重点奖励做出突出贡献的人才，或作为项目资金奖励具有开发基础的研究项目，或作为成果激励重点奖励做出成绩的人才，资助安家。

其四，大连人才政策应当逐步由鼓励人才数量转向鼓励人才质量的提升。大连在引进人才政策方面并不差，但是在激发创新机制、人才成长机制上并不成功，至少是见效不明显。2001 年大连市专利申请量 1231 项，其中发明专利 369 项，占 30%，其他实用新型和外观设计占 70%，这说明源头创新能力欠缺。

其五，大连的人才结构应当逐步向以企业为轴心转移。企业是国家创新的主体。大连 2001 年的专利申请中，属于职务申请的 410 项，其中工矿企业 201 项，占 49%，大专院校和科研单位占近 50%，这说明大连企业创新人才不足。大连大中型企业科技经费投入从 1995 年到 1999 年呈上升趋势，2000 年以来呈下降趋势，2001 年达到最低为 13 008 万元。从大连市企业自筹经费占同期企业科技投入比例来看，自 1995 年以来，该比例基本保持在 80%～90%，比较平稳，这几年有下降趋势。

其六，下气力抓好基础教育和创新教育。2000 年大连 15 岁以上人口平均受教育年限为 8.66 年，高于全国平均水平，但是低于其他先进城市一年左右。2001 年大连公共教育投入占国内生产总值为 3.19%，低于亚太经济合作组织国家 4.64% 的水平。创新教育应当成为大连中小学生的人文精神和科学精神教育的必修课。

第四节 构造大连市创新型人才生长机制

其一，“高层次创新型人才培养引进计划”。

积极培养和引进领军式专业技术人才。着重培养有团队组织能力、有良好学术风格、德才兼备的人才，特别是加强对大连市“十一五”期间和更长远发展时期战略性重点产业领域和关键技术领域领军式人才的培养，加快培养和引进一批具有自主创新能力、具有战略眼光、适应大连市优势产业和大型项目发展建设需要的高层次领军式人才。有计划、有重点地培养和选拔各行业、各学科带头人才，加快年轻高新技术人才的培养，使其尽快走上关键岗位。

积极吸引海外留学人才。依托留学人员创业周活动和留学人员创业园，着力打造软硬件条件及环境一流的留学人员创业平台；坚持“走出去，引进来”的做法，积极吸引海外高层次留学人才来连创业；按照“不求所有，但求所用”的原则，结合大连市产业结构调整升级和重大项目实施，鼓励高层次留学人才采取学术交流、合作研究、技术开发、成果转让等多种形式归国来大连服务。

加大企业博士后培养力度。积极引导企业博士后科研工作站设站单位，加大高层次人才引进培养力度，促进建站数量和质量同步提高。建立博士后联谊制度，加强工作站与流动站的联系与合作，促进产学研一体化，切实增强企业的自主创新能力和市场竞争力。选择推荐经济实力强、科研基础好的企业建立博士后科研基地，敞开招收项目博士后，进一步扩大高层次人才队伍规模，引导企业依靠人才优势和科技优势，提升核心竞争力。

积极吸引利用海外智力。加强与国外专家组织、友好城市、大学、人才交流中介机构的广泛联系，加大在国家引智项目上的立项力度，争取更多国家引智资金支持，协助集成电路、软件、生物、环保、高附加值农业等重点产业领域内的单位引进外国专家，解决其技术和管理难题，鼓励智力引进与项目引进相结合，坚持智力引进与本土人才培养相结合，促进海外智力向大连集聚。

其二，创新型人才投资重点。

（1）适度扩大人才发展资金规模，调整人才发展资金使用重点，使人才发展资金使用重心由注重吸引高端人才向促进人才队伍全面发展转变。

（2）加大毕业生就业指导资金投入，建立毕业生到卫星城和艰苦行业与边远地区就业补贴制度、政府购买毕业生就业公共服务制度和就业见习补贴制度，设立毕业生自主创业资金，千方百计拓宽毕业生就业渠道。

（3）加大人才培训投资力度，探索政府购买培训成果的机制；加大农村实用人才培训基地投入，提升农村实用人才的培训层次和水平。

（4）加大人才市场基础性建设投入，通过置换或新建方式，建设中国大连高新技术人才市场、中国国际人才市场大连市场和毕业生就业市场，改善大连市人才大市场的软硬件条件，全面提升人才服务水平。

其三，构建创新型人才工作机制。重组创新型人才工作协调机制。大连市市人才工作协调小组已经成立，为有效整合全市创新型人才资源开发管理力量，理顺人才工作机制，加强全市人才工作宏观指导、统筹协调和监督检查，建议在市委组织部统辖人才工作领导小组的基础上，吸收科技局、信息产业局、外国专家局相关机构，建立并完善创新型人才工作联络员制度、目标责任考核制度、领导联系专家制度、咨询专家制度等有效工作机制，引导大连市创新型人才工作走向新高度。

其四，进一步健全创新型人才政策体系。在原有的《大连市城镇户籍管理制度改革办法》、《大连市引进人才若干规定》、《大连市人才工作居住证暂行规定》、《大连市人才储备基地建设试点工作方案》等政策以及“先落户、后就业”、“人才工作居住证”等一批灵活实用的具体措施基础上，对创新型人才的引进、落户、流动、评价、储备、信息发布等制度不断创新，制定更为切实的政策，以创新型人才引进政策为龙头，健全创新型人才培养、使用、评价、激励、环境等诸多方面的人才政策体系。

其五，完善创新型人才市场体系。通过加大政府所属人才中介机构的建设力度，强化社会公共服务，引入市场竞争机制，营造良好的发育环境，大力发展民营人才中介机构，到“十五”期末，全市已有各级各类人才中介服务机构92家，形成以“中国大连高新技术人才市场”和“中国国际人才市场大连市场”两个国家级人才市场为龙头，健康有序发展的多层次、网络化的人才大市场框架，在东三省、环渤海地区形成较强的区位优势，成为大连市最活跃的要素市场之一，在人才资源的市场化配置中发挥了不可替代的作用。

其六，完善创新型人才服务体系。构建创新型人才社会化评价服务平台，创新创新型人才评价方式，积极探索建立以能力和业绩为导向的创新型人才评价机制，促进人才评价向科学化、专业化、社会化方向发展；拓展人才评价领域，在物流、服装设计、民营建筑、农村实用人才等大连市重点行业或领域建立有地方特色的专业技术人才评价制度，专业人才评价实现全社会覆盖。建立了人才公共服务平台，各类毕业生就业手续、毕业生落户手续简化，异地人事代理、人才委托招聘、人才订单派遣等一系列灵活便捷公共服务措施出台实施；在全市开展创建人才创业软环境示范县区试点工作，人才创业的体制环境、政策环境、市场环境、服务环境和岗位环境不断优化。

第五节　完善创新型人才政策

牢固树立人才资源是第一资源的观念，充分发挥人才在区域创新体系中的核心作用，坚持培养人才、引进人才和使用人才并重。

（1）加快人才的培养进度。发挥大连市高校的作用，与国内外名牌大学联合办学，重点培养产业发展急需的高层次人才。

（2）大力引进科技人才。认真落实《大连市引进人才若干规定》（大连市人民政府令第59号），加快引进国内外高级科技人才，对引进科技人员有贡献的单位和个人，按引进人才的档次和数量给予奖励。对引进大连市急需的国外专家（教授级以上专家及年收入30万元以上的职业经理人），在连工作2年以上的，每人奖励1万元；对引进急需的国内专家（博士生导师以上，年收入20万元以上的职业经理人）在连工作2年以上的，每人奖励5000元。企业和研究机构聘请的外籍专家，其薪金可从成本列支。

（3）鼓励科技人员创业、投资或携带高新技术成果、技术入股。科研人员创办企业允许停薪留职。允许和鼓励符合条件的企事业单位科技人员采取兼职或提前退休方式领办、创办科技型企业；鼓励符合条件的机关工作人员提前退休，领办、创办科技型企业；鼓励以知识产权作价、出资入股。对企业吸纳的高级管理者，其人力资本入股比例最高可达35%。高新技术成果完成人和产业化的实施者，在该成果股权分配中，根据其实际贡献，可获得与之相当的股权收益，所占比例不受限制。

（4）完善政府科技奖励制度。设立大连市科学技术功勋奖、自主创新企业奖、创新型企业家奖和科技进步奖等，奖励在大连市科技进步和自主创新中做出突出贡献的个人和集体。继续实施并完善科学技术奖励政策，对在大连市科技进步和科技自主创新中做出突出贡献的科技人员给予重奖。

(5) 吸引留学人员来连创业。搭建与海外留学人员联系的平台，通过每年的海外学子创业活动周等活动形式，鼓励海外留学人员来连创业，并设法解决他们在创业和生活中的实际问题。

(6) 大力引进高层次人才和海内外优秀人才。来连工作并与用人单位签订5年以上合同的高层次人才，市政府为其一次性发放一定标准的安家补贴。其中，两院院士30万元；依《大连市引进人才若干规定》认定的高层次人才15万元；境内外全日制学习获得博士学位的毕业研究生6万元。用人单位以1: 1的比例予以匹配补贴。

(7) 用人单位引进高级人才的住房货币补贴、安家费、科研启动经费等费用，可依法列入成本核算。海外优秀人才来连工作的医疗保险、配偶就业、未成年子女就学等问题优先予以妥善解决。

(8) 支持企业培养和吸引人才。支持企业推进博士后科研工作站、民营企业博士后科研基地和大学生见习基地建设。对于进入工作站或基地的博士后研究人员，市政府给予一定的项目启动经费补贴。建立工作站或基地的企业应以不低于1.5倍的比例匹配资金。建立职业经理人培训考试制度。

(9) 实施高技能人才培养工程。对有突出贡献的高技能创新人才，可破格参加技师、高级技师考评。实行高技能创新人才政策津贴、企业津贴制度，提高高技能人才的待遇水平和社会地位。

(10) 实施“农村实用人才培训工程”。在涉农区、县（市）建立市级农村实用人才培训基地，市政府依照国家、省规定精神提供资金支持，保证基地每年培训量达到15万人次。大力推进“一村一名大学生计划”，对于列入计划的毕业生，可通过法定程序担任村委会等组织的相应职务，其人事关系由服务所在地毕业生就业指导中心免费代理。同时在保证其工资待遇不变的情况下，市政府对每位列入计划的大学生按国家、省规定给予一定补贴。

(11) 完善国民教育体系，新增就业者的平均受教育年限达到13.5年以上。全面推进素质教育，注重从青少年入手培养创新意识和实践能力。加强科普工作和科普基地建设，启动建设大连市科技馆，提升自然博物馆等科普基地功能，支持科普作品创作，并充分发挥各级各类科学技术协会和学会的重要作用。市财政科普经费预算要逐年增加，到2010年达到人均2元。

在加快科技人才队伍建设的政策上：①设立大连市科技人才专项资金，用于培养、引进、稳定一批重点研究基地的优秀科技人才队伍；②启动“万名优秀工程师和高级技师”培养技术，加大力度，吸引海外留学生、科学家到重点实验室、国家工程中心、企业技术中心工作；③完善人才评价、激励、选拔、流动机制，构建面向自主创新的人才奖励体系，建立适应不同类型科研工作的奖励机制，设立“大连市科技人才奖励基金”，开设“大连市自主创新型奖”、“大连市发明专利金奖”等奖项，重奖在自主创新方面有突出贡献的科技人才、企业、研发机构；④建立“大连市首席科学家”、“大连市首席工程师”制度，表彰有突出贡献的工程技术人才；⑤实施“英才”工程，市财政每年安排1000万元，建立市引进人才科研基金，资助省外、国外引进的高级人才；⑥建立“双薪制”用人体制、学术休假和学术轮作制度，用人单位要拿出匹配资金，聘请国内外知名专家教授到大连工作，对引进人才享受落户、子女调动、户口、购房、购车等优惠政策。

第八章　创新科技政策法规体系，构造科技政策与经济政策协调一致的机制

科技政策是国家为实现一定时期的科技路线和任务而制定的科技行动准则。科技政策代表了政府发展科技事业的意志，同时体现了对各种科技资源、力量和行为的引导与规范。国内外的实践表明，营造一个体系化、规范化的科技政策环境，对于科技创新、经济增长和社会发展有着至关重要的作用。

科技政策是引导和规范科技创新活动的重要手段，是科技创新机制的重要基础。完备的科技政策体系包括科技产业政策、科技投入政策、科技税收政策、科技金融政策、科技人才政策、科技土地政策、科技园区政策等。

科技法规是将成熟的科技政策主张通过法律的形式固定下来，以便使创新计划、创新组织体制、创新型企业、创新活动、创新人才、创新资源投入取得稳定的法律支持和保障。

第一节　国外科技政策法规述评

根据国家计委规划司、科技司产业技术政策课题组的课题报告“产业技术政策的国际比较研究”的分析，发达国家的政策法规大部分集中于科技创新领域，按政府介入科技创新事务的程度可分为三类：一是政府颁布的创新政策，旨在为企业创造一个良好的创新环境，从而让市场机制调节企业技术创新活动成为可能，这以美国为代表；二是政府既直接介入创新活动，又制订许多创新政策和创新战略来指导企业创新活动，这以日本为代表；三是英国、法国和德国等欧洲国家的创新政策，介于美国和日本之间（国家计委规划司、科技司产业技术政策课题组，1998）（张海华、张志强，2006）。

一、美国科技政策法规的特点

20 世纪 90 年代美国科技创新政策重点在于激励私人经济的创新动力。1990 年 9 月布什政府的科技政策办公室提出了一份名为“美国技术政策”的报告，提出联邦政府有责任同私营部门一起参加对与经济竞争力和国家安全有关的“通用技术”的研究与开发。1994 年 8 月 4 日克林顿就科技政策问题发表正式报告，

明确提出对科研和教育进行投资是国家的重点和长期目标，是要保持尖端科学知识的领先地位的必要措施，公开放弃了政府过去所实施的对民用技术不干预的原则。除继续强调政府在基础研究中的责任外，对私人部门的研发活动他给予空前的重视，通过对私人部门的刺激，营造更有利于私人部门创新的环境来激发民间的研发活动，开创了从"总量支持"到"边际支持"的新时代。从此，激励私人部门从事科技活动的积极性，为私人部门的 R&D 活动扫清障碍，成为后续政府的重要职责，具体举措主要体现在通过立法来促进私人部门研发的积极性（国家计委规划司、科技司产业技术政策课题组，1998）（葛恒云，2006）。

一是对高技术企业研发活动的财税和法律支持。克林顿政府采取的措施包括：①经济政策，如减少赤字平衡预算、向民间释放资本恢复市场信心的财政政策，延长研究开发税收优惠的税收政策；②贸易政策，如通过各种贸易协定和 WTO 推进自由贸易和保护知识产权，减少计算机等高技术产品的出口限制；③法规政策，1993 年进一步修改了 1984 年的《国家合作研究法》以促进合作研究，1995 年对环境法规的进一步修订，1996 年的电信法对新技术投资和创新的刺激等（国家计委规划司、科技司产业技术政策课题组，1998）。

二是建立联邦技术转移和扩散机制。就是把这些由政府主导和拥有的技术成果，通过适当的途径转移到民间部门，让美国极具优势的军事技术尽快完成民用化和商业化过程。为加快技术转让和扩散，1992 年联邦政府成立了国家技术转让中心，出资在各地建立了几十个科技成果推广中心，为激励科技人员转让科技成果的积极性，1996 年 3 月 7 日由克林顿总统签署的《国家技术转移与进步法》规定联邦实验室如果向工业部门转让技术，首先要拿出 2000 美元转让费给发明者，之后发明者再提成技术使用费的 15%（国家计委规划司、科技司产业技术政策课题组，1998）。

三是消除有碍于民间技术创新积极性的政府规章。克林顿明确提出把消除阻碍民间创新积极性的政府规章扩大到军事领域，对国防采购进行大规模改革，力图通过确认并废除那些抑制研究和发展以及国内生产的不必要的法律法规障碍，来努力实现公共安全、消费者保护和健康的目标，而这些目标是企业界最少负担的。1994 年 8 月，克林顿政府宣布把用于民用科技的研发经费大幅度提高，达到 GDP 的 3%，并称政府将在 4 年内增加 1.4 亿美元的拨款，帮助联邦实验室与私人公司签订合作协定，督促联邦实验室至少拨出 10% ~20% 用于与工业界的合作。国家的大学和学院不仅培养了大批新生代的学者和工程人员，更承担了全国一半以上的基础研究项目（国家计委规划司、科技司产业技术政策课题组，1998）（黄先智，2003）。

四是对小企业给予特别支持。美国政府对私人部门的支持重点是"扶小扶弱"，中小企业是维持自由竞争正常进行的重要因素，保障个人独立经营的机会是美国经济繁荣的重要原因。例如，在硅谷，有8000家企业是小企业，小企业的大量存在是硅谷成功的因素之一，小企业的创新支撑着美国的创新经济。美国政府还设立了STTR（小企业技术转移）项目，STTR的主要角色是应对面向21世纪满足国家需要的科学和技术方面的挑战。STTR鼓励小企业和联邦政府的非谋利研究机构间的合作。技术从研究机构向小企业进行转移，从而产业化。STTR由五个联邦政府部门共同发起（刘志民等，2007）。

二、20世纪90年代韩国技术创新政策和法规

据福州科技网介绍，韩国为促进产业技术的开发，韩国政府提供了各种激励政策，以鼓励私营企业的开发活动，使私营企业在市场经济中起到产业技术开发的主导作用。韩国政府逐步形成一整套促进企业研究开发投资、支持鼓励技术创新的政策措施。

一是税收鼓励措施。私营企业可为技术开发、技术情报和研究开发人力和设施等开支提取储备基金，这笔基金可享受三年税收减免。享受税收减免的这笔储备基金可高达销售额的5%。私营企业可以享受研究设施投资10%的税收减免或研究测试设施投资一年之内按照90%折旧率折旧。

二是政府财力支持。主要财政金融措施有：私营企业研究机构承担或参与核心技术开发、基础技术开发、产业技术开发、替代能源开发的国家研究开发项目任务的，韩国政府给予研究开发经费50%的补贴；对个人或小企业从事新技术商业化的，韩国政府提供总经费80%~90%的资助；韩国开发银行、韩国产业银行等为私营企业进行新产品开发和工艺技术开发以及新技术商业化等研究开发活动提供长期、低息的贷款；韩国电力公社、韩国通信公社等国营企业将它们研究开发投资的80%提供给相关的研究中心和产业技术研究联盟。

三是风险资本机构提供支持。韩国技术银行（KTB）等风险资本机构为私营企业技术开发活动提供综合性财力支持，这种财力支持主要采取股权投资、购买债券、契约贷款、技术开发贷款、租赁服务等形式。韩国政府规定，凡属于研究开发性质的项目，均可向韩国技术银行申请贷款，若通过技术银行的项目审查，即可得到年息为6%（韩国一般银行贷款利率为12%以上）的3年期贷款。

韩国大企业集团倾向于通过海外直接投资（收购发达国家的企业）来获得新的技术。不过，靠这种方法引进技术，效果大都平平（国家计委规划司、科技司产业技术政策课题组，1998）。

三、20世纪90年代日本的国家技术发展政策和法规

20世纪90年代以来，日本政府在科技战略定位、方针政策、人才培养、资

金投入、研究体制、基础设施、规章制度、研究规划等方面进行了调整和改革。主要是进行三大转变：一是从科技立国向科技创新立国转变；二是从劳动密集型产业结构向技术密集型产业技术转变，三是从低技术密集型产业结构向高技术密集型产业结构转变，以高技术密集型产业作为主导产业。其主要政策有几下几点：

其一，制定促进科技发展的政策法规。日本政府最近几年先后制定了《科学技术发展大纲》、《科学技术基本法》和《科学技术基本计划》等一系列政策法规。

其二，采用信贷、税收优惠和政府补贴等手段，鼓励和扶植技术的产业化。日本政府规定，民间企业研究开发高技术可获得低息贷款。日本政府还规定，对研究开发电子、软件、生物工程和新材料等高技术产品的产业实行税收优惠和特别折旧制度并给予政府补贴。政府还分担投资期限长、风险大的高技术研究开发费用。

其三，政府出面组织，协调官产学联合攻关，集中人力、财力和物力加快高技术产业化。据不完全统计，1982～1992年，日本研制的新产品中70%是官产学联合研究的成果。为促进技术产业化，日本还成立了许多半官方中介机构，为企业提供技术咨询和研究成果，资助民间企业发展高技术产业。

其四，日本强调基础研究、应用研究和开发研究三者协调发展，同时加强科技投入和战略技术研究开发以确保发展后劲和增强国际竞争力（国家计委规划司、科技司产业技术政策课题组，1998）。

四、联邦德国的科技创新政策法规

据各方面资料，联邦德国的科技创新政策法规包括：

其一，增加科研经费占国民生产总值的比重。从20世纪60年代起。这个比重一直在稳步上升，进入20世纪80年代以后，增速加快，1985年高达2.85%，超过美国的2.8%。进入20世纪90年代，在美日不断加大对科研投资的情况下，德国进一步加大研究与开发的投资，大力鼓励技术创新。

其二，合理运用科技政策工具，协助企业进行技术研究与开发。在德国，科技开发首先是企业界的任务，企业用于科技研究和开发的投入也远远大于政府的投入。联邦德国政府在支持企业科技研究与开发的过程中，采取直接促进手段和间接促进手段两种政策工具。直接促进手段体现在三个方面：一是进行基础研究，成果由社会共享；二是资助一些科研开发部门和企业进行一些高新技术的开发研究；三是支持中小企业进行科技开发。间接促进手段体现为对企业实行科研税收优惠和特别折旧（何宏，2004）。

其三，改革科研体制，建立高效率与竞争的科技人才管理机制。

其四，成立专门的以联邦总理为首的研究、技术与创新委员会，负责科技政策的制定和实施（黄群，2007）。

五、法国的科技政策法规

法国的科技政策法规主要集中在以下六个方面：

一是，以立法的形式确保科研与教育的优先政策，使经费逐步增长。

二是，采用民用科技优先发展的方针，使民用研究与开发经费增长率高于GDP增长率，确保法国的世界科技大国地位。

三是，重视中小企业的技术创新和技术推广。国家在这方面的经费增长率很高，1994年投入比1993年增长了23.4%。

四是，加强对高新技术产业的支持。法国政府专门设有为企业运行提供风险保证的“工业发展基金”和“融资保证基金”，并在所得税、收益税、股份交易税等方面给予基金组织以优惠，使其基金投向具有潜力的高技术小公司。1990年，法国政府规定，从1991年起，减税基点由原来的与上年R&D之比改为与前两年R&D的平均值之比；企业为实行标准化而投入的费用也可纳入减税范围。

五是，法国政府还对研究人员创办的企业给予积极资助。例如，国家研究成果推广署用“创新资助金”扶持创办不足三年的技术型企业。法国政府通过“技术咨询补贴”鼓励企业借助外脑解决重大技术问题，补贴额在2万法郎内，补贴企业咨询费的50%，政府通过“项目补贴”提50%的经费让企业参与国家计划重点攻关项目的研究。

六是，重点扶持优先发展领域。1997年10月，法国政府部际科技委员会会议提出法国新科技政策大纲，规定法国要增加对科技的投入，把科研经费集中投向七个优先领域（何宏，2004）。

六、印度科技体制创新政策和法规的特点

一是高度重视继承和发扬本国的传统科技。2003年的《科学技术政策》强调，印度是重要的科学基本发展的发祥地，这些发展包括数学、天文学、建筑学、化学、冶金学、医学、自然科学和其他领域的许多伟大科学发现和技术成就。科技是印度文明和文化的一个组成部分，因此，要利用现代科学技术的全部潜力来保护、评价和更新印度悠久的文明历程所产生的广泛知识。而且，为了创造财富和增加就业机会，要充分发展和利用这些知识，并制定和实施知识产权制度，以特别地保护传统知识所产生的科学发现和技术创新成果。

二是大幅增加科技投入。1990年以来，印度全国研究开发支出增加了三倍，按时价计算，1990年为397.4亿卢比，2000年为1766.02亿卢比。但是，研究开发支出占GNP的比例基本上没有变化，1990年为0.85%，2000年为0.86%。2003年《科学技术政策》提出，到印度第十个五年计划结束时（2007年度），科技投入至少要占国内生产总值的2%，比现在的0.86%高两倍多。除了加大政府的科技投入外，2003年《科学技术政策》还提出将发展灵活的机制，以财政和其他措施支持产业界从自身利益出发，增加研究开发投资，以形成有效的全球竞争力。

值得重视的是，在与发展中国家的科技交流与合作中，印度注重其本国具有相对优势的科技领域的合作，并强调技术转让的重要性，以便在合作中为印度的技术寻找市场。2002年，印度先后与巴西和印度尼西亚加强了在卫星制造、遥感技术和人员培训等方面的合作，力求发挥其在空间领域的相对技术优势。同年，印度还分别与伊朗、阿根廷和苏丹签署或续签了科技合作协议，在这些协议中，要么强调遗传学研究和制药技术领域的合作，要么提出转让其拥有自主知识产权的掌上电脑等项目（葛恒云，2006）。

第二节　我国科技政策法规体系

一、我国最新的科技政策取向

2006年2月9日，中央关于增强自主创新能力的决定指出：为了确保《纲要》顺利实施，必须从财税、金融、政府采购、知识产权保护、人才队伍建设等方面制定一系列政策措施，加强经济政策和科技政策的相互协调，形成激励自主创新的政策体系。

其一，加大财政科技投入力度，确保财政科技投入增幅明显高于财政经常性收入增幅。形成多元化、多渠道、高效率的科技投入体系，使全社会研究开发投入占国内生产总值的比例逐年提高。

其二，推进增值税转型改革，统一各类企业税收制度，加大对企业研究开发投入的税收激励。

其三，改善对高新技术企业的信贷服务和融资环境，加大对高新技术产业化的金融支持，发展支持高新技术产业的创业投资和资本市场。

其四，实施扶持自主创新的政府采购政策，建立财政性资金采购自主创新产品制度，制定将国家重大建设项目纳入政府采购主体范围的办法，对具有自主知识产权的重要高新技术装备与产品实施政府首购政策和订购制度。

其五，在继续引进先进技术的同时，高度重视和切实加强对引进技术的消化、吸收与再创新。建立统筹协调机制，对引进技术的消化、吸收与再创新给予政策支持。依托国家和地方重点工程建设项目，积极推进重大装备的自主研究开发与制造。定期发布禁止和限制引进的重大技术装备和重大产业技术目录，防止盲目重复引进。

其六，建设严格保护知识产权的法治环境。健全法律制度，依法严厉打击各种侵犯知识产权的行为，为知识产权的产生与转移提供切实有效的法律保障。重视自主知识产权的应用和保护。

其七，健全人才激励机制，结合国家重大科技工程和重点任务的实施，大胆启用青年人才，培养高水平的创新人才。积极引进海外高层次人才。

其八，深化教育改革，加快教育发展，推进素质教育和创新教育，为建设创新型国家培养结构合理、素质优良的各级各类人才。

其九，加强科技创新基地与平台建设，建立科技资源的共享机制。

其十，充分利用对外开放的有利条件，在更宽领域、更深层次上开展国际科技合作与交流，在高起点上推进自主创新。

二、我国各城市的科技政策法规体系

随着我国体制改革的不断深化以及加入WTO的需要，各城市科技管理部门的科技工作的理念和职能都发生了根本性的变化，由过去资金项目推动转向政策引导和法制保障。科技政策法规建设步伐大大加快，到2005年，北京市科委出台的地方性科技法规、规章和政策性、制度性文件共计30项。与此同时，还清理废止40多项行政措施。这些法规、政策文件基本构架了北京市与国际接轨的，有利于创新创业的科技政策法规体系，为更多的人才、企业和资金进入北京高科技领域开辟了广阔的空间，对推动高新技术产业的发展发挥了重大的作用。

上海作为长江三角洲的龙头城市，制定了相对完善的鼓励科技创新的政策法规，来保证“十一五”期间建成国内最完善的区域科技创新体系。例如，《上海中长期科技发展规划》、《上海技术市场条例》、《上海技术转化规定》、《上海引进技术的吸收与创新规定》等几十部政策法规，到2010年争取使上海形成若干个国际先进水平的技术创新活跃的产业集聚；形成若干个国际先进水平的、有优势的重点学科；在若干个重点领域拥有一批国际先进水平的科技领军人物和重点行业的国际知名企业家；拥有若干个国际先进水平的科研基地和研发中心；涌现若干个国际先进水平的重大科技成果。

三、培育创新主体的政策体系

2003年北京市科委明确提出了“一个转变”，即实现由院所、高校为中心的技术主导型的创新体制向以企业为中心的市场主导型的创新体制转变，以企业为主体选择重大研发领域和研发项目，以企业为中心完善产学研结合的新机制。制定了《关于进一步促进高新技术产业发展的若干规定》，并实行高科技项目及企业认定制度，凡在本市登记注册并认定的高新技术企业和高新技术成果转化项目，均可享受本规定的有关政策。制定了《北京市鼓励在京设立科技研究开发机构的规定》，新申请认定的研发机构大幅增加，跨国公司在京设立的研发机构也大幅增加。

1999年上海市技术开发类院所改革启动，经过五年的转制，大多科研院所完成了向新型科技企业的转变，创新能力大大增强。鼓励和帮助大企业集团形成自身的研发创新力量，在重要产业领域的大企业集团中，逐步形成若干家拥有千名以上研发人员，创新投入高、创新能力强、自主知识产权多的大企业，打造若干个在国际国内两个市场上极具影响的品牌产品，以此带动上海市企业的技术创新。实行高新技术企业认定制度，上海市高新技术企业认定办公室常年受理并负责组织本市高新技术企业的认定，对已经认定的软件、集成电路等企业，简化认定程序，经认定的高新技术企业，可按规定享受有关优惠政策；鼓励高新技术企业向国家高新技术产业开发区集中；鼓励境内外各类资本在本市设立注册资本不低于1000万元人民币的创业投资公司，以及注册资本不低于100万元人民币的创业投资管理公司。对于已认定的高新技术成果转化项目和高新技术企业给予财政专项资金扶持，并给予税收优惠和财政上的补贴。

2004年深圳市颁布了《关于完善区域创新体系推动高新技术产业持续快速发展的决定》，决定指出要完善以企业为主体的技术创新体系，培育一批具有自主知识产权的高新技术企业，支持跨国公司制造业升级并本土化。支持企业加大研究开发投入，高新技术企业当年实际发生的研究开发经费可全额计入成本，并可进行税收优惠。支持对产业有扩散带动效应的重点企业建立技术研究开发机构，经认定的企业技术研究开发机构享受高新技术企业的有关优惠政策，并出台相关优惠政策扶持和促进民营科技企业的技术创新活动。制定优惠政策吸引海内外大企业研究开发机构落户深圳。发挥政府的优势，组织深圳市科研机构与国内外进行广泛的科研合作。按照企业发展水平，根据不同梯次企业的需求，分门别类地解决企业创新过程中的实际困难，分梯次培育一批自主创新的企业群体，形成自主创新的企业梯队和良好的企业生态。

四、科技人才政策

北京市在科技人才政策方面，突出以人为本，从注重以事为本转变到注重以人为本，建立了以人为本的激励机制，注重科技政策的人性化，制定了《北京自然科学基金管理办法》、《北京市科学技术奖励办法》以及各种专业人才创新奖励办法等法规。在“以人为本”的理念指导下，市科委修订了《北京市科技新星计划管理办法》，新的科技政策扩大了市科学技术奖的奖励范围，提升了科学技术奖励的水平，加大了奖励的力度，并对评奖程序及责任制度等都做了明确规定，从而保证了奖励的公平公正，调动和激发了科技人员技术创新的积极性。北京市还制定相关政策营造创业环境吸引留学生在京创业。

上海市根据上海科技创新中长期发展规划，着眼于培育良性的科技人才“生态系统”，形成“一枝独秀”与“百花齐放”并举的人才观念。在激励机制方面重点突破体制壁垒，积极鼓励知识、管理等要素参与分配，大力落实智力要素以期权、股权的形式实现资本化的新模式；在培育人才环境方面，尊重科学领域的自由研究，尊重个人的禀赋和个性，提倡全社会对科学研究的宽容态度；在吸引人才方面，上海启动“万名海外留学人才积聚工程”，出台各种优惠政策，鼓励吸引海外留学人才来上海创新创业，并推行启明星计划、白玉兰人才基金、优秀学科带头人计划等鼓励各地人才齐聚上海；同时上海还加快建立和完善职业教育体系，加大培养工程师和高级技师队伍的力度。

深圳市鼓励本市高校与海内外名牌大学联合办学，大力引进科技人才，经认定的高新技术企业和研究开发机构所需专业人才，市、区人事部门优先调入，并在子女入托入学、医疗保险和租用市、区政府提供安居房等方面享有规定的优惠和待遇。重奖科技人员，市政府设立科学技术奖，包括深圳市市长奖、深圳市科学技术进步奖和深圳市技术发明奖，每年安排800万元重奖在深圳高新技术产业发展中有突出贡献、创造巨大经济效益的科技人员。鼓励科技型企业设立管理股和技术股。以多种形式的“人才驿站”为载体，广泛吸引海内外高级人才来深全职、兼职或短期工作。加强人才培训工作，实施创新型人才培养计划，建立创新型人才带薪培训和学术休假制度，支持企业建立技能人才培训制度，鼓励民办培训机构参与政府主导的技能人才培训。

五、服务平台建设政策

2001年11月，北京市政府颁布了《北京市关于进一步促进高新技术产业发展的若干规定》、《北京市关于加快科技企业孵化器发展若干规定（试行）》等政策，重点建立创业孵化体系。颁布《首都经济创新服务体系建设纲要》，初步建立了区域性创新服务网络和领域式创新服务网络。为促进技术交易、加快科技成果转化，北京市政府颁布了《北京市技术市场条例》、《北京市技术经纪人管理办法》、《北京市技术合同登记机构管理办法》和《北京市技术合同认定登记管理办法》，大大促进了北京市技术交易以及成果转化平台的建设。在科技投融资平台建设方面，颁布了《北京市人民政府关于推进本市资本市场改革开放和稳定发展的意见》，提出建立担保贷款风险分担机制，积极推动债券场外交易市场发展，建立健全以政府产业扶持资金为基础、风险投资为核心、各类社会投资共同参与的高新技术产业投融资支持体系。

上海市加强组合科技孵化器、创业中心、生产力促进中心、技术和产权交易所、信息服务中心、专利商标实事务所、资产评估事务所等中介服务机构，加强它们之间的网络化建设，使它们形成从创新、产业到市场各个链条紧密结合的、比较完善的、高度诚信的社会中介和服务系统。《上海科技体系建设战略研究》提出成立上海科技创新服务联合会，支持和加强行业协会和专业学会组织，并着力落实各个学会的服务能力和水平。

深圳市提出建设由多元主体投入、市场化机制运作、服务中小企业、研究开发产业共性与关键性技术的高新技术公共技术平台；建设专业化的科技图书馆和科技信息平台，提供科技文献、标准、情报、信息服务；完善创新资金链条，建设创新资本平台。鼓励银行、证券、保险等金融机构加强对创新型企业的金融服务支持，大力吸引海内外创业投资机构，拓宽中小企业融资渠道，促进产业基金和资产证券化发展。完善创业投资退出机制，健全并发展担保市场，建立政策性信用担保机构风险准备金制度，完善担保代偿评估体系，实行财政有限补偿担保代偿损失；完善技术产权交易平台，建设好中国（华南）国际技术产权交易中心，创新交易模式和运作机制，实施“深圳市创新型企业成长路线图计划”，推动创新型中小企业上市；完善科技中介平台，建立科技成果评估、交易、仲裁等配套服务的科技中介机构，市科技主管部门加快建立科技信用体系，加强对科技中介机构的培育和行业指导，逐步将适于市场化运作的行政职能委托给规范的中介机构。加快发展金融、会计、法律、资产评估、技术服务、信息咨询等现代服务业，为创新型企业提供良好服务和支撑。

六、科技要素整合政策

北京市积极营造改革环境，构建了新型的研发体系，近年来，在《关于市属技术开发型科研院所转制意见的通知》等一系列的政策措施引导下，大批科研院所完成从单纯科研单位向新型科技企业的转制。确立“经济调节、市场监管、公共管理、社会服务”是社会主义市场经济条件下政府的四项职能，政府职能转变就是要全面实现从“全能型政府”向“有限型政府”转变，从“管制型政府”向“服务型政府”转变。

上海市各类企事业单位特别是高等院校、基础研究性研发和公益性研发机构、国有企事业单位，要以各种形式实施技术和管理要素参与分配。单位职务成果进行转化的，可根据不同的转化方式，约定成果完成人应当获得的股权、收益或奖励。实行高新技术成果转化项目认定制度和高新技术企业认定制度，以完善对高新技术企业及项目的监督。政府明确规定年度研发经费所占财政支出比例及GDP比例要逐年提升。完善运作市场化的社会投入融资体系。逐步建立和完善四个投融资基金：科学技术发展基金、风险投资基金、重大产业技术攻关基金、技术创新和孵化基金。鼓励银行加强间接融资和金融服务。

深圳在深化科研事业单位改革方面，通过机构整合和功能整合，建立起职责明确、评价科学、管理规范、优胜劣汰的现代科研院所体系；健全国家创新型城市的政策法规体系，抓紧制定（修订）《深圳经济特区科技创新促进条例》等一批地方法规，将保护和促进创新的各项政策措施法定化、规范化、制度化；改革科技管理体制，建立政府部门和行业协会相结合的科技管理机制，解决部门利益分割、多头管理、职能错位等问题；改进政府资金的使用方式，在加强政府总体规划、经费预算管理和绩效评估的基础上，实行科技经费企业申请、专家评审、社会公示、政府决策的管理模式，逐步探索具体计划和项目采取委托管理的模式。

第三节　构建科技政策与经济政策协调一致的机制

总结国外科技发达国家的科技政策，有一条很重要，就是科技政策必须体现国家意志和发展战略。各国政府都在推行着既保障科学研究的独立性，又能够与实现国家目标相结合的政策。西方国家的科技管理已经形成制度化的完整体系，其科研预算与目标受到议会相应委员会的严格制约。众多的科技计划，包括军事、工业和农业等科学计划，越来越多地体现了国家的需求目标。

西方国家的科技管理已经形成制度化的完整体系、有众多的科技计划。以德国为例，他们在核能技术和理论方面有着非常好的积累，也取得了一些标志性的技术成果，产生了多个诺贝尔奖获得者。但是，鉴于国内对核污染的恐惧，核能技术的应用在德国没有市场，经费预算大量削减，亥姆霍兹（Helmholtz）国家研究中心联合会所属的Julich研究院等许多相关的科研计划不得不压缩和调整。显然，这对从事该领域技术研究的科技工作者是沉重的打击，他们只有靠增强国际合作，降低科研成本，提高工作效率，来维持科学研究的运行。这里更多地反映了国家需求的作用，而纯粹的科学探索目标被放到了理想要素的次要地位。

为此，我们科技创新必须面向国家需求，坚定科学研究以国家利益为目标的信念。不能为了论文而科研、不能为了获奖而科研，甚至不能为了科研而科研。造福社会，服务于祖国建设和发展的需要是科研选题的第一目标。同时，也增强了对自身工作重要性的认识，增强了社会责任感和使命感。

一、两种政策不协调一致的成因

2005年初，由国家各部委共同组建的“国家促进自主创新的政策分析与研究”课题组，组成五大分课题研究小组，针对我国现行财政、税收、金融、产业、科技五大类政策存在问题进行“自查”的纠错行动，并提出相关修改意见。其中，该课题组在对五类政策进行分析后得出的总体结论认为：一是国家历年对促进自主创新的政策目标不一致，特别是经济政策与科技政策目标存在相互矛盾；二是对技术创新支持的政策条款大多属于理念性内容，缺乏实际可操作性；三是对政策的执行缺乏有效监督，难以取得政策效果。

2006年1月9日温家宝总理在全国科学技术大会上讲话中指出，实施《纲要》需要把握的几个重大关系中，第一个关系就是经济与科技的关系。温家宝指出，经济与科技相互渗透和融合，是当代经济和科技发展的重要特征。科技作为第一生产力，是经济发展的内在要素和主导力量。经济发展既为科技发展提供物质保证和支持，又为科技发展提供永不枯竭的巨大需求。正确处理经济与科技的关系，就是要把我国经济发展切实转到依靠科技进步和创新上来，科技发展要自觉地为经济建设服务，要以企业为载体实现经济与科技的有机结合。

通过分析我国科技政策与经济政策不协调的原因，发现造成这种不配套、不一致、不到位的问题，主要受三个因素影响。一是受粗放发展模式的影响，在追求短期数量目标的引导下，资金、土地等资源被更多地配置到外延扩张的项目上，科技创新获得的资源有限；二是受政出多门的体制制约，有限的科技资金、人才和政府采购等资源难以统一，政策难以到位；三是科技法规不配套，科技政策和举措缺少法制环境和法律的支撑。

政策法规是科技创新的法律制度保障，是政府参与宏观管理的重要手段。地方政策法规的制定，其时效性、全面性、权威性将对地区创新能力产生直接影响。

大连市认真贯彻落实国家和省政府有关科技政策精神，自己也制定鼓励科技创新的众多激励政策，包括各种意见、规定、办法等。其中1999年发布《大连市人民政府关于扶持高新技术产业发展的若干意见》、《关于促进民营科技企业发展的若干意见》、2000年发布《大连市引进优秀人才若干规定》、《关于促进科技成果转化的若干规定》，2001年发布《大连市认定软件开发生产企业须知》，2001年发布《大连市人民政府关于市属科研机构管理体制改革有关问题的通知》、《大连市鼓励专利申请专项经费管理办法》，2002年发布《大连市科技咨询业注册咨询师认证及管理暂行办法》、《大连市科技咨询企业（机构）信誉等级评审暂行办法》、《大连市引进人才若干规定》、《大连市科技企业孵化器管理办法》、《大连市人民政府关于加快科技企业孵化器建设的若干意见》、《大连市科技企业孵化器管理办法》等30多项政策，还包括《大连市技术市场条例》等地方条例，有力地促进了大连市科技创新和科技产业的发展，在促进区域科技创新、保护创新者权益方面发挥了重要作用。

但是，与全国其他城市相同，科技政策与经济政策不协调的问题依然存在。其中尤其表现在许多科技政策限于现行体制，难以实施。导致科技政策与经济政策不一致原因是多方面的，其中，主要是大连市科技政策大多处于孤立执行、落实力度不大的状态，还没有营造出一个体系化、规范化的科技政策环境。主要表现在许多科技政策限于现行体制、各种经济发展目标和科技政策目标不一致等。例如，2005年颁布的《大连市科技企业孵化器管理办法》第16条规定，根据国家《科技进步法》和《中小企业促进法》有关规定，经批准认定的市级孵化器(基地)，可享受大连市有关孵化器优惠政策，区（市）县政府及其相关部门应在规划、用地、财政、收费等方面为孵化器提供政策支持。第17条规定，全市孵化器建设在市科技计划中列创新孵化体系专项，每年安排相应的财政拨款。各区（市）县科技行政管理部门和高新区管理部门要将孵化器（基地）工作纳入当地的科技发展计划，为孵化器（基地）的建设和发展提供必要的财政支持。然而，能否提供规划、用地、财政、收费等方面的优惠或支持，取决于地方财政的财力和土地、税收等专业部门的认可和配合，否则，这些管理办法难以落实。

针对此种状况，我们认为，大连市科技政策与经济政策不一致的具体原因主要如下：

其一，经济粗放发展模式的影响。长期以来，我国经济发展都以粗放模式为主，尤其大连地处东北老工业基地，传统产业以及传统的企业经营管理模式使得企业只注重短期效益，只注重数量的扩张，而没有把提高质量、创新产品作为企业的发展重点。①在追求短期数量目标的引导下，资金、土地、人力等资源都被运用到外延数量扩张的项目上，使得科技创新获得的资源少之又少，严重影响了企业及科研机构创新的能力。②急功近利的传统观念也是阻碍科技创新的一大问题，由于企业管理人员缺乏长远发展目光，只注重眼前的小利益，又没有及时的市场导向，使得企业很难把有限资金投入到科技研发上，甚至更有地方领导只注重政绩工程，没有把培育科技创新放在发展经济的大局内。③大连市传统产业结构也是限制科技创新的一大障碍，大连市传统产业以化工、钢铁、化纤等重工业为主，这些企业在资金、人力方面虽有实力进行科技创新但受传统管理体制及经营方式的限制，企业创新难上加难。另外高新技术企业大多属于中小型企业，尚处于成长阶段，在资金、人力资源等方面的实力还不足以建立自主研发机构，这也大大限制了企业的创新活动。

其二，政出多门的体制限制。近年来，大连市虽然制定了近30项关于科技创新的法规条例，但这些法规条例大多都是单独实施，没有成为一个系统的、规范的体系。一是各部门间关于科技创新的政策的制定及执行不能协调一致。例如，在科技主管部门通过的鼓励企业创新的政策在财政部门或税务部门却不能通过，不能执行，使得创新主体在科技创新上没有得到有力的支持，这就使得政策的效用大大降低。同时，由于政策不能得到很好的系统的贯彻，使得有限的资金、资源难以统一发挥效用。二是各项科技政策之间激励目标有时不一致，如每年制定的关于鼓励科技企业自主创新的优惠政策不一致，使得企业对本地的政策导向不明确，以至于政策的吸引力大大下降，企业创新的积极性也会大大降低。

其三，科技法规不健全，政策稳定性差。目前，大连市虽然出台了一些科技法规，来保证科技政策的实施，但总体来说还存在法规不健全、不配套的问题。一则科技政策不能法制化，缺乏法律支撑，各项政策在执行起来存在执法不严的情况，甚至有无法可依的情况。例如，大连市各部门制定的科技创新扶持政策、激励政策等都以通知、意见、条例的形式出现，这就给执行带来很多模糊概念，使得各项政策的执行增加了太多的人为因素，大大降低了政策的权威性和长效性。二则企业及科技创新人员的合法权益缺乏应有的法律保护，如企业在进行联合研发、技术转让、人才合作的过程中缺乏明晰的法律来界定权责以及利益分配等。三则大连市在对高新技术和高新技术企业的评定方面也缺乏有利的法律依据，缺乏规范性的程序。由于高新技术和高新技术企业可以享受一些政府优惠政策，因此在界定高新技术和高新技术企业方面必须有相应的评定机制和法律依据。

其四，协调保障机制不健全。一是缺乏一个专门的政策协调机构。科技政策与经济政策、各部门制定的科技政策之所以不能协调一致、有效运转，很主要的一点就在于各政策之间缺乏协调机制，不能在各政府部门、政府与企业、各企业之间进行统筹协调，使得各创新主体不能有效利用政策来实现资源的优化配置，同时也使各企业创新的成本大大提高。二是缺乏科技政策执行的监督机构。科技政策落实与否，以及落实到什么程度缺乏定量的监督说明，使科技政策与经济政策的协调处于一种模糊状态，不能有效促进科技政策的落实。三是缺乏科技政策执行效果的反馈、咨询机构。由于缺乏反馈和咨询机构，在科技政策和经济政策之间缺乏反馈信息，使得政策的制定者和执行者不能及时掌握科技政策和经济政策的促进程度，不能及时调整两者关系使之协调一致。

二、促进大连市科技政策与经济政策协调一致的对策

科技政策体现了社会对各种科技资源、力量和行为的引导，这样一种在宏观上对科技发展起规划作用的政策法规是否与经济政策相适应在很大程度上会影响

科技创新的能力以及科技事业的发展，也会在很大程度上影响经济的发展。

通过上述分析，科技政策与经济政策两者不能协调一致的原因主要在于：经济粗放发展模式的影响；政出多门的体制限制；科技法规的不健全；各种保障机制的不健全。今后要解决科技政策与经济政策的不一致问题，应主要通过科技管理体制和政策体系的改革创新，突破传统的管理模式和管理体制，科技政策体制才能突破概念化、单一化、不配套的局限性，有效推动科技创新。为了解决科技政策和经济政策目标不一致不协调的问题，可供参考的思路包括：必须探索并建立一种使经济政策和科技政策协调一致的长效机制，使经济政策和科技政策两者相互协调、相互促进。

主要建议：为了推动大连市实现科技政策和经济政策的协调一致，应着重从转变经济增长方式着手、两种政策“双向参与”、“统一制定”并行，进行政策“自查”，实现科技政策法制化，培育城市创新文化，以建立两种政策协调一致的长效机制，切实使科技政策能顺利的贯彻下去，促进经济增长。

第一，如前所述，组建大连市科学技术统筹规划委员会，作为全市最高的科技规划和资源调配的组织形式。通过建立这种新的宏观管理体制和创新机制，突破部门之间、地方之间、军民之间条块分割、相互封闭的格局，打破科研与推广体系条块分割的界限，创造一种政策协调的组织形式。

第二，设立科技创新的刚性指标，大力转变粗放的经济增长方式。在转变经济增长方式的基础上，增加经济发展目标中的技术进步贡献率、自主创新能力程度、技术创新对外依存度等刚性考核指标，对项目审核中没有科技进步的指标实行一票否决制。大连作为东北地区重要的重工业基地，根据建设“一个中心，四个基地”的任务，迫切需要依靠科技进步提升产业结构、产业质量。这就要求大连必须由过去的粗放型经济增长方式转为集约型经济增长方式，由传统产业向高新技术产业靠拢，而完成这以转变必须设计经济发展和科技资源配置一体化的政策体系。这就要求在培育创新主体、促进技术引进和消化再创新、科技基础设施建设、科技人才队伍建设以及社会创新意识等方面不断加强，使科技政策与经济政策协调一致，真正能适应、促进经济的发展。

第三，经济发展部门和科技主管部门“双向参与”、“统一制定”。通过机构调整和职能调整，在经济发展和科技创新目标一体化的资源管理体制上改革创新。大连市科技主管部门在制定各项科技政策时缺乏与相关部门协调的权力和能力，其他行政主管部门主动参与不够。应急的政策较多，战略性、方向性、系统性的政策较少，“政出多门”的现象屡有出现，多数政策还局限于科技微观管理，层次较低，系统的科技政策的制定涉及财政、环保、税务、公安、国土等等众多部门。如何在政策制定以及执行中实现各部门的有机协调，提高政策的可执行性、可操作性依然面临很大问题。在政策贯彻实施中，缺乏有效的宏观监督，一方面若干政策在实施中有较大的难度和阻力，另一方面社会各利益主体对政策各取所需，扭曲了政策的实质。由于以上各种原因，致使大连市在经济发展和科技创新目标一体化方面难以有所突破。为此，建议：一是“双向参与”制定政策。对于大连市的经济政策和科技政策的制定应当有科技主管部门的参与论证，而科技政策的制定也应有经济发展部门、财政、税务、环保、国土等部门的参与论证，并制定相关配套政策加以落实，真正做到经济发展主线中有科技政策的促进，科技创新中有经济政策的扶持，以解决“政出多门”、经济发展与科技创新相互独立甚至冲突的现象。二是强化科技政策制定的权威性。政府的经济政策和经济目标必须具有科技创新的规定性指标，科技主管部门有权对经济政策与科技政策不协调说不，在强化政府对科技资源的统辖和调配能力基础上，经济政策和经济目标的制定应当有科技主管部门参与，科技政策的制定和出台通过跨部门的论证和会签，取得各个部门的认同和配套政策的协同。三是加强监督、重视反馈。建议政府建立专门的机构，对政策的执行情况适时进行监督并反馈给科技主管部门，对政策的落实情况及效果进行定性、定量评估，便于适时调整政策。同时要请地方的咨询、中介公司适时调查评估科技政策的进展情况并及时反馈，便于决策。

第四，适时进行“自查”，清理不协调不一致的经济政策和科技政策。为鼓励我国企业自主创新，如今国家已经出台《国家中长期科学和技术发展规划纲要(2006—2020年)》，大连市也已经出台“十一五”发展规划。因此适时调整改革以往经济政策和科技政策中不合时宜的部分已迫在眉睫。例如，规定国产医疗器械服务收费低于进口产品服务收费（进口设备收费为国产设备服务收费的1.5～3倍），这导致医院宁可花高价买国外昂贵的设备以获取相对高的经济效益，也不愿意购买性价比相对高的国产品牌；用于科学研究和教学用品的进口医疗器械可免征进口关税及增值税，购买国内产品则没有这一优待，等等。诸如此类的政策严重阻碍了我国高新技术产业的发展，与我们鼓励自主创新的思路相去甚远，如今国家正在酝酿改革财政、金融、税收、产业、科技五大类政策中的“问题政策”，大连市也应在鼓励大连企业及科研机构自主创新的基调上对大连市的经济政策、科技政策及其相关配套政策进行自查，真正使各项政策措施达到鼓励自主创新的效果，使经济政策和科技政策协调一致促进经济发展和自主创新。

第五，通过科技政策法制化，探索经济政策与科技政策协调一致的长效机制。科技政策的法制化就是科技政策的出台不能再以决定、规定、通知的形式出现，要形成正式的法律法规，使企业、科研机构、政府各部门在执行起来真正有法可依，明确阻碍科技创新的责任。应当努力提高科技政策刚性化，通过地方立法程序，将稳定的科技政策法制化，强化科技激励、扶植政策的刚性。地方政府的促进办法通常以政府管理部门的决定、规定形式颁布实施，而无法提高到立法程度，执行起来阻力非常大。大连市出台的科技政策在执行落实方面是否真正能起到制定政策的效果，关键在于科技政策的执行是否顺利，其他相关部门是否配合。因此，科技主管部门必须转变政策出台方式，必须提高科技政策的刚性化，将重要的科技政策法制化、程序化，采取地方立法的方式建立地方性条例，使各有关企业、各行政部门有法可依，这样才可以避免各企业、各部门各取所需，扭曲政策的现象，才可以将科技政策，特别是科技政策中的扶持政策落实下去。

第六，培育城市创新文化。一个国家、一个城市能否成为创新的热土，经济政策与科技政策能否长期协调一致，其中关键一点在于创新文化建设得如何。目前我国大部分城市在创新文化建设方面停留在“公众接受科学”阶段，离发达国家“公众参与科学”阶段还相差甚远，因此培育大连良好的创新文化就成为自主创新的基础性工作。要实现从普及科技知识为主向全面提高公众科学素养的转变；要从单纯的公益事业向公益事业与文化产业相互补充转变；要从科普活动为主向全面的科普能力建设转变；要从学校与社会教育相分离向构建终身教育体系转变，尤其要大力发展职业教育，为大连市企业培养大批高级技工，为作为创新主体的企业储备大批科技创新的后备军。

第四节 构建大连市完善的科技政策法规体系

完善大连市经济发展和科技资源配置一体化的政策法规体系，主要应当包括支持和培育自主创新的企业主体、促进技术引进和消化再创新、加强科技基础设施建设、加强科技人才激励以及其他科技资源配置的政策法规。

我们综合全国各个城市、各个地区扶植创新的政策举措，按照税收、财政支出、财政贴息、财政支助、政府奖励、土地费用减免等方面，列出相应的政策建议，供决策部门参考。

一、税收扶植政策

税收是国家和地方财政收入的主体来源，是社会收入的再分配，是维持国家经济社会发展和国防安全以及国家政务活动的基础。税收能够改变收入格局，直接影响不同团体的收益，从而产生不同程度的激励，引起社会资源不同团体之间的重新分配，实现资源的最优化配置。税收政策主要是政府通过增税或减免税引导社会群体的经济行为，或者抑制或者鼓励。国家一贯支持高新技术产业的发展，支持科技创新活动。在税收方面主要是通过减免税等优惠税收手段，来支持企业和事业单位的创新活动。

为了促进科技创新，政府应当首先考虑在税收方面给予政策支持。

（1）对科技投融资平台进行科技创新投资过程中，对科技创新项目，从盈利年份起，给予15%的所得税税率优惠。

（2）自主创新享受税收优惠，国发［2006］6号文件规定：企业用于自主创新的投入，可按当年实际发生的技术开发费用的150%抵扣当年应纳税所得额。

（3）用于研究开发的仪器和设备，可采取适当缩短固定资产折旧年限或采取加速折旧的办法提取折旧。

（4）对科技投融资平台的股权增值收入免除所得税，因为科技投融资平台主体公司在运作中，其所得收入最终要分配给股东，股东已经按《税法》缴纳个人所得税，如果再由公司缴纳公司所得税，将会出现重复征税，无形中加大了科技创新公司的税收负担，不利于科技投融资平台公司的科技创新投资。

（5）对科技投融资平台公司主体公司所发行的债券，应免征个人所得税，主要目的在于鼓励个人资金投入。

（6）对符合老工业基地重点扶持企业所发生的购进的技术改造设备、软件以及用于自制更新改造设备所形成的固定资产的购进货物或应税劳务、通过租赁方式取得的固定资产以及为固定资产所支付的运输费用，按进项税额实行增值税抵扣（按财政部、国家税务总局的《东北地区扩大增值税抵扣范围若干问题的规定》执行）。

（7）国家高新区内新创办的高新技术企业认定后，自获利年度起两年内免征所得税，两年后减按15%的税率征收企业所得税。由市和区、县（市）两级财政予以资金扶持。

（8）高新技术企业承担市级以上政府各类科技计划重点项目，对符合国家规定的高新技术产业开发区内的高新技术企业改制、改组后经有关部门认定符合减免税条件的，按15%的税率征收企业所得税。

（9）高新技术企业改制中被收购的企业房地产转让到收购企业的，暂免增收土地增值税。

（10）高新技术企业产权转让不征收营业税。

（11）单位和个人从事技术转让、技术开发和与之相关的技术咨询、技术服务取得的收入，免征营业税。企事业单位进行技术转让，以及在技术转让过程中发生的与技术转让有关的技术咨询、技术服务、技术培训所得，年净收入在30万元以下的，暂免征收所得税。经认定的民营科技企业享受国家、省、市规定的有关政策。

（12）扶植科技企业孵化器。符合条件的科技企业孵化器、国家大学科技园自认定之日起，享受国家规定的免征营业税、所得税、房产税和城镇土地使用税优惠政策。

（13）扶植推进公益类科研机构改革。在实行分类改革的基础上，对重新界定的公益类科研机构，逐年增加人均科学事业费。对公益类科研机构加强科研条件和科技基础设施建设给予支持。已转为企业的市属开发类科研机构，可享受国家规定的延长2年税收优惠政策。

(14) 鼓励各科研院所及企业改造升级科研仪器设备，鼓励科研仪器设备生产厂跟踪国际先进水平并实现国际合作，引导社会资金投向科技基础设施建设，鼓励产学研联合建立国家工程中心等科技基础设施。符合企业所得税、个人所得税相关规定的，准以按实际发生额在年度应纳税所得额中扣除；对市科技计划涉及的科技基础设施在建设和运转过程中，用于自主研发的关键设备和仪器所需进口的原材料、专用零部件及配件，按国家规定，免征进口税和进口环境增值税、消费税；对科技基础设施建设单位购置的固定资产允许实行设备投资抵免和加速折旧两者选其一，并规定详细的加速折旧设备清单，便于加速折旧政策提高可行性。

(15) 2008年，大连市政府出台扶植中小企业的税收政策，以应对全球金融危机。对经认定的高新技术企业，减按15%的税率征收企业所得税。对创业投资企业采取股权投资方式投资于未上市中小高新技术企业2年以上的，按照其投资额的70%在股权持有满2年的当年抵扣应纳税所得额；当年不足抵扣的，可在以后纳税年度结转抵扣。对纳税确有困难的中小企业，经审批后，按规定减半征收城镇土地使用税和房产税。

(16) 大连中小企业购置并自身实际使用环境保护、节能节水、安全生产等专用设备的，该专用设备的投资额的10%可以从企业当年的应纳税额中抵免；当年不足抵免的，可以在以后5个纳税年度结转抵免。

(17) 大连软件生产企业实行增值税即征即退政策，所退还的税款，由企业用于研究开发软件产品和扩大再生产，不作为企业所得税应税收入，不予征收企业所得税；新办软件生产企业经认定后，第一年和第二年免征企业所得税，第三年至第5年减半征收企业所得税；集成电路设计企业在享受软件企业所得税政策的同时，其生产性设备，经主管税务机关核准，折旧年限最短为3年。到2010年底，对集成电路生产企业、封装企业的投资者，以其取得的缴纳企业所得税后的利润，直接投资于本企业增加注册资本，或作为资本投资开办其他集成电路生产企业、封装企业，经营期不少于5年的，按40%的比例退还其再投资部分已缴纳的企业所得税税款。

(18) 大连中小企业为开发新技术、新产品、新工艺发生的研究开发费用，未形成无形资产计入当期损益的，在按照规定据实扣除的基础上，按研究开发费用的50%加计扣除；形成无形资产的，按无形资产成本的150%摊销。至2010年底以前，对增值税一般纳税人销售其自行开发生产的软件产品的，按17%的法定税率征收增值税后，对其增值税实际税负超过3%的部分实行即征即退政策。

(19) 大连实行新办企业试生产制度，对固定资产投资在100万元以下的科技型、外向加工型、农产品加工型和服务型等新办企业，由业主提出申请，市中小企业主管部门备案确认，允许试生产一年（许可证产品除外）。试生产期内，除按规定应认定为增值税一般纳税人外，其余应按小规模纳税人依3%的征收率缴纳增值税。

二、扩大财政科技支出扶植政策

扩大财政支出政策主要是政府通过增加某些社会项目的财政支持，来引导社会经济活动。科技创新投入是一种长期效益大于短期效益、社会效益大于个别效益、个人成本大于社会成本的活动，投资周期较长，回收周期较长，风险较大。完全竞争市场要求成本与效益内在化，但是科技创新项目外部效应存在，导致生产者成长大于其收益，如果得不到相应的效益补偿，势必影响科技创新的投资。为此，需要通过政府介入，补偿市场调节的失效。对于科技创新活动，国家通常采取加大财政支出力度，通过建立政府基金、财政补贴、财政贴息或财政奖励等方式来激励创新活动。具体包括：

(1) 要建立以政府投入为引导，企业投入为主体，直接和间接融资为支撑，多元化、多渠道的全社会科技投入体系。到2010年，大连市全社会研究开发投入占国内生产总值的比例达到2.5%。

(2) 确保财政科技投入稳定增长。各级政府要把科技投入作为预算保障的重点，在编制年初预算和预算执行中的超收分配，都要体现法定增长的要求。2006年，市财政科技投入大幅度增长，在此基础上，“十一五”期间财政科技投入增幅明显高于财政经常性收入增幅。

(3) 建立财政专项创新基金。财政专项资金是政府财政出资建立的、为支持某一产业的发展专门成立的资金，其资金专项专用。鉴于科技投融资平台企业主要投资领域为科技创新项目，为此，政府应当以专项资金的方式通过投融资平台进行科技创新投资。这些专项资金所产生的新企业、新项目也可以为财政带来新的税收收入。例如，营业税率为5.55%。这笔收入完全可以作为专项资金再用于科技创新资金投入。①政府的科技创新资金增长率应当高于5.55%、低于10%。②在促进技术引进消化再创新政策上，由政府主导、多渠道投入，建立“大连市引进技术消化吸收专项基金”，逐年增加资金注入，年均增长10%，主要用于支持重大技术装备和产业化项目以及产业共性的关键技术引进；优先支持重点研发机构、相关企业、高等院校联合引进、共同消化吸收再创新，其成果实行共享和有偿转让；加强技术引进的统筹管理，制定鼓励自主创新、限制重复引进的管理办法。③市科技攻关计划每年安排50%的资金，重点支持电子信息、装备制造、石油化工、船舶制造等重点产业关键技术和共性技术的引进、再创新；制定软件、孵化器、光电子等重点产业发展的专项扶植计划，推动关键和共性技术的自主研发。④2006～2008年，大连市设立“自主创新专项资金”（以下简称“市创新专项”），每年6亿元。其中，市本级财政安排3亿元，主要用于重点产业技术创新、引进消化吸收再创新、重大科技成果转化、科技创新平台及科技企业孵化器建设、科技型中小企业技术创新、知识产权创造与保护以及科技投融资引导（贷款贴息、担保补偿、风险投资补贴）等。⑤高新园区财政安排1.5亿元，开发区财政安排1.5亿元，主要用于高新园区和开发区内涉及优化全市产业布局的重大科技创新项目、创新孵化平台建设和科技招商引资等。各区、县（市）财政也要设立相应的专项资金。

三、财政贴息、补贴扶植政策

财政贴息和财政补贴是一种倾斜性财政政策，主要目的在于鼓励创新型企业的创新活动。

（1）财政贴息支助。财政贴息是国家基于一定目的、对某些企业、某些项目的贷款利息在一定时期内给予一定的补贴，它属于财政分配的范畴。财政贴息的主体为各级政府，作为宏观调控经济手段是通过财政贴息带来的物质利益对收入格局的改变，达到激励某些企业和项目的目的。银行作为特殊的企业，追求利润最大化决定其不会贷款给予低收益、高风险的企业，其贷款利率不会随着政府的产业政策意图而变化，这就存在贷款利率杠杆死角。①科技投融资平台型企业主要项目投资还得依靠银行贷款，随着贷款基数加大，贷款成本也将加大。为此，政府对科技投融资平台公司予以财政贴息，有利于鼓励更多地向创新型企业投资。②对创新型企业的风险项目贷款，对新产品、新工艺等中试、产业化项目实施财政贴息。③鼓励银行对科技型企业提供贷款。

（2）补贴研发机构。财政补贴目的在于弥补创新型企业的相关成本，以鼓励企业增加科技投资和创新项目的开展。①对于设立的国家级研发中心（包括国家工程程技术中心、国家工程研究中心、国家实验室），单位（企业）自我投资在1000万元以上（含1000万元）的，给予单位投资总额10%的补贴，土地出让金和配套费（市级及以下留成部分，下同）收取后返还80%，水、电、气等增容费补贴80%；投资在500万～1000万元的，给予投资额8%的补贴，免征土地出让金及相关配套60%，水、电、气等增容费补贴60%；投资额在500万元以下的，给予投资额5%的财政补贴，土地出让金和配套费返还50%，水、电、气等增容费补贴50%。②对设立省、市级科研开发中心，投资总额超过1000万以上的，给予8%的补贴，土地出让金及相关配套费返还60%；500万~1000万元的，给予5%的补贴，土地出让金及配套费返还50%；对于投资500万元以下的，给予4%的补贴，土地出让金及相关配套费返还50%。③鼓励企业建立研发机构。④鼓励在连高等院校、科研院所开展科技创新。对面向大连市重点产业发展的产学研合作项目，市科技计划优先予以支持。支持在连高校、科研院所组建市级工程技术研究中心和重点实验室，在此基础上争取组建国家级、省级工程（技术）研究中心和重点实验室，“市创新专项”给予一定的组建经费支持。

（3）鼓励引进消化吸收再创新。市综合经济部门牵头建立技术引进及消化吸收再创新的协调机制，制定市引进技术消化吸收再创新实施办法。凡属市政府核准或使用政府投资的重点工程项目，项目业主要联合供应商制定引进消化再创新方案，作为工程项目审批和核准的重要内容，并按管理权限，报政府投资主管部门（审批）核准后实施。①“市创新专项”中设建立“大连市引进技术消化吸收专项基金”，优先支持重点研发机构、相关企业、高等院校联合引进、共同消化吸收再创型。②对消化吸收再创新形成的先进装备和产品，享受政府优先采购政策，市政府将在财力上给予重点和优先支持。③对大连市企事业单位与国外知名研究机构合资合作建立科研机构的，政府给予资助。④由政府主导、多渠道投入资金。⑤市科技攻关计划每年安排50%的资金，重点支持电子信息、装备制造、石油化工、船舶制造等重点产业关键技术和共性技术的引进、再创新。

（4）鼓励传统产业开发和应用高新技术和先进实用技术成果。

（5）鼓励研发设备投入。

（6）经认定的从事科技成果转化、咨询和科技信息服务等的科技中介机构，由同级财政通过专项资金予以扶持，鼓励孵化器建设。

（7）鼓励创新成果转化。实行重大科技成果转化项目认定制。对于国家科技计划、国家知识创新工程产生的科技成果，国家重点工程攻关取得的科技成果在大连市实施转化的项目，或科技水平高、市场前景好、符合大连市产业发展重点的科技成果转化项目，由市有关部门认定为大连市重大科技成果转化项目。在“市创新专项”中设市重大科技成果转化专项资金，对经认定的重大科技成果转化项目择优予以支持。

（8）鼓励风险投资。市政府每年投入1亿元，对设立的创业投资公司，经认定符合标准的，予以高新技术企业相关优惠政策。鼓励民间资本投资技术产权市场。

（9）鼓励专利申请。①在“市创新专项”中设市知识产权专项资金。②鼓励企事业单位及个人申请国外专利。

（10）鼓励引进高层次人才和海内外优秀人才。①来连工作并与用人单位签订5年以上合同的高层次人才，给予安家补贴；②给予境内外全日制学习获得博士学位的毕业研究生6万元奖励；③用人单位引进高级人才的住房货币补贴、安家费、科研启动经费等费用，可列入成本；④海外优秀人才来连工作的医疗保险、配偶就业、未成年子女就学等问题优先予以妥善解决，支持企业培养和吸引人才。

(11) 鼓励支持企业推进博士后科研工作站、民营企业博士后科研基地和大学生见习基地建设；鼓励实施高技能人才培养工程；鼓励实施“农村实用人才培训工程”。

(12) 鼓励高新技术项目。对于非高新技术企业生产的高新技术产品和利用高新技术改造的项目，给予专项资助；鼓励扶持科技型中小企业和民营科技企业发展。

(13) 鼓励高技术装备。经认定的软件与集成电路、光电子、中高档数控系统、清洁能源、精细化工、海洋与生物工程等高新技术产品以及重大国产化装备，自投产之日起三年内，由同级财政部门按其实现的产品销售额分别给予一定的资金扶持。

(14) 鼓励制定专用标准。市知识产权专项资金给予不低于50万元的研发经费支持。

(15) 鼓励扶植孵化器。在“市创新专项”中设市科技企业孵化器专项资金，重点支持各类综合孵化器和专业孵化器建设，发展二次孵化基地，培育创新孵化集团；鼓励孵化器通过吸纳各类资金和提供服务参股被孵企业。

(16) 鼓励依靠科技创新推进社会主义新农村建设。加大对国家农业科技园区的支持力度，建设农业科技孵化器和农业创新示范基地，引进、推广农业新品种、新技术，市政府通过农业新品种引进专项资金予以支持；建立农业新技术、新品种风险补偿机制，对在农业新品种选育、引种和新技术引进推广过程中发生的风险损失通过农业推广资金给予一定补偿。

(17) 鼓励各类担保机构支持科技型中小企业发展。建立贷款风险由企业、银行、担保机构、政府逐级分担和适当补偿机制。对高新技术产业化项目，探索适当放大抵押、质押的担保倍数或通过账户托管方式发放贷款的办法。专项资金发挥信用再担保作用。

(18) 鼓励培育科技创业风险投资市场。通过市科技投融资引导专项资金，用于补偿投资性亏损。

(19) 鼓励试行专利质押制。

(20) 鼓励科技基础设施建设。加大政府对科技基础设施建设的投入。要围绕国家和大连市重点经济发展项目，结合政府和企业新建各类专业的集研发、分析、测试的大型实验中心。

四、土地出让金返还和免征相应费用

土地出让金和各种配套费用构成企业成本，土地出让金返还和各种配套费用的减免，有助于降低企业运行成本，鼓励创新型企业的研发投入。

在土地等配套扶植政策上，建立高新技术产业用地储备制度，在符合城市总体规划、土地总体规划基础上，对适于高新技术研发和产业发展的用地实行强制性预征预留，为高新技术产业发展留足空间。对高新技术企业及项目用地的土地出让金及配套费上给予扶植。坚决避免一般性工业项目、房地产开发项目挤占高新技术产业用地。具体办法由市国土房屋局、规划局、土地储备交易中心会同市科技局另行制定。中山区、西岗区、沙河口区、长海县、先导区可在其他市、区辖区内，按照“统一规划、责任分担、利益共享”的原则进行土地开发利用，以促进高新技术产业发展。市政府对此类土地开发，在年度基础设施专项中予以补贴支持。其中：

重大科技成果转化项目实现一定规模生产的，经认定，政府对收取的项目用地土地使用权出让金中的纯收益予以返还。购置用于重大科技成果转化的生产经营用房，可免收交易手续费和房产登记费。改变土地使用性质或用于非科技成果转化项目的，所享受的优惠须全额退还。

拓展高新园区发展空间，以旅顺南转软件产业带为基础，规划建设大连高新技术产业走廊。比照大连经济技术开发区，对涉及村、镇采取行政托管方式封闭管理。把大连高新技术产业走廊建设纳入城市建设总体规划和土地利用总体规划，统一安排基础设施配套建设。对高新技术产业基本建设项目，减免城市基础设施配套费。

扶植孵化企业。开发区、高新园区、保税区、农业和工业园区对孵化毕业企业进区建厂，可在使用土地、租赁办公用房和标准厂房等方面给予相关费用返还政策。

五、股权政策

股权政策主要是通过确认知识产权和专利技术折价入股的权益，鼓励知识产权人和专利人积极创新。

其一，鼓励科技人员创业，允许人力资本入股和知识产权入股。

其二，以专利权、商标权、非专利技术以及其他高新技术成果作价出资的，经全体出资人认定后，可不进行资产评估。

其三，在大连市设立的创业投资公司注册资本最低额为3000万元人民币；

科研院所、高等院校以股权投入方式转化科技成果和职务发明的，成果完成人可享有不低于该成果所占股份30%的股权；以技术转让方式进行转化的，成果完成人可享有不低于所得税后利润30%的权益；企业自行实施转化或以合作方式实施转化的，在项目赢利后5年内，成果完成后每年可从税后利润中提取不低于10%的收益。其中，主要完成人所得的收益要占50%以上。

六、创新型统计考评政策

建立科学的创新型统计考核体系，目的在于通过倾斜性的考核重点，强化科技创新的评估和激励。

其一，在完善科技创新的人才、企业、项目的评价考核指标体系上，重点突出自主创新能力指标、发明专利指标、科技成果转化指标、成果产业化指标、研发投入比重指标、技术对外依存度指标。

其二，建立全市性的跨行业科技政策监督考评机构，专门评价和考核大连市各项科技政策落实情况。

其三，分类建立企业自主创新能力的考评指标体系。其中，企业研发资金投入占企业销售收入比例，高新科技企业要超过5%以上，大中型企业要达到2%以上，一般企业至少达到1%以上。

七、推动科技政策法制化

为了确保科技体制和科技政策对自主创新能力扶植的稳定性和强度，必须强化自主创新体系的法制化。

全国各地实行各种创新扶持基金，加大科技成果在公司中的股份比例，实行科技企业和个人减免、抵扣税额政策，给予技术人员股份或期权，对科研院所进行改制，为专利申请提供资助，这些举措虽在很大程度上起到倡导作用，但其绩效和刚性作用还是远远不够的。问题在于许多措施缺乏法律基础，缺乏具有稳定性和权威性的法律支撑。为此，建设创新型国家，需要国家通过科技立法程序，将科技规划、科技体制、科技政策法律化。作为地方科技创新体系的法制化，除了认真履行国家在科技领域已经颁布的法律法规，还需要制定相应的具体条例，体现地方特点，将国家法律具体贯彻到地方实践。

要紧紧围绕建设创新型城市，以解决自主创新中的关键和突出问题为原则，加快制定并出台大连市促进自主创新能力、重点产业发展、科技中介机构体系建设等政策法规体系。

其一，要研究制定出台《大连市关于促进科技自主创新、建设创新型城市的若干意见》。比较重要的地方立法工作应当包括《大连市风险投资管理条例》、《大连市科技创新基金管理条例》、《大连市中小科技企业担保基金管理条例》、《大连市促进科技中介服务业发展条例》、《大连市科技创新条例》等法规，为科技创新建设提供法制保障。

其二，加紧制定地方性风险投资或创业投资的管理条例，应当规定风险投资的市场准入条件、退出渠道、主管部门、审批程序和条件。

其三，制定地方性科技创新基金和中小企业担保基金管理条例，主要应当解决创新基金和担保基金的来源、补偿机制、征信程序、征信机构法律地位等问题。

其四，制定地方性科技中介条例。科技中介条例主要应当解决科技中介组织的地位、中介规则、转化方式的产权保护等。

其五，制定地方性科技创新条例。科技创新条例主要应当解决如何界定科技创新的标准、科技创新的类型、科技创新政策的法律依据等。

其六，制定地方性商业秘密保护条例。

上述这些地方性条例，很多城市已经制定和出台，大连市应当积极吸取外地经验，积极推进科技政策法制化进程，迎头赶上。

第九章　创新科技评价体系，提升科技体制机制竞争力

科技评价或科技评估是推动科技创新和科技进步的重要手段，也是加强科技管理的重要方式。它主要是通过一系列评价指标体系，通过一定的评价方法，对科技项目立项、科技资金注入、科技成果认定和验收、科技奖励、企业创新能力、科技人员、区域科技创新体系、科技计划和科技成就、科技体制和科技政策效能等进行系统评估，以激励创新、比较创新能力。

研究科技评价体系主要关注两个方面的问题：其一，改进科技活动、科技创新或科技项目的考核评价体系，主要用于区域经济包括一座城市、一个县乃至一个单位的科技考核；其二，建立一整套区域科技体制机制创新能力的评价办法、评价指标、评价原则。

第一节　创新科技考核评价体系，建立有效的激励和监督机制

对于城市内部的科技成果、项目、人员、单位、企业、负责人的考评，重要的是要建立科学公正的考评指标体系和考核办法。

一、大连市科技考核评价制度的现状与缺欠

我国科技成果评审制度产生于计划经济体制时代。最早的科技成果评审始于20世纪50年代，当时的评审主要采用鉴定的形式。1955年10月31日，国务院批准建立农业科学研究工作协调委员会，规定其任务之一是“负责鉴定科研成果”，这是最早的关于“科技成果鉴定”的说法。1958年“大跃进”后，“科技成果”迅猛增长，良莠不齐，在这种情况下，急需建立一套有效的评判标准和方法来辨别“科技成果”之真伪。当时国家科委开始科技成果的鉴定工作，并在1959年初步形成工作程序。1961年4月，国务院通过《新产品、新工艺技术鉴定暂行办法》。1994年国家科委颁布《科学技术成果鉴定办法》，此文件规定，“科技成果鉴定”只用于列入国家和省、自治区、直辖市以及国务院有关部门科技计划内的应用技术成果，以及少数科技计划外的重大应用技术成果。换言之，

不属于这个范围的“科技成果”可以“评审”，但不组织“成果鉴定”。经过40多年的发展，中国已经形成了一个“科技成果评审”方法体系，其中除了奖励评审外，其他评审形式多是从上述的鉴定制度演变发展而来。

我国的“科技成果评审制度”是科技成果管理体系的重要组成部分，这种制度是在计划经济体制下建立的，与计划经济下科技成果的非商品属性相适应。在计划经济体制下，科研和技术开发计划由政府下达，经费由政府拨付，研究结果归政府所有，由政府负责推广，所以政府必须管理和参加科技成果的“评审”工作。

“科技成果评审”具有评价和审定的双重含义，指由国家有关管理机构对取得的成果、成就以及某种资格进行评价、审定并最终给予某种形式的确认。科技评审的组织者一般是国家各级科技管理机构，包括政府机构、非政府的国家基金机构、直属政府的事业单位等，由这些管理机构根据国家的有关管理办法组织或委托专家评审小组对科技项目或成果进行评审，包括立项评审、中期督查评审、验收评审以及奖励评审等。

改革开放以来，大连市科技评价制度经过多年探索，已经初步形成集评价对象、评价队伍、评价指标、评价方式、评价管理为一体的科技评价体系。对项目立项、资金注入、中期验收、成果认定、高新企业评定、科技发明专利评定、奖励评定等全程评价，组成由政府组织、中介机构参加、评审专家评定、发包单位验收的较为市场化、制度化、标准化的评价体系。对于提高科技创新能力、锻炼创新队伍、提升创新水平和标准起到了较好的作用。

但是，同各地城市相似，大连市的科技评价体系也存在着许多不尽人意的方面：

一是政府部门包办科技评价较多，依靠社会中介评价机构实施评价不足；其中除由国家、省、市乃至县区财政出资的科技项目的立项、评审、验收和奖励等项目外，一些社会资金资助和企业资助的科技项目，也主动寻求政府主管部门出面组织评审，导致科技评审的过于行政化，而专业化、中立性的科技评价机构不发达也是导致这种现象的重要原因。

二是科技评价活动多头管理、标准不一。鉴于由财政出资的科技研发和科技项目资金来源不同，政府各主管部门都可以出面组织科技项目的评审，故而缺少一个为全市公认的统一的评价标准、评价专家队伍和评价程序，导致一些科技成果鱼龙混杂，评审程序参差不齐，影响科技项目评价的严肃性、科学性。

三是不分项目、不分资金来源，过多强调项目的学术意义、理论价值，对成果的经济效益、社会效益以及市场效率认定较欠缺。一些企业出资的项目或者社会资金资助的项目理应重点考核其产出效益和市场化、产业化的前景，但是这方面的指标体系不健全、不统一，导致评价重点不突出，不适用。

四是政府主持、专家评审的程序、过程流于形式，导致专业评价效果欠缺。由于各种类型的项目来源差异、评价重点的不同、主持评审的部门不一样、专家库建立的不统一，项目和成果评审验收的程序和标准千差万别，一些项目和成果评价碍于主管部门、课题组情面，走过场、流于形式的状况时有发生，影响了大连市科技评价的质量。

二、创新大连市科技考核评价体系的基本思路

创新大连市科技考核评价体系，应当根据国家《科学技术评价方法（试行）》确定的方针，进行改革。该办法所指科学技术评价是指受托方根据委托方明确的目的，按照规定的原则、程序和标准，运用科学、可行的方法对科学技术活动以及与科学技术活动相关的事项所进行的论证、评审、评议、评估、验收等活动。该办法虽然适用于对中央或地方财政资金资助的科学技术计划、项目、机构、人员、成果的科学技术评价。但是，其中基本精神也适用于其他科技活动的评价。

该办法指出，科学技术评价工作应当遵循“目标导向、分类实施、客观公正、注重实效”的要求，必须有利于鼓励原始性创新，有利于促进科学技术成果转化和产业化，有利于发现和培育优秀人才，有利于营造宽松的创新环境，有利于防止和惩治学术不端行为进行。科学技术评价工作必须坚持公平、公正、公开的原则，保证评价活动依据客观事实做出科学的评价。

为此，创新大连市的科技评价体系，创建有效的考评和监督机制，是强化科技创新管理、激励城市创新能力的重要环节。具体思路如下：

其一，积极推进大连市科技成果评价的“非行政化”进程。科技评价的非行政化进程，需要伴随着科研项目和科研资金来源方式的转变。从根本上来说，中国的“科研成果评审”制度源于计划经济体制下政府包揽一切、控制一切、决定一切的管理需要。而这种由政府包办的“评审活动”又带来“科技寻租”行为，组织“评审”可能会成为有关政府机构、事业单位里某些人获取不当利益或学术圈某些人瓜分学术研究资源的途径。改革开放30年来，随着企业为主体的创新活动发展，企业为获得更大的发展空间，对科技创新和新产品、新工艺、新技术的需求日益强烈，客观上产生了对科技创新和科技成果的市场需求，由企业提出科技项目，由企业提供研发资金的成果研究，日益成为科技项目的重要来源。为此，伴随科技项目和资金来源的变化，改变由政府包办的科技评审制度和评审方式，已经成为一种趋势。科技部颁布的《评价办法》已经开始考虑到这一问题。为此，从现在开始，大连市就应当考虑建立几种不同的科技成果评价方式，逐步改变由政府独家包办科技评价的原有体制：①由国家和地方政府财政出资立项的科技项目、科技基金项目、科技成果认定、科技奖励，依然可以由

大连市各级政府科技主管部门主持评价，不过，方式可以改为政府科技主管部门作为委托方、以专业评价机构、专业委员会等机构作为受托方，采取专家评审、政府验收的方式；②由企业出资和提供支持的科研项目和课题的立项、成果认定、资金支持等评价活动，由企业作为委托方，委托相应专业机构进行评价，市政府的职责是提供国家行业标准，规定评价法规；③由社会资金或基金提供的立项科技项目，参照企业项目评价方法；④由国际组织或国际基金提供的立项科技项目，由国际组织作为委托方，聘请具有国际水准的中介评价机构进行评价，市政府的职责是提供国内相关法规、政策，并且进行监督。

其二，积极培植大连市科技评价的“中立”受托方。根据国家《科学技术评价方法（试行）》第7条规定，科学技术评价工作的行为主体包括评价委托方、受托方及被评价方。委托方是指提出评价需求的一方，主要是各级科学技术行政管理部门或其他负有管理科学技术活动职责的机构等；受托方是指受委托方委托，组织实施或实施评价活动的一方，主要包括专业的评价机构、评价专家委员会或评价专家组等；被评价方是指申请、承担或参与委托方所组织实施的科学技术活动的机构、组织或个人。建议：①组建“大连市科学技术评价中心”等专业的中立评价机构。国外一些非政府的评估协会，一般都非常活跃。美国、加拿大、澳大利亚、新西兰等国都成立了评估协会。这些协会的成员主要来自政府各个部门的评估官员、研究机构或大学的专家教授和一些开展评估服务的咨询公司代表。比较活跃的组织包括美国评估协会（American Evaluation Association）（Lee，1996；Chubin，1994）、澳大利亚评估协会（Australian Evaluation Society），它们定期开展国际会议，并提供相关培训和评估服务，为各国致力于科技评估工作的工作者提供交流的场所，它们的活动也得到联合国开发计划署评估办公室的支持。可以考虑发展各种学会组织作为科技成果评价的中介机构，这有助于构建新的评价体系。专业学术学会组织有着知识优势和人才优势，组织专家进行科研成果评议正是它们的长项。学会组织也能较为客观、独立和公正地进行评价，它作为非政府组织的独立法人，具有对所做评价结论承担法律责任的能力。目前，中国的各个学会组织基本上是政府机关的附属品、一些退休官员的“养老院”。要让专业学会组织发挥科研成果评价的新功能，就要实现学会组织真正的独立运营，其组织的内部管理和结构要重新改造，学会成员的组成、选举要向自治的方向发展。由评估公司进行科研成果评估是国际上比较成熟的一种方法，而中国到目前为止还没有真正独立的评估公司。国家科委于1995年、1996年曾分两批组织国内部分省市以及产业部科技计划管理人员赴法国考察科技评估情况，学习国外科技评估经验。1996年又成立了“国家科技评估中心”。②加强评价中介机构建设，大力培植招投标公司、评估公司、认证机构等。③要充分引进中介机构参与科技评价和评估，对承担评估、评审等中介机构的管理要建立中介机构评估筛选淘汰制度。④完善各专业的评审专家库，实行评审专家随机轮换制、匿名评审制、专业交叉评审制、关键领域专家否决制等制度。科技部公布的《评价办法》对评审专家的遴选做了规定，提出了随机原则、回避原则、更换原则、全面性、公开性及开放性等要求。今后，为避免专家库的固化并增加其对创新的容纳力，还应吸收各种学派的专家和非资深专家加入，而不应用一些硬性的指标如职称等加以限制。在组织具体的评审组和委员会时，除了随机原则外，还应综合考虑学科构成、性别构成、年龄构成等，使结构更加合理。专家的资格方面还应设立限制条件，如年龄、健康状况。在评审方法上可采用国际上的一些常见方法，如“双盲法”等。评审材料可以是书面材料、视听材料、实物材料等，评审组织方式可以是通信评审、会议评审，还可以是互联网的网上评审。

其三，区分不同创新活动，建立不同的评价指标体系和评价重点。科研活动包括基础研究、应用研究和开发研究三大类，对这三类科研项目应采用不同的评价方式，建立不同的评价指标体系和评价重点：①对基础研究和前沿科学探索以科研意义和学术价值为评价重点。评价基础研究项目的标准应该是学术影响，其客观依据是研究成果在国内外学术刊物或学术会议公开发表后被同行学者引用的次数以及是否被国际上权威性文摘所摘录。②面向市场的应用性研究和实验开发等创新活动以获得自主知识产权及其对产业竞争力的贡献为评价重点，其评价参照系应当向专利管理靠拢。“科技成果”一词是科学技术研究成果的简称。科技部2003年9月22日颁布的《科学技术评价方法（试行）》也采用这种称谓。它应该是指某项科学技术研究活动取得的具有价值的结果。凡未经过科研活动，借用甚至剽窃来的结果肯定不是科技成果；同样，虽经过研究活动，但取得的结果不具有价值也不能被称为科技成果。国际上与中国特色的“科技成果”相对应的概念只有项目、技术、专利，而且国外的项目一般都是使用它本身的具体称呼，不使用“成果”这一层次的统称。中国早在1985年就颁布了《中华人民共和国专利法》，专利申请与审查程序比现行的“科技成果鉴定”办法既科学又有效，也可以减少“鉴定”过程中的不正之风，我们应该与国际接轨，用专利申请和审查代替应用类“科技成果鉴定”。为此大连市科技管理部门应该指导研究者申请专利，鼓励获专利权的单位对获得职务发明专利的研究者先给予少量物质奖励，专利投入应用后获专利权的单位从所得收益中按比例给予发明人提成，效益越高、社会贡献越大，个人收益越多。这样的做法与市场经济直接挂钩，不再拘泥于行政性“评审”的名额限制和奖金分配。以专利管理代替“科技成果评审”之后，科研人员的注意力就会从关心政府部门的“重视”和国内“评审”给的“国际领先”虚衔，变成关心一项获得专利的应用型技术成果能不能带来收益。③以著作、电脑软件为形式的科研项目可以用发行量的大小作为其成果的评价依据，这种成果评价方式向版权管理靠拢，以版权费作为智力劳动的主要报酬。④软科学项目则可由委托或采纳项目结论的收益部门根据项目产生的社会效益的大小给予评价。⑤对社会公益类科研活动以满足公众需求和产生的社会效益为评价重点。⑥对政府资金支助的项目或企业评审，包括授予高新技术企业、高新技术产品和项目的称号的评审，应当重点考核其研发能力、研发队伍、企业领导人的创新素质、项目的前沿性、项目的产业化前景、项目的或企业的盈利能力、人均产出率等指标。

其四，区分项目来源和项目性质，采取不同的科技成果评价方法：①科技计划或者基金项目，属各级财政支持的项目，按照国家的规定必须评审并登记科技成果。其中应用性技术成果必须有科技成果鉴定；而基础性研究成果由于主要表现为学术论文的形式，其评价本着“公开发表，自由评议”的原则获得认可，但是执行中还须提供由研究者所在单位学术委员会做出的评定意见，从而形成学术委员会的评审。②政府或者企事业单位委托的项目结束时，可以采用委托单位组织专家评审或验收的方式，还可以由评估中心或国家认可的评估机构来评估验收，通过专业化的评估程序对委托项目进行判断，提供给委托方最后的评估结论，但这种方法还不成熟。③某些有重大影响的自由研究项目，经过有关部门的批准也要进行鉴定或评审。④联合开发的课题（项目）按照主要完成单位为第一负责人的原则，由第一负责人申请鉴定或评审。⑤上述各项目在取得一定的评价之后，由所在单位推荐向各级政府申报奖励，在评奖的过程中又形成了评奖评审。

其五，市政府对于各委办局、区市县的科技计划、科技工作、科技人员评价和对负责干部的科技政绩评价，也应当坚持公开、公正、重实效、引进中立评价机构和社会监督的方针。可以参考国内一些关于城市科技竞争力评价的方法和本书第九章关于科技体制竞争力评价的方法。①考核指标设计中在关注研发投入、项目数量、专利申请量、科技人员数量、高新科技企业数量的同时，更加注重验收成果量、专利授权量、产出率、效益量、科技人员结构的考核指标设计；②坚持专家评价和异地评价、比较评价的方法，重视存量的同时，更加注重流量和增长率的变动；③引进中立评价机构参加评价，在条件可能的情况下，引进外地的评价机构进行评价；④评价指标权重中，既要考虑科技进步贡献率等直接指标权重，也要重视创新环境、创新文化、创新意识、创新体系、创新体制机制的权重比例；⑤对高新园区和其他先导区的考核，应当重点考核包括创新功能（报批的专利数、孵化企业数、产业化项目数、拥有自主知识产权项目数）、集聚功能（引进项目数、企业数、引进风险资金和金融机构数、研发总部数）、开放功能（招商而来的项目数、外资额、出口创汇额）、发展能级（产值增长率、贡献率、财政收入增长率）、辐射能级（孵化毕业数、提升传统产业项目数）等指标。

其六，加快大连市科研院所的民营化步伐。在科研院所国有化的状态下，科研院所与政府是隶属关系；政府的计划项目以指导或指令性计划方式下达到科研院所，政府拨付经费，项目完成后成果属于政府。这样，政府对国有科研院所的管理就是理所当然的，而国有科研院所也只能通过政府组织的“评审”结果取得评价和奖励。对科研院所来讲，通过评审，获得奖励的项目越多，下一年度能申请到的经费就越多，因此，为激励研究人员多申请立项，多数科研院所把政府“评审”的结果与参与项目研究人员的各种待遇、福利挂钩。正是这种体制本身产生了日益膨胀的对“评审”的需求，也扭曲了“评审”结果和科研激励机制。假如科研院所是民营机构，政府部门委托科研机构承担研究项目，二者之间就是一种契约双方之间的合同关系，政府部门不能以“上级领导”的身份对民营科研机构处处约束、发号施令，如此，由政府机构出面主持项目“评审”并决定项目成果的“等级”就不再是公允的安排了，那时需要由信誉良好的中介机构承担项目评估。

其七，加强大连市科技评价制度建设：①大连市应当组织制定《大连市科技评价管理办法》，根据科技部《科学技术评价方法（试行）》，地方政府应当根据该办法制定具体的实施办法。②应当由市科技局组织论证和建立一条全市统一的科技评价指标体系，其中应当根据项目、专业、成果门类、评审的程序（立项、资助、验收、成果认定、奖励）分类设计评价指标、评价重点、评价方式、评价程序、评价主持方、评价受托方、评价费用，形成全市统一的评价制度。③在指标体系的建设上要突出实现评价指标、评估标准、评价方法的量化和进行计算机处理，充分使科技评价科学化、透明化、网络化。④评价指标体系要更多注重产出率、效能、创新点，而不是国内先进、国内领先、国际领先等评语。⑤科技评价奖励制度改革要以激励自主创新为导向。⑥在科技计划项目验收上，一是发挥专家咨询的作用，二是将验收与科技成果鉴定、评奖、推广相衔接。

其八，建立独立的“大连市科技评估监督委员会”。《评价办法》第53条规定：委托方可以根据需要建立科学技术评价监督委员会。建立独立的监督机构，而不单是有依附于委托方的可有可无的监督机构。应当广泛利用社会力量的监督作用，严格评审过程的明示制度，特别是评审结论的明示制度，这会使专家对自己的评审结论负责，让评奖处于更加透明的状态中。

第二节　大连市城市创新能力和创新发展阶段评估

一、国内外区域创新体系评估研究

关于区域创新体系的评估研究，国际上权威竞争力评估机构和报告主要有：世界经济论坛（WEF）的《全球竞争力报告》、瑞士洛桑学院（瑞士国际管理发展学院）（IMD）的《国际竞争力年度报告》、《财富》、《商业周刊》、《福布斯》，还有世界银行的《知识评价矩阵和记分卡》、联合国发展计划署的《人类发展报告》等（王勤，2006）。

我国国家科技部制定了《科学技术评价办法》，对各种科技评估做出规范式的规定。国内数家机构也在做这方面的研究工作，其中有国家体改委研究所、中国人民大学竞争力研究中心以及国家经贸委经济研究中心。其中，2003 年底，国家经贸委经济研究中心推出《2001—2002 中国大型企业（集团）国际竞争力评价报告》。2005 年 11 月国家统计局还发布《我国企业自主创新能力评价指标体系》。

中国科学技术信息研究所的黎苑楚、郑春白、王阿洁、徐东、盛建新等曾经就“中国区域创新体系的系统功能评价及其特色”进行研究。他们的研究将中西部地区与东北、东部地区的区域创新体系系统功能进行了对比性的实证分析。东北师范大学国际关系学院的谷国锋、滕福星撰文探讨了“区域科技创新运行机制与评价指标体系研究”，他们通过分析区域科技创新的内涵、结构及其运行轨迹，指出影响其运行机制的内在因素和外部环境，并用模糊数学的方法，构建了区域科技创新的评价指标体系。我们可以借鉴上述评估方法，但是完整的体制评估体系有待建立。

由中国社会科学院倪鹏飞主编的《中国城市竞争力报告》的发表，将国内有关城市竞争力的研究推到了新一轮高潮。城市竞争力包括许多方面的内容，尽管许多研究者都将研究的重点放在与经济相关的城市综合竞争力上，但是城市的科技发展状况对于城市竞争力的影响也引起广泛的关注。在我国“科教兴国”战略的影响下，城市的管理者们也越来越关注其科技竞争力的状况。在倪鹏飞的《中国城市竞争力报告》中，科技竞争力是其城市竞争力模型系统的一个重要的子系统。该报告认为，科技越来越成为中国城市竞争力提升的重要内生力量，科学技术竞争力作用正在提升，表明中国城市经济素质的逐步提升，科技正在成为经济发展和竞争能力的主力，推动城市科技创新对提升城市综合竞争力将越来越重要。

国内外评估科技竞争力，分解出一级指标和二级指标。1997 年 IMD 的全球竞争力报告中有关科学与技术的指标中共有 5 项中级分类指标及 20 项细分类指标。中级分类指标包括有研究发展支出、研究发展人力、技术管理、科学环境、智能财产权等。

瑞士世界经济论坛（WEF）的科技竞争力评比指标中的技术类指标中包含 2 项中分类指标及 29 项细分类指标。经济合作与发展组织（OECD）、日本科技厅和美国佐治亚理工学院等机构也都做过有关科技方面指标体系的研究（张大群等，2008）。

1996～1997年，中国台湾经济研究院受经济部技术处委托执行整体产业科技竞争力的相关研究，其所编制的整体产业科技竞争力指标体系考虑层面包含有投入面、过程面的转换能力面、产出面、科技发展环境面及生产力绩效面等5个方面，共43项细分指标。

我国国家科技部推出了全国市、县、区科技进步考核指标体系，该指标体系包含了3个一级指标，8个二级指标和33个三级指标，较全面地反应了全国市、县、区科技进步的发展情况。倪鹏飞等在其城市竞争力报告中提出的有关科技方面的指标有科技实力指数、科技创新能力指数和科技转化能力指数等三大项共9个细化指标。

据中科院2004年测定的中国200个城市综合竞争力比较中，大连市在综合竞争力中排名第14位，综合市场占有率居31位，综合国内生产总值排名11位，综合就业增长排名16位，综合环境资源成本节约排名56位，综合生产率排名13位，综合收入水平排名22位。而在辽宁14个城市的上述指标中，大连市都居第一位。

二、大连市城市创新能力评估

为了测定大连市城市创新能力和创新型城市的发展阶段，我们参考了国内外区域创新指标体系，参考了国家统计局2005年11月发布的自主创新能力指标，选取几个重要指标作为创新能力综合指标的参数，提炼出一个总和指标：区域自主创新能力指数。并且，将区域创新能力的成长分为四个发展阶段。这四个阶段的自主创新能力指数得分大体为：

0～30分：前创新型区域经济。

31～50分：创新型区域经济初级阶段。

51～70分：创新型区域经济中级阶段。

71分以上：创新型区域经济高级阶段。

其中选取指标参数的原则，一是直接性，即能够直观地反映区域自主创新能力的指标，因而主要是相对数；二是可比性，即这些指标在国家与国家之间、城市与城市之间可以比较；三是简易性，即数据便于采集。

我们选取的六个基本指标包括：①区域技术对外依存度（技术自给率＝100%－技术对外依存度），权重20%；②技术进步对经济增长的贡献率，权重20%；③发明专利占全社会专利申请量的比重，权重15%；④高新技术产业产值占工业总产值的比重，权重15%；⑤研发投入（R&D）经费占GDP的比重（以美国4%为100单位，其他是4%的百分数），权重15%；⑥企业占社会R&D经费比重，权重15%。

根据上述六项基本指标的测算，作为国家来说，美国的区域自主创新能力指数为84.25，属于创新型国家高级阶段；中国区域自主创新能力指数为36.44，属于创新型国家初级阶段。

作为城市区域自主创新能力指数，深圳市达到60.64，为创新型区域经济的中级阶段；大连指数为37.985，为创新型区域经济的初级阶段。

可见，深圳市是我国创新型城市的典范。深圳有四个90%，即90%以上的研发机构设立在企业；90%以上的研发人员集中在企业；90%以上的研发资金来源于企业；90%以上的专利由企业申请，说明深圳市自主创新能力在全国遥遥领先。

大连市的自主创新能力低于深圳22.655%，高于全国1.545%，说明大连市在自主创新能力方面距离先进城市有较大差距，需要迎头赶上；而在全国发展水平上，大连具有一定的优势，应当争取成为自主创新的先导城市（表9-1）。

表9-1 中、美国家和区域的自主创新能力指数

自主创新能力指数	中国	美国	深圳	大连
1. 技术对外依存度/%	50	5	50	67
技术自给率（%）=100%－依存度	50	95	50	33
本项权重20%，得分	10	19	10	6.6
2. 技术进步贡献率/%	40	75	55	45
本项权重20%，得分	8	15	11	9
3. 发明专利所占比重/%	16.2	80	23	20
本项权重15%，得分	2.43	12	3.45	3
4. 高新产业产值占工业产值比重/%	13	60	53	46
本项权重15%，得分	1.95	9	7.99	6.9
5. R&D经费占GDP的比重/%	1.3	4	3.67	1.5
是4%的百分数/%	32.5	100	92	37.5
本项权重15%，得分	4.88	15	13.8	5.63
6. 企业占社会R&D经费比重/%	61.2	95	96	45.7
本项权重15%，得分	9.18	14.25	14.4	6.86
累计得分	36.44	84.25	60.64	37.985

资料来源：作者根据各国数据整理测算。

第三节 科技体制机制竞争力评价体系的设计

目前，国内外只有关于区域创新体系评估的研究，而关于科技体制机制竞争力的评估，尚没有成型的研究，尤其是如何评估体制和机制，评估这些体制的竞争力，尚需要人们深入研究。就城市之间的科技体制机制竞争力评价来说，重要的是设计体制竞争力的评价指标。

所谓科技体制机制竞争力，是指一定的科技体制机制对于区域创新能力的培育、激励、维护能力。它与社会的经济体制紧密相关又有所区别。一定的经济体制决定科技体制，但是在同样的经济体制条件下，不同区域的科技体制机制又有所差别，其中最大的差别就在于每个城市向科技创新活动的倾斜程度不同。因而，应当对不同地区的科技体制竞争力进行比较评价，寻求较为有效的科技体制机制。

一、科技体制机制竞争力评估指标体系的设计原则

目前，国内外对创新能力评价和创新体系评价较为成熟。但是，关于科技体制创新评价和创新环境评价还缺少公认的指标体系和评价方法。

如何科学评价创新环境的优劣、评价体制竞争力、政策效能是一个艰难的任务。一则很难设立直接评价体制机制本身效能的指标体系；二则很难取得相应的数据；三则缺少直接评估体制机制效能的评估方法。

这里主要讨论制度因素对于科技创新的作用。力求提出城市科技体制竞争力评价体系和科技中介体系评价指标。提出完善的科技体制和机制标志以及指标体系（包括科学技术活动的组织体系和管理制度，如组织结构、运行机制、知识产权价值评估、专利申请规模、技术交易市场、科技国际交流和国际惯例、科研机构效能、科技管理原则等）。

直接评估科技体制机制竞争力的指标，是度量科技体制机制完善程度的工具，要使这种测度工具有效而可信，测评结果能全面、客观、准确地反映区域科技体制、机制建设的实际水平和发展趋势。

评价指标体系的设计应遵循以下基本原则：

其一，“三个有利于”原则。科技体制机制创新的目标应为：①激励创新活动和创新人才；②整合科技资源、提高创新资源效能；③强化市场导向、政府推动、企业为主体、产学研一体化的创新体系建设；④具有科学性、民主性和公平公正性。

其二，突出重点，指标少而精原则。评价应定位于绩效（成果）评价，指

标的设置应抓住关键，创新效能指标、创业环境指标、经济与科技协调性指标、国际化指标是反映科技体制机制状况的重要指标，其中创新效能和创业环境是基础，是科技体制机制评价的关键。各项指标的重要程度通过权重的设置来体现。

其三，主观评价与客观评价相结合的原则。鉴于科技体制机制不同与创新活动，一些制度因素难以用数据直接体现，应通过建立专家评价制度，将主观评价与客观评价指数化，编制数学模型。

其四，定量与定性指标相结合原则。评价指标尽可能以定量指标为主，但全部采用定量指标也不能完整地反映科技体制机制的绩效，要有一些描述的定性指标。

二、科技体制机制竞争力评价指标体系

如上所述，科技体制机制竞争力的含义是指一定的科技体制机制所产生的创新绩效。评价科技体制机制竞争力比较困难，它虽然可以通过专利申请量、科技进步率、科技对外依存度、自主知识产权拥有量等一套间接指标来表示，但是，最有说服力的还是建立一套直接体制评价指标。

这种直接指标可以直接反映一个城市的科技体制机制的优劣和完备与否。我们认为，能够直接反映科技体制机制的指标可以分为一级指标和二级指标。其中，一级指标应当包括企业作为创新主体的功能发挥程度、科技市场和知识产权市场的完备程度、政府科技制度政策导向作用程度、科技投融资的便利程度、科技中介服务的完备程度。

直接指标包括5个一级指标群：

（1）企业作为创新主体功能的发挥程度主要表现为企业作为创新主体的作用程度、产学研一体化程度。

（2）科技市场和知识产权市场的完备程度即知识产权保护程度、技术成果交易量占国内生产总值比重。

（3）政府科技制度和政策导向作用程度、公共科技资源的集中程度；主要表现为公共科技资源的集聚程度和导引程度；科技政策与经济政策的衔接程度；科技法规的完备程度。

（4）科技投融资平台的完备程度，主要表现为创新投入渠道和机制的作用。

（5）科技中介服务体系的完备程度，主要表现为创新中介服务作用。

为了反映上述一级指标，我们设定了以下各类二级指标：

（1）企业自主创新能力。二级指标包括：①R&D经费支出占工业企业销售收入比例；②工业企业科技活动经费支出占产品销售收入比例；③规模以上企业开展科技研发活动企业比例；④企业研发投入占社会研发投入比重；⑤新产品开

发经费占科研活动经费比例；⑥企业研发投入占销售收入的比重；⑦企业专利申请量占社会比重；⑧企业研发人员占职工人数比重；⑨企业研发人员占社会研发人员的比重。

(2) 公共科技资源的导向程度。①政府科技三项费用占财政支出的比重；②高新技术产业产值占工业总产值比重；③城市科技创新资金的规模；④科技创新资金的管理绩效；⑤科技创新资金的补偿注入速度；⑥政府采购占专利采购的比重；⑦技术创新资金中政府资金所占比重；⑧更新改造投资占固定资产投资比重。

(3) 科技成果转化渠道和知识产权市场的完善程度。①技术产权交易市场交易额占地区生产总值的比重；②发明专利占申请专利比例；③科技成果转化率；④专利申报批准率；⑤孵化器的数量；⑥孵化器规模。

(4) 科技投融资渠道和平台的完备程度。①更新改造投资占社会固定资产投资的比例；②R&D 经费支出占科研经费支出；③技术创新资金中企业所占比重；④风险投资占企业创业投资比重；⑤风险投资占高新技术企业的股权比重；⑥外资创业投资占社会创业投资比重；⑦创新型企业上市融资比重。

(5) 科技中介体系完备程度。①科学家和工程师占科研活动人员数比重；②教育事业费占一般地方财政支出的比重；③科技中介机构种类；④科技中介机构数量；⑤科技中介机构营业额；⑥科技中介组织的行业协会；⑦外资科技中介机构比重。

鉴于我国各个城市公布的数据不统一、不完备，我们无法将上述所有指标一一扰括在内，只能运用所能得到的数据，简单地列出比较结果。

第四节 科技体制机制效能的几种评价方法

为了更好地评估城市的科技体制机制效能，我们研究了相对数排序法、基准值倍数法和综合指数法等几种评价方法，作为评价科技体制机制效能的评价指标和评价方法。

一、相对数排序法

一些指标可以运用相对数排序法直接进行比较。例如，政府科技政策体制的导向程度，包括其运用的科技政策和所掌握的科技资源，尤其是在地方一般预算支出中，科技资金和教育资金的投入比重。

可以按照一些相对数数据值高低排序，分列出城市科技体制效能的高低。当前我国一些创新能力较强的城市，如北京、天津、上海、青岛、西安、深圳、沈阳、杭州、宁波和大连等，我们从中选取比较直观的几个代表性数据进行比较。其中，在地方财政一般预算支出中，科学事业费的支出比重表明该城市政府对科学事业的重视程度，而教育事业费比重表明城市政府对基础创新能力的倾斜程度。

根据表9-2，2004年这十个城市中，科学事业费占一般财政预算支出比重最高的是沈阳和杭州，大连位于倒数第二；教育事业费最高的为青岛，大连为倒数第一。

表9-2　2004年各主要城市科学事业费和教育事业费占地方财政一般预算支出的比重

城　市	一般预算支出/亿元	科学事业费/亿元	比重/%	教育事业费/亿元	比重/%
北京	898.94	13.25	1.47	125.71	13.98
上海	1395.69	13.51	0.97	155.35	11.13
天津	375.02	2.29	0.61	55.40	14.77
青岛	164.06	0.25	0.15	26.41	16.10
沈阳	168.10	4.22	2.51	22.33	13.27
西安	84.20	0.94	1.12	10.75	12.77
深圳	348.95	1.53	0.44	38.9	11.15
杭州	195.63	5.31	2.71	30.78	15.73
宁波	215.95	0.63	0.29	26.17	12.12
大连	170.31	0.44	0.26	16.85	9.89

注：深圳的各项数据为2003年的。

资料来源：根据第21届统计信息交流会秘书处《直辖市、副省级市经济特区和沿海开放城市统计资料汇编2004》整理测算。

二、基准值倍数法

考虑到数据取得的困难和可比较程度，我们对科技体制机制竞争力的指标数据，采取基准值倍数法，取得各城市的相关数值，以便于比较。

具体办法为：以全国平均值作为基准值，以基准值为基数，其他地区的数值是基准值的倍数。例如，2003年全国研发经费占国内生产总值的比例为1.31%。以1.31%为基准数，大连当年为1.12%，则大连这项指标数值为1.12%÷1.31%=0.855。深圳市为3.67%÷1.31%=2.8。我们选取R&D经费占地区生产总值比重、技术市场交易额占地区生产总值比重、科技三项费用占地方一般财政支出比重等三个指标，这三个指标是全国平均数的倍数越高，说明该地区科技发育越高（表9-3）。

表 9-3 2004 年各城市基准值倍数

城市	R&D 经费占地区生产总值比重/%	倍数	技术市场交易额占地区生产总值比重/%	倍数	科技三项费用占财政支出比重/%	倍数
全国平均	1.3	1	0.93	1	1.69	1
北京	5.6	4.3	7.25	7.80	0.87	5.2
上海	2.34	1.8	2.28	2.45	0.14	8.3
天津	2.0	1.54	1.72	1.73	2.5	1.48
青岛	2.2	1.69	0.19	0.20	1.9	1.12
西安	0.61					
深圳	4.34	3.34	3.2	3.44	1.4	0.83
大连	1.5	1.15	0.8	0.86	1.16	0.69

注：青岛和深圳的各项数据为2005年的。

资料来源：作者综合各地区2004年统计数据整理测算。

根据表基准值倍数计算：

其一，R&D经费占地区生产总值比重的基准值倍数，以北京为最高，倍数4.3；深圳为第二，倍数3.34；大连最低为1.15倍。

其二，技术市场交易额占地区生产总值比重反映该城市的科技市场发育程度，其中最高的是北京7.25倍，其次是深圳3.44倍，最低是青岛0.2倍和大连0.83倍；

其三，科技三项费用占财政支出比重，上海最高为8.3倍，大连最低为0.69倍（其中深圳该项指标值较低0.83倍，说明该城市科技资金更多地依靠市场和企业）。

第五节　城市科技体制机制竞争力综合指数

综合指数法是比较全面综合的评价方法，但是限于各城市的指标数据难以一一对应，我们只能选取相应的数据，作为评价的代表性指标，形成我们的评价基础。为此，本课题本章讨论的综合指数法，方法比结论更具意义。

我们已对科技体制机制创新效能给出定义，它是指一定的科技体制机制对于区域创新能力的培育、激励、维护能力。一定的合理、科学的科技体制机制在其运行过程中总会产生一定的科技创新效能。为了比较不同城市的科技体制机制的效能和竞争力，我们就需要将各种不同的指标数值加以综合加权，提炼出一套综合指数，用以综合反映不同城市的体制机制效能。我们把这个综合指数称为“城市科技体制机制效能指数”。

一个指标体系是否能投入实际应用，其指标权重的确定至关重要。其实在指标体系的建立过程中，权重就已经纳入了研究的内容。确定权重的方法与指标体系的建立方法直接相关。一般来说，利用层次分析等较为定性的指标体系建立方法时，权重的确定往往靠专家评议打分。这种方法主观性较强，较为权威，但有时会很难集中专家的意见。采用因子分析等定量分析方法则主要利用样本数据进行模拟，分析计算出各级指标的权重。这种方法较为客观，但对数据的要求也较高。

本书提出的指标体系是在定性分析的基础上，先提出一个指标体系，然后再用因子分析等定量分析方法计算各级权重。在用样本数据进行模拟时，可能要对已有的部分指标进行调整，完善其体系结构，以便能够适用于实际的研究。

下面，我们就 2004 年北京、深圳、杭州、宁波、青岛、上海、天津、西安和大连 9 个城市的各项指标数值进行权重评分，计算出这些城市的体制机制创新能力综合指数。

其中，①企业创新主体的作用程度（权重 25%）；②政府公共创新资源导向作用（权重 20%）；③科技市场和知识产权市场化程度指标（权重 15%）；④科技投融资体制作用（权重 15%）；⑤科技中介服务体系完备程度（权重 10%）。

$$\text{某城市科技体制机制效能综合指数} = \sum_{i=1}^{n} \text{子项指标值}\, i \times \text{子项分权重值}\, i \times 100\%$$

我们以 2004 年各城市数据为基准，进行如下测算（表 9-4 ~ 表 9-9 系作者估算）。

表 9-4　企业创新主体的作用程度指标（权重 25%）

9.4.1　R&D 经费支出占工业企业销售收入比例（%）和得分（本项分权重绝对值 8）

城市	北京	深圳	杭州	宁波	青岛	上海	天津	西安	大连
比例/%	1.2	1.04	0.64	0.37	1.22	0.61	0.49	1.5	1.3
得分	9.6	8.32	5.12	2.96	9.76	4.88	3.82	12	10.4

9.4.2　工业企业科技活动经费支出占产品销售收入比例（%）和得分（本项分权重绝对值 7）

城市	北京	深圳	杭州	宁波	青岛	上海	天津	西安	大连
比例/%	1.5	1.42	1.0	0.75	1.84	1.52	1.31	3.2	1.3
得分	10.5	9.94	7	5.25	12.88	10.64	9.17	22.4	9.1

9.4.3　规模以上企业开展科技研发活动企业比例（%）和得分（本项分权重绝对值 5）

城市	北京	深圳	杭州	宁波	青岛	上海	天津	西安	大连
比例/%	32.24	21.2	9.2	10.9	8.7	8.5	11.2	24.2	14
得分	161.2	106	46	54.5	43.5	42.5	57.5	121	70

续表

9.4.4 新产品开发经费占科研活动经费比例（%）和得分（本项分权重绝对值5）

城市	北京	深圳	杭州	宁波	青岛	上海	天津	西安	大连
比例/%	45	50.0	49.3	73.7	53.1	49.2	26.4	31.8	30
得分	225	250	246.5	368.5	265.5	246	132	159	150

9.4.5 第一项合计得分

城市	北京	深圳	杭州	宁波	青岛	上海	天津	西安	大连
得分	406.3	374.26	304.62	431.21	331.64	304.2	202.49	314	239.5

注：各城市得分＝各城市比例绝对值×相应项权重绝对值

表9-5 政府公共创新资源导向作用（权重20%）

9.5.1 政府科技三项费用占财政支出比例（%）和得分（本项分权重绝对值10）

城市	北京	深圳	杭州	宁波	青岛	上海	天津	西安	大连
比例/%	0.87	1.4	1.2	1.7	1.9	1.4	2.5	1.2	1.16
得分	8.7	14	12	17	19	14	25	12	11.6

9.5.2 高新技术产业产值占工业总产值比例（%）和得分（本项分权重绝对值10）

城市	北京	深圳	杭州	宁波	青岛	上海	天津	西安	大连
比例/%	32.9	17.41	9.6	26.54	25.3	28.2	23.8	18.7	28
得分	329	174.1	96	265.4	253	282	238	187	280

9.5.3 第二项合计得分

城市	北京	深圳	杭州	宁波	青岛	上海	天津	西安	大连
得分	337.7	188.1	108	282.4	272	296	263	199	291.6

注：名城市得分＝各城市比例绝对值×相应项权重绝对值

表9-6 科技市场和知识产权市场化程度指标（权重15%）

9.6.1 技术市场交易额占地区生产总值比例（%）和得分（本项分权重绝对值10）

城市	北京	深圳	杭州	宁波	青岛	上海	天津	西安	大连
比例/%	7.25	3.2	2.1	0.9	0.19	2.28	1.72	0.61	1.8
得分	72.5	32	21	9	1.9	22.8	17.2	6.1	18

9.6.2 发明专利占申请专利比例（%）和得分（本项分权重绝对值5）

城市	北京	深圳	杭州	宁波	青岛	上海	天津	西安	大连
比例/%	39.96	60.00	37.5	22.1	13.14	37.6	81.7	26.6	19.9
得分	199.8	300	187.5	110.5	65.7	188	408.5	133	99.5

9.6.3 第三项合计得分

城市	北京	深圳	杭州	宁波	青岛	上海	天津	西安	大连
得分	272.3	332	208.5	119.5	67.6	210.8	425.7	139.1	117.5

注：各城市得分＝各城市比例绝对值×相应项权重绝对值

表 9-7 科技投融资体制作用（%）（权重 15%）

9.7.1 更新改造投资占社会固定资产投资比例（%）和得分（本项分权重绝对值 10）

城市	北京	深圳	杭州	宁波	青岛	上海	天津	西安	大连
比例/%	14.42	8.0	9.4	4.6	4.68	3.95	22.13	14.80	14.1
得分	144.2	80	94	46	46.8	49.5	221.3	148	141

9.7.2 R&D 经费支出占城市科研经费支出比例（%）和得分（本项分权重绝对值 5）

城市	北京	深圳	杭州	宁波	青岛	上海	天津	西安	大连
比例/%	58.8	73.18	58.99	45.4	59.6	40.04	35.36	38.37	32
得分	294	365.9	284.95	227.5	298	200.2	176.75	191.85	160

9.7.3 第四项合计得分

城市	北京	深圳	杭州	宁波	青岛	上海	天津	西安	大连
得分	438.2	445.9	388.95	273.5	344.8	249.7	398.05	339.85	301

注：各城市得分 = 各块市比例绝对值 × 相应项权重绝对值

表 9-8 科技中介服务体系完备程度（%）（权重 10%）

9.8.1 科学家和工程师占科研活动人员比例（%）和得分（本项分权重绝对值 5）

城市	北京	深圳	杭州	宁波	青岛	上海	天津	西安	大连
比例/%	73.21	81.2	70.0	53.9	58.6	63.6	55.3	47.3	45
得分	366.05	406	350	269.5	293	318	276.5	237.5	225

9.8.2 教育事业费占一般地方财政支出比例（%）和得分（本项分权重绝对值 5）

城市	北京	深圳	杭州	宁波	青岛	上海	天津	西安	大连
比例/%	13.98	11.15	15.73	12.12	16.10	11.13	14.77	12.77	9.89
得分	69.9	55.75	78.65	60.6	80.5	55.65	73.85	63.85	49.5

9.8.3 第五项合计得分

城市	北京	深圳	杭州	宁波	青岛	上海	天津	西安	大连
得分	435.95	411.75	428.65	329.5	373.5	373.65	350.35	301.35	274.5

表 9-9 上述五项“城市科技体制机制竞争力综合指数”总计得分

城市	北京	深圳	杭州	宁波	青岛	上海	天津	西安	大连
得分	1890.45	1752.01	1438.72	1436.11	1389.54	1434.35	1639.59	1138.3	1224.1

根据上述测算，我们可以得到如下结论：

其一，“城市科技体制机制竞争力综合指数”以北京为第一，为 1890.45 分；深圳其次，为 1752.01 分；西安倒数第一，为 1138.1 分；大连倒数第二，为

1224.1分。由此看来，大连市科技体制机制的创新效能不容乐观，需要我们认真研究考察其他城市的体制机制长处，加快体制创新步伐。

其二，企业作为创新主体的作用程度指标，宁波第一，为431.21分；大连倒数第二，为239.5分。这一指标说明大连市企业作为创新主体的作用发挥，有待于大力推进，否则难以担负创新型城市建设的基础作用。

其三，政府公共科技资源导向作用程度指标，北京第一，为337.7分，大连第三为291.6分。政府公共资源的导向作用靠前，可以从两个方面解释，一是这些城市政府着力在政府资源导向作用方面发挥强有力的作用；另一方面也说明，北京、大连等城市创新动力很大程度上依赖政府的推动，企业和市场作用发挥不够。

其四，科技市场和知识产权市场化程度指标，天津第一，为425.7分；大连倒数第二，为117.5分。大连市市场发育不良，不仅是科技市场，也包括资本市场等高端市场，这是大连市与其他南方城市创新活动的最大差距。

其五，科技投融资体制完备程度指标，深圳第一，为441.5分，大连倒数第三，为301分。科技资金是城市创新的血脉，大连市资本市场发育不足，导致科技投融资平台的薄弱和投融资渠道的单一，需要认真推进投融资体制的创新。

其六，科技中介服务体系完备程度指标，北京第一，为435.95分；大连倒数第一，为274.5分。与科技市场发育不足相一致，科技中介服务的分工不足、专业化不足，成为制约大连科技创新的重要瓶颈。

第六节 依靠科技进步，建设科学发展示范城市

党的十六届三中全会提出“以人为本，全面、协调、可持续发展的科学发展观”，开拓了马克思主义发展理论的新境界。党的十七大报告又高度概括了科学发展观的核心和基本要求。为建设北方科学发展示范城市，体现以人为本、全面、协调、可持续四个原则，突出科学发展示范城市的规律性、领先性和典范性。必须将城市经济发展建立在科学技术进步的基础上。

深入贯彻实践科学发展观，提升经济发展质量是指经济发展的水平问题，其中经济发展的信息化、高科技含量成为经济发展水平的重要标志。中国目前已有100多种制造产品的产量成为世界第一，但我国企业及其品牌在国际市场上的信誉度和影响力仍然比较低，其根本原因在于我国缺少核心技术，重要产业自主创新能力不足。在高新技术产业，外国公司拥有的知识产权占有绝对优势。在生物医药领域，90%以上药物专利为发达国家的企业所拥有；在DVD行业，我国相当多的企业因交不起国际专利费而倒闭；在通信、半导体、计算机等行业，外国公司获得授权的专利数超过60%；在汽车制造领域，真正的国产车仅占10%。

由于缺少核心技术，缺少自主知识产权，我国在国际产业分工中仍处于低端位置。为此，提升经济发展质量，最根本的是提高我国的自主创新能力。从体制机制入手，加快以企业为主体的技术创新体系建设，支持企业大力开发具有自主知识产权的关键技术，打造知名品牌。坚持先进技术引进和消化、吸收、创新相结合。依托重大工程项目，开发具有自主知识产权的核心技术。完善鼓励创新的政策体系，实行有利于技术创新的财税金融等政策，大力加强知识产权保护。同时，加大政府和企业的研发投入，进一步提高研发投入占生产总值和营业收入的比重。

依据科学发展观，统筹考虑大连的自然资源和禀赋，在城市定位上，应当明确大连不应当是一般的工业城市，而应当是建立在高新技术基础上“类香港现代服务型城市”。

在产业选择上，要突出“高知识密集度”、“高附加值”、“高技术含量”的特点。大连是东北亚重要的口岸城市，现代物流和贸易中转是大连的天然优势，大连的现代服务业的发展定位应该是“口岸型现代服务业先导城市”。其一，以口岸现代物流为核心，重点发展电子商务、仓储配送、运输分拣、货代报关、结算理赔、金融保险、税务代理、法律咨询、担保融资、信托基金、典当租赁、市场调查、国际商务代理、展销会议、投资中介、项目评估等产业。其二，以口岸金融为特色，全力打造与国际航运中心相匹配的多功能现代金融中心。大连作为全国重要的期货交易中心、东北地区唯一的外汇交易中心、外资金融保险机构集聚地和离岸金融基地，不仅要加大吸引外资金融资本的力度，还要加快城市的金融创新，加快建设金融控股集团和跨国投资机构。其三，以造船、装备制造、石化、电子机械等四大龙头产业为轴心，推动生产性服务向产前、产中、产后延伸，加快研发、检测、维修、工程设计、项目管理、技术培训、供应链管理、仓储、零部件配送、售后服务等相关服务链的发展。其四，以软件制造为产业平台，全面推进大连的通信服务、广播电视服务、网络服务、视像服务、软件技术支持、软件外包服务、软件人才培训等信息化服务业。截至2007年，仅软件服务业销售收入已经超过200亿元，相关企业超过7000多家，是大连具有广阔前景的产业。

工业化项目选择上，要突出技术创新和“三低”的标准。到2010年以及2015年，全市传统工业通过改造升级，技术水平要有明显提升，能耗有明显降低；先进装备制造业技术水平要接近或达到发达国家的水平，能耗和污染降低指标要进入国际先进行列。其中，石化工业要重点发展附加值高的乙烯及其中下游产品和精细化工产品，拉长产业链，营造多元化的石化产业集群；造船工业以VLCC油轮、海上钻采平台、化学品船、液化气船、滚装船、新型导弹驱逐舰、第五代集装箱船、FP-SO等为主导产品，达到或接近世界先进水平；港口制造业重点拓展门吊、起重设备、集疏运设施、第五代集装箱的制造和生产技术以及超大型船坞的建设和设备制造；装备制造业要依托重工、起重集团、冰山集团及机车、叉车等重点骨干企业，瞄准国家重点建设急需的关键成套设备，提高研发水平，使之成为我市具有自主知识产权的装备制造业主导产品；新型制造业要重点开拓汽车及零部件制造业，在轮胎、汽车发动机、汽车空调、万向节、轴承、车用精制钢材等领域，形成规模优势；在电子信息制造业，重点发展数字化视听、车（船）用电子、移动通信、光电子与新型平板显示器、集成电路、工业控制电子、计算机与外部设备、医疗电子移动通信等八大系列产品。

发展战略选择上，要突出依靠创新驱动战略，以提升发展质量。创新是经济发展的强大动力，是产业升级、发展方式转变的前提。提升自主创新能力，建设创新型国家被列入国家战略。率先振兴，更需要依托创新驱动。大连在建设学习型城市和争创创新型城市中，突出创新驱动：①大连技术创新的特点在于“以引进消化吸收再创新为重点，推动原始创新和集成创新”。凭借这一创新模式，大连机床集团、光洋科技、大森数控研发的中高档数控系统和机床关键功能部件在全国确立了领先地位。②全力推进高新技术产业化。软件信息、电子元器件、新材料、新能源、生物制药、海洋生物等构成大连高新技术产业化的重点。2007年大连高新技术产业增加值575亿元，增长36.9%，占地区生产总值比重18.4%。③以制度创新推进技术创新。通过政府引导，强化企业的创新主体地位，推进官产学研资服六位一体的创新服务平台建设，加强专业化、国际化、综合化孵化器建设。④实施知识产权战略，推动由大连制造向大连研制转变。

要依托国家重点科技园区和本土科技创新园区，倾力打造现代科技创新的产业集群，发展科技主导产业和大项目，打造重点产业集群，做大做强产业链。产业集群是以关键技术和产品为核心的相关企业在空间上的集聚，而产业集群内在的凝聚力来自产业内部的产供销、零部件和技术支持等产业链条，它们构成城市快速崛起的强大支撑力量。①通过辽宁核电、韩国造船、烟大火车轮渡、大窑湾港区二期、汽车码头、英特尔芯片等大项目建设，推动了现代装备、造船、口岸设施、电子信息与软件等重点产业蓬勃发展，突出四个基地支柱作用。“一岛十区”要成为发展先进制造业的集聚区。②以重大高端项目集群式推进以汽车整体配套为重点的临港装备制造业聚集区、以发展大型装备及部件为重点的临海装备制造业聚集区、以发展造船业为重点的船舶和海洋工程及配套产业带的“两区一带”建设。③通过船舶部件、电子器件、汽车配件等园区建设，着力培育一批集工程设计、产品开发、设备制造、工程成套、技术服务为一体的大型企业集团和重大技术装备工程中心，提高专业化分工和合作水平，带动配套企业向“专、精、特”方向发展，努力形成若干各具特色、重点突出的产业链，增强区域配套的社会化和本地化能力。

参考文献

陈丽佳.2004. 国内外科技中介服务机构政策环境建设探析. 广东科技,(6):18
大连市人民政府.2006-06-27. 大连市人民政府关于印发提高自主创新能力若干规定的通知. 大连日报,4
杜辉.2006. "创新型城市"的内涵与特征. 大连干部学刊,(2):34
杜辉.2007. 大连市科技体制机制创新的基本思路. 东北财经大学发展研究参考,(13):1~16
杜辉.2009. 大连科技创新30年. 大连干部学刊,(1):19
冯之浚.2006. 中日科技创新的现状与发展. 中国科技论坛,(2):10
傅正华,林耕.2006-11-14. 美国的技术转移. 科学时报,3
葛恒云.2006. 国外科技体制创新及其对我国的启迪. 未来与发展,(8):16
龚旭.2008. 构建经济强国的科技创新体制——日本科技体制改革的政策解析. http://www.govyi.com/lunwen/2008/200810/266819.shtml [2008-10-30]
广东省科技厅成果处.2007. 对日本和韩国科技中介服务体系的考察. 广东科技,(125):28
国际科学技术发展报告课题组.2005. 若干国家(地区)的科技发展规划. 辽宁科技参考,(11):8
国家计委规划司、科技司产业技术政策课题组.1998. 产业技术政策的国际比较研究(课题报告). http://www.sdpc.gov.cn/fzgh/yjdt/t20050602_6113.htm [2005-06-02]
国务院.2006-02-09. 国家中长期科学和技术发展规划纲要(2006—2020年). 新华社北京2月9日电. 中央人民政府网站 http://www.gov.cn [2006-02-09]
何宏.2004. 德国亥姆霍兹国家研究中心联合会介绍. 中国基础科学,(5):55~59
黄群.2007. 德国赫尔姆霍茨联合会新的总体战略. 科学新闻,(12):14~16
黄先智.2003. 美国科技政策的演变及特点. 云南科技管理,16(2):3
科技部.2006. 关于印发《关于国家科技计划管理改革的若干意见》的通知. http://web.online-degrees-a.org/dxyz-b1121-80-t-7286347 [2006-10-16]
科技部.2006-01-17. 关于印发《关于国家科技计划管理改革的若干意见》的通知. 科技部门户网站 http://www.most.gov.cn [2006-01-17]
科技部.2006-07-31. 关于国家科技计划管理改革的若干意见. 科技部门户网站 http://www.most.gov.cn [2006-07-31]
科技管理编委会.2005. 科学技术工作管理规章制度全集. 北京:中国科技文化出版社.184
李菲,邓卫华.2006-06-20. 专利申请大国有"制造"无"创造". 大连日报,4
辽宁省科技厅.2009-02-11. 关于建立健全科技创新机制的意见. 辽宁日报,2
林耕.2005. 国外科技中介机构运作模式及思考. 北京技术市场,(6):1

刘丽 . 2007-12-23. 大连科技产业孵化基地创新发展成就显著 . 中国高新技术产业导报，4
刘晓华 . 2009-01-16. 依靠创新提高竞争力 . 大连日报，4
刘秀玲 . 1999. 建立起有效的科技投资机制 . http：//www. cycnet. com/cysn/kijj/luntan/forum99/000929041. htm（内部资料：99 中国青年科技论坛）
刘志民，郭霞，倪浩 . 2007. 国外农村科技服务的组织框架与政策法规探析 . 科技与经济，(5)：41
吕薇 . 2002. 中国开发区模式及评价 . 西部观察，5：17
迈克尔·波特 . 2002. 国家竞争优势 . 北京：华夏出版社 . 34
梅永红 . 2003. 三中全会是中国科技体制改革第三个里程碑 . 瞭望周刊，(10)：29
田琳琳 . 2008-11-24. 在深化改革中实施知识产权战略 . 大连日报，4
王勤 . 2006. 当代国际竞争力理论与评价体系综述 . 国外社会科学，(6)：32 ~ 38
魏达志 . 2005. 科技全球化背景下大国开展国际合作的方式及启示 . 科技进步与对策，(6)：4
徐冠华 . 2002-12-02. 我国科技中介机构发展的目标和任务 . 中国信息导报，(3)：38
徐冠华 . 2006-05-09. 国家科技计划体系走向廉洁高效 . 科技日报，1
徐冠华 . 2006-05-24. 企业是技术创新的主体 . 人民日报（海外版），1
张大群，李晓轩，刘文斌 . 2008. 若干西方国家评估规范的特点与模式 . 科学学研究，26（z1）：116 ~ 123
张海华，张志强 . 2006. 德国亥姆霍兹联合会科研资助基本情况及地球科学领域资助状况 . 见：张志强，张海华等 . 国际科学基金地球科学资助战略分析与我国比较研究 . 北京：中国环境科学出版社 . 130 ~ 138
张孝德 . 2002. 国外风险投资机构在中国投资的特点及发展趋势 . 东南大学学报（哲学社会科学版），(6)：65 ~ 67
赵瑾璐，霍晶 . 2006-10-18. 浅析企业成为自主创新的主体 . 北京社科规划办：3
中共中央 . 2005-10-19. 中共中央关于制定国民经济和社会发展第十一个五年规划的建议 . 人民日报，1
中共中央国务院 . 2006. 关于实施科技规划纲要增强自主创新能力的决定 . http：//news. 163. com/06/0209/14/29HD3DI40001124L. html［2006-02-09］
中国科学院成都情报文献中心 . 2005. 美、日、欧盟、俄、韩、印度、菲律宾等国制定科技规划（计划）的共同特点 . 科学研究动态监测快报，1
Chubin D E. 1994. Grants peer review in theory and practice. Evaluation Review，(18)：20 ~ 30
Edquist C. 1997. Systems of Innovation：Technologies，Institutions and Organizations. London：Pinter
Freeman C. 1987. Technology and Economic Performance：Lessons from Japan，London：Pinter . 197
Lee M. 1996. Evaluation of national R&D projects in Korean. Research Policy，(25)：805 ~ 818
Tang W W. 2001. WTO Expansion and Its Impact on APEC. “East Asia：Regional Development and Outlook”，September 21st

“21世纪科技与社会发展丛书”

第一辑书目

《国家创新能力测度方法及其应用》
《社会知识活动系统中的技术中介》
《软件产业发展模式研究》
《软件服务外包与软件企业成长》
《追赶战略下后发国家制造业的技术能力提升》
《城市科技体制机制创新》
《休闲经济学》
《科技国际化的理论与战略》
《创新型企业及其成长》
《劳动力市场性别歧视与社会性别排斥》
《开放式自主创新系统理论及其应用》

男释

——陈博士释解男士健康

陈　亮　编　著

U0808644

中国协和医科大学出版社

图书在版编目（CIP）数据

男释：陈博士释解男士健康／陈亮编著．—北京：中国协和医科大学出版社，2011.3

ISBN 978－7－81136－475－0

Ⅰ．①男…　Ⅱ．①陈…　Ⅲ．①男性－保健－基本知识　Ⅳ．①R161

中国版本图书馆 CIP 数据核字（2011）第 014187 号

男释——陈博士释解男士健康

编　　著：陈　亮
责任编辑：韩　鹏

出版发行：中国协和医科大学出版社
（北京东单北大街 69 号　邮编 100005　电话 65260378）
网　　址：www.pumcp.com
经　　销：新华书店总店北京发行所
印　　刷：北京丽源印刷厂

开　　本：700×1000　1/16 开
印　　张：10.25
字　　数：120千字
版　　次：2011 年 5 月第一版　　2011 年 5 月第一次印刷
印　　数：1—5000
定　　价：25.00元

ISBN 978－7－81136－475－0/R·475

（凡购本书，如有缺页、倒页、脱页及其他质量问题，由本社发行部调换）

顾问委员会

主任委员： 王明晓　李德清

副主任委员： 王翔洲　杨宝贺　王继唐　张　斌　曾庆玉　周　正　屈　正

委　　员： 王洪武　钟　伟　张艳蕾　王华敬　晋志高　吕　键
张　楠　高　艳　胡　强　邹阳春　邵俊彦　王　静
王成纲　何晓蕴　李长新　李洪梅　付国庆　周云芝
胡　波　袁　英　潘国忠　刘　鹏　周卫东　刘爱英
陆　英　李　蕾　石殿鹏　吴承芳　张　伟　李武德
杨万石　肖克明　王奎生　孙汝山　李贵舟　线小英
秦怀海　郭瑞京　鲁克宇　靳文毅　李广太　王俊阁
李祖长　于书香　侯一军　黄曼维　吕　强　王　琳
孙　娟　许惠敏　李　静　王法成　李宝平　王质刚
李启忠　杨建峰　李　军　钟秀玲　杨　进　任俊杰
沈雪莲　钟　明　韩广程　李文秀　吴　迪　李昀生
许　慧　王兆霞　王应利　王春玲　史振伟　闫迎军
张　涛　张文静　杨连军　陈　钢　单文卫　周艳秋
金光韡　顾菲菲

序　言

随着现代化的飞速发展，人类在创造物质财富的同时，环境污染，工作压力和竞争加重，饮食结构变化等，导致了男性健康状况的滑坡，男性健康问题越来越受到重视。

但是，目前我国男科学专业人才极其缺乏，多数医院有妇科而没有男科，这种现实医疗环境的限制以及男性患者受传统观念的影响较大，导致众多男性患者未能得到正规专业医师及时规范的诊疗，延误诊治良机，误诊误治浪费资金，严重影响身心健康及家庭幸福，故男科专业知识的宣传普及工作非常必要。

有鉴于此，陈亮医师编写了这本《男释》，用通俗易懂的语言解析了当前男科学常见病多发病，特别是对治疗做了很规范的讲解，应该说，非常实用，很适合广大的男性朋友，以及所有的关爱健康的人们阅读。另外，这本书由中国医学科学院科普中心推出，编辑制作精美，本书语言流畅，通俗易懂，体现了作者很好的文字驾驭技巧。

我们一直在开展“创普男人健康工程”，呼吁重视男科健康知识普及，提高男科疾病治疗水平。陈亮医师在取得北京大学医学部泌尿男科博士学位后，一直从事男科和泌尿外科的临床和科研工作，能在繁忙的临床工作之余，倾注精力撰写科普书籍，难能可贵。

衷心祝贺这本书的出版，希望此书在普及健康知识中发挥作用，我也期待更多的专业医师参与进来，期望出现更多这样的好书。

郭应禄

中国工程院院士

北京大学第一医院名誉院长

2011年3月

前　言

当今社会，竞争激烈，广大男性作为顶梁柱，承担着极大的社会责任和家庭使命，但健康状况令人担忧。

作为一名专科医生，我经常看到的问题是：很多男士知道健康出了问题，却不知道如何正确处理。多数人不愿意看那些晦涩难懂的专业医学书籍，却非常乐意追随电线杆的小广告。浪费了金钱精力不说，还延误了诊治，最终损害健康，影响家庭。

我写这本书的初衷，就是想让广大男士朋友轻轻松松的读懂自己的健康密码，培养出一种健康的理念，明白哪些对男性健康有害，哪些需要注意，同时给大家提供一些简明实用的治疗指南。

当然，将枯涩的医学专业知识转化为轻松易懂的科普知识，不是容易的事，从某个角度说，科普书的撰写比专业书还费力。这本书费了很多心血，花了很多工夫，当然，如果您读后很轻松，很明白，我也就达到了出版本书的目的。

这本书容纳了我从事临床工作的众多体会，用尽可能轻松的语言给大家讲述。全书分7章，基本涵盖了男士健康的常见问题，囊括了大家关心的很多“敏感”话题，并且结合了本学科最新的研究进展。无论是男士朋友，还是关心爱人的女士，只要您关注健康、注重生活质量、期盼家庭和谐，就可以读一读，相信您会有收获。

本书的出版，得力于同事和朋友们的帮助。在此，表示衷心的感谢。

特别要把此书献给我的导师郭应禄院士和贾金铭教授，他们为我国的泌尿男科事业倾注了极大地心血，培养的大批的专业人才。

期盼本书能给大家带来轻松，带来感悟，引导大家培养健康理念，关爱健康生活。

2011年3月

目　录

第一章 男人要坚挺

第一节 男人“挺坚”难

ED时代

勃起功能障碍俗称“阳痿”，是一种疾病也是一种症状，意指男性无法达到或维持令人满意的性行为所需要的勃起程度。ED是它的英文简写。

男性在一生中偶尔会面对勃起功能障碍的问题，但对于某些男性而言，这个问题可能时常发生。

勃起能力是男性最具代表性的功能之一，如果这种功能发生了障碍，可想而知，对男性的影响有多大。

事实上，目前，在超过40岁的男性中，有近50%的男性受到或者曾经受到ED的困扰。

当然，在这样一个大的社会背景下，广告的炒作，某些医院的片面宣传，男性体质的下降等都加大了男性的负担，有些人可能是被吓出了ED。

但是，不可否认，我们已经进入了ED时代，这个时代的男人，“挺”是“坚”难。

果真如此。

困扰何以解除？

鉴于此，我们将和您一起来揭开ED神秘的面纱。

ED的五个特点

当前的情况下，我们说ED呈现出了5个特点。

1．发病率高

据统计，在国内，就有1亿以上的男性受到勃起功能的困扰。特别是对于40岁以上的男性，发病率更高。很多男性由于羞涩，不愿意到医院就医，宁可去保健品店去买药，所以说，实际发生率，比医学统计出来的会更高。

2．病因多发

ED病因是很多的，我们常说，结构决定功能，勃起功能的结构基础是海绵体、神经、血管、心理，所以影响这个过程的所有的病变都可能导致ED发生。

ED也是一种症状，如高血压、糖尿病的患者，由于血管神经的病变，可以表现为勃起能力下降。还有就是骨盆骨折、车祸等外伤，损伤到影响勃起的神经和血管，导致器质性的勃起功能障碍。在后面的一个章节里，我们会给您详细讲述。

3．严重影响自信

ED严重挫伤男性的自信心，对男性的影响巨大。

研究调查显示，勃起功能障碍可能和忧郁、失去自尊和低落的自我形象有关，患者在家庭中变现不自信，在工作和社会中也可能有不自信的表现，甚至丧失自我认同感，处理不好，会严重影响健康和工作，所以说，ED 不仅仅是躯体疾病，而是心身疾病。

4. 影响家庭和谐

勃起功能障碍对于男性心情的负面影响会严重影响与伴侣的关系，导致家庭生活不和谐，甚至家庭破裂，这样的例子很多见。

随着年龄的增长，勃起能力肯定会减低，但是正常的性生活是维系夫妻关系的重要枢纽，如果伴侣不理解，或者沟通不好，会带来严重的家庭和社会问题，因此，ED 不仅仅影响男性自身。

实际上，勃起功能障碍是健康问题，而非关乎男子气概。和谐美满的性生活对于男女双方都是同样重要的。一旦发生勃起功能障碍，双方要一起努力寻求治疗方法，解决问题。但是，如果没有伴侣的鼓励、支持、关心和爱护，以及寻求解决方法的决心，许多男性或许不会主动寻求治疗，这进一步加大了对和谐家庭关系的破坏。

5. 治疗效果满意

ED 是否是不治之症呢？答案是否定的。

随着医学科学的进步，ED 已经可以取得很好的治疗效果。目前，有很多种治疗方法可以采用，如口服药物、应用辅助器具等，可根据具体情况选取合适的。

由于医学的飞速发展，产生了划时代的治疗 ED 的一线口服药——万艾可，也就是通常所说的“伟哥”，使得众多备受 ED 困扰的男人获得了新生。

有些人会问，吃中药是不是更好呢？是不是不良反应更少呢？还有一种说法，就是缺少啥补啥，很多男性得了 ED，就认为是肾亏了，所以去找一些草药，一部分动物的脏器来吃，这样做效果如何呢？

这样做的效果通常会很不好。

某些中成药、动物脏器能不能帮助人恢复性功能，有待进一步的科学研究，不能轻易相信所谓的祖传秘方或者是民间的说法。

其实，滥用这些东西发生的悲剧已经够多了。

到目前为止，目前市面上卖的一些保健品，真正能够治疗 ED 的目前还是没有。

所以说，得了 ED 还是得去医院系统检查，明确病因，才能对症下药。

第二节　勃起的结构基础——阴茎

在我们了解 ED 之前，明白自身的结构是最重要的。

构造很奇妙

勃起是阴茎的最重要的功能体现，而阴茎是男性主要性器官。

对很多男性朋友而言，阴茎是他们引为自豪的器官，可是它有时也会让人困惑重重。

有时候，它过于生机勃勃，随时竖起来和您捣乱，可也有些时候，它又极度沮丧，千呼万唤不起来（不勃起）。

奥秘何在？

结构决定功能，还是得从阴茎的结构说起。

阴茎的结构很奇妙（图 1-1）。

它的基本构造是一个圆柱体，有三根管子支撑，其中位

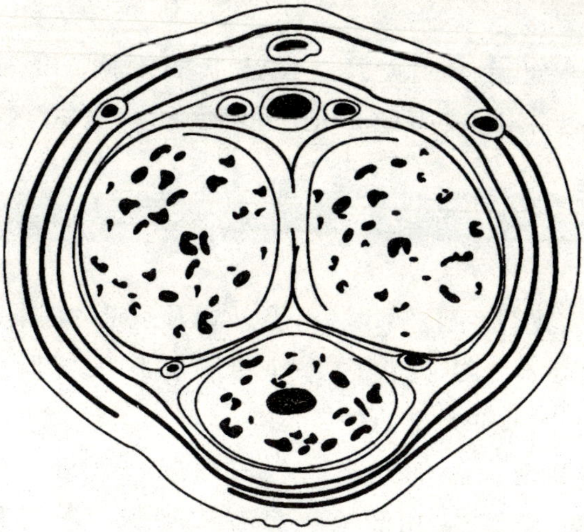

图 1-1 阴茎的结构示意图（截面）

于正下面的管道，就是我们所说的尿道，就是排尿的管道，是比较柔软的，主要是由具有收缩功能的平滑肌构成。

另外两根管子就是支配勃起关键的组织了，医学名词叫做“海绵体”。

海绵体里面都是毛细血管，在性兴奋的时候，血液涌入这个管道，并且能储存在其中一段时间，阴茎就勃起了。

成年男子的阴茎在常态下长 5～9 厘米，勃起时长度可增加一倍。

当然，有勃起就有消退，在性的刺激被完全释放以后，阴茎就恢复到疲软状态。如果要是持续勃起的话，海绵体组织就缺氧坏死了，阴茎也就丧失了继续勃起的功能。

在医学专业术语中，把阴茎分为根、体和头三部分。阴茎头是阴茎前端的膨大部分，俗称为“龟头”，是比较红润的黏膜组织，对触觉比较敏感。

头的尖端处有尿道口。在阴茎头后面，稍细的部分为阴茎颈；阴茎体是阴茎的大部分，表面看来呈圆柱形，悬于体外，可以移动。

阴茎的根部藏于阴囊及会阴皮肤的深面，固定于人体的骨盆的骨骼上，比较固定，是不能随意移动的。

精巧的包皮

接下来，我们一起来了解一下包皮以及系带的基本知识。

阴茎皮肤在龟头处由内、外两层皮肤反折形成包皮，包罩阴茎头的全部或大部分。

内层皮肤薄而表面光滑。包皮内层外观近似黏膜，缺乏色素，也不存在毛发和汗腺，只有皮脂腺，其分泌物为包皮垢的主要成分。

内外层相移行的游离缘围成的口，称包皮口。由包皮口向内，包皮内板与阴茎头之间的狭窄裂隙，医学上称之为包皮腔，如果细菌生长，可以造成炎症。

阴茎包皮，是人体最具特点的皮肤。

从颜色上说，与其他部位的皮肤相比，包皮呈棕褐色，色素沉着比较明显。

从厚薄角度讲，是全身最薄的皮肤，厚不到1厘米，缺乏皮下脂肪，富于伸缩性。从活动度上讲，薄而柔软，皮肤与阴茎筋膜之间借阴茎浅筋膜疏松相连，活动度比较大。

这些特点都是和其功能相对应的。

一方面，在性生活过程中，能增加活动度。另一方面，可以分泌黏液，起到润滑作用，同时，包皮对娇嫩的阴茎头还有保护作用。

系带是连接包皮和阴茎头的皮肤皱襞。

系带分布有极多的神经末梢，比较敏感。

传统观念认为，系带是男性的敏感区域。同时，系带比较富有伸缩性，在疲软的状态下，系带是萎缩的，在勃起的时候，系带的张力也增大。

如果先天的或者后天的造成系带过短，就会影响到勃起的角度，或者造成勃起的疼痛，影响功能，我会在包皮章节里会给大家讲述这些知识。

神奇的勃起功能

人类所有的功能都是自然选择的结果。

对于男性来讲，要完成生育的功能，阴茎勃起是个必要的条件，只有这样，男性的生殖细胞才能被送进女性的生殖道，完成受精。

所以，男性阴茎勃起的这个功能非常神奇，是男性最重要的最具代表性的功能之一，医学术语称为成为“勃起”。

那勃起这个功能是怎样发生的呢？

事实上，勃起的机制很复杂，不是搞医学的人不清楚，说实话，就是搞医学的人也不一定都完全清楚。

由于不了解相关知识，长期以来，大家都对勃起这个功能产生了很多误解。

比如有一个小笑话。说老师问一个没有仔细听课的女学生：什么器官在膨胀的时候会增大10倍？这个女同学立刻就红了脸，低下了头，可能她是想到了不好意思回答的答案（阴茎）。而正确答案是：瞳孔。

其实，阴茎在勃起的时候，最多也也就增大几倍。

常态比较大的阴茎，在勃起的时候可能增大都不到1倍。

但是，常态小的阴茎在膨胀的时候增大的比例可能大。

几乎所有的阴茎在勃起状态下就相差无几了。

我们说，结构决定功能。

那么，阴茎怎样来实现勃起这个主要的功能的呢？

刚才讲到了，阴茎有两个海绵体，正常情况下，海绵体内充满了血液后阴茎就会发生勃起了。当然这是在正常的神经支配下发生的。

当人体受到听觉、视觉、触觉等方面的性刺激时，神经冲动传递给大脑中枢，大脑司令部下达出指令，在这种命令的指示下，海绵体内的血液开始进入，同时，从海绵体里面回流到心脏的血液则减少，进入的多，而流出来的少，阴茎自然就硬起来了，也就是所说的“勃起”。

在正常男性，这种勃起是开关控制似的，一触即发，随时可以发生。

特别是青春期后，如果受到了性刺激，阴茎有可能随时竖立起来捣乱。

这是发育正常的标志之一。

刚才所说，这种勃起功能依赖于正常的结构：海绵体和神经支配。

有些器质性病变的患者，到了青春期后，一直没有勃起，就属于病态了，应该到医院查明原因。

有人可能会问，既然有血液进入海绵体，那通过静脉，血液可以回流出来啊？而阴茎勃起时静脉回流出来的血液少了，这是为啥呢？

正常的情况下，阴茎的结构里面，有一层厚厚的纤维膜——白膜，会压迫海绵体，导致静脉回流受阻。

如果静脉发生了“漏”，进入海绵体的血液多数又回流了出来，这样阴茎就不能维持勃起了，这也是一种病态，常常导致勃起功能障碍，医学上称之为“静脉漏”。

阴茎的喜怒哀乐

阴茎和我们的人体一样，也有喜怒哀乐的表情变化。

在了解了阴茎结构之后，我给您说说阴茎的喜怒哀乐。

阴茎为何会喜怒哀乐呢？原因很简单。

因为人体是一个很精密的系统，大脑就是司令部，阴茎是机体的一部分，有血流，有神经支配，在大脑司令部的指挥下，自然会表现出自己的情绪周期性变化。

了解阴茎的喜怒哀乐，就等于了解男性正常性反应周期的规律和特点。

所以，大家一定要做到顺应规律，对性生活不强行为之，才能有利于身体健康。

喜

古人云：闻过则喜。这是人类的美德之一。可阴茎没有这样的好品德。

阴茎是闻“色”则喜。当人体接收到色情（包括听觉的、视觉的、触觉的），阴茎就会发生勃起的反应。表明阴茎非常喜欢这些刺激。

当然，前提是阴茎拥有良好的神经和血管等结构。

怒

怒，最典型的怒被形容为“怒发冲冠”。这一点，和“阴茎发怒”时有些相像。当然，这是个比喻而已。

在持续性刺激下，阴茎保持勃起的姿态，在皮肤表面可以看到静脉怒张，勃起角度与身体（腹壁）接近垂直，阴茎变得很硬，并且随着血管血液流入，由于阴茎头血流丰富，可以表现出充血、肿胀。

从逻辑上分析，阴茎的“怒发冲冠”，是进行性生活的充要条件。就是说，只有阴茎的勃起，才能有进行性生活的前提，同时，如果发生了成功的性生活，也必然会有阴茎的勃起。

哀

最后我们说说阴茎的“哀”。

阴茎的“哀”是指在男性阴茎发生了勃起，导致射精高潮后，在一定时间内，对所有的刺激“无动于衷”，医学上称之为“不应期”。

这是男性生理很重要的一点，也是人类机体一种自我保护反应。

这一点和女性非常不同。

女性在性高潮后可以对第二次性刺激发生反应，也就是说，女性可以有多次连续的性高潮，而男性则不然。

勃起不应期的时间长短因人而异，因年龄而异。

在年轻人，这个不应期可能几分钟，对于老年人，可能很长，甚至几个小时。

相对于男性勃起的一触即发，女性的性启动很慢，但是，一旦被启动，女性表现出来的能力就是男性无法企及的，这正是男性不应期惹的祸。

人们常说的男性是“热得快”，女性像“电熨斗”，道理就在这里。

乐

乐，是指阴茎在受到的性刺激积累到一定程度，在大脑中枢的支配下发生不自主的射精的高潮。

这种感觉是无法抑制的，同时伴随一种愉悦感，一种欣快感。

截止到今天，我们还没有彻底搞清楚射精的具体调控机制，但大多数医学家认为，射精和中枢神经系统释放各种神经递质、盆部及尿道肌肉的不自主收缩等因素有关。

有兴趣的朋友们，不妨顺着这条线索做些深入的研究，说不定还会有比较重大的发现。

了解了阴茎的“喜怒哀乐”，我们应该顺应这个规律。

就是说在有些时候，性生活不能强求，如果“小弟弟”

不高兴，表现出“哀怨”的姿态，对性刺激没反应，那么就不要勉强。

另外一种情况，有些男性受传统观念的影响，认为“一滴精，十滴血”，而有意识的忍精不射，在快要临近高潮的时候而选择中止性生活，这样的行为也是不好的，它使得性冲动不易发泄，使得盆部器官的充血不易消退，时间一长，可能会导致疾病。

也就是说，不要违犯上述的阴茎喜怒哀乐的客观规律。犯规和出轨肯定都会对生命健康有害而无利，我们会在后面有关章节再次提到这些知识。

阴茎的勃起角度

青春发育期后，正常的男性都会有勃起。

只要有勃起，就会有一个勃起角度的问题。

这个问题很重要，关系到性生活的成败。

勃起角度，在医学上是指身体站立的情况下，阴茎勃起后与身体垂直位形成的角度。正常角度应该大于90°。

在18岁左右，勃起的角度会达到最大。

当然，随着年龄的增长，在进入老年后，勃起角度会自然减小。

只要勃起角度达到90°，完成性生活都是没有问题的。

人与人勃起角度或许有差异，这就像是人体有不同的面貌特征一样，不必担心。

大小的忧虑

大小问题是一个最常见问题。

大小问题也是一个最不重要问题。

相比而言，硬度比大小更重要。

所以说，与其关注大小，不如关注硬度。

下面，我就跟您说说关于阴茎大小的问题。

男性大都对自己的阴茎大小比较关注，主要是怀疑自己阴茎过于短小，担心满足不了性伴侣的要求，从而感到自卑和懊恼。

有的甚至听信那些蛊惑人心的虚假广告，去寻求使阴茎增长增粗的所谓灵丹妙药，而结果，确实不尽如人意。

当然也有人怀疑自己的阴茎太大，担心性伴侣承受不了。这种人毕竟是少数。

那么，阴茎的大小到底有没有标准呢？

大小的标准这个提法就不准确。

人有身高胖瘦之分，难么，阴茎就难免有大小之别，

只要不影响到性生活，能完成勃起的功能，就是正常的。

并且，最新的研究证实，阴茎勃起时候的硬度才是满意性生活的关键因素，而不在于长短和大小。所以，大家不必为大小而苦恼。

一般来说，我国大多数成年男性（汉族）的阴茎，在常态下是5～9厘米，在勃起时是10～16厘米左右。

阴茎的大小与人体的高矮胖瘦并没有直接关系，身材瘦小的人，阴茎不一定小，人高马大的人阴茎也不一定大。

另外，每个人的阴茎未勃起时差别较大，而一旦勃起，其大小差不多。因为有的人阴茎未勃起时短小，当勃起时可增长加粗1倍，而有的人在常态下阴茎比较大，但在勃起时，只能增加75%。

阴茎的大小，不过是男性某个器官的长度，并不能代表男人的性能力，更不能把它看做取悦性伴侣的标准。

阴茎小，只要能进入阴道，同样可以带来快感和满足。

阴茎大，只要动作轻柔，女性阴道充分湿润，也不会给女性带来损害或使其蒙受痛苦。女性的阴道连胎儿都可以娩出，何况一个阴茎。

对阴茎大小过分看重的人，常因自卑、担心等而发生性困难，导致性交的失败。因为过分的忧虑和恐惧，可造成大脑皮层持续紧张，通过大脑影响下丘脑－脑垂体－性腺轴的正常分泌功能，影响性神经的正常兴奋，导致勃起功能障碍，造成性生活的不和谐。

事实上，性生活的和谐主要是取决于双方的感情、相互的了解和体贴，以及适当的技巧。

对对方性敏感带的刺激方式还可以做一些个性化的探索，如两性相悦的亲密，充足的性前戏，对个性性趣的迎合和配合等。

阴茎大小对性生活并没有什么直接的影响，因为影响女性性高潮的是阴蒂而不全是阴道。性交时，用手轻轻抚摩比用阴茎更容易刺激阴蒂。没有任何科学上的研究认为女性性生活时喜欢大的阴茎。

女性的阴道是一个扁平管腔，长约 9 厘米，前后壁紧贴，管壁主要由肌肉、皮肤和结缔组织组成，阴道有许多皱褶，具有较大的伸缩性。

性生活时，可以适应任何大小的阴茎活动，形成扩张的通道。阴道壁的前⅓有丰富的神经末梢和血管，也就是这个范围接受刺激，就生理而言，阴茎只要能达到这个部位，就足以造成性刺激。

性生活时，通过阴茎的摩擦，因为兴奋而充血，阴道口就形成一个紧缩的环状管颈，有一种“紧紧握住”阴茎的感觉。同时女性的阴蒂，小阴唇也极为敏感，可以通过摩擦更增加快感和满足感。这样，既不会因阴茎太大而受到伤害，更不会因阴茎小而减少快感和满足感。有少数女性需要粗大的阴茎才能满足性生活的要求，其原因不是生理上的，而是心理上的。

或许有人还会问，有什么好方法能使阴茎加长增粗呢？

坦白地说，有，但是不一定适合。

一些虚假的广告宣传，只不过是惟利是图的欺人之谈，无非是骗人钱财。

目前，在医学上，可以通过手术，或植入“假体”使阴茎持久地加长或增粗，但这些方法常有副作用，遗留瘢痕，而且还有可能造成性感迟钝、外观改变等并发症，不一定对每个人都适合。

原则上讲，如果阴茎的长度能完成性生活，持续勃起，就属于功能良好，没必要进行手术。

如果在勃起的时候短于9厘米，且无法完成性生活，则可以在专科医生的帮助下，来进行手术延长。

但是，这种延长也是把阴茎在体内的部分人为的延续到体外，并不是增加阴茎的绝对长度，而是从外观上感觉体外的部分增长了。

这种手术可能导致阴茎勃起角度减小，就是说在勃起的时候阴茎挺立的角度可能比以前降低，所以还是谨慎为好。

如果仅仅是想改善阴茎的外观，满足性伴侣，还是得三思而后行。

这里还是要强调一下最新的研究成果：在性生活中，阴茎的长短大小远没有硬度更重要。

也就是说能让阴茎“坚如磐石”比增长几个厘米对提高性生活满意度更有效。与其寻找延长阴茎的灵丹妙药，倒不如强身健体，学习医学知识，改善自己的身心状态。

另一个原则，就是不要轻易去手术延长，因为任何手术都有风险，并且手术后再想恢复到手术前的自然状态，是不可能的。

如果长度增加了，而硬度和勃起角度下降了，真是成了林黛玉对贾宝玉所说的“银样蜡枪头”，好看不中用了。

那么，市场上所说的所谓的灵丹妙药能否有效呢？

理论上讲，这些药物都是无稽之谈。为啥呢？因为阴茎在青春期发育后，就不能再增大了。

因为构成阴茎的是平滑肌，而不是像我们腿脚那样的骨骼肌，要是骨骼肌的话我们可以通过健美健身来促使肌肉纤维增大增多，对于平滑肌的阴茎的大小，我们后天来讲都无能为力。这是因为成熟后的阴茎已经缺乏了再次长大和发育的结构基础。

关于阴茎延长术

外生殖器大小一直是困扰男性的主要问题，并产生了一定心理和社会影响。近年来，阴茎增大术开展得越来越普遍，尤其在私人诊所。这种手术术式多样，目前还没有标准化，尚无令人信服的科学临床结果。

阴茎增大术分为阴茎延长和阴茎增粗两种，手术目的是使正常阴茎的外观更长更大，还可以矫正功能不正常的阴茎。

1. 在阴茎延长的各种术式中有3种最常用：

①通过吸除耻骨上区的皮下脂肪使被包埋的阴茎凸现出来，常用于肥胖患者；

②通过分离切断阴茎悬韧带使阴茎海绵体脱离耻骨联合，达到阴茎外观延长的效果，术后常需行阴茎牵引以防回缩；阴茎背侧根部倒V切口，显露阴茎浅悬韧带，分离韧带两侧的结缔组织和浅筋膜，在紧贴耻骨联合处切断阴茎浅悬韧带和部分阴茎深悬韧带，一般可将3～4cm的阴茎海绵体从其附着的耻骨下支上剥离至体外，创面则由V-Y推进皮瓣覆盖。

③通过将耻骨下方皮瓣向阴茎迁移而达到阴茎外观的延长。阴茎延长手术的成功率和并发症发生率还缺乏可信数据。一些报道认为，松解阴茎悬韧带会减小阴茎勃起时上抬角度，而且术后阴茎可能会再次缩短。术中分离松解悬韧带时会产生一个死腔，如果在死腔内填塞硅胶物质会防止阴茎再次回缩。皮瓣迁移可导致严重的阴茎外观畸形。如采用大块皮瓣迁移还可导致皮瓣血供障碍、伤口延迟愈合、大块瘢痕形成等。

2. 阴茎增粗术：按 Austoni 等方法，采用自体大隐静脉移植来增加阴茎海绵体的体积。操作方法：切取一侧或双侧股部大隐静脉，纵行剖开，制成两条长 10～12cm，宽 0.5～0.8cm 的静脉片备用。纵向切开阴茎皮肤，或将阴茎皮肤脱套至阴茎头，显露阴茎海绵体于双侧阴茎海绵体的背外侧，从阴茎根部至冠状沟纵行切开白膜，尽量不损伤海绵体内的血管窦，将备好的大隐静脉片内膜面朝向阴茎海绵体，覆于白膜切开后的创面，用 7-0 血管缝合线与白膜缘作连续缝合。最后将阴茎皮肤复位。术后保留尿管 3～5 日。若包皮水肿明显，予以适度加压包扎。术后 2 个月内禁性生活。

阴茎增粗手术引起的争议更大，目前尚无明确的手术适应证。Wessels 等认为，这种手术缺乏美学依据，无法制定相关手术操作规范。阴茎增粗是借助皮下异种组织植入（游离脂肪或游离皮瓣等）或静脉补片增大海绵体直径等方法来实现。很多医生采用自体脂肪皮下注入使阴茎增粗，但由于术后脂肪再吸收和局部脂肪球形成，使阴茎外形凹凸不平，手术 1 年后注入的脂肪组织残存量尚不足 30%，效果不理想。

有的医学家等进行了一项为期 8 年的研究，使人们对阴茎延长手术的客观效果和患者满意度有了更新认识。研究显示，对于阴茎大小正常而要求施行增大术的男性，应劝导他们放弃手术，改为心理治疗。希望阴茎增大的男性，阴茎往往是正常的，心理治疗可明显改善性生活质量，无需手术治疗。

其中大部分病人的阴茎在疲软状态下的长度是在正常范围内的，但是总觉得自己阴茎的长度不够，这些病人要求手术的愿望常常很强烈，甚至有些偏执。阴茎延长及增粗术是为满足患者主观心理上的需要，因此，已经由重建手术发展成一种美容手术从外科学角度来讲，阴茎增大手术缺乏科学、系统的研究。探寻非手术治疗方法是今后的研究方向。需开发新的仪器设备，采取随机研究的方法来评估患者主观感受，重新制定阴茎大小的正常值范围。

以色列 Vardi 等发表评论认为，阴茎增大手术是一种富有争议的手术，绝大部分男性对术后效果并不满意。建议不满意自己阴茎外观的男性在寻求手术治疗前要小心谨慎，其实接受心理治疗是一种较好的选择。

第三节 雾里看花

病因多种多样

在了解了基本的生理特征以后，我们顺着刚才的讲述了解一下 ED 的病因。ED 的患病率为何如此之高，男人到底是怎么了？为啥这样脆弱？

事实上，导致 ED 的病因太多了。

在谈到保健和预防 ED 之前，应该对 ED 的病因有个全面的了解，以期让大家做到心中有数，尽量避免某些不良的因素。

◎ 全身状况

首先，从病理学上讲，就是从导致 ED 病变的可能的疾病的角度说，几乎人体所有系统的疾病都可能导致阴茎内部的血管、神经以及结构发生变化，导致 ED 的产生。

◎ 心血管系统疾病

心血管疾病是导致 ED 的重要病因之一，比如高血压、动脉硬化、高血脂等，都可引起阴茎血管发生病变。

发生了血管病变，流经阴茎海绵体的血液就减少了，那么维持阴茎勃起的血流压力就不足够了，就可能导致 ED 的产生。这种情况太多见了，在临床上，很多高血压患者，有很多都是因为ED、勃起能力差到男科就诊的。

因此，男性为了保护自己的性功能，尽量预防和治疗心血管疾病是非常重要的。

内分泌系统疾病

最常见的就是糖尿病。由于可引起血管和神经病变造成勃起功能障碍发生率50%左右。

这个比例之高让人惊骇，但事实正是如此。

我们说，糖尿病、心血管病都是富贵病，就是说吃得好，运动得少，生活条件好了才有的病。这些富贵病在危机心脏、胰腺的同时，也使得很多男性朋友变得在妻子面前抬不起头来。

相比之下，在乡下的老农，吃的不好，整日劳作，可能在70多岁还会能有生育能力，当然，充分的勃起能力是生育之必须。

其他内分泌疾病，如垂体功能减退，性腺功能减退，高泌乳素血症，肾上腺疾病，甲状腺功能亢进、甲状腺功能减退等。都能直接或者间接地影响到阴茎的血流供应或者神经传导，使得阴茎听从大脑司令部指挥的功能发生失灵，导致ED的产生。

泌尿生殖系统疾病

我们说阴茎勃起时男性最主要的能力，如果这个器官的结构导致发生了变化，比如说如阴茎硬结症、外伤、尿道的炎症以及周围的邻居如精囊、前列腺发生了病变，当然会导致功能的障碍。

这在临床上也比较多见。

但是，周围器官的影响到底有多大，还是得具体而论。也不能因为得了一个尿道炎、前列腺炎就继而得ED了，如果那样，很可能是心理上的问题。

◎ 其他系统疾病

如多发性血管硬化、中风、脱髓鞘病、颞叶癫痫、慢性肝肾功能不全、肝硬化、溃疡病及慢性肺病、营养不良、缺锌、肥胖等，都或多或少地影响到阴茎的血供、神经支配、或者调控阴茎勃起的大脑司令部，导致勃起功能的异常。

所以，从上面的分析看来，几乎所有脏器的病变都有可能影响勃起功能，所以男性要保持正常的勃起功能，强身健体，不生病才是根本。

有的朋友可能会问，是不是应该强调生殖系统的保健？人体系统是个整体，正如所说“牵一发而动全身”，这句话来比喻勃起功能也很合适，所以仅重视生殖系统的保健是不够。

其实，勃起功能正是人体状态的晴雨表，如果人体发生了病变，无论是生理的还是心理的，勃起功能最先受到影响。

这还是我们前面曾反复强调的那个理论：勃起功能是男性最主要的功能的体现，如果这个功能都受到影响了，其他的功能肯定发生了异常。

◎ 药物影响

很多药物能导致ED，很多人好像对这一点不是很清楚。事实上，很多药物如降压利尿药、抗精神病药物、镇静麻醉药物、抗溃疡药物及激素类药物等都会影响到勃起功能，刚才所说的心血管疾病治疗药物，长时间应用也会影响到勃起。

所以，大家一定要有一个概念，没病别吃药，吃药有选择。

啥意思呢？

首先，不要轻易相信所谓的健康保健品，某些保健品非但不能保健，还可能带来多种不良反应。

第二点，如果得病了，不要盲目吃药，要看清楚说明书，有哪些不良作用等。

“没病别吃药，吃药有选择”记住这八个字，可使得您能在合理用药方面有所进步。

心理因素

接下来，我们要谈谈心理因素。

心理因素也不容忽视。精神性疾病如精神分裂症、抑郁症、躁狂症等都会导致勃起功能的异常。另外，如果以前性经历有过心理创伤、夫妻不和睦、性生活不和谐、对性传播疾病的恐惧，甚至工作紧张、人际关系不佳、经济压力过大等都有可能导致 ED。

由于这些原因导致的 ED 称之为心理性 ED。

同时，ED 和这些不良因素都是相辅相成的，如果 ED 问题处理不妥善，则会进一步加大心理的压力，导致自信心的受挫，甚至导致抑郁、焦虑等精神障碍，严重影响生活质量。

生活习惯

不良生活习惯也是导致 ED 的重要原因之一，比如长期大量吸烟、酗酒、吸毒等。特别是，长期吸烟和饮酒危害极大。

长期吸入烟草中的有害化学物质，在严重损害肺功能的同时，能导致小血管硬化，末梢神经迟钝，导致阴茎血流和神经支配障碍。尤其是有些白领工作者，他们生活不规律，常常通宵达旦地工作，用烟草来提起精神，这正如“疲马加鞭”，不仅损害身体各脏器的功能，对勃起的影响更加严重。

另外，有些手术或者外伤，比如前列腺、尿道的手术、车祸导致的骨盆骨折等都可能损伤阴茎神经支配和血管供应，导致ED。

可以想见，ED有这么多诱发因素，所以，在日常生活中，为了保护勃起这一重要功能，多预防疾病和外伤、强壮身体、保持乐观豁达的心理状态，非常重要。我们在后面几节里会重点讲到这个问题。

奇妙的阴茎勃起

阴茎的勃起过程本质上讲是一系列的神经血管活动，勃起程度取决于动脉流入量和静脉流出量之间的平衡。当动脉流入量低并与静脉流出量平衡时，阴茎处于松弛状态，当动脉流入量增加而静脉流出量减少时，阴茎因充血量增加而胀大产生勃起。正常情况下直接刺激阴茎或其周围组织可引起反射性勃起；大脑接受各种性刺激信号，如听觉、视觉、嗅觉或幻觉所引发的勃起，为心因性勃起。此外，男性平均每晚会出现3次以上夜间勃起。雄激素通过维持正常阴茎组织结构，调节与勃起有关的神经递质影响血流动力学等途径对阴茎勃起起着重要的作用。性刺激信号通过海绵体神经中的副交感神经传递至阴茎，神经末梢释放神经递质氧化亚氮（NO）、血管活性肠肽（VIP）、乙酰胆碱（AC）、降钙素基因相关肽（CGRP）等，此类神经源性平滑肌松弛因子与内皮来源的NO及前列腺素E1（PGE1）共同作用，使海绵体平滑肌、阴茎动脉、小动脉扩张，血流增加，海绵窦扩张，血液充盈。白膜下静脉丛由于外周海绵窦的扩张及白膜的限制而在二者之间受压，静脉回流减少；斜行穿过白膜内、外层间的引流静脉随着白膜的充分伸展也受压，静脉回流进一步减少，降到最低点；海绵窦PO2及海绵体内压力的增加，使阴茎处于充分勃起状态。目前认为，NO是调控阴茎勃起最重要的递质。主要由勃起神经末梢及海绵窦内皮细胞在神经型氧化亚氮合酶（nNOS）及内皮型氧化亚氮合酶（eNOS）作用下产生。神经来源的NO是发动阴茎勃起主要的递质，而内皮来源的NO则在阴茎勃起的维持过程中起主要作用。NO激活胞浆内可溶型的鸟苷酸环化酶（sAC），sAC使GTP转化为cGMP，最终导致胞浆内钙浓度下降，海绵体平滑肌松弛。cGMP可被磷酸二酯酶（PDE）灭活。一般来说，阴茎勃起功能随年龄增长而衰退，这种情况因人而异，也可因身体、心理或社会环境等因素影响出现勃起功能的波动，但勃起功能障碍并不是老化过程中不可避免的。

第四节　勃起功能障碍的分类

勃起是人体功能的晴雨表

勃起功能是男性最重要的功能，也是最敏感的功能，如果勃起功能发生了变化，那么，此时人体的状态可能不利，需要注意了。

事实上，勃起功能是评估和了解自身状况的“晴雨表”，我们要学会好好利用。

在了解了ED的病因后，怎样分类就显得很清晰了。

按照我给大家介绍的上面的知识，ED无非分为3类，一种是自己吓出来或者琢磨出来的，称之为心理性ED。另一种，就是各种原因导致的器质性病变引起的ED，称之为器质性ED，也就是真正的病变导致的ED。

但是，我们要记住这一点：就是ED是一种疾病，也是一种症状，ED的背后可能隐藏着更多的更复杂的病变，如果心血管疾病、糖尿病等。利用勃起功能这一晴雨表，我们能及时发现很多影响我们健康的疾病。

器质性 ED

◎ 血管性勃起功能障碍

动脉性勃起功能障碍，主要为供应阴茎的动脉系统出现阻塞性病变，就是说进入阴茎里面支配勃起的血液量不够。还有就是静脉性勃起功能障碍，确切原因并不清，主要与阴茎静脉血管过多、白膜退行性变、海绵体平滑肌损伤、神经递质不适当释放有关。

笼统讲来，就是说进入阴茎里面的血液不能够被储存，都重新从静脉里面流出回到心脏里了，所以，勃起就不能维持了。

◎ 内分泌性勃起功能障碍

与性腺功能低下、甲状腺功能亢进、高泌乳素血症、血糖、血脂异常有关。

◎ 神经性勃起功能障碍

中枢及外周神经系统疾病都可造成，比如脊髓的病变，影响到支配阴茎勃起指挥部通讯联络的通路——神经。

◎ 手术及外伤性勃起功能障碍

与任何损害阴茎神经支配和血管供应的外伤手术及医源性因素有关，比较常见的就是前列腺和阴茎本身的手术。

◎ 心理性勃起功能障碍

与紧张、压力、忧郁、焦虑、夫妻感情、早期性教育等精神心理因素有关。

◎ 混合性勃起功能障碍

疾病与心理因素共同存在，相互影响，互为因果，相互促进，有时候处理不好会导致一个恶性循环，造成诊断和治疗上的困难。

第五节　综合治疗之路

个体化治疗很有效

在介绍了 ED 的病因和分类以后，我们再来看看治疗的问题。

对于 ED 的治疗，一定要有综合治疗的概念。

自信心是第一位的。上天给了您一个最具代表性的器官，当然会赋予它神圣的使命，在心理上首先要对阴茎有信心，同时，也是对您自己的综合实力有信心。

当然，做到这一点很是不容易，为什么？

因为，当前男人身上背负着三座大山。

因此，ED 的治疗首先要从搬掉男人身上的三座大山开始。

搬掉三座大山

沉重的工作压力

ED 的发生率最高的不是老年人，而是中青年人。

对于老年人，没有了工作的压力，事业也到了最高峰，所以有的观点就认为 50 多岁的老年人的性生活的满意度最高，当然，这个前提是有必要的勃起能力。

当今时代，工作压力和激烈的竞争是压在男性身上的第一座大山。“人在江湖，身不由己”，在社会中，每个人都在向往着成功。每日的劳碌，不仅会严重透支身体，更会影响到勃起能力。

当然，适度的压力和竞争对激发个体的潜质非常有好处。但是过度的压力则使得人们身心俱疲。

那么怎样搬除这一座大山呢？

一句话：有张有弛。

一定要在压力和竞争的背后找到一个放松的渠道，这样的话，会对放松紧张的神经和改善身体代谢状况非常有帮助。

当然，如果能自己做到调理更是好事。

但是当今时代，让每一个去做放下所有的东西，去做不问世事的陶渊明，更不现实。

◎ 沉重的家庭负担

这座大山是和第一座大山紧密联系的。

在家庭中，男人是主心骨，当然，男主内，女主外的家庭除外。

男人在家里要做一个好父亲、好儿子、好丈夫，这样的三重身份背后有很多累加值，比如，房子、汽车、孩子的教育费、父母的赡养费等。这一切，说白了，也是男性工作拼命的动力之一，当然，也包含着自我价值实现的需要。

可悲的是，这期间，沉重的家庭生活成本，会使得男性不堪重负，当然，多数人都表现为自己是亚健康状态，其中，勃起功能减退是男性亚健康的重要的表现之一。

那怎样来搬掉这座大山呢？

也是一句话：尽力而为，自得其乐。

意思就是说，您别透支自己，努力了就行了，别盲目攀比，要适度满足。当然，说起来容易，做起来难。

◎ 不良的生活习惯

这座大山的负担更是沉重，包括吸烟、过度饮酒、缺乏锻炼、过度饮食等。

以吸烟为例，吸烟除了引起癌症、肺气肿及其他疾病外，也会严重影响血液循环。一项研究调查显示，有高血压或其他健康风险因素的男性吸烟者，其发生严重勃起功能障碍的机会较不吸烟者高出两倍。

酗酒的危害也是很大。所以，饮酒要适量，每天不应超过两杯。

酒精有镇静神经系统的作用，也会影响阴茎勃起的能力。故而有人说："酒精增加性欲，却降低性功能"。

我国男性的吸烟率一直没有明显的下降。

这么多年，吸烟和过多饮酒的危害的宣传不能说不到位，而为何还有那么多人痴迷其中，乐此不疲呢？

还是得从"人在江湖，身不由己"的境地说起。当前社会，吸烟、饮酒都说是男性所谓的基本功之一，是成功的"法宝"。好像这两项不行，就不是一个好男人，殊不知，这期间，要以牺牲勃起功能、心肺功能等为代价的，实在是不值得。

另外，过度饮食，同时又缺乏足够的运动，也是非常有害的行为。所以，也要注意不良生活习惯对勃起功能的影响。

要改变不良的生活习惯，首先要有足够的自制力，当然，戒烟可以辅助以药物。

同时，也要记住一句话：管住嘴，迈开腿。

多了解一些健康自我管理的知识，头脑中要有一个自我健康评估的概念才行。

ED的治疗方法

在搬掉三座大山以后，我们一起来聊聊医学上对于ED的治疗方法。

应该来讲，治疗方法很多，但是，位于治疗第一线的，也就是说最有效的，应该是万艾可等药物，就是我们所称的伟哥。

关于伟哥的具体知识，我们会在后面具体谈到。

在这里，我们按照上面几节里面得分类，分门别类地谈谈各种治疗方法。

放松好心情——心理性 ED 的治疗

应首先排除器质性因素，按心理学原则进行心理及行为治疗，也可用血管活性药物注射及真空负压吸引等方法对症治疗。

疗效取决于心理性与器质性是否并存，如果伴侣能很好地配合的话，能明显提高疗效。

个体化治疗——器质性 ED

根据每个人的特质、病因、诱因，可以针对性采取以下治疗措施。

（1）药物治疗

作用于中枢神经系统药物：

育亨宾，该药有效率为46%。

阿扑吗啡，既可作用于中枢多巴胺受体，又可作用于脊髓副交感神经丛。

溴隐亭，主要用于高泌乳素症合并 ED 患者。

说白了，这些药物都是针对大脑和其他神经指挥部门起作用，当然，对有些患者有效，但在临床上应用的不是很多，至少比伟哥用量少得多。

作用于外周的药物：

目前广泛应用的药物为枸橼酸西地那非，也就是我们所说的伟哥，这种神奇的药物是一种可使阴茎海绵体平滑肌松弛的 5 型磷酸二酯酶抑制剂。有效率很高。

如果目前在服用硝酸盐及其他扩血管药（比如硝酸甘油等药物）时不能应用，凝血功能障碍、活动性溃疡及视网膜炎患者应用时要谨慎。

同类药物有伐地那非（商品名：艾力达），即艾力达和他达拉非（商品名：希爱力）。效果都不错，当然，这三种药物都是处方药，应在专科医师指导下使用和确定剂量。

（2）激素替代治疗

如果经过化验证实原发性性腺功能低下（睾丸功能低下），可使用雄激素类药物如：十一酸睾酮，丙酸睾酮等药物，以增强性欲。

各种病变导致的睾丸功能低下者可使用促性腺激素治疗，如绒毛膜促性腺激素，能促进性腺的功能。

激素类药物有口服、注射、药泵、皮肤贴剂等多种剂型。使用前应以激素检查作为依据，并注意副作用。

这类药物的使用要特别谨慎。对于40岁以上的患者应排除良性前列腺增生和前列腺癌（定期做B超或者PSA化验很是必要）。

（3）阴茎海绵体介入治疗

海绵体内注射血管活性药物：该方法既可作心理性及器质性ED的鉴别诊断，又可作为心理、神经、内分泌及轻度血管性ED的治疗措施。总有效率为75%。

常用药物有前列腺素E1（PGE1），该药主要作用平滑肌细胞表面受体，刺激产生腺苷酸环化酶，使ATP转化为cAMP，细胞内钙浓度下降。首量为10μg，可单独使用。甲磺酸酚妥拉明，多与PGE1合用，二联剂量为1mg+10μg，也可与罂粟碱联用，三联剂量为10mg+10μg+30mg。该方法每周治疗应不超过3次。

常见副作用为阴茎异常勃起、阴茎纤维化、局部疼痛出血等。血液系统疾病，使用抗凝剂的患者禁用。

（4）尿道外用药物治疗

这种疗法还在探索中，应用的前景比较看好。

方法的原理是：血管活性药物经尿道黏膜以及尿道海绵体和阴茎海绵体静脉系统吸收可使阴茎产生勃起。

与阴茎海绵体内注射相比，该方法避免了对阴茎的直接损伤，且使用方便，易为患者接受。通过特殊给药装置将PGE1 药丸或凝胶送入尿道，一般 15～30 分钟起效，维持 30～60 分钟。

治疗后可出现尿道、阴茎、睾丸疼痛，头晕等副作用，血液循环疾病及动脉疾病禁用，24 小时内不能超过两次。

（5）阴茎局部外用药

经阴茎皮肤给药起到类似尿道给药的作用。常用药物有如硝酸甘油乳剂，PGE1 乳剂等。虽使用方便，但存在吸收及局部皮肤刺激等作用。常用于心理性勃起障碍。同样存在皮肤刺激等副作用。

（6）物理治疗

真空缩窄装置：

是一个器具，该装置主要通过真空与缩窄作用增加阴茎血流量引发阴茎勃起，再用外力压迫根部阻止血液回流，维持勃起。

适合各种类型的，尤其是老年勃起障碍的患者。

常见副作用为阴茎淤血，感觉异常，痛性射精等。血液系统疾病，使用抗凝剂及精神障碍患者禁用。

性功能康复仪器：

根据中医理论设计，采用药浴、真空、离子透入、针灸等多种功能合而为一的综合治疗仪器。主要用于辅助治疗。

（7）手术治疗

主要针对阴茎血管病变或对其他治疗无效以及较为严重复杂的 ED 患者。

对于动脉性ED主要采取血管重建术。静脉性ED主要采取静脉结扎术。但血管手术的疗效不能确定。

目前采用最多的方法是阴茎起搏器（假体）置入术，适用于几乎所有严重的ED患者。

起搏器（假体）通常选用三件套假体即储液囊、泵、膨胀圆柱体及连接管件。

手术成功率取决于假体质量、手术经验、术后恢复及病人全身状况。当然，这是最后一招，如果其他方法都没有效果，只能借助于起搏器来改善勃起功能，效果非常不错，但是费用比较高。国外的产品的费用更高，一般患者可能接受不了。

划时代的伟哥——万艾可

伟哥的真名叫做西地那非，这是一种药物，是分子环璘鸟苷酸（cGMP）特异的5型磷酸二酯酶（PDE5）高选择性抑制剂，能阻断cGMP降解而提高其浓度，使海绵体平滑肌松弛，血流进入海绵窦，从而增强阴茎勃起功能。

研究认为西地那非口服后能够被快速吸收，30～120分钟血浆浓度达到高峰，中位数为1.03小时，半衰期一般为3～5小时。

使用25～200mg不同剂量，最大血浆浓度及浓度－时间曲线下面积的平均值，随剂量增加成正比增加。

西地那非大部分通过肝脏中的细胞色素P4502C9进行代谢，生物利用率约40%，其代谢产物同样具有PDE5的高度选择性拮抗作用，效果为原来一半，因此西地那非的药理作用约有20%来自代谢产物。

临床上与P4503A4的抑制剂（酮康唑、红霉素及西咪替丁）或者诱导剂（利福平）等合用时应调整剂量。关于相关的知识，我们在后面的章节里有具体的论述。

第六节 祸不单行——常见疾病与勃起功能障碍

在前面讲述病因一节里，我们给大家阐述了这样一个概念，ED 是一种疾病，同时也是一种症状，所以我告诉大家，勃起功能是人体健康的晴雨表，大家要学会好好应用。

在 ED 的背后，可能有很多其他的疾病在作怪。

事实上，很多疾病和 ED 都是紧密联系的。这一节里面，我们详细和大家聊聊 ED 相关的常见的疾病。

ED 和糖尿病

前面和大家讲了，糖尿病是造成勃起功能障碍最常见的原因之一。

在五位男性糖尿病患者中就有多达三位会伴有不同程度的勃起功能障碍。可见 ED 和糖尿病的关系极端密切。

那么糖尿病为何这样青睐 ED 呢?

还是得从阴茎勃起的机制说起，我们讲，结构决定功能，正常的阴茎勃起有赖于两个因素。其一是充足的血液流入阴茎，其二是局部神经刺激。

糖尿病会使血管发生病变，减少了流入阴茎的血液；糖尿病会使阴茎附近的神经失去感觉，限制了有助于阴茎勃起的神经末梢刺激反应。这样的话，血液供应和神经支配都受了影响，所以，ED 就不可避免地发生了。

另外，糖尿病的分型对 ED 的影响略有不同。患有 1 型糖尿病（胰岛素依赖型糖尿病）的男性，一般患病时间较长，可在早期出现勃起功能障碍。而患 2 型糖尿病（胰岛素非依赖型糖尿病）的男性多在成年以后才发病，出现勃起功能障碍的时间也较迟。

还有一个观点，大家要牢记，糖尿病本身不可怕，可怕的是并发症，这个并发症是很多的，当然，也包括 ED，只是 ED 和其他的血管、神经并发症相比，更容易被人忽视。

因此，一定在日常生活中，积极治疗糖尿病，控制饮食，适当运动，保持合适的血糖水平，才能有助于勃起功能的恢复。当然，配合口服药物，效果也不错。

心脏病和 ED

假如您有心脏病或其他心血管疾病，动脉输送血液到身体器官的功能可能受到影响，没有足够的氧气和养分供应，这些器官可能会受损，功能也会减退。

阴茎勃起是需要大量血液的，因此，任何对血管造成影响的疾病都可能跟勃起功能障碍的发生有关。

研究发现，在五位有心脏血管疾病的男性中就有四位曾发生过或正在发生勃起功能障碍；在五位男性心脏病患者中就有三位曾受到勃起功能障碍的困扰；而约有半数曾经接受心脏搭桥手术的男性也会面对这个问题。

心脏病本身对勃起有影响，治疗心脏病的很多药物，如利尿剂和 β 受体阻滞剂也很容易导致勃起能力的降低。

还有就是降压药，长期应用降压药，勃起能力下降的几率非常大。因此，用药时，一定要向医师咨询药品的副作用和不良反应，而保护自己的勃起功能。

高血压和 ED

高血压和 ED 的关系非常密切，很多高血压患者都是以诉勃起功能障碍而就诊的。

高血压常被比作“沉默的疾病”，事实上，在没有症状的情况下，高血压可能已经引起种种健康问题了。其中之一就是勃起功能障碍。

高血压不仅能加大心脏的负担，也可能增加血管不必要的负担，令血管硬化和收缩。

在这种情况下，动脉无法运送阴茎等器官所需要的血液量，令这些器官受损及功能减退，这能部分地解释高血压何以导致 ED 的发生。

手术和 ED

会阴部的手术，如前列腺、膀胱、阴茎等器官的手术，都有可能影响到勃起功能。

在决定进行前列腺手术的时候，应该有充分的思想准备。手术可以解决因前列腺疾病所带来的重要健康困扰。

但是，在手术之后，勃起功能障碍的出现会困扰一部分男性的生活，特别是年轻的患者。避免的方法就是尽量行保留勃起神经的手术，以期待保留性能力。

另外，阴茎的手术的副作用也不容忽视。由于阴茎勃起有赖于健康的神经和血管，因此，影响与阴茎有关的神经系统或血管系统的手术或创伤，如阴茎硬结症、阴茎弯曲矫形等都可能导致勃起功能障碍。

特别是有些人盲目崇尚大的阴茎，去做所谓的延长手术或者增粗手术，术后增粗倒是不小，可是如果导致勃起能力的降低，那将是得不偿失的。

因此如果不是阴茎过小症，而是出于改善外观、改善性功能的目的，去做阴茎延长术或者阴茎增粗术，一定要三思而后行。

脊髓损伤与ED

脊髓损伤会影响人体多个系统的功能，性功能也常常受累。

不少脊髓严重受损的男性患者性生活受到困扰，无法享受其中的乐趣。阴茎勃起有赖于健康的神经和血管，对于脊髓损伤的病人而言，勃起功能障碍的程度与受创的严重程度和脊髓受伤位置有关。

一般而言，下脊髓严重受创的病人发生勃起功能障碍的机会比上脊髓受创的病人要高。虽然在脊髓受创的病人中，能勃起并能够进行性交的不是多数，但大部分患者可以通过治疗恢复性功能。

抑郁症与ED

抑郁症能够使人丧失种种生活乐趣，它不单影响个人心情，也同样会影响身体状况。不少曾经接受抑郁症治疗的男性，发现他们患有勃起功能障碍。

对于抑郁症病人来说，勃起功能障碍可能是心理或生理因素造成的，也可能是两者都有。

勃起功能障碍令人降低自尊、自我形象低落、感到焦虑，同时和配偶之间的关系变得紧张。这些情绪上的不断恶化会使阴茎的勃起更加困难。

研究显示，可能有25%～90%的抑郁症伴有不同程度的勃起功能障碍，抑郁症引起勃起功能障碍的原因目前尚不清楚。但是这类病人大部分是可以治疗的。当然，某些抗抑郁药的副作用也被证实会引起勃起功能障碍。

异常勃起和ED

阴茎异常勃起，英文名叫priapism，是指在无性欲或性刺激下，阴茎持续勃起超过4小时。勃起时间长短不一，可为数小时、数天或数周；有时可射精，但射精后仍勃起。多因勃起疼痛而急诊入院，这个可是男科的一个急症，处理起来非常麻烦。

这个病的名字很有意思，“priapism”一词来自古希腊及古罗马掌管生育及园艺之神“Priapus”的名字。Priapus虽然四肢残疾，但却有着巨大的外生殖器。

事实上，阴茎异常勃起可发生于包括新生儿在内的各个年龄组的男性，但有两个发病高峰：5~10岁和20~50岁。

对于年轻的患者，多是因为肿瘤转移或血液系统疾病引起，成年人因为勃起功能障碍而进行药物或局部治疗导致阴茎勃起时间延长是阴茎异常勃起的重要危险因素。根据病因不同可分为两类：缺血性和非缺血性。前者占绝大多数，为泌尿男科急症，伴有勃起疼痛，若不及时治疗，可以造成海绵体纤维化，引起永久性ED，亦可造成阴茎组织部分坏死，可见，如果不及时治疗后果是很严重的。

所以，如果用了壮阳药物，或者用了其他的性辅助器具，或者无明显原因的情况下，出现了阴茎一直挺立，超过了3个小时，要及时去医院就诊，以防错过治疗时机，导致永久性的ED。

阴茎硬结症和ED

阴茎硬结症又称阴茎纤维性海绵体炎、结节性阴茎海绵体炎或硬结形成性阴茎等，1743年一位法国人对此病进行了详细的临床报告，这个科学家叫做 Peyronie，所以也被称为 Peyronie 病。

这个病在早期，会出现白膜下炎症反应，纤维细胞增殖、增厚形成白膜斑块，伴有钙化或骨化，形成硬化斑块导致勃起疼痛、阴茎向病变侧弯曲等。就症状而言，与勃起相关的疼痛随时间的变化而缓解，但阴茎所发生的畸形不会变化。

这个病的病因及发病机制目前尚不清楚，可能与维生素 E 缺乏、感染、自身免疫性疾病、高血压、高血脂、糖尿病、长期使用 β 受体阻滞剂等降压药或尿道损伤等有关。

最新的研究结果认为，性生活时阴茎局部反复损伤与损伤后的修复、纤维化和胶原沉积为主要病因，所以，正确的性生活的方式也很重要，不要因为追求新花样，导致阴茎的结构损伤，反而得不偿失。

ED 可能是阴茎硬结症晚期的并发症。这些患者 ED 的原因包括心理性的，如焦虑、不安、心情烦躁、对疾病的不理解及配偶的埋怨等；器质性原因主要是阴茎严重变形、连枷阴茎、阴茎血管功能受损等。阴茎弯曲严重可导致插入困难或无法插入，尤其是阴茎向腹侧或两侧弯曲角度较大的患者。小部分患者硬结广泛，形成周边结节，阴茎海绵体纤维化而导致连枷阴茎。这些病人往往会产生铰链作用、不稳定阴茎勃起或 ED。部分有器质性勃起功能障碍的患者，夜间阴茎可出现异常胀大。

那么如何预防呢？

一是注意性生活的方式，避免损伤，二是多吃维生素 E、番茄、绿色蔬菜等，从而增强机体抗纤维化的能力。

第二章 拯救“快男”

第一节 “快男”的困惑

关于早泄，不得不说的事情

网络上曾流传一个关于微波炉的广告，故事一开始是一对男女享受鱼水之欢的镜头，当男方完事之后（意味着射精）即刻转头呼呼大睡，却见女方从容不迫地起床走到房间内不远处的微波炉，此时微波炉的倒记数定时器正好停止，女方习惯性地打开微波炉，拿出一片刚刚好的热面包，脸上露出胜利式的笑容，似乎在为自己能将时间拿捏得如此精准而喝彩，这才真正满足地吃起面包来。

笑话中的男主角，套用今天的流行词汇来说，被称为“快男”。

当然，这则广告或许过于渲染夸张，但是它也传递了一个发人深省的性生活话题，大部分男性所忌讳面对的早泄问题。

事实上，街头的电线杆、街头的小广告中，特效药治疗早泄的宣传铺天盖地。

那么啥叫早泄呢？

怎么评判自己是否是“快男”呢？

“快男”真正如小广告吹嘘的那样多吗？

这一章里，我会和您仔细谈谈关于“快男”的这个话题。相信这也是困扰多数男性的敏感话题之一。

啥是“快男”

不可否认，在临床上，早泄在40岁以下男性中很常见。

可是评判“快男”可不是那么容易的事。

事实上，关于早泄的定义也是众说纷纭。

1994年世界卫生组织（WHO）及美国精神病协会（APA）分别就早泄给出了定义。WHO的定义为“不能控制射精以获得满意性交，表现为：阴道插入前或插入后不久（插入后15秒内）即射精”，或阴茎尚未达到充分勃起进行性交前即射精，且需排除长时间禁欲所造成的此类情况。

APA的定义为“持续性或间歇性地在最小的刺激下于阴道插入前或插入后不久在意愿射精之前发生射精，且此类情况导致患者抑郁及与伴侣关系紧张。”

无论是WHO还是APA关于早泄的定义均包含3方面的含义：射精潜伏期短、缺乏控制射精的能力、性生活不满意。

射精潜伏期短可以通过测定阴道插入后射精潜伏时间（intravaginal ejaculatory latency time, IELT）来测定，即阴道插入后至射精之间的时间。

APA界定的IELT为不足15秒，也有人提出早泄的IELT为1～2分钟。正常的IELT一般为2～10分钟，因此，IELT设定为不足2分钟可最大限度地把非早泄患者排除在外。

也有人把阴茎在阴道内抽动的次数作为早泄的诊断指标，IELT与阴茎在阴道内的抽动次数往往成正比。缺乏控制射精的能力需把那些能控制射精但有意识快速射精的人区分开来。

最近有学者把控制射精的能力分为1～7级（1级完全缺

乏控制射精的能力，7 级完全具备控制射精的能力）以对早泄患者控制射精的自我效能进行评价，早泄患者一般为 2～4 级，而性功能正常的男性一般为 4 级以上。由早泄带来的焦虑或抑郁可以通过抑郁筛查量表进行评价。

现在，比较认可的定义是这样的：早泄是指总是或几乎总是在阴茎插入阴道前或插入后不足 1 分钟即射精；阴道插入时患者总是或几乎总是缺乏延迟射精的能力，以及由此带来的个人或性伴侣的负面精神心理影响，如沮丧、抑郁、失落和/或逃避性接触。

可见，这个定义在关注射精潜伏期的基础上，同时关注了本人以及伴侣对性生活的满意度上，这样是比较客观的，因为，本来性生活就是两个人的事。

如果是由于酒精、药物或其他医疗措施所致的射精过快，那就要另当别论了。

性交频率过低等情况造成的射精过快，也要注意，这样的案例不少，有很多探亲假期间的男性老是怀疑自己是快男，事实上并不是这样的。同样，新性伙伴带来的新鲜感也会造成射精过快。

"快男"分类吗？

"快男"按发病时间分为原发性快男及获得性"快男"两种，前者指自有性生活开始即早泄，后者指早泄中途发生。

按发病情况分为普发性快男及特定性"快男"，前者指在任何情况下或与任何性伴侣均早泄，而后者指与特定的性伴侣或在特定的情况下发生早泄。

"快男"怎样形成的？

说来说去，大家可能就要问了，"快男"怎样形成的，在平时能不能通过注意而避免形成呢？

事实上，快男形成的原因有多种，包括：心理因素如焦虑、过早的性经历、性生活频率低、控制射精的技巧缺乏等；生物因素如阴茎敏感性增高、射精反射过于敏感、性唤起过强、5-羟色胺受体功能障碍等。

然而这些病因并没有得到长期的客观的证据证明，所以，对于快男的病因并没有真正的阐明，被多数学者接受的是以下两个观点。

◎ 敏感性增高学说

正常的射精是勃起的阴茎受到足够的触觉刺激时，在大脑司令部支配下，神经传导引发的一系列盆底肌肉的不规律收缩，具有不可控制性，当射精感来临时，多数人无法自我控制。

因此，如果患者存在射精阈值过快或过低现象，也就是说，受到很少量的刺激即达到了射精需要的启动开关信号的产生。这也可能和大脑司令部有关。一方面，大脑司令部中皮质中枢阴茎感觉神经投射范围大，另一方面，也和阴茎本身感觉神经过于丰富有关。

◎ 指令传递因子（5-羟色胺受体敏感性的变化）的改变

射精的启动需要大脑司令部发出命令，而传达命令需要多个因子，其中就有5-羟色胺（5-HT）这个家伙。5-羟色胺是个活跃分子，很是积极参与活动。

在大脑司令部，相关的射精指挥部有3个。这些指挥部负责整合外周的泌精、射精及高潮等反射的信号。射精中枢通过多巴胺能神经这个参谋部传出射精指令，但5-羟色胺能发出抑制信号，抑制腰骶髓的运动神经元，最终抑制射精反射。

5-羟色胺通过与其受体结合发挥作用，早泄患者可能是由于5-羟色胺受体敏感性改变所致。这一理论在临床上得到了验证。通过应用选择性的5-羟色胺再摄取抑制剂（SSRI），重新对射精中枢的调定点进行了调定，使射精延迟，起到拯救快男的作用。

第二节 “快男”的蜕变

在了解了病因和分类之后，大家都很关心治疗问题，男性都想做个快乐男，而不是快男。

快男的转变，必须要有个综合治疗和个体化治疗相结合的观念。

因为，射精这一功能有更多的主观因素在里面，性生活时间的长短（射精潜伏期）因人而异。

所以，个体化治疗就显得比较重要。

当前的治疗，都是基于上一节介绍的病因而展开的。

拯救快男，不妨一“套”

用安全套治疗早泄，由来已久，主要是基于上述的第一种理论，即阴茎敏感性过高。

应用一定厚度的安全套，一方面能预防性传播疾病，另一方面，能降低对阴茎的刺激，使得射精的潜伏期相对延长。这种治疗方法在临床上经常被推荐，也有一定的效果。

◎ 安全套选择有窍门

多数男性选“套套”很随便，多数不知道如何选择适合自己的一款。

一方面，受传统观念的影响，很多男性比较害羞，到药店里买安全套时，随便拿一盒就走，根本不好意思关注型号及款式。

另一方面，当前安全套产品五花八门，既有螺纹的、点状的、条状的，也有五颜六色并散发着不同香味的，甚至还有以带刻度可测精液量为卖点的安全套。让人“雾里看花”，无从选择。事实上，安全套的选择有窍门，千万不要走入以下误区。

其一，套子并非越“大”越好。

我国安全套有三种型号，大、中、小号套子的周径分别为35、33和31毫米。但是，碍于面子，多数男性在购买时，即使在被药师询问多大型号时，多数人都说“大”或者“中”型号，都不肯说买“小”号，否则感觉很没有面子，这还是传统观念在作怪。

事实上，“大”的安全套并非就好，过大的安全套，容易导致套子脱落、根本起不到应有的效果，同时，也起不到防止传播性疾病的作用，相反的，套子脱落等不适的发生还会导致双方不快，使性生活“索然无味”，进一步增加快男的烦恼。当然了，套子过“小”也不好，经常使用过紧的安全套，令阴茎血液循环受阻，导致阴茎内组织和神经缺氧，海绵体部分受伤，长此以往会导致阴茎结构的改变最终有可能影响性功能，使得早泄的症状更加严重。

因此，根据自己的实际情况选择大小适中的套子非常重要。选择套子前，不妨测量下自己阴茎的实际周径。测量最好在25℃左右，心情平静并适当休息之后。测量方法是：用手把阴茎抬平，用硬尺的一端顶住耻骨联合部，另一端以龟头尿道外口为基准，这是阴茎常态下的长度。勃起时，应用细线围绕充分勃起后的阴茎中段一圈，然后测量线的长度，即得阴茎周长，再除以3.14，便是阴茎直径，根据这一结果，可以指导选择合适的型号，才有助于发挥安全套治疗早泄的作用。

其二，套子厚度并非越"薄"越好。

很多男性想当然地认为，越薄的套子越容易获得性快感。这种心理对男性有很大影响。这可以理解。安全套越厚，男性阴茎在性生活中的敏感度就越低，认为自己和爱侣之间的距离就越大，自然感觉越差。这就像大家都不喜欢戴厚手套去抓东西一样。

但是，套子越"薄"就越好吗？答案并不尽然。

对于正常勃起功能的男性来讲，佩戴一定厚度的套子，可以延长射精潜伏期，就是说可以延缓射精发生，延长性生活时间。因此，对于患有过早射精症的患者，选择一定厚度的套子不失为一个好的选择。

当然，这是对于功能性早泄的患者来讲，如果属于屡发的器质性过早射精，还是要正规诊断和治疗。如今，安全套主要有超薄、薄型和普通三种。其中，超薄型的厚度为0.03毫米，普通型的厚度为0.04～0.06毫米，薄型安全套则介于两者之间。对于那些射精较快、自控力较差的男性来说，建议用厚一些的安全套，以期有利于控制射精，延长时间，使双方都满意，太薄的套子起不到降低刺激、延缓射精的作用。

其三，款式并非越"多"越好。

安全套产品本身五花八门，既有螺纹的、点状的、条状的，也有五颜六色并散发着不同香味的，如各种水果味、香水味的，甚至还有带刻度可测精液量的。事实上，这多么款式并不一定适合每个人。如气味剂的添加，增加了过敏发生的几率。特别是严重过敏的发生，可能会使人对性生活留下恶劣印象，导致性功能障碍。

因此，不要一味贪图套子的气味和款式，安全和适用才是首选，当然，在真正了解了适合自己的品牌后，确认自己对很多香料和气味没有不良反应的前提下，适时换一下安全套，可以为性生活增添不少情趣，有助于早泄的治疗。

其四，套子生产日期越“新”越好。

建议购买新出厂的安全套。一方面，乳胶气味散发较少，减少过敏发生率，减低不适感。另一方面，可以保证在保质期内用完，避免润滑剂被乳胶过度吸收。

心理/行为疗法

对于某些感觉过敏的患者，在应用安全套的基础上，还可以应用其他方法，国内外比较推崇的就是行为疗法。

行为疗法包括性技巧的训练，如动－停法、停止－挤捏法等，属于无不良反应的绿色疗法，但见效慢、费时且需要伴侣的配合，如果规律的、长期的练习的话，还是有不错的效果的。

下面给大家简单介绍一下行为疗法的大概过程。

行为疗法，顾名思义，就是通过某些行为来改善射精的时间。

当然了，这个疗法是基于“快男”形成和感觉过敏相关的理论。

这个疗法多采用男下女上的姿势，女性用手来抚摸男性的阴茎，当男性感觉到将要射精时就暂停，女方则立刻抬起身体脱离男方，甚至还可压迫龟头下方3～4秒，来降低兴奋性，待休息15～30秒后再继续。

行为疗法需要在自身反复实践过程中学习，才能积累经验和改进技巧，熟练控制兴奋及冲动。

其他方法包括转移注意力、改变体位动作等也可以采用。

另外夫妻或性伴侣关系的改善，感情的融洽，坦诚的交流，互相了解双方的性敏感区域，尽可能多一些性前戏及性生活后的关爱，都可以改善性生活满意度，自然可解决早泄对双方性生活所造成的紧张及冲击。

戒除自慰

关于自慰（手淫）和早泄的关系众说纷纭。

其实，适度的自慰和早泄并没有直接的联系。

第一点，自慰是性功能正常的男性发泄性欲的常见的方式，可以缓解压力，调节生活。

但是，凡事有个度，过度的自慰，可能导致生殖器官过度充血、乃至发生炎症，加重心理负担。何为度？对于30～40岁的男性，如果没有其他的发泄渠道，每周两次则不为过。

第二点，自慰导致早泄多是心理因素在作祟。很多自慰的男性有沉重的心理负担，老是担心自己的性能力受到影响，但是，对于自慰，却欲罢不能。其实，真正全面的看待自慰，了解这是缓解压力的途径，是光明正大的事情（当然也是个人的隐私），可能对缓解心理压力有好处，建议这些人群多学一些心理调适的知识。

对于已经有过早射精的患者，还是建议戒除自慰。

为何呢？这是因为自慰和男女性生活中受到的刺激还是有差别的。

因为，自慰，受到的可能是自我的有控的刺激，通过自我来调控，受到的刺激比较强烈，但是在男女性生活中，性器官受到的刺激可能没有自慰时那样强烈。

如果早泄的患者还自慰，可能会形成易化作用，使得当事人对正常的性刺激变得不再敏感，使得早泄的治疗更加困难。

药物治疗

传统上，男科医生认为早泄几乎都是精神因素所造成，故而推崇行为治疗的理念，这种观点到底对不对还有待商榷；其实除了精神因素以外，生理上的因素也对早泄有重要影响。

对于早泄的病人要全面详细评估其生理及心理层面的因素，才能给予适当的治疗。而基础医学的研究，尤其是神经药物学方面的进展，对于有生理因素或其他疾病造成的早泄，可提供数种有效的药物来治疗，帮助早泄的病人恢复正常的性生活。

随着选择性五羟色胺再摄取抑制剂（SSRI）类药物被发现具有延长射精时间的疗效以来，男性早泄的问题已被带到一个新的纪元，不再是心理与生理壁垒分明的两部分，而是相辅相成的。针对早泄的病患提供更完整且更加个性化的评估与治疗策略，这不啻是男性性功能治疗划时代的一页！

目前常用来治疗早泄的药物分为两大类：口服药物及局部外用药物。

口服药物

主要是选择性五羟色胺再摄取抑制剂。

这类药物原本用来治疗抑郁症，但长期临床应用后发现，有几种药物在服用后会出现明显的射精延迟现象，男科专家对这一药物副作用产生了浓厚的兴趣，并很快将其用于治疗早泄了。

常用的有左洛复、百忧解、赛乐特等。

局部外用药物

（1）局部麻醉剂

局部外用药物主要是局部麻醉剂。

性交前 20～30 分钟将局部麻醉剂（常用凝胶剂）涂抹在阴茎龟头、冠状沟、系带等敏感部位，可以延长射精潜伏期，而且没有明显副作用。

运用局部麻醉剂后，用不用避孕套均可。如不用避孕套，性交前可以洗净阴茎上的残留药物。需要注意的是，过分延长麻醉时间（30～45 分钟）可导致勃起消失，原因在于麻醉时间过长会使相当一部分人阴茎感觉麻木。

如在性交前不彻底洗净阴茎上的残留药物（不用避孕套的情况下），阴茎局部麻醉残余物的扩散还可导致女方阴道壁的麻木，降低性快感。如患者或性伴侣对局麻药物过敏，则禁忌采用该治疗方法。

（2）PDE5 抑制剂

西地那非可通过增加中枢 NO 的水平、降低交感活性及引起输精管、精囊等平滑肌舒张，而延长射精潜伏期，并可增强控制射精的能力。

◎ 联合用药

低剂量的 SSRIs 与氯米帕明合用可降低不良反应，增强疗效。西地那非与 SSRIs 合用较单独使用 SSRIs 效果更好。

对于继发性的早泄，主要治疗原发病。最常见的原发疾病为 ED。

勃起功能下降后，早泄可能是机体的一种代偿反应，随年龄的增加，由于释放 NO 的能力下降，交感紧张性增强，机体倾向于勃起能力下降而射精加快。此时，PDE5 抑制剂可以用于治疗 ED，但不能防止射精后的阴茎疲软。

手术治疗

对于严重的原发性早泄患者，行选择性地阴茎背神经切断术可以作为一种治疗方法。但目前该疗法尚缺乏长期的临床对照研究，由于手术治疗有一定的创伤性，医生和患者在选择手术治疗前，应持谨慎态度。

选择性阴茎背神经切断术适用于通过各种治疗无效，排除有勃起功能障碍等其他疾病的原发性早泄患者。

拟行该手术的患者除了夫妻同居、性生活规律，外生殖器发育正常，双侧睾丸、附睾、精索触诊无异常，前列腺指诊正常以外，还需要具备以下条件：①自首次性生活开始即有过早射精的情况；②射精潜伏期小于2分钟；③阴茎在阴道内抽动次数少于20次；④配偶的性满意率小于50%；⑤通过控制射精的训练后，仍无法控制射精。

合并勃起功能障碍的早泄患者，如非手术治疗均无效，可以考虑行阴茎起搏器植入手术，通过手术可以同时纠正勃起功能障碍和早泄的情况。

总之，“快男”的蜕变之路是长期的，但是，经过规范治疗，绝大多数都会有不错的效果。

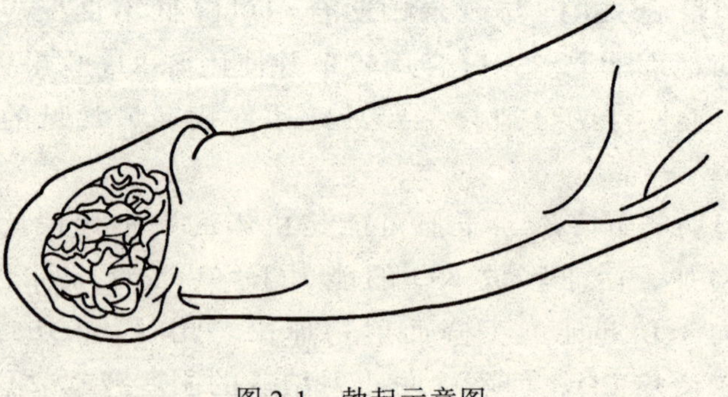

图2-1　勃起示意图

首先，对于“快男”，必须要卸下心理包袱和医师讨论自己的隐疾，并进行必要的检查，以了解导致早泄的真正原因，是器质性原因还是心理层面的原因，是患者自身因素所致还是社会文化背景的问题等等。

如为器质性疾病引起者，应积极治疗原发病变，则早泄自可迎刃而解。

如为功能性的，则应排除造成性关系紧张的因素，在给予正确性知识教育及指导的前提下，使“快男”保持精神愉快心情舒畅，达到双方在性生活以及平时生活中的和谐互动。

第三节 运动和食疗帮助您

由于早泄的病因并没有被完全阐明，同时，射精又是很主观的事情，个体差异非常大。因此，对于某些“快男”，在系统查体、排除其他疾病的情况下，选择吃一些强身健体的食物，进行一些适当的锻炼，增强体质也是非常有帮助的。

特别是祖国传统医学中，关于药膳的理论有可取之处。

本章节里，所列出的食物都是传统医学认为有助于“固精”补肾的。

需要指出的是，从现代医学的角度看来，这些食物大多是经验之谈，没有严格的药物学研究证据支持。

所以，只能作为一种食疗保健来应用，如果效果不好，应该积极采取规范的治疗，以免延误病情。

山药

传统医学这样描述山药：性平，味甘，有健脾、补肺、固肾、益精之功效。所以多吃些山药对男性健康还是一个不错的选择。唐朝的美食学家孟诜曾说：“山药利丈夫，助阴力。”关于山药的功效在很多医书里都有记载。《日华诸家本草》记载：“山药助五脏，主泄精健忘。”《本草求真》亦云：“山药，本为食物，且其性涩，能治遗精不禁。”

◎ 胡桃仁

胡桃仁的功效按照中医的说法是补肾固精。医书《普济方》中记载：胡桃治“水弱火强，精自溢出。”《御药院方》中介绍：“胡桃一味，勿去黄皮，空腹食之，最能固精。”可见，多吃一些胡桃仁还是很有好处的。但是，不能过量，因为胡桃仁脂类含量很高，多吃会导致脂类代谢异常。

◎ 白果

又称银杏，对遗精者宜蒸熟、炒熟或煨熟食用。明朝李时珍曾说：“熟食温肺益气，定喘嗽，缩小便，止白浊。其气薄味厚，性涩而收。”《本草再新》认为，白果“补气养心，益肾滋阴”。民间常将白果作为治疗泄精的食品。

验方：白果仁 10 克，炒后入水煎，加糖，连汤食之，或炒燥研粉服。也可以用生白果仁 2～3 粒，研末，另取鸡蛋 1 个，开个小孔，将白果末塞入鸡蛋，以纸糊封，于饭锅上蒸熟，每日吃蛋 1～2 个。

◎ 莲子

传统医学这样描述：性平，味甘涩，能养心、益肾、补脾、固涩，心肾不交而遗精者，食之更佳。古代用以治疗“心肾不交而早泄”的清心莲子饮和瑞莲丸，治“梦遗泄精”的莲肉散等，均是以莲子为主的名方。对于快男，不妨多吃点莲子。同时，莲子心、莲须也都是好东西。

◎ 豇豆

传统医学这样描述：性平，味甘，其功有二，一是健脾，二是补肾。李时珍在《本草纲目》中说：“豇豆理中益气，补肾健胃，和五脏，生精髓。”在夏秋季节，它是非常常见的蔬菜，烹调方法也很多。可以适当多吃一些。

山石榴

也称糖罐子、金樱子。酸甜可口，也可以熬糖或酿酒，有涩精止遗的功效。传统医学中，治疗泄精的方剂中，每多用到金樱子。治“遗精早泄”食用方法是：金樱子1500克，臼中捣碎，加水煎3次，去渣，过滤后再浓煎，加蜂蜜收膏，每日临睡时服1匙，开水冲服。

蚕蛹

含有丰富的蛋白质、脂肪、维生素，是民间传统美味佳肴，有补肝益肾、壮阳涩精的功效。《日华诸家本草》记载：蚕蛾“壮阳事，止泄精”。所以，可以适当吃一点这样的食物。

海参

通常认为：性温，味咸，能补肾益精。《药性考》中说它“降火滋肾”，《食物宜忌》也认为海参能“补肾经，益精髓”。有个著名的方剂“海参丸”，用于治疗“腰痛、梦遗、泄精”，就是以海参为主，同胡桃肉、猪骨髓、龟板等研制而成的。日常可以适当吃些海参。

冬虫夏草

通常认为：性温，味甘，有补虚损、益精气的作用，适用于“阳痿泄精”。可以用冬虫夏草炖肉或炖鸡。或用冬虫夏草配合枸杞子、山药、芡实、莲子等一同煎服，效果很好。但是，冬虫夏草的价格很贵，市场上，也有很多冒牌的，真正上乘的虫草很难买到。

肉苁蓉

通常认为：性温，味甘酸咸，适宜肾虚阳痿者食用。

2 000多年前的《神农本草经》即有“肉苁蓉益精气”的记载，可以配合紫河车、韭菜子、山药、栗子等食品一同食用。

另外，狗肉、鸡肉、羊肉等肉类是精蛋白，对改善机体代谢状态也有好处。

除以上食品外，栗子、樱桃、黑豆、红枣、银耳、蜂乳、枸杞子、韭菜、泥鳅、牛肉、虾、牡蛎等对改善射精状况也有益处。

需要提出的是，一定要有一个平衡膳食的概念，刚才所罗列的食物包括肉类、蔬菜、果实等，就是让大家一定做到饮食的多样化。

还有一点，就是很多人说缺啥补啥，其实这个观点不一定正确。

比如说，对于早泄者，很多人去吃动物的肾脏、睾丸、阴茎等脏器。

其实，没有多大的效果。因为这些东西经过代谢都会转化为脂类、蛋白等成分，不会有大家期望的效果。

另外，动物的内脏嘌呤含量很高，吃多了容易患痛风，影响生活质量。

当然，外因都是通过内因起作用，在吃这些推荐食物的同时，强身健体，增强体质最重要。

因为，所有的食物、药物都是要通过自身机体的免疫力起作用，不过，如果自身生理状态很差，多吃这些食物无疑会增加肝脏、肾脏的负担。

可以适当地进行一些有氧运动，根据自己的年龄，选择慢跑、游泳、打羽毛球等运动，都可以增强体质。

规律生活，按时睡眠，积极锻炼，才是治疗早泄的最重要最基本的方法。

那么，或许很多男性都在关心这样一个问题：早泄能治好吗？

坦白地讲，没有问题，因为多数早泄都是功能性的，如果经过规范的诊断后，没有器质性的病变，经过药物、行为疗法、食物疗法，早泄完全是可以治好的。

第四节 过犹不及——不射精症

下面，我们将一起探讨另外一个问题，与“快男”恰恰相反，如果出现了长时间不射精怎么办？这也是困扰男性的一个很常见的问题。

关于不射精

不射精是指阴茎勃起坚硬，性交持续时间很长，但达不到情欲高潮和性快感，不能随意射精。

这里首先要区别不射精和逆行射精。

不射精症与逆行射精有区别，后者虽也无精液和精子从尿道外口射出，但却有情欲高潮和射精感觉。这是一种比较少见的性功能障碍。而前者由于性交时不能射精，所以没有性交快感，且妨碍配偶孕育，是男子不育的重要原因之一。

前面我们讲了，射精是一种十分复杂的反射过程，是中枢神经、外周神经、交感和副交感神经、性腺内分泌和生殖器官等多系统的协调性行动。在这一复杂的生理过程中，末梢兴奋与中枢兴奋是两个重要环节，如果某一环节兴奋不够，就不足以引起射精。

原发性功能性不射精：是指在清醒状态下从未有过射精，其病因有以下几种：

◎ 性知识缺乏

性交的方式、姿势和动作，并不是无师自通人人皆知的，需要学习，并通过实践，才能获得足够的性经验，达到一定的性高潮和性满足。不少患者是由于缺乏性知识，当阴茎插入阴道后未能进行较大幅度的提插，阴茎头接受刺激不够而达不到射精反射所需的性兴奋阈值，才引起不射精。

◎ 性畏惧

性交时紧张，如第一次婚前性生活害怕妊娠，害怕被人发觉，或性交时突然被惊吓，而使阴茎瞬间萎软不能射精，引起精神抑郁，而不能射精。有的因害怕生育长期克制自己不射精，久而久之而产生不射精症。

◎ 性生活不协调

夫妻关系紧张，对配偶有猜疑或不信任，或有特殊的社会心理创伤（如妻子在婚前遭强奸等）挫伤了男子的性冲动，高级射精中枢受抑制而不射精。

◎ 性刺激不足

有的患者自慰能排精，而性交不能射精，这是由于性交的刺激强度不如自慰时刺激强度大。不少患者从小养成一种强刺激排精的习惯，如用大腿用力夹住勃起的阴茎方能射精，还有的患者以俯卧位，用阴茎与床板摩擦才能排精。久而久之形成了条件反射。

继发性功能性不射精：指原先有过射精史，后因某种原因发生了不射精。例如婚前同居怀孕受到指责，而婚后不射精；有的表现为选择性不射精，如与妻子性交不射精，而婚外性生活时却能射精，这些均因性兴奋达不到射精阈值之故。

治疗

器质性疾病引起的不射精，应明确病因，对症治疗。如高位射精中枢异常可应用左旋多巴，激活脑内多巴系统，抑制脑内 5-羟色胺系统来提高高级射精中枢的兴奋性。

对于功能性不射精患者，应该采用综合性治疗措施。

性知识教育

不少功能性不射精患者，是缺乏性知识而引起。因此，这些人应积极学习性器官的解剖、生理知识和性反应知识。认识到功能性不射精是由于性兴奋达不到射精反射的阈值所致，性交时注意思想集中，感情融洽，配合得当，并注意性交的姿势、方法，加强性刺激，加强阴茎与阴道的摩擦。

心理治疗

很多人由于工作、精神压力大，缺乏性交的兴趣，性交时思想压力也大，妻子应改变那种敌视和不信任的表情，女方不要提出射精的要求，使男方消除焦虑，全身心地互相配合提高性兴奋，使男方建立正常的性反应。

性治疗

前面我们介绍了性感集中训练。性感集中训练也适用于不射精的男人，目的是解除性交压力和提高其对性反应的自身感觉。

当性感集中训练进行到接触性器官时，鼓励有意地用手刺激阴茎，一旦引起射精，这是成功的第一步。然后推荐女上位姿势进行性活动，并且女方主动加强上下活动，增强对阴茎的刺激。

若男方在一个短时间内，经用力摩擦仍不能射精，女方仍可用手刺激阴茎，当有射精紧迫感时，再把阴茎插入阴道。往往在阴道内有过一次射精后可永久改变此功能障碍。

◎ 药物治疗

麻黄碱对射精有促进作用。麻黄碱是肾上腺素能受体的兴奋剂，可使交感神经节后纤维释放儿茶酚胺，能增强输精管平滑肌的收缩。但高血压、冠心病及甲状腺功能亢进者忌用。

用药方法：睡前口服麻黄碱50mg，对部分患者有一定效果。

◎ 电按摩

电按摩器是由电流引起仪器的振动，当按摩器接触阴茎龟头及冠状沟区后，可在3～6分钟内发生射精及情欲高潮。

这种人工诱发的射精可使病人意识到射精是怎样的感觉，从而建立起正常的射精反射。当电按摩治疗能引起非性交时射精后，可指导患者进行性活动，往往能获得阴道内射精。

若性交时仍未能获得成功，可继续使用电按摩治疗，当男方有射精紧迫感时，将阴茎立即插入阴道，可获得阴道内射精的效果。

◎ 直肠探头电刺激诱发射精

对于顽固性不射精患者，为了生育，可使用一种手携式直肠探头电射精仪，经由直肠刺激前列腺部位引起射精而取得精液。

诱发射精的方法

治疗前先导尿，用生理盐水冲洗膀胱，再注入20ml碳酸氢钠（加5%葡萄糖溶液至pH7.6）或HamisF－10液。患者取侧卧姿势，双膝蜷起，臀部置床边；插入之前，先使用直肠镜观察直肠有无残留粪便（如有，应清除）和黏膜情况（确定有无直肠损伤）。在探头上涂抹传导性的水质润滑油后轻置入直肠内，使探头棒可以正好通过肛门括约肌并沿着直肠壁前伸；调整把手方向，使电极10～12点钟处正好抵在靠近前列腺和精囊的直肠黏膜上。此时术者操作电子射精仪，接通电极后，缓慢增加电压，一般主张电刺激强度为0～30V。助手则以挤牛奶样的动作采取精液。直肠内温度以不超过39为宜。无精液流出时，可一边注意血压的上升和疼痛情况，一边增加电压继续刺激；发现血压异常立即终止刺激，血压升高可降压治疗。有人主张，在术前舌下含服硝苯地平10～40mg，以防血压突然升高。

采精过程预计4～5分钟。每次结束后都应再次放入直肠镜以观察直肠内部情况，确认黏膜有无损伤。治疗结束后，应再行导尿，检查尿沉渣有无精子，以排除逆行射精。取出的精液可以冷冻保存。

不射精症引起不育的治疗

心理性不射精症一般通过心理行为治疗、中西医结合药物治疗或电动按摩治疗获得痊愈，能自然地通过性交，在阴道内射精，从而不影响生育。器质性不射精患者或经上述治疗无效的患者可采用辅助生殖技术获得生育的机会。

夫精人工授精

如果性交不射精，自慰能排精的患者，在妻子排卵期，采用自慰方式取精，经实验室优化处理后行宫腔内人工授精

(IUI)。如果性交不射精，也无自慰排精，可采用直肠探头电刺激诱发射精，收集到的精液，如果精子密度和精子质量容许做夫精人工授精（AIH），可采用 AIH 术。如果精子的密度和质量较低可选择体外受精－胚胎移植（IVF-ET）。

◎ 附睾或睾丸穿刺取精作卵胞浆内单精子注射（ICSI）

当上述方法均不奏效，可采用附睾或睾丸穿刺取精的方法，收集精子供 ICSI。

关于逆行射精

刚才介绍了不射精的知识，其实，还有一种困扰男性的疾病叫做逆行射精。

逆行射精是指男性欲正常、阴茎勃起正常，能进行性交，有射精动作和高潮感受，却无精液从尿道口排出。性交后尿液沉渣化验，可见大量精子。

它的发病率低于不射精症，约占性功能障碍的1%。

那么，导致逆行射精的原因有哪些呢？

从理论上讲，任何干扰膀胱颈的解剖功能或阻断下泌尿道的交感神经，均可造成膀胱颈部和尿道内括约肌的功能失调，使精液逆流到膀胱。如先天性病变、尿道病变、手术损伤等。某些药物也可以引起逆行射精。

治疗时，可以考虑手术、药物和收集尿液中精子做人工授精三种方法。

◎ 手术疗法

手术的目的是使松弛而扩大了的膀胱颈口紧缩，重建内括约肌，恢复顺行射精。手术方法，一般采用膀胱颈缝缩术。这种手术方法适用于过去作过膀胱颈手术者（如膀胱颈 Y-V 成形术），不适用于糖尿病性神经病变和尿道狭窄而引起的逆行射精患者。

◎ 药物治疗

有肾上腺素能兴奋药和抗胆碱能药两种类型可供选择。

肾上腺素能兴奋剂：因膀胱颈部肌肉受交感神经控制，有α-受体，因而用α-肾上腺素能兴奋剂，兴奋其受体，可增强内括约肌的收缩力而成功地纠正逆行射精。常用药物有：盐酸麻黄碱、昔奈福林（Synephrine）、丙咪嗪（Imipramine）、去氧肾上腺素。

◎ 收集精子作人工授精

这是治疗因逆行射精而引起的男子不育，应用最广泛、受孕成功率最高的方法。

但是，由于尿液的低渗性和低pH值对精子的活率和活动力有明显的损害作用。

据报道，精液与尿液混合5分钟后，精子的活动力可降低50%左右，若时间延长可使精子死亡。这给人工授精的成功率带来了障碍。

因此，必须尽可能地减少精液与尿液的接触时间，并且提高尿液的pH值和渗透压。

限于篇幅，这里不详细展开。如果有这个方面的问题，可以反馈到我的电子邮箱，邮箱地址：bdyychenliang@163.com。

第三章　小包皮　大问题

第一节　让人牵肠挂肚的包皮

男性哪个部位的皮肤最让人牵肠挂肚？

答案肯定是非包皮莫属了。

包皮问题，是困扰男性的一个大问题。

特别是各种小广告的漫天飞扬、专科医院的肆意宣传的今天，使得小小的包皮成为困扰男性健康的大问题。

包皮真的过长吗？过长一定要割除吗？手术有何并发症？手术影响性功能吗？

诸如此类的问题，在临床专科门诊几乎每天都有人问到。

因此，我们单独把小小的包皮拿出来，单列一章，尽量答复大家所关注的问题，解除大家的疑惑。

包皮——人体皮肤最精密的构造

包皮是人体最精密的结构，这个我们在第一章中已经谈过。

包皮是人体最薄的皮肤之一，滑动性最好的结构之一，同时，又是神经末梢最为密集的区域，这些结构基础，都是为男性勃起乃至射精等功能所服务的。

因此，包皮问题，还关系到性功能，怪不得让人牵肠挂肚。

何为包皮过长？

包皮过长是指阴茎非勃起状态下，包皮覆盖于整个阴茎头和尿道口，但包皮仍能上翻外露阴茎头；阴茎勃起时，需用手上推包皮才能完全露出阴茎头者，也被认为是包皮过长。

谈到包皮过长，就不能不谈到包茎。

包茎是指包皮口狭窄，或包皮与阴茎头粘连，使包皮不能上翻外露阴茎头。

这里还有一个嵌顿包茎的问题。

嵌顿包茎是指包皮过长和包茎的并发症，当包皮上翻至阴茎头后方，如未及时复位，包皮环将阻塞静脉及淋巴回流，导致包皮及阴茎头水肿，使包皮不能复位。

包皮环水肿后，包皮狭窄环越来越紧，加重包皮及阴茎头水肿，形成恶性循环。嵌顿包茎要及时处理，否则容易导致器官功能的障碍。

包皮为何会过长？

包皮过长的原因很多，主要是和发育有关，在教科书中，都是把包皮过长和包茎归纳到先天畸形这个章节。

可见，包皮过长是一种发育异常。

正常男性新生儿出生以后，包皮内板与阴茎头之间均有粘连，数月后粘连被逐渐吸收，包皮内板与阴茎头可逐渐分离。

至3～4岁时，积聚在包皮内板与阴茎头之间的包皮垢可使包皮内板与阴茎头之间的粘连分离，阴茎生长及阴茎勃起，包皮可逐渐自行上退，至青春期前阴茎头自然露出。如果发育异常，阴茎海绵体的发育速度比不上包皮增长的速度，就会导致包皮覆盖尿道外口，造成包皮过长。

当然，如果包皮内部有粘连，就是包茎了。3 岁后，90% 的男性的包茎可逐渐自愈。至 17 岁时，有包茎者不足 1%。

有些包茎是后天因素获得的，多继发于阴茎头包皮炎、包皮及阴茎头损伤，包皮口有瘢痕挛缩，无弹性和扩张能力，包皮不能向上退缩，可伴有尿道外口狭窄，这类包茎不会自愈。严重包茎且反复发生阴茎头包皮炎的小儿，包皮口出现严重狭窄时，会发生排尿困难，甚至影响阴茎的生长发育。

包皮过长有哪些临床表现?

如果包皮过长伴有包皮口狭窄者，有排尿困难，表现为尿线变细、排尿费力，排尿时出现包皮囊鼓起。包皮囊内可积聚大量包皮垢，隔着包皮可见白色小肿块，常被误认为肿瘤而就诊。

包皮垢可诱发阴茎头包皮炎，急性期表现为包皮、阴茎头充血红肿，可出现疼痛不适。成人包茎因性交时包皮不能上翻，可出现性交疼痛。嵌顿包茎表现为阴茎头较剧烈疼痛、包皮水肿；随时间延长，逐渐出现阴茎头水肿，阴茎头肿大呈暗紫色；水肿的包皮翻在冠状沟上，水肿包皮的上方，可见狭窄包皮环。嵌顿包皮如不能及时复位，时间过长则会导致阴茎头干性坏疽。

包皮过长和包茎对性功能有影响吗?

阴茎头、冠状沟及包皮系带神经末梢丰富，并含有特化的神经小体，是阴茎感受性刺激的主要区域。

理论上认为，包皮过长和包茎时，由于阴茎头、冠状沟及包皮系带等性敏感区域不能裸露或较少裸露，较少受到刺激，因此对性刺激会更敏感，容易导致早泄。

这也是为何有些学术观点认为包皮环切术、系带部分切除术能治疗早泄的原因。

然而，目前并没有充分的流行病学证据表明包皮过长或包茎者更容易发生早泄。

国内有学者对包皮过长与早泄的相关性进行了初步探讨，认为包皮环切术后，患者的射精潜伏期明显延长，从而认为包皮过长或包茎是导致早泄的原因之一。

但是国外学者的类似研究却表明包皮环切术后患者的性欲、勃起功能、射精、性交满意度等指标与术前无统计学差异。

男性的性功能受众多因素影响，包皮过长和包茎对性功能是否有不良影响尚需要更大规模的流行病学调查加以证实。

包皮过长会导致阴茎癌吗?

包皮内板内表面及龟头表面为一层黏膜组织，此层组织必须保持湿润以适应阴茎的性交功能。

包皮垢的生理功能即在于保持包皮腔的湿润。以往认为包皮垢由靠近系带的异位皮脂腺产生，但组织学研究并未发现此类皮脂腺的存在。

有研究表明包皮垢由包皮内板黏膜的细小突起产生。内板黏膜的细胞不断向表面生长，生长到一定程度即发生脂肪变性，变性组织脱落形成包皮垢。包皮过长或包茎时，包皮垢易于在包皮腔内积聚，可对龟头产生慢性刺激，而导致阴茎癌的发生。

目前认为，包皮过长和包茎是阴茎癌的重要致病原因。

这个观点的证据主要有以下几方面：

（1）阴茎癌患者绝大多数有包茎或包皮过长病史。国内文献报道，90%以上的阴茎癌患者都有包皮过长或包茎。

（2）早期行包皮环切术，阴茎癌的发病率显著降低。一些国家和地区，由于宗教原因，新生男儿出生后即行包皮环切术，在这些国家和地区阴茎癌罕见。例如，有研究显示，以色列，男婴出生后10天即行包皮环切，阴茎癌的发病率仅为0.1/10万，而亚洲一些国家可达0.34～1.09/10万。

（3）包皮垢在动物试验有致癌作用。

把包皮垢接种到雌性动物的生殖道，会导致宫颈癌等肿瘤的发生，当然，这是动物实验的结果。

包皮过长和性传播疾病有关联吗?

研究表明，包皮环切后，尖锐湿疣、获得性免疫缺陷综合征、梅毒、软下疳、生殖器疱疹等性传播疾病的发病率降低，提示包皮过长是上述性传播疾病的危险因素。

包皮过长时，包皮腔内潮湿的环境易于感染上述性传播疾病的病原体。角蛋白是防止HIV-1病毒感染的非通透性屏障。无论是否做过包皮环切术，龟头均富含角蛋白，因此，除非发生炎症或其他损伤，龟头部位不易成为HIV-1病毒的入侵部位。

与之相反，包皮内板及包皮系带缺乏角蛋白，因此易于成为HIV-1病毒的入侵部位。HIV-1病毒的靶细胞包括朗格汉斯（Langerhans）细胞、表皮下树突状细胞、巨噬细胞及$CD4^+$T细胞，这些细胞表面均具有HIV-1病毒的受体，是HIV-1病毒感染机体的门户。其中，朗格汉斯细胞位置最为表浅，其树突状分支达表皮的浅层，因此更易受到 HIV-1 病毒攻击。

包皮内板、外板、龟头黏膜内均富含朗格汉斯细胞，然而，与包皮外板及龟头黏膜不同，包皮内板及包皮系带处的朗格汉斯细胞及其突起由于角蛋白层薄而失去保护，容易与 HIV-1 病毒接触，是阴茎部位感染 HIV-1 病毒的主要门户。

阴茎勃起时，肿大的阴茎头受到了其较厚角蛋白层的保护，不易感染 HIV-1 病毒；而包皮内板由于勃起时处于伸展状态，较薄的角蛋白层变得更薄，更加减弱了角蛋白层的保护作用，使包皮内板直接暴露于阴道内分泌物中。而富含角蛋白层的包皮外板在勃起时退至阴茎根部，基本不与阴道黏膜上皮相接触。

包皮过长时，由于包皮内板长度增加，性交时与阴道黏膜上皮接触面积增加，因此从对方感染 HIV-1 病毒的机会增加。

包皮环切术后，由于切除了过长的包皮内板，勃起时覆盖阴茎体的主要是富含角蛋白层的外板皮肤，减少了 HIV-1 病毒感染的机会。

包皮过长时，尖锐湿疣、梅毒、软下疳、生殖器疱疹等其他性传播疾病发病增加可能与过长的包皮内板黏膜比较脆弱，易于受损伤有关。

包皮一点作用都没有吗?

事实上，包皮作为男性外生殖器的组成部分，还是有一定生理功能的。

首先，在青春发育期前，包皮覆盖阴茎头，对阴茎头起到保护作用。在原始人类，这个功能显得更为突出，原始人类在深山老林里经常有各种蚊虫叮咬，由于阴茎头是比较敏感、易受刺激的部位，所以由于包皮的覆盖，能使得人群更为方便的完成各种劳动。作为几千年人类进化的结果，包皮的保护作用是不容忽视的。

其次，包皮的内板分泌腺能分泌像润滑剂一样的物质，可以增加夫妻生活中的湿润度，分泌物本身也有杀菌的成分。尤其是孩童，包皮内板和阴茎头有些粘连是很常见的，随着年龄增长，阴茎头多数会与包皮内板分离而自然露出。

第二节　割与不割——是个问题

“高领”改“低领”的依据

“高领”改“低领”是对包皮环切手术的调侃。

近年来，“高领”改“低领”，行“包皮环切术”好像成了一股潮流。

每到假期，在医院行这个手术的人非常多，很多医院都要提前预约。

主张行这个手术的观点有以下几个：

预防疾病

如上一节所说的，能预防阴茎癌、配偶的宫颈癌、预防艾滋病病毒感染以及其他性传播疾病。

特别是研究证实，多数的阴茎癌患者都有包皮过长或者包茎，出于对癌症的恐怖，很多患者都认为一切了之，免除后患。

有很多就是被妻子强行逼迫来做手术的，还有很多是女方出现了感染，医生建议男方做手术的。

不管哪种情况，考虑到预防疾病来做包皮手术的患者占了很大一部分。这和我们现在的健康意识提高有很大的关系。

在我国20世纪50年代左右，阴茎癌是男性最常见的癌症之一，主要是和当时的卫生条件和医疗条件差有关。而现在，阴茎癌的发生率显著降低。

● 治疗早泄

我们在上一章里讨论了早泄的发病机制，有一条就是和阴茎的感觉过敏有关。而阴茎的感受器多数位于包皮，特别是内部包皮和系带，还有阴茎头。

因此有的学术观点认为，包皮环切后，阴茎头的感觉阈值会升高，有助于延长射精潜伏期，改善夫妻生活。

比如，包皮环切加部分系带切除术被部分学者认为能治疗早泄，改善性功能。

当然，这个手术治疗早泄对于某些患者很管用，特别是感觉过敏的患者，但对于心理性或者其他原因导致的早泄就不一定有用。

因此，也不能笼统的认为，割除了包皮，就一定能延长射精时间改善功能。

可能的并发症

虽然说包皮环切是很小的手术，术后也可能出现各种并发症。

如不同程度的水肿，如果术中止血不彻底的话，还有可能形成血肿。瘢痕体质的人，可能会有比较明显的手术瘢痕，严重的会有包皮口再狭窄等。

有些患者还会出现一过性心理性ED（勃起功能障碍）。

特别是隐匿阴茎的孩童，如果被误认为包皮过长而行包皮切除术后，可能使得以后的矫形变得非常困难。

“切”与“不切”——权衡利弊，三思而后行

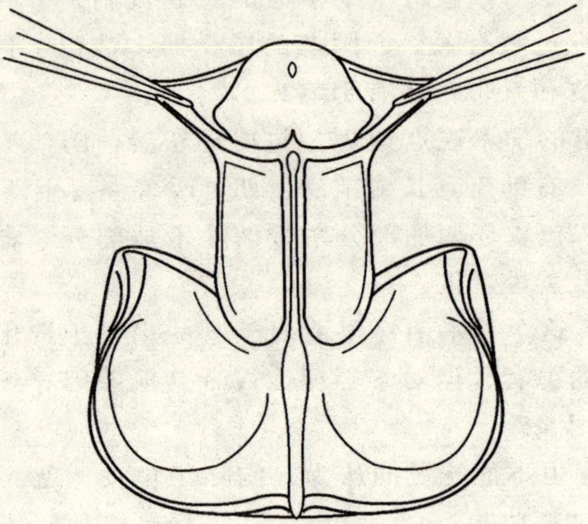

图 3-1　包皮示意图

任何手术均有风险，因此，在手术前，不妨做个利与弊的权衡，三思而后行。

首先，建议到正规泌尿外科或者男科专业医师处咨询，明确诊断。

其次，在明确诊断的前提下，弄清楚自己期望通过这个手术主要想解决的问题，可能的风险是否能承担？

笔者建议，如果单纯包皮过长，包皮口宽松，能自然上翻，并且没有红肿等炎症的话，及时清洗即可。如果屡次发生感染，倒不妨“一切了之”。

再次，如果包皮不能上翻，影响正常排尿，择期行手术

治疗。如果包皮可以上翻，没有红肿，不影响排尿，可以经常清洗，再根据实际情况决定是否手术。当然，这都是在建立在排除隐匿阴茎、包茎等诊断的前提下。

如果单纯为改善阴茎外观、改善夫妻生活、延长射精等目的而做手术，一定要有充分的思想准备，并且要向医师咨询清楚，弄清楚可能的风险及并发症后，再行手术也不迟。

包皮环切术的手术适应证没有统一标准，在医学上，一般认为以下情况适合行包皮环切术：

①包皮过长引起的反复尿路感染；②后天性包茎；③包皮过长伴有易于发生尿路感染的先天解剖异常，如肾积水、膀胱输尿管返流；④巨大包皮过长；⑤反复发作的包皮龟头炎；⑥包皮过长伴有其他感染性疾病如尖锐湿疣等。

由于某些阴茎先天异常需用包皮修补，因此下列情况被视为包皮环切的禁忌证：①尿道下裂；②尿道上裂；③隐匿阴茎或埋藏阴茎；④小阴茎；⑤阴茎弯曲畸形；⑥蹼状阴茎。

第三节 “生死”抉择

包皮环切术具有悠久的历史。

早在12世纪，西班牙一名有影响力的犹太教教士、哲学家与医师摩西·麦蒙奈德斯为约束个人性欲而提出包皮环切术，在1800年后它作为防治自慰的方法引入英语国家。

在20世纪初，它作为改善卫生措施在美国开始普及，但近年来呈下降趋势，甚至一部分人行包皮恢复术。

在我国，行包皮环切术者有日益增多的趋势。如果确定了要行手术，有多种选择，下面，我们就具体谈一谈包皮环切手术的具体方法。

包皮环切的各种方法

目前临床最常用的还是传统的背侧包皮环切术及袖套状包皮环切术。

做这个手术要遵循以下几个基本步骤：①包皮上翻；②松解包皮龟头粘连；③切除多余包皮，保留适当长度的包皮内、外板；④严密、仔细止血；⑤对合完全。

最常用的就是背侧包皮环切手术，也称为经典的剪刀法。

背侧包皮环切术（剪刀法）

这个手术方法很简单，一般是采取阴茎根部阻滞麻醉方法，就是在阴茎根部打3针左右的麻醉药，感觉不到疼痛时，便可以行手术。

手术前，首先检查包皮阴茎头有无粘连，有粘连应先分离，注意清除包皮垢。将包皮置于自然位置，与包皮背侧正中及腹侧正中分别用2把血管钳对称夹住，两钳相距0.5cm，纵行剪开背侧包皮，切口剪至距冠状沟约0.5cm为止。

同法剪开腹侧包皮，注意保留系带，然后将两个切口间的包皮剪除，彻底止血后缝合切口。传统的背侧包皮环切术简单易行，术中可能会出血，所以医生切实有效地止血就很必要。

这种手术方法需要的时间比较短，大概30分钟就可以完成。

做完手术后，可以坐着观察30分钟，确认没有出血后便可以回家，及时用药预防感染，禁止剧烈活动，以免导致活动性出血。

总体而言，这种手术方法时间短，简单易行，效果也不错，是临床上最多采用的方法。

◎ 套袖式包皮环切术（双切口包皮环切术）

这种手术方法的麻醉方法同传统的包皮环切术。但是手术方法就比较复杂。

手术方法为：分别于内外板距冠状沟0.5～1.0cm处做平行于冠状沟的环形等距切口，只切开表皮，在肉膜及皮下血管的浅侧锐性分离皮肤与皮下结缔组织，去除中间的环形皮条。

术中注意保留皮下的血管及淋巴管。套袖式包皮环切术由于仅切除了皮肤，出血较少，术后水肿轻，愈合快。

但对包茎或有包皮口狭窄环的患者，需先纵行切开包皮，解除狭窄。部分皮肤切除多的患者，由于内外板之间保留了过多的浅筋膜，缝合时可能在皮下形成一个粗厚的环状物，外形臃肿，阴茎外观可能被患者难于接受。

◎ 一次性包皮环切吻合器包皮环切术

一次性包皮环切吻合器是国内商建忠研究员发明的包皮环切器械，该器械由内、外两环组成，通过在内、外环之间环形钳夹包皮达到包皮环切的目的，7天后卸下内、外环，环形结痂自行脱落。

该方法无需缝合，操作简便，3～5分钟即可完成。但是，对于很多患者，术后7天才拆下包皮环切环，是一个痛苦，因为期间很是不方便。所以，这种手术方法也有它的弊端。

包皮环切术的并发症

包皮环切术操作简单，手术较为安全，绝大多数情况下不会发生并发症。但操作不当可发生以下并发症：

出血：包皮环切术常见的并发症之一，原发性出血主要为术中止血不彻底所致，表现为术后阴茎肿胀明显，少量出血可通过加压止血，大出血需再次手术电刀止血或结扎出血的血管。继发性出血主要为感染所致。

感染：包皮环切术感染发生率可达10%，多为轻度感染，局部处理即可。偶可致严重败血症而导致死亡者。细菌多来自于会阴部正常寄生菌。

尿道外口狭窄：多见于婴幼儿，包皮环切术后发生尿道溃烂，进而发生狭窄和梗阻。狭窄发生时应行尿道外口成形。

包皮切除过多或过少：多为手术经验不足所致。包皮保留过多可再次行包皮环切，包皮过少需二次手术。

阴茎损伤：多为阴茎头损伤，术中以器械不适当地牵拉阴茎头、单极电凝、带肾上腺素的麻醉药物的应用等均有可能导致阴茎损伤。

尿道损伤：阴茎腹侧缝线过深可损伤尿道。

痛性瘢痕或囊肿：阴茎头于阴茎体之间有瘢痕时可导致勃起时疼痛，包皮垢植入可产生包涵性囊肿，需再次手术切除。

ED有研究发现，包皮环切术后部分患者出现ED、插入困难及勃起信心下降。可能与以下因素有关：①包皮环切术破坏一部分阴茎血管、神经末梢和感觉组织，阴茎受到刺激时不容易产生兴奋冲动，减弱了反射性阴茎勃起功能；②包皮能分泌黏液，缓冲与阴道摩擦；③术后首次性交失败致心理负担过重，或对包皮环切术并发症的恐慌、误解和忧虑均可引起心理性ED。

其他并发症：手套滑石粉导致肉芽肿形成、包皮环切术后淋巴水肿及海绵体内麻醉药物浓度过高损伤海绵窦内皮而导致ED、皮肤颜色的改变导致三种皮肤颜色衔接不自然，（即龟头、包皮内板、外板分别呈现不同的颜色，缺乏自然地过渡）等。

通过这一章的讲解，您了解了关于包皮的很多知识，对包皮环切手术也有了一个客观的认识，相信您能对自己的包皮持一个比较客观的态度，搞好自己包皮的健康，有助于夫妻生活美满，也有助于家庭和谐。

第四章 呵护前列腺

第一节 疯狂的前列腺

“前列腺时代”

大家都记得2005年风靡全球的电影《疯狂的石头》吧，让我们从这个小小的电影开头说起。

在影片开始，男主人公被强行按在床上，做检查，一副呲牙咧嘴的样子，很是痛苦的神情。

这是在做什么检查呢?

很多观众可能也都注意到了，在男主人公身后，医生在用手指进行按摩和诊断，在医学上，这个检查叫做肛诊。

在影中片，是在做“前列腺指诊”，就是通过手指头在直肠里面检查前列腺的大小和形态等情况。

这是一个诊断前列腺疾病的常用检查方法。

还有一个镜头，大家也都记忆犹新，就是男主人公在卫生间里面，由于宝石被盗走了，心里窝火，撒尿特别费劲，用了九牛二虎之力，好像也无济于事。

这个症状叫做排尿困难，是前列腺疾病尤其是前列腺增生症的常见症状，与这个症状相伴随的还有尿频、尿急、尿痛、会阴坠痛不适等症状。

这些都有可能是前列腺炎的表现。

在当今社会，男人的问题，一个是包皮，另一个就是前列腺。

连畅销的大片都把前列腺作为吸引观众眼球的笑料和包袱，把这个时代称之为“前列腺时代”并不为过。

前列腺果真如此“坏”吗？前列腺时代后面隐含着啥样的背景？

其实，前列腺及其疾病和其他系统的疾病一样，很常见，也很容易治。

但是，由于前列腺的部位和作用很是特殊，往往涉及到个人的隐私，很多人也利用这一点，片面的做夸大宣传和炒作，才导致了这个时代的男人的前列腺危机。

最忠诚的朋友——前列腺

说到底，这些都不是前列腺本身的错。

事实上，前列腺是我们最忠诚的朋友。

我们说，人体有那么多器官，其实，最忠实于您的就是前列腺，从小时候的小栗子到变成大橘子，它始终在伴随着您的成长而成长，而别的器官，如肺、睾丸、阴茎等都在随着个体的成长和衰老在背叛您，它们都变得逐渐萎缩、退化。

而前列腺对您不离不弃，是您最忠诚的朋友。然而，就像距离产生美一样，有时候，太紧密太忠诚了也会造成麻烦。

发生在前列腺的疾病主要有以下三种。

前列腺癌，在欧美发生率极高，在美国男性中，它的发病率仅次于皮肤癌，位居第二位。近年来，随着我国人口老龄化和医院临床检测技术的不断提高，前列腺癌的检出数量也呈现明显的上升趋势。而在我国，前列腺癌有被忽视的倾向，宜引起重视。

良性前列腺增生（BPH），又称为良性前列腺肥大。

BPH 是前列腺非癌性的体积增大，随着年龄增大，发生 BPH 的概率也逐渐增大，它可以引起各种泌尿系症状，其中包括尿路梗阻。

前列腺炎，即发生在前列腺的炎症。和 BPH 一样，前列腺炎与癌症并不相关，却可以产生一系列令人烦恼的症状。

前列腺炎影响性功能和生育吗?

这可是众多男性最关心的问题。

举一个例子：某专科医院一位男科主任提出所谓“阳痿－不育－癌症三步曲”，即首先说前列腺炎直接导致性功能下降，然后说会影响生育能力，最后说严重的会导致前列腺癌。

但是，研究证实，“前列腺炎和这些病症之间并没有必然联系”，但社会上不少人就是这么宣传的，“产生的影响很大”。

北京某民营医院的一位“男科专家”在接受媒体采访时就曾大谈前列腺炎对男性性功能和生育能力的影响，甚至称“50%以上的男性不育症是因前列腺疾病引起的”。

在另一家民营医院的广告中，我们也看到，“前列腺疾病”被拿来和“性功能障碍”并列，并声称要为患者“恢复男人自信”。这里要强调的是，把前列腺炎当成性病是完全错误的观点。

但是，如果盲目应用很多不当方法，治疗前列腺，到可以导致生育功能的丧失。

原因何在?

因为，在前列腺的侧叶上面，有射精管的开口，就是说有运输精子的通路，如果盲目地利用所谓的热疗、穿刺、微波等治疗导致瘢痕的形成，到有可能导致射精管口的阻塞，导致精子排出的通路的阻断，造成不育。

所以，治疗前列腺相关疾病一定不能盲目相信没有经过大量临床验证过的所谓的新方法。

前列腺炎会传染吗？前列腺炎会导致前列腺癌吗？

这个也是很多朋友关心的问题，我们说，细菌性前列腺炎不是一种传染性疾病，不具有传染性，它不会通过性接触传染给您的配偶。

至于非细菌性前列腺炎，因为它的发病原因很多，是否可以经传染患病还有待于进一步研究。

有些非细菌性前列腺炎是沙眼衣原体感染所致，而沙眼衣原体感染可以通过性接触进行传播。但有一点是明确的，即配偶所患的泌尿系感染与前列腺炎并不相关。

尽管感染的前列腺可以导致血液中PSA升高，但是前列腺炎并不是前列腺癌的特征性临床症状，而且患有前列腺炎也不意味着将来患前列腺癌的危险性就会增加。

所以，前列腺炎的患者不要有思想负担，不要把前列腺炎和前列腺癌以及性传播疾病联系在一起。

被“吓”出来心理疾病

有一个案例，有位年轻患者，最初在电视上看到专家讲，尿无力、尿分叉就是前列腺炎，某一天他“发现”自己也出现了这些症状，于是怀疑自己患了前列腺炎，开始求医。渐渐的，他只要看到“专家”讲什么症状，就会立刻“发现”自己也有这些毛病，甚至因此产生了轻生的念头。这是典型的心理疾病，所谓的前列腺炎是被吓出来的。

所以，前列腺疾病是心理和生理性疾病，心理因素占到了很大的比例。

典型的心理性前列腺炎的患者就是自我症状的放大、被动的听从认可、疑病心理严重。

其实，前列腺属于比较敏感的器官，当我们劳累、吃了较多辛辣食物、心理压力过大和性行为频繁时都可能造成尿频、尿痛和会阴、小腹、腰骶、阴囊等部位的疲劳反应，这就像休息不好会头痛一样，经过调整或简单的对症处理是完全可以恢复的。

可见，有些前列腺炎患者的疾病，是被自己吓出来的。

前列腺炎其实和感冒一样好治

男性对于前列腺炎更是讳莫如深。其实，前列腺炎是一种很容易控制的常见病。

前列腺炎就像感冒一样常见。劳累、辛辣食物、心理压力过大和性行为频繁时都可能导致前列腺的疲劳反应，表现为尿频、尿痛和会阴、小腹、腰骶、阴囊等的不适感等。

这些症状可以随着身体状况的好转而消失。对于比较顽固的症状，可以对症的用药和采取其他治疗。

前列腺炎的治疗包括使用抗生素、α受体阻断药、消炎药、止痛药，以及生物反馈、微波和射频、理疗、手术。普通药物是最有效的，那些"高难度"的治疗手段反而效果差强人意。

保持生活规律、不酗酒抽烟、注意增强体质，就能很好地预防和治疗这种病。

35岁以后的慢性前列腺炎属于退行性病变，虽然很容易缓解症状，也没有大的影响，但不易根治。

当然，随着科学的进步，对于前列腺炎，已经不仅是单纯意义上的炎症，而是被细化为无菌性前列腺炎、慢性盆腔疼痛综合征等。

可见，前列腺炎确实是一个比较复杂的疾病，但是经正规治疗完全可以治愈。在这一个章节里，我就给大家聊聊前列腺，和大家一起来关顾一下前列腺的前世今生，并解除大家对于前列腺及其疾病的很多误解。

第二节 男人第一腺——前列腺

在讲述前列腺疾病之前，我们先来了解一下前列腺的生理知识。关于前列腺，我们说它是男性第一“腺”，可见，它是多么重要。

前列腺确实是一个很重要的器官，但并不神秘，也不像广告里说的那样脆弱。

其实，前列腺是我们人体最忠实的器官。

最忠实的是前列腺

前列腺是男子生殖器附属腺，顾名思义，第一，前列腺属于生殖系统，也就是说跟阴茎、睾丸属于同一个发挥协同功能的系列；第二，附属腺体，也就是说，相对于阴茎和睾丸，前列腺好比是个附属物，就像我们所说的医学院的附属医院一样，是为了医学诊疗和教学核心功能服务的机构。

关于的前列腺的位置，医学上描述：位于膀胱下部，紧包尿道起始部，外形似栗子，质坚实，上端稍宽大，称底部，稍凹陷，属膀胱面；前部有膀胱颈与之相连，尿道穿行而过，后部由左、右射精管贯穿其中。前列腺下端稍尖细，背面与直肠邻近。

这里面有几层意思。

第一，前列腺是尿道起始部的一部分，所以，如果出现炎症或者增生，会影响排尿。事实上，很多存在前列腺问题的患者都是以排尿异常就诊的。比如，前列腺增生的老年人，都有排尿不畅的感觉。还有，就是前列腺炎的中年人，老是有尿不尽的感觉。这些都是由于前列腺与尿道的特殊位置和毗邻关系造成的。

第二，射精管贯穿其中，是射精时精子的必经之路，如果这个路堵了，那么势必会造成精子出不来，也就造成了男性不育症。很多前列腺热疗、穿刺疗法把前列腺上面精囊腺体的开口堵了，会造成无精症，其实不是真正的无精症，而是梗阻性无精子症。

第三，与直肠相邻，这就为我们摸摸前列腺、诊断各种疾病提供了很方便的条件。在临床上，有一个非常基本的检查，叫直肠指诊，就是把手指插入直肠里面帮助诊断疾病，包括直肠癌，前列腺癌、前列腺增生等，就是基于前列腺和直肠的特殊毗邻关系。

四分五裂的诸侯国

前列腺是一个统一的腺体吗？答案是否定的。

事实上，依据前列腺包绕尿道的结构关系，可将前列腺分为前、中、后、左、右五个叶。可以说，前列腺是一个四分五裂的诸侯国。

这五个诸侯国里面，只要有一个闹事，都会让您不安分。

当然，从医学角度来讲，中叶及左右两侧叶的临床意义较大，前叶仅为尿道与侧叶的狭小区，多退化，腺泡少，临床意义较小。

中叶又称前列腺峡，呈楔形，上宽下窄，位于尿道后面及两侧叶、射精管和后叶之间；中叶增生往往压迫尿道，导致排尿困难，前列腺增生的患者多有此体会。后叶位于两射精管的后面，很少发生肥大，发生了肥大，也不一定引起排尿困难。

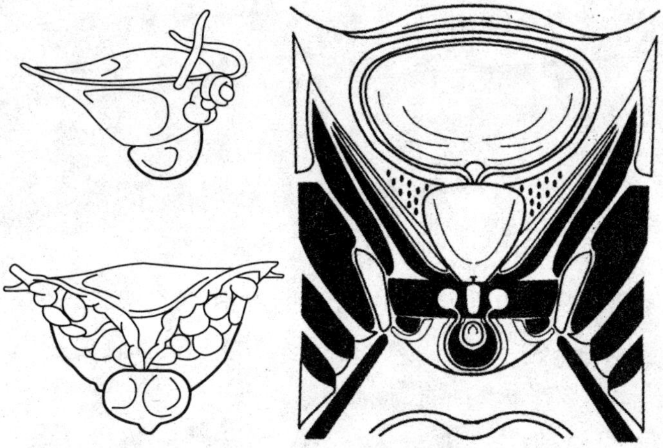

图 4-1　前列腺示意图

因此，我们可以看到，前列腺增生的程度和排尿困难的症状不成比例的原因了，就在于前列腺增生的位置，如果在尿道周围，增生一点点都会引起严重的排尿困难，如果在外周，就是增生几十毫升也不一定引起排尿困难。

当然，前列腺外周也有常见的病变。研究发现，多数前列腺癌都是从外周带发生的，所以，前列腺外周带也要引起重视。

女性有前列腺吗?

以前的观点认为，前列腺是男性的专利，女性没有前列腺，这个观点持续了很长的时间。

近几十年来，这个观点也一直被认可。但是，最新的研究表明，在胚胎发育的时候，女性也有前列腺。在成长的过程中，由于各种原因发生了退化。目前，这种观点逐渐被认可。

关于这方面的研究也很多，研究女性前列腺有没有意义呢？或许，如果真正阐明女性前列腺的相关难题，对于女性的盆腔各种疾病的诊疗可能是一个突破。到那时，前列腺就不再是男人的专利了。

最忠诚的器官会给您惹麻烦

我们说前列腺是人体最忠诚的伙伴，随着人体衰老，多数器官都是萎缩、退化，包括阴茎和睾丸，唯独前列腺对您最忠诚，伴随着您的成长而成长。

正常的前列腺一般重 10～30 克，如果超过了 30 克，那么就有可能是前列腺增生了。

您可以这样想象：在青年时期，您的前列腺是个小栗子，伴随着您的成长，前列腺会从小栗子变为一个小西红柿、小橘子。到那时，前列腺就容易发生各种病变，如前列腺增生等。

所以说，任何事物都有两面性，最忠诚的器官也会给您带来麻烦。

有麻烦，也是好事，为什么呢？因为有观点认为增生本来就是一种长寿病。想像一下，如果在 30 岁去世，前列腺如小栗子大小，也不会引起排尿困难的症状。所以说，对于前列腺还是应该持宽容态度的。

前列腺之所以如此忠诚，如此伴随着年龄增生，主要是和睾丸的功能相关。如果阉割了睾丸，前列腺也会不忠诚，可能一直会很小，也不会发生增生，古代的太监就是如此。

前列腺的成长，还有一个原因，就是和您提供给它的营养密不可分。

当然，营养来自血液，前列腺的血液供应主要来自膀胱下动脉直肠会阴动脉分支，进入腺体后分为内外两组，内组为尿道组，外组为被膜组；切除前列腺时必须注意不要损伤，否则会发生大出血。

与血管伴随的是淋巴管和神经，前列腺的淋巴管与膀胱、直肠及精囊腺的淋巴管有交通。前列腺的神经来自膀胱丛，而传入纤维则伴随盆内脏神经，至2、3、4骶神经后根，进入脊髓。

可见，前列腺也得听大脑司令部的。了解这些知识，可以让您对后面讲述前列腺疾病知识有更深入的理解。

前列腺是干啥的?

说了这么多，或许有人问，前列腺是干啥的？啥级别？

顾名思义，前列腺，既然是腺体，就有分泌的功能。

前列腺的一个作用就是分泌前列腺液。前列腺液呈弱酸性，含有大量的锌元素，所以，补锌有助于前列腺疾病的预防，就是这个道理。

另外，前列腺液里面还含有大量的钠、钾、镁等。

前列腺液是构成精液的组成部分，前列腺液可以提供给精子营养，协助竞争运动，所以，如果前列腺功能异常，就有可能导致精子活力下降、动力减弱、果糖水平降低、精液量减少，甚至导致男性的不育症。

前列腺的另外一个功能也很重要，刚才我们说了，前列腺位于膀胱颈口和阴茎之间的“咽喉要道”，可谓“一夫当关，万夫莫开”，这是尿液排出体外的必经之路，如果前列腺发生了病变，如炎症、增生、癌变等，这条道路就会被阻塞，尿液就会排不出来，严重的话还会导致急性尿潴留。

所以，我们说前列腺是男性的第一“腺”，它有着非常重要的功能，不仅对生育能力有影响，还是控制排尿的“必经之路”。

第三节　恼人的前列腺炎

何为前列腺炎?

虽然前列腺炎在报纸、广告中出镜率极高，但是，真要问您啥是前列腺炎？您还不一定能答得出来。

顾名思义，前列腺炎是涉及前列腺及其周围区域的炎症。

前列腺炎，尤其慢性前列腺炎，是男性最常见的疾病之一，它最青睐性活动频繁的青壮年人群。

前列腺炎的临床表现是以前列腺部位为中心区域的一系列症状，并影响患者精神、心理状态。所以，也有学者将其称为“前列腺炎综合征”。

根据临床表现和实验室检查可以把前列腺炎分为几种类型，每种类型的前列腺炎都有相应的一系列症状。

前列腺炎所导致的症状有轻有重，差别很大，有些患者疼痛明显，而有些人虽患前列腺炎但并无明显不适症状，其余患者的症状介于二者之间。

即使患者仅有轻度的症状也会对生活质量产生负面影响，特别是在症状持续存在或反复发作时。

有些患有慢性前列腺炎的病人，其症状会反复出现，病情时好时坏。这样就会使患者心理负担加重，而心理负担加重就又会导致治疗效果的不佳。

所以，我们说前列腺炎是心理疾病，就是出于这样的思考。

但是，当前的医学理论认为，多数前列腺炎经过系统规范的治疗都有不错的效果。很多恼人的症状通常能够得到有效的缓解。

复杂的症状

有些人虽患前列腺炎但却没有明显的不适症状；也有些人的症状与尿路感染相似，这些症状包括尿痛、膀胱尿液无法排空或排尿次数较正常明显增多（也称作尿频）。尿频明显时，患者夜间排尿次数增多，常常会影响睡眠。

前列腺炎还会出现一些其他症状，包括阴茎、睾丸或盆腔其他部位的疼痛，射精时或射精后疼痛，有些急性前列腺炎患者还会出现寒战和发热。

当然，其他疾病也可以出现上面所提到的症状，这就是为什么需要找专业医生进行检查，以判断是否患前列腺炎、所患前列腺炎为哪种类型以及选择何种治疗方法最佳。

急性细菌性前列腺炎

这是最少见但却是最容易诊断的类型。

正如名称中所提示的那样，它由细菌感染引起并且发病很突然。症状严重，通常很快就会到医院就诊。症状包括排尿疼痛，尿不净，腰骶部、腹部或盆腔区域疼痛，有时病人会有寒战或高热。

急性前列腺炎由于症状相对比较特异，比较容易诊断，经过规范的治疗，可以完全治愈。

慢性细菌性前列腺炎

症状与急性细菌性前列腺炎相似，但程度较轻且发展缓慢。症状包括排尿疼痛，生殖器、腰骶部、腹部及盆腔区域疼痛，尿频、尿急及排尿无力。

少数病人可以没有任何症状，或者在很长一段时间内症状时有时无。

慢性前列腺炎/慢性盆腔疼痛综合征

慢性盆腔疼痛综合征是相对比较麻烦的诊断，当患者有前列腺炎的症状但却没有细菌感染的证据时可作出此型诊断。

有时也可以称该类前列腺炎为前列腺痛。症状包括生殖器、盆腔区域疼痛，排尿困难和（或）尿痛，有时会出现射精时或射精后疼痛。

无症状感染性前列腺炎

该型患者通常无症状。通常是在检查其他疾病时偶然发现。这些患者感染的证据是通过前列腺组织活检，或尿液、精液及前列腺液标本检查。

例如，前列腺特异抗原（PSA）水平升高通常提示可能患有前列腺癌，需要进行前列腺活检来排除前列腺癌，病理检查结果提示有前列腺腺体感染。

由于没有其他不适症状，此该型患者通常不需要特殊治疗。当患者同时患有其他疾患如不育时，则需要进行抗炎治疗。

病因多发

前列腺炎分类都这样复杂，所以，它的病因也是很复杂的。

目前前列腺炎的病因尚不完全清楚，关于前列腺炎的发病机制目前有很多解释。不少前列腺炎患者通过检查可以发现明确的前列腺感染证据，通过前列腺液或精液检查可以找到特异性的致病菌。

这些致病菌极有可能来自于尿液，通过开口于尿道内的前列腺管逆流进入前列腺，从而导致前列腺炎。

非细菌性前列腺炎也可以由细菌以外的其他病原微生物所致，如沙眼衣原体和支原体，一般通过性接触传播。

其他的病因还包括：患者自身免疫系统异常；尿液经前列腺管逆流进入前列腺引起的刺激；膀胱颈部的神经、肌肉功能失调或结构异常等。

慢性盆腔疼痛综合征可能与间质性膀胱炎有关，间质性膀胱炎属于膀胱炎的一种特殊类型，主要以无法解释的膀胱刺激、尿频和下腹部疼痛为特征性表现。

有些特定的因素可增加患前列腺炎的危险性，这些因素包括前列腺的损伤，膀胱感染，经尿道插入尿管或其他医疗器械等。

综合治疗更有效

刚才说了，前列腺炎的症状和病因都比较复杂，所以，治疗起来就必须得有一个系统的综合的概念。同时，要考虑到个体的差异，提倡个体化治疗。

◎ 药物治疗

首先，针对不同类型的前列腺炎有不同的治疗方法。细菌性前列腺炎的一线治疗仍是抗生素的应用。

急性细菌性前列腺炎患者有时需要住院治疗，经静脉给予抗生素治疗是比较有效的。如果对抗生素治疗效果欠佳，要及时进行调整，更换其他种类的抗生素。

那么，用药多长时间才合适呢？

抗生素应用时间的长短取决于病人所患前列腺炎的类型和所选抗生素的特性。在抗生素使用期间，应严格规范地进行治疗，千万不能三天打鱼，两天晒网，那样的话，治疗效果会很差，一定得记着，千万不要在症状有缓解时提前自行停用抗生素。

除了应用抗生素，服用些 α 受体阻滞剂（如可多华、哈乐等）也有不错的效果，这类药物可以松弛前列腺和膀胱出口处周围的肌肉，缓解排尿时出现的肌肉痉挛和紧张，可以有效地减轻排尿不畅和排尿疼痛。

对于因前列腺炎所引起的不适，还有其他几种办法值得推荐。非甾体类抗炎药（如消炎痛、阿司匹林等）有助于减轻炎症和缓解疼痛，在药店和医院均可买到。

按摩及理疗

做前列腺按摩可以减轻症状。按摩时医生将食指插入患者的直肠内，清楚触及前列腺后，应用指腹轻柔的按摩前列腺，当前列腺液从尿道口流出后，前列腺内的压力得到缓解，病人会感觉症状有缓解。

所以，这个按摩的方法也可以使用，对有些患者有不错的效果。

但是，有一条，要知道，急性前列腺炎患者绝对不要行前列腺按摩，否则，容易使得炎症感染扩散，导致更严重的症状。

热水坐浴和其他热疗方法也可减轻不适；如果患者坐着感觉不舒服，可在座位上加放枕头或可膨胀气垫；骑自行车的人可以将车座的角度作必要的调整，或者更换合适的车座。放松性训练和生物反馈治疗、针灸治疗等都可能减轻症状。

心理治疗

在上一节我就告诉大家，前列腺炎其实是一种心身疾病，心理因素占了很重要的位置。

紧张和焦虑一直是公认的导致或加重前列腺炎的重要因素之一，特别是对于很多敏感的患者。因此治疗的另一个重要方面，就是对病情进行细致的解释，缓解患者的紧张和恐惧情绪，使患者了解前列腺炎的症状与癌症、不育、勃起功能障碍或性传播疾病并无直接关系。

如果精神症状很重，心理压力太大，可以配合使用一些抗抑郁、抗焦虑药物，待改善症状后及时停药即可。

这里就有一个问题，就是心理问题到底是因还是果？

其实，这是一个恶性循环，如果患者患病有心理因素的存在，由于前列腺炎治疗周期相对较长，可能会加重患者的心理负担，反过来，这种心理的压力又会导致症状的加剧以及治疗效果的不佳，所以，系统的规范的心理治疗对这一类患者就很有效。

自我调节

在上述治疗的基础上，自我调节也很关键。

思维和心态的自我调节：

应当多从积极乐观的角度对待疾病，树立战胜疾病的勇气和信心，积极配合治疗。不要过分敏感多疑，对每一个症状的出现和变化都耿耿于怀，对疾病的迁延或复发更是不能承受，心理上的悲观失望不利于疾病的康复。

行为模式的自我调节：

要改变懈怠、懒惰、依赖的行为模式，做事积极主动，不等不靠，用行动改变现实。除了积极配合医生的治疗外，还要主动进行自我调节，主动改变行为习惯，这样才能完全康复。

精神情绪的自我调节：

精神情绪对人体免疫系统有较大的影响。快乐饱满的精神情绪有利于前列腺炎的治疗和康复。多听格调高雅、旋律优美的古典音乐或抒情音乐，朗读优美的诗歌，书法绘画等对调节精神情绪十分有益。每天坚持有效的身体锻炼，提高身体的抗病能力。如慢跑、做操、跳绳、打太极拳等。

饮食的自我调节：

前列腺炎患者的饮食宜清淡，应戒酒，忌辛辣刺激性的食品，忌过食肥甘油腻食物。

生活习惯的自我调节：

①制定有规律的生活作息计划，注意生活起居，养成良好的生活习惯；②多饮水，不憋尿，以保持尿路通畅，有利于前列腺分泌物的排出；③避免久坐，避免长时间骑自行车；④防止过分疲劳，预防感冒，以防抵抗力下降，引发前列腺炎；⑤注意清心寡欲，洁身自好，杜绝性病的传染，预防尿路感染。

前列腺炎为何久治不愈?

这个问题是令多数人最头痛的问题，也是大家最关心的问题。

说起来，前列腺炎久治不愈，原因很是复杂。我们从下面的几个方面做一个分析。

（1）前列腺的腺泡分泌液排泌不畅未得到重视。

（2）前列腺周边解剖因素：前列腺是男性生殖系统中的一个重要脏器，与其毗邻的组织脏器很多，相互影响与作用使前列腺炎久治不愈。

（3）前列腺的组织结构改变：慢性前列腺炎久治不愈可以导致腺体内的血管闭塞、腺体实质的纤维化与瘢痕形成、腺体萎缩变硬，使得药物很难在前列腺内达到有效的浓度，病原体可以在局部大量繁殖与播散，进一步加重炎症反应，在治疗与恢复时应采取相应措施。

（4）前列腺炎病因复杂：对病因的不了解会导致治疗选择的失误。尿液反流是引起细菌性前列腺炎的主要病因尚没有得到应有重视和解决；身体内存在感染灶以及包皮过长等诱发感染的因素、全身与局部免疫功能异常、物理与化学因素刺激、精索静脉曲张与痔等盆腔静脉性疾病的影响、氧化应激作用增强、锌浓度的降低与前列腺抗菌因子活性的抑制，神经或精神功能障碍等均可能在慢性前列腺炎的病理发生中起重要作用，应详细分析和明确。

（5）不良生活习惯的持续存在：许多不良习惯的持续存在，例如生活中不讲究卫生、经常有不洁性生活史、频繁性交或自慰、酗酒或大量食用刺激性食物、长距离骑车或久坐、局部不注意保暖等是造成久治不愈的重要原因。

（6）消极的应对方式与不实的广告宣传。

（7）缺乏信心，对治疗效果的失望，对治疗前景的无望。

（8）治疗不够规范，不够系统。

当然，这些原因要具体而论，应该具体对照一下自身，是否有我刚才所说的这些原因，如果有，那么，就可以顺着这个线索采取治疗方法。

归纳一下这一节，主要提到了大家关心的前列腺炎的很多，给大家讲述了很多治疗前列腺的知识。

这其中，大家一定有这样一个概念，前列腺炎并不是不治之症，而是和感冒一样常见，有时候，前列腺疾病是自己吓出来的。有了这个概念，就不会被不正确的宣传所误导，也就增强了战胜疾病的信心。

这里还要强调几个原则。

第一，前列腺炎的治疗要符合医学规律，就是说除了急性前列腺炎以外，慢性前列腺炎、盆腔疼痛综合征等，都需要规范治疗一段时间，效果可能不会“立竿见影”，所以，不能着急，不能看不到希望，要尊重医学规律。

第二，要充分认识到日常生活方式对治疗效果的影响，特别是不良生活方式如吸烟酗酒、久坐、熬夜等对前列腺炎的康复非常不利，要尽量避免。如果出现了会阴部的不适或者坠痛，应该意识到是前列腺在闹意见，要尽快远离上述的诱发因素，并及时就医。

第三，学会自我呵护前列腺，多吃西红柿、南瓜子、蔬菜、新鲜水果这些食物，多做提肛运动。

第四，树立必胜的信心。

思想是行动的先导，希望各位能转变观念，用科学的客观的医学理论来武装自己的头脑，学会正确的分析和判断，别自己吓出前列腺炎来。

同时，积极地运用上述的医学知识，来和前列腺这个最忠诚的伙伴做个知心朋友。

第四节　前列腺增生——“长寿病”

增生是自然规律

我们都知道，良性前列腺增生（BPH）是当今困扰老年男性的常见病。随着社会的老龄化，良性前列腺增生的发病率越来越高。

前列腺的体积在青年时期仅有栗子大小，到40岁时开始轻微增大到杏子大小，到60岁时可增大到柠檬大小。

国外有尸检报告显示，40岁以后前列腺腺体开始增生。40岁以后，前列腺的体积开始增大，一般每年增加约0.4ml。60岁以后，一般每年增加约1.0ml。

随着年龄增长，大多数男性将患有良性前列腺增生，到60岁时，许多男性会出现排尿症状，到70岁时，几乎所有的男性都会发生程度不等的良性前列腺增生。

组织学上BPH的发病率随年龄而增加，症状通常发生在40岁以后，60岁后症状发生率逐年增加，51～60岁有50%

的男性出现病理上的前列腺增生，80 岁时高达 83% 男性有前列腺增生，而到 90 岁可达 90%。

与组织学表现相类似，随着年龄的增长，排尿困难等症状也随之增加。大约有 50% 组织学诊断 BPH 的男性有中度到重度下尿路症状。

BPH 的发病率随年龄增长而递增，但临床症状以 61～70 岁最明显。

此外，工业化程度高、生活水平高、动物蛋白摄入多的国家或地区的发病率亦高，因而，有人认为本病的发生与环境和饮食等因素有关。

以职业来看，脑力劳动者的发病率亦明显高于体力劳动者。

作为人类正常衰老的一部分，良性前列腺增生就像头发逐渐变白或视力逐渐变成老花眼一样，是一种自然的老化现象，因此又称为男人的“长寿病”。

增生有哪些危害?

前列腺增生主要引起中老年男性排尿障碍。

那么，这种排尿障碍是怎样引起来的呢?

当前列腺体积增大时会挤压膀胱出口和尿道，使尿流减慢并出现梗阻症状。

当病人有尿意时，需要特别用力才能开始排尿，排尿过程中尿线变细、尿线无力，排尿结束时仍滴沥不尽，有些病人好像总有尿意，夜间需要多次起床排尿，严重影响睡眠。

以上症状长期存在，时轻时重，严重时会出现尿液积存于膀胱内而无法排出。长期排尿受阻会使肾脏里产生的尿液出不来，就可能造成肾积水，肾功能受损直至衰竭，从而导致尿毒症。

膀胱里的尿排不净则会引起膀胱炎症，形成结石甚至肿瘤。

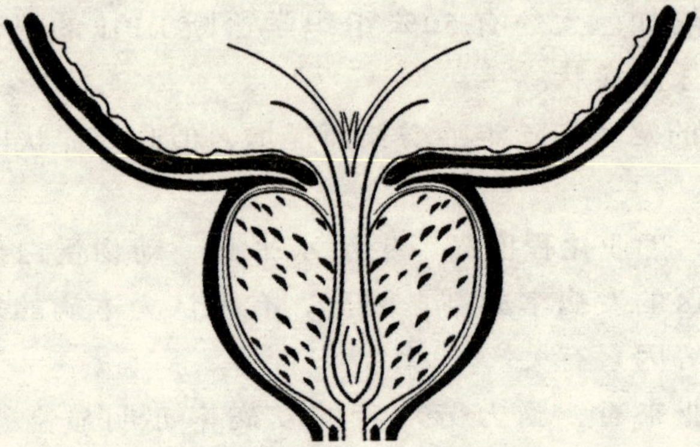

图 4-2　前列腺增生症示意图

雄激素在捣鬼

BPH 的病因仍不十分明了，但 BPH 的发生必须具备年龄的增长及有功能的睾丸两个重要条件。

多数专家认为，前列腺增生是雄激素在捣鬼。

当然，也有其他的原因，下面，我们来说说前列腺增生常见的理论学说。

性激素的作用

增生的前列腺腺体内的双氢睾酮（DHT）含量比正常腺体高 2～3 倍，在同一腺体内最先增生的尿道周围腺体 DHT 含量比其他区域高，所以有的专家认为，前列腺增生的发生与 DHT 在腺体内的积聚有关，功能性睾丸的存在为前列腺增生发生的必要条件，其发病率随年龄增高而增高。

睾酮进入前列腺细胞以后，并不能直接发挥作用，而是被微粒体中的5α-还原酶转化为5α-DHT，5α-DHT的活性比睾酮强2～3倍，它可与特殊受体结合形成复合物进入细胞，再与核受体连接并与染色质结合进而影响RNA及DNA的合成。也有人认为，前列腺增生组织中雌激素与雄激素在结合状态下可刺激细胞合成和分泌细胞外基质蛋白，在细胞周围形成一层致密的纤维结缔组织而参与前列腺增生的发生发展，即前列腺增生发生发展变化中存在着雌、雄激素的相互协同作用，雌、雄激素的平衡改变是前列腺增生发生的原因。

◉ 前列腺细胞胚胎再唤醒学说

前列腺增生最初的病理改变即增生结节的形成只发生于占前列腺腺体5%～10%的区域内，即接近前列腺括约肌的移行区和位于此括约肌内侧的尿道周围区，前列腺增生结节的最初改变是腺组织的增生，即以原有腺管形成新的分支，长入附近间质内，经过复杂的再分支后形成新的构架结构(即结节)，McNeal根据胚胎发育的基本特征就是形成新的结构提出了前列腺增生的胚胎再唤醒学说，认为前列腺增生结节的形成是某个前列腺间质细胞在生长过程中自发地转为胚胎发育状态的结果。

◉ 细胞比例的改变

前列腺结构存在着严格的等级方式：干细胞→放大细胞→过渡细胞，其中干细胞处于基底细胞层，是前列腺细胞正常生长的稳定因素，干细胞中一部分可发育成放大细胞，对前列腺细胞的生长有着正性作用，若其数目过多可致前列腺细胞整体数量的增加，但要通过其中一部分细胞在雄激素的作用下衍化成过渡细胞来实现，即雄激素刺激了所有过渡细胞的克隆增生才导致了前列腺增生的形成。

◉ 多肽类生长因子学说

多肽类生长因子为一类调节细胞分化、生长的多肽类物质，研究表明多肽类生长因子可直接调节前列腺细胞的生长，而性激素只起间接的作用。

目前发现在前列腺增生发生过程中起重要作用的多肽类生长因子，主要包括：表皮生长因子（EGF）、转化生长因子α和β、成纤维细胞生长因子（FGF）和胰岛素样生长因子-I等，其中碱性成纤维细胞生长因子（bFGF）被证实具有促人类前列腺匀浆中几乎所有细胞的有丝分裂作用，在前列腺增生发病中的地位正日益受到重视。

另外，炎症细胞、神经递质及遗传因素等也可能是导致前列腺增生的原因。

增生的前列腺会导致机体啥变化

我们第一章里面说了，前列腺是个四分五裂的诸侯国，分为好几个叶。

在医学专业里，也人为地划分为外周带、中央带、移行带和尿道周围腺体等。所有BPH结节发生于移行带和尿道周围腺体区。

增生的腺体受压而向尿道和膀胱膨出从而加重尿路梗阻。

前列腺增生后，增生的结节将腺体的其余部分压迫形成“外科包膜”，两者有明显分界。增生部分经手术摘除后，遗留下受压腺体，故术后直肠指诊及影像学检查仍可以探及前列腺腺体。

前列腺增生导致后尿道延长、受压变形、狭窄和尿道阻力增加，引起膀胱高压并出现相关排尿期症状。随着膀胱压力的增加，出现膀胱逼尿肌代偿性肥厚，逼尿肌不稳定并引起相关储尿症状。如梗阻长期未能解除，逼尿肌则失去代偿能力。

继发于 BPH 的上尿路改变，如肾积水及肾功能损害的主要原因是膀胱高压所致尿潴留以及输尿管反流。

- 膀胱流出通道梗阻

BPH 首先引起膀胱流出道梗阻。膀胱流出道梗阻有因前列腺增生造成尿道横切面积下降和尿道延长所致的机械性梗阻；前列腺部尿道、前列腺组织和前列腺包膜的张力增高所致的动力性梗阻。增生的前列腺组织中，平滑肌组织也明显增生，α 受体是影响这种张力的主要因素。

- 膀胱功能异常

表现为不稳定膀胱、膀胱无力和低顺应性膀胱。约 52%～82% 的 BPH 出现不稳定性膀胱。不稳定性膀胱是引起尿频、尿急、紧迫性尿失禁的主要原因。膀胱逼尿肌无力、收缩功能下降，也可致排尿困难、术后恢复差。

- 上尿路扩张、肾功能受损

大量残余尿，膀胱内压持续 >40 厘米水柱是导致前列腺增生症上尿路扩张的两个基本原因，根据膀胱的主要病理特征分为：①高压性慢性尿潴留，以低顺应性膀胱为其特征，储尿期膀胱内压高于 40 厘米水柱，上尿路扩张，术后上尿路功能恢复亦较差；②低压性慢性尿潴留，以膀胱感觉功能受损，大量残余尿为其特征，多伴有膀胱无力，其储尿期的膀胱内压低于 40 厘米水柱。

危险因素评估

多项研究证实 BPH 为一种缓慢进展的前列腺良性疾病，其症状随着患者年龄的增加而进行性加重，并出现相应的并发症。那么，我们通过哪些指标来评估和分析它对机体健康的影响呢？

这里有很多指标，如年龄、前列腺体积、尿流率、症状评分、PSA 水平和急性尿潴留发生与否等都很有用。

◎ 年龄

年龄是 BPH 临床进展的一个高危因素。研究表明：BPH 患者急性尿潴留及需要手术的发生率随着年龄的增加而升高。70～79 岁年龄段急性尿潴留的发生率比 40～49 岁年龄段高 7.9 倍，>70 岁年龄者需要接受 TURP 为 10.9/1000 人年，而 40～49 岁年龄段则仅有 0.3/1000 人年。年龄 >62 岁的 BPH 患者发生临床进展的可能性更大。

◎ 血清 PSA

PSA 是一个很灵敏的指标，它是前列腺产生的一种比较特异的蛋白，在增生、炎症、癌变时候都会水平升高。

血清 PSA 是 BPH 临床进展的风险预测因素之一，高血清 PSA 患者的前列腺体积增长更快。

◎ 前列腺体积

前列腺体积也是一个比较有用的指标。

前列腺的体积可预测 BPH 患者发生急性尿潴留的危险性和需要手术的可能性。

BPH 患者急性尿潴留的发生风险和手术需要随着前列腺体积的增大而增加。

研究发现前列腺体积≥30ml 的 BPH 患者发生急性尿潴留的可能性是前列腺体积 <30ml 的 3 倍。前列腺体积≥31ml 的 BPH 患者发生临床进展的可能性更大。

◎ 最大尿流率

最大尿流率可预测 BPH 患者发生急性尿潴留的风险及临床进展的可能性。最大尿流率 <10.6ml/s 的 BPH 患者发生临床进展的可能性更大。最大尿流率≤12ml/s 的 BPH 患者

发生急性尿潴留的风险是最大尿流率 >12ml/s 者的 4 倍。

残余尿量

残余尿量可预测 BPH 的临床进展。残余尿量≥39ml 的 BPH 患者发生临床进展的可能性更大。BPH 患者出现肾积水的发生率随着残余尿量的增加而明显上升。

此外，长期高血压（尤其是高舒张压）、前列腺移行带体积也可能与 BPH 的临床进展有关。

目前得到多数研究支持、预测 BPH 临床进展的指标是年龄、PSA 及前列腺体积。患有增生的男性，也可以通过利用这些指标进行一些自我健康的评估。

前列腺增生的临床分期

临床上主要分为以下三期：

Ⅰ期（刺激期） 主要临床表现是尿频，以夜尿频数为主，轻度排尿困难及尿道、会阴部不适等尿路刺激症状，残余尿很少（50ml 以下），最大尿流率降低不明显。

Ⅱ期（残余尿发生期） 排尿困难进行加重，残余尿量增加（50～150ml），排尿用力，最大尿流率明显降低，排尿时间显著延长，尿流图呈多波型曲线。在这个时期，很多诱因（劳累、遇寒凉、憋尿、饮酒、性交等）均可引起尿潴留的发生。由于残余尿的增加，诱发尿路感染的机会增多，故还常可伴有排尿痛，使尿频加重。

Ⅲ期（膀胱扩张伴尿闭期） 此期残余尿量可达 150ml 以上，甚至数百毫升，膀胱扩张，膀胱机能处于失代偿状态，排尿困难更为严重常可发生充溢性尿失禁、输尿管反流、肾功能受损、排尿踌躇、细弱无力，有时需外力辅助排尿。严重的尿频可使患者失眠，生活质量下降。尿路感染还可进一步加重，并加快肾功能损害，甚至出现尿毒症而危及生命。

严重的并发症

BPH是老年男性的常见病，60岁以上的男性约50%患此病。

该病有三个主要特征：前列腺体积增大，膀胱出口阻塞，有排尿困难、尿频、尿急等下尿路症状。事实上，除了这些主要特征以外，BPH还给人体带来其他影响，引起一系列并发症。

BPH可能导致肾脏损害甚至尿毒症

这是由于增生的前列腺压迫尿道，膀胱需要用力收缩，才能克服阻力将尿液排出体外。久而久之，膀胱肌肉会变得肥厚。如果膀胱的压力长期不能解除，残余在膀胱内的尿液逐步增加，膀胱肌肉就会缺血缺氧，变得没有张力，膀胱腔扩大。

最后膀胱里的尿液会倒灌到输尿管、肾盂引起肾积水，严重时出现尿毒症。

老年人的膀胱结石

在尿路通畅的情况下，膀胱一般不会发生结石。即使有结石从输尿管掉入膀胱也能随尿液排出。

诱发老年人的腹外疝等疾病

出现排尿困难症状，需要用力和憋气才能排尿。由于经常用力，肠管会从腹部薄弱的地方突出来，形成疝，有时患者还会出现痔、下肢静脉曲张。

引起感染

BPH患者往往有不同程度的尿潴留，膀胱内残余尿液就容易导致细菌繁殖，可以起引起难以控制的感染。

◎ 引起尿潴留和尿失禁

尿潴留可发生在疾病的任何阶段，多由于气候变化、饮酒、劳累使前列腺突然充血、水肿所致。过多的残余尿可使膀胱失去收缩能力，滞留在膀胱内的尿液逐渐增加。当膀胱过度膨胀时，会发生充盈性尿失禁。

此外，尽管只有腺体增生、而无膀胱出口梗阻等下尿路症状的 BPH 患者可以暂时不做治疗，但这种危害切不可忽视，应该及时就医，得到指导和治疗，而好的治疗应该能够预防远期并发症的产生。

如何诊断？

诊断前列腺增生，要考虑的患者的年龄、症状等各种情况。

如果出现排尿困难症状，年龄在 50 岁以上，应该要意识到自己有前列腺增生的可能性。

临床表现我们在前面已经具体谈到了，在了解临床表现的前提下，要注意做 B 超，PSA 水平监测、直肠指诊等，以便明确诊断。

主要的特征性症状是排尿困难进行性加重，尿频为最早出现的症状，由于前列腺增生引起排尿阻力的增加，使膀胱逼尿肌须过度收缩才能完成排尿过程，从而导致了逼尿肌代偿性肥厚，膀胱三角区为膀胱之最敏感区域，是代偿肥厚最早发生的部位，因此极少量的尿液即可刺激三角区，使人产生尿意。由于病人在白天注意力分散，尿意感的阈值升高，故夜间尿频可更为显著。

其他还可伴有排尿起始迟缓，尿线无力，尿间断或滴沥等。

当膀胱逼尿肌即使过度收缩也不能将尿液完全排空时而

出现残余尿，此时膀胱已处于失代偿状态，若遇受凉、饮酒、忍尿或其他原因引起交感神经兴奋时，即可发生急性尿潴留。

少部分病人膀胱刺激症状不明显，但残余尿量却很大，致膀胱有效容量减少，若继续发展，可出现充盈性尿失禁。

血尿也是BPH的常见症状，可由膀胱收缩时覆盖在前列腺的黏膜毛细血管破裂引起，多为一过性，也可因合并感染或膀胱结石引起，残余尿是细菌繁殖的良好培养基，加之膀胱出现失代偿，黏膜防御机制受损，故易致尿路感染，可见尿急迫感、尿痛，甚至发生急迫性尿失禁。

肾功能不全是BPH引起下尿路梗阻而长期得不到合理治疗的结果，可出现食欲减退、贫血、血压升高、意识迟钝、嗜睡甚至昏迷。

由于膀胱出口部梗阻，膀胱充盈时可出现下腹部包块或肾积水引起上腹部包块。

长期在排尿时增加腹压终将引起痔疮、脱肛及疝的形成。

治疗与预防

怎样治疗更有效?

良性前列腺增生并不能自愈，如果出现了排尿困难的症状，必须要积极治疗。大约半数的BPH患者因为令人困扰的排尿症状而到医院寻求治疗。

事实上，药物和手术治疗可减轻排尿障碍的多数症状。

多数轻、中度症状的良性前列腺增生患者选择药物治疗而不是手术治疗。

目前最常使用的药物有两种：一种可以松弛前列腺相邻的肌肉，另一种可以使前列腺的体积缩小。有证据表明联合应用这两种药物可达到最佳疗效并阻止症状进一步恶化。松弛平滑肌的药物可以有效缓解排尿不畅、坠胀不适的感觉，这类药物主要是受体阻滞剂，包括特异性较强的和特异性较差的药物。目前，多采用特异性较强的如哈乐等药物。另一类缩小前列腺体积的药物是睾酮转化阻滞剂，使得前列腺失去了睾酮的刺激，从而变得萎缩，所以这是治本之策，这类药物多数是还原酶抑制剂，常用的有保列治。

手术治疗也很有效，前列腺切除术是老年男性最常见的手术之一，当药物治疗效果不佳或症状严重时需要手术治疗。

良性前列腺增生的外科治疗大体上分为两类，即开放手术和经尿道手术治疗。前者通过下腹部切口去除增生的前列腺组织，仅适用于梗阻严重、腺体很大以及其他术式无法采用时使用，该方法对病人损伤较大，手术并发症的发生率较高；而经尿道手术对病人的损伤虽小，但术中、术后出血的可能性和发生水中毒的危险性较大。相当数量有手术禁忌的患者，仅能以耻骨上膀胱造瘘姑息治疗，终生带尿袋，生活非常不便。

近年来，最新的“绿激光”治疗手段被某些医院引进，远期治疗效果还有待于进一步评价。

刚才讲了，前列腺是个长寿病，前列腺随着机体生命的延长而增大，所以目前没有很好的预防方法。不过，多吃西红柿、深颜色的蔬菜等可以增强机体抗氧化抗衰老的能力，对延缓前列腺增生有一定效果。

另外，尽量避免前列腺炎、坚持规律性生活、避免久坐等行为都是很好的延缓前列腺增生的有用方法。

第五节　远离前列腺癌

不太可怕的癌症

在我们讲述完前列腺炎及前列腺增生后，我们再来聊聊前列腺癌。

前列腺癌是老年男性泌尿系最常见的恶性肿瘤之一，我国前列腺癌的发病有逐年增高的趋势。

95%以上确诊的病例年龄为45～89岁。

关于前列腺癌，有潜伏癌、偶发癌、隐匿癌和临床癌几种常见的叫法。

前列腺潜伏癌，指临床上无症状而尸检或其他原因检查前列腺时发现；前列腺偶发癌多在良性前列腺增生手术标本中偶然发现；前列腺潜伏癌或隐匿癌属于组织学类型的前列腺癌范畴；前列腺隐匿癌多因淋巴结活检或骨穿刺标本证实为前列腺癌。

临床前列腺癌是通过临床检查诊断为前列腺癌，并经穿刺活检证实。前列腺癌确诊后应根据分期，进行针对性治疗。

前列腺癌恶性程度并不是很高，早期发现，规范治疗的话，5年生存率是很高的。

病因复杂

前列腺癌的确切病因仍不清楚，目前，多认为遗传和环境因素在前列腺癌的发病及进展中起重要作用。

前列腺癌患者其一级亲属患病风险明显增加，同卵双生的孪生兄弟较双卵双生的孪生兄弟发生前列腺癌的风险高。

前列腺癌的发病与家族中的患病人数及亲属血缘关系的远近成正相关。

慢性炎症导致的细胞过度增生可以取代受损伤组织，可导致结肠、食道、胃、膀胱、肝脏等部位的感染相关肿瘤。越来越多的流行病学、组织学及遗传学证据表明前列腺癌也可能存在类似过程。所以说，规范的治疗前列腺的慢性炎症对于预防前列腺癌还是有一定积极意义的。

前列腺的生长有赖于雄激素，也就是睾酮，睾酮对于正常前列腺上皮的生长是必要的。

雄激素在前列腺癌的发生中起重要作用，相反，雌激素被认为能够通过抑制前列腺上皮细胞的生长而对抗前列腺癌。

所以，前列腺癌是一个激素依赖性肿瘤，特别是早期发现的前列腺癌，基于此，治疗方面就有激素或者内分泌治疗。

还有其他的因素，如很多细胞因子，也就是生物因子，如胰岛素样生长因子Ⅰ、瘦体素（Leptin）等肽类激素对前列腺癌细胞的生长和转移具有促进作用。而维生素D对前列腺癌有抗增殖作用。

其他外源性因素，如吸烟、饮酒等均是前列腺癌的危险因素。

脂肪是重要的前列腺癌的致癌因子。肥胖同样是前列腺癌的危险因素之一，这类似于乳腺癌和结肠癌。所以说，过于肥胖，有百害而无一利，肥胖不仅会导致心脏病，脑血栓，还有惹出前列腺的麻烦呢。从这个角度讲，前列腺癌也是一种富贵病，只有生活水平高的人群容易得，而贫穷的人们是很少有机会得前列腺癌的。

表现多样

前列腺癌早期，由于肿瘤未侵犯前列腺周围的组织结构，往往无明显的临床症状。

随着病程发展，前列腺癌将会表现出多种不同的症状，主要有：膀胱出口梗阻症状；局部浸润性症状；转移性症状等。

前列腺癌的生长与发展方向往往沿着抵抗力弱的途径发展，近80%的前列腺癌最初起源于前列腺的后方，因此，膀胱直肠间隙常常是局部浸润性前列腺癌最先侵犯的区域。

这个间隙包括了前列腺、精囊、输精管以及输尿管下端等脏器结构，如肿瘤侵犯并压迫输精管会引起患者腰痛以及患侧睾丸疼痛，部分患者还有射精痛。

如肿瘤已蔓延至膀胱直肠间隙的上端，将会压迫位于此间的输尿管、精囊及射精管。单纯精囊受浸润患者一般无明显临床症状，但随着病变的发展最终侵犯输尿管后会产生一系列上尿路梗阻症状。

同样，病变还可能侵犯膀胱三角区引起输尿管口的压迫产生上尿路症状。通常，增厚的致密坚韧的尿生殖膈和盆内筋膜限制了肿瘤向前和向下的生长蔓延，当肿瘤影响到前列腺后外侧的神经血管束还会导致勃起功能障碍。

直肠受侵犯常意味着晚期肿瘤，因为肿瘤侵犯直肠前会受到致密的直肠膀胱筋膜的阻隔。如肿瘤向前列腺的前中部浸润，会引发良性前列腺增生时常见的尿道梗阻压迫症状。当这类症状出现时，通常标志着前列腺癌已至晚期。

此外，前列腺癌如侵犯尿道也会引起尿频、排尿困难等下尿路梗阻症状，会导致尿道失去弹性。

同时，如癌肿侵犯尿道内外括约肌时还会导致尿道括约肌功能丧失，发生“铅管样尿道”或尿失禁现象。前列腺癌的转移最常波及的是患者的盆腔、闭孔淋巴结群和全身骨骼，有时亦会侵犯其他器官，如肺、肝、肾上腺以及阴茎等。

癌肿转移到骨会表现为骨痛及骨髓抑制症状，临床上表现为出血、免疫抑制和贫血。近80%的骨转移为成骨性病灶，只有20%的患者为溶骨性改变。淋巴结转移常引起淋巴结增大和下肢水肿，肺转移在临床上则没有明显的表现。

诊断需尽早

临床上大多数前列腺癌患者通过前列腺系统性穿刺活检可以获得组织病理学诊断。

然而，最初可疑前列腺癌通常由前列腺DRE或血清PSA检查后再确定是否进行前列腺活检。DRE联合PSA检查是目前公认的早期发现前列腺癌最佳的初筛方法。

直肠指检（digital rectal examination，DRE）

大多数前列腺癌起源于前列腺的外周带，DRE对前列腺癌的早期诊断和分期都有重要价值。

考虑到DRE可能影响PSA值，应在PSA抽血后进行DRE。DRE同时又是一种非特异性检查，发现前列腺癌时常常病变的病理分级已达恶性程度较高的级别。

况且，对于一个DRE时发现的可触及结节的鉴别诊断范围很广，包括BPH时的增生结节、继发于治疗膀胱肿瘤时BCG灌注所致的前列腺慢性炎症肉芽肿、前列腺炎以及前列腺感染性病灶，如结核灶等。

由于以往前列腺活检所引起的前列腺囊肿、纤维化及结石等病变也易误诊为癌变。其他可能造成误诊的原因还有继发于艾滋病的隐球菌感染、原发性膀胱后肿瘤、继发于胃肠道肿瘤和肺肿瘤向直肠膀胱间隙转移所形成的 Blumer 壳形病变等。所以在做出前列腺癌诊断之前应全面了解和检查病人。

前列腺特异性抗原（prostate-specific antigen，PSA）

检查 PSA 作为单一检测指标，与 DRE、TRUS（transrectal ultrasonography）比较，具有更高的前列腺癌阳性诊断预测率，同时可以提高局限性前列腺癌的诊断率和增加前列腺癌根治性治疗的机会。

PSA 是一种蛋白酶，通常只在前列腺液和精液测得，如在血液中测得 PSA 存在，往往可作为患者发生良性或恶性前列腺病变的标志。

在血浆中，PSA 以游离和结合两种形式存在，已知 PSA 在血液中大部分是以与蛋白酶抑制剂结合的形式存在，仅一小部分是游离的。

何时检查 PSA：

建议 50 岁以上男性每年应接受例行 DRE、PSA 检查。对于有前列腺癌家族史的男性人群，应该从 45 岁开始定期检查、随访。对 DRE 异常、有临床征象（如骨痛、骨折等）或影像学异常等的男性应进行 PSA 检查。

PSA 检测应在前列腺按摩后 1 周，直肠指检、膀胱镜检查、导尿等操作 48 小时后，射精 24 小时后，前列腺穿刺 1 个月后进行。

PSA 检测时应无急性前列腺炎、尿潴留等疾病，否则，监测和评判的结果可能会不准确了。

如何判定 PSA 结果：

如果您的血清总 PSA（tPSA）>4.0ng/ml，则认为是异常的。对初次 PSA 异常者建议复查。

当 tPSA 为 4～10ng/ml 时，游离 PSA（free PSA，fPSA）水平与前列腺癌的发生率呈负相关。如患者 tPSA 在上述范围，fPSA/tPSA＜0.1，则该患者发生前列腺癌的可能性高达56%；相反，如fPSA/tPSA＞0.25，发生前列腺癌的可能性只有8%。

国内推荐fPSA/tPSA＞0.16为正常参考值（或临界值），就是说游离PSA高了，还是好事情，可以简单的这样理解。

PSA密度（PSA density，简称PSAD）：

即血清总PSA值与前列腺体积的比值。前列腺体积是经直肠超声测定计算得出。PSAD正常值＜0.15，PSAD有助于区分前列腺增生症和前列腺癌。

当PSA在正常值高限或轻度增高时，用PSAD可指导医师决定是否进行活检或随访。PSAD可作为临床参考指标之一。

PSA速率（PSA velocity，简称PSAV）：

即连续观察血清PSA水平的变化，前列腺癌的PSAV显著高于良性前列腺增生者和正常人。其正常值为＜0.75ng/ml/年。如果PSAV＞0.75ng/ml/年，应怀疑前列腺癌的可能。

PSAV比较适用于PSA值较低的年轻患者。在2年内至少检测3次PSA，才可以计算出来速率，笼统的说来，就是速率越快，越是不好，患前列腺癌的风险是加大的。

经直肠超声检查

这个也是一个很不错的方法。

在直肠超声引导下，在前列腺以及周围组织结构寻找可疑病灶，并能初步判断肿瘤的体积大小。

但对前列腺癌诊断特异性较低，要与正常前列腺、增生的前列腺、急性或慢性前列腺炎、前列腺梗死和前列腺萎缩等鉴别。

前列腺穿刺活检

首先告诉您，这是诊断前列腺癌的最可靠、最准确的方法。

穿刺时机：因为前列腺穿刺容易出血，如果穿刺后再做影像学检查，会有干扰，影响影像学临床分期。因此，前列腺穿刺活检应在影像学检查之后，在B超等引导下进行。

前列腺穿刺指征

1. 直肠指检发现结节，应该积极行穿刺明确结节的性质。

2. B超发现前列腺低回声结节或MRI发现异常信号，这个也不能掉以轻心。

3. PSA > 10ng/ml，任何 f/t PSA 和 PSAD 值。

4. PSA 4 ~ 10ng/ml，f/t PSA 异常或 PSAD 值异常。

5. 目前，认为 PSA > 2ng/ml，就得排除前列腺癌风险。

当PSA4 ~ 10ng/ml，如f/t PSA、PSAD值、影像学正常，我会告诉您，应严密随访，及时到医院检查，并定期监测相关检查指标。

但是，最新研究表明，这个值是不准确的，所以，中华医学会的最新建议是PSA > 2ng/ml就得排除前列腺癌。

关于前列腺穿刺针数问题，不同医生的观点还不是完全一致。

穿刺目的是确诊，还可了解病变范围，恶性程度等，穿刺不会造成转移。

但是，值得告诉您的是，10针以上穿刺的诊断阳性率明显高于10针以下，并不明显增加并发症。

如果第一次前列腺穿刺阴性结果，您可以稍微放松一口气，但是，如果是下面这些情况，需要重复穿刺：

①第一次穿刺病理发现非典型性增生或高级别PIN。

②PSA > 10ng/ml。

③PSA 4～10ng/ml，复查 f/t PSA 或 PSAD 值异常，或直肠指检或影像学异常。

治疗效果好

前列腺癌的治疗方法很多，规范的治疗效果也很满意。

早期发现的前列腺癌，可以行前列腺癌根治术，就是把前列腺以及周围的某些组织都切掉，效果比较好，但是，可能会导致勃起功能障碍等并发症。另外，放疗也会有很好效果。

近年来，随着腔镜技术的发展，腹腔镜切除前列腺癌的技术趋于成熟，这种手术方法能及时保留勃起神经，同时损伤小、恢复快。但这只是手术方式的进步。

如果不能手术治疗，特别是有转移的患者，或者某些已经进行了手术的患者，可以行内分泌治疗。如口服抗雄激素、睾丸阉割疗法（去除雄激素的产生源地）等，效果都不错，另外，出现其他症状可以对症治疗。

预防有招

说到此时，很多患者可能都会说了，怎样才能预防和早期发现前列腺癌呢？

前列腺增生只能延缓，但是，前列腺癌倒真是可以预防和早期发现。

预防和早期发现前列腺癌的方法其实很简单。

一方面，对于中老年男性，定期体检，每半年做一次前列腺的 B 超，观察前列腺的情况。同时，行前列腺直肠检查，以及 PSA 水平的测定。用这些指标和检查来判定自身的前列腺的状况，以起到早发现前列腺癌的作用。

另一方面，还要在饮食上多注意。研究证实，西红柿、西兰花等食物能有效预防前列腺癌（也包括前列腺的其他疾病），所以，建议男性多吃这些食品。

同时，尽量避免高脂肪、高热量饮食，避免过度肥胖，经常健身等，都是不错的预防前列腺癌的方法。

第五章　当心：精子危机及男性不育

第一节　精子的奥秘

对于男性来讲，最区别于女性的地方，莫过于产生精子了。

精子和卵子一样，是生命的源泉。近年来，随着环境的污染，人类生活方式的改变，导致了现在男性的精子的质量大不如以前。

那我们还有足够好的精子孕育成熟的下一代吗？

哪些生活方式导致了精子的退化呢？还能通过哪种方式使得精子重新获得生机？

如果男性患有了不育症，比如无精症怎样治疗？

这一章，我们就和大家聊聊关于精子和不育的话题。

包装很复杂

我们在第一章节里面，讲了睾丸的结构，其实，睾丸只是生成精子的场所，精子的包装和生成不是那样简单，而是一个很复杂的过程。

精子是从精原干细胞开始，经过一个极其复杂的细胞分化过程而最终形成的。分为精原干细胞的增殖分化、精母细胞的减数分裂和精子形成三个阶段。

◎ 精原干细胞的有丝分裂增殖

这是精子生成的第一个阶段，主要是原始的精原干细胞一分为二的分裂。干细胞是一个比较新潮的词汇，近年来，在媒体上被广泛宣传，其实干细胞就是一群具有很强分裂和分化能力的细胞，能够发育成特定的器官和组织。

比如说一个细胞分裂了6次，理论上应产生64个细胞，但由于许多细胞发生凋亡，实际增殖的细胞数较低。精子的分化之路，是一个不可逆的过程。精原细胞分裂形成初级精母细胞。精子发生的过程从此进入减数分裂阶段。

● 减数分裂

减数分裂比较复杂，顾名思义，就是分裂以后细胞数目并没有增加，这个期间还有遗传物质的分化。一般经过两次减数分裂，早期的精子细胞即可以生成。

● 精子的形成

这是第三个阶段，在精子发生的过程中，最明显的形态学变化是精子细胞的改变。包括：精子细胞形成一个大大的头部，里面有父方的遗传物质，并且形成一个长长的尾巴，基本上形成正常精子的形态和结构。

可见，生精细胞分化产生功能成熟的精子，是一个很长的过程。在此期间各种分化的步骤常由于各种因素的干扰而发生改变，造成精子发生过程中的遗传损伤和结构异常，从而导致精子质量的降低。

很多不育症患者的精子都存在结构的改变，这和精子在发育期间受到不良因素的影响有关。

所以，我们说，为了生育健康的宝宝，尽量远离辐射、高温等不良环境，就是这个道理，尽量为精子发育提供一个良好的环境。

是不是经过这样分化的精子就成熟了呢？

当然不是，精子生成以后还要经过附睾的作用，才能最终成熟起来。

睾丸中产生的精子从其形态结构和染色质角度看已基本成熟，但还不具备运动能力，还不能识别卵子并与之结合，只有在进入附睾后循附睾头－体－尾运行的过程中，进一步发生形态结构的变化、物质代谢的变化、精子膜的变化，才能获得运动能力、固着于透明带的能力和与卵子结合的能力。总之精子通过附睾头体尾运行最终获得成熟。

还有一个问题，就是精子的获能。

精子在附睾缓慢移行过程中，经过复杂的膜修饰和结构变化，获得了功能上的成熟；但射出精子和从附睾尾部取出的精子并不能直接使卵子受精。要完成受精，必须经历获能。

获能是一多时相过程，有广义、狭义之分。狭义的获能指精子具有发生顶体反应的能力，所以获能是顶体反应的前提和基础；广义的获能则包括顶体反应，即发生顶体反应标志着精子获能完成。

获能的本质在于暴露精子膜表面卵识别结合因子，解除对精子顶体反应的抑制，并使精子得以识别卵子并穿入卵子内，完成受精。

多数动物的精子获能主要都发生于子宫和输卵管内。同时精子获能所需时间也因种类不同而异，人精子一般需 5～7 小时。精子获能还具有异质性，同一群体的精子获能有先有后，并不同时发生，当然，这些事件的发生都是人类用肉眼所看不到的，这些结果都是科学家经过长期的试验得到的结果。

命运很悲惨

事实上，大多数精子的命运是很悲惨的，男性一生中产生的精子数目无法计算，除了有几个与卵子结合，孕育成新的生命以外，大多数男性生成的精子无非就是两条路。

第一条路，长时间在体内不被排出，最终被机体所消化和吸收。

第二条路，被射出体外，进入女性生殖道或者避孕套或者其他途径，中途奔跑过程中被各类酶类消化，或者被直接处理进入垃圾桶。

当然，也别小看了这些小小的蝌蚪，它们都承载着神圣的使命，它们是生命孕育的最初载体。

当前，金融在危机，经济在危机，事实上，男性的精子也在危机。

随着环境污染的加剧，饮食结构的改变，压力和竞争的加剧，运动缺乏导致的体质降低，使得男性精子的质量显著降低，男性不育症患者的发病率日益增高。

人类进入了精子危机时代。

第二节 幕后英雄——睾丸

命根子是睾丸

男性从一个婴儿，发育成玉树临风的青年，有一个关键的“人物”在起作用，这个“人物”就是睾丸。

都说阴茎是命根子，其实，真正的命根子是“睾丸”。

如果没有睾丸的幕后影响，再大的阴茎也是一个摆设，没有任何功能。

与阴茎相比，睾丸更加内向，不会因为外界的刺激，而生机勃勃，而怒发冲冠，不可一世，而是始终保持内敛、温和的姿态。

因此，睾丸才是值得敬仰的幕后英雄呢。那么，对于睾丸，我们应该了解哪些基本知识呢？

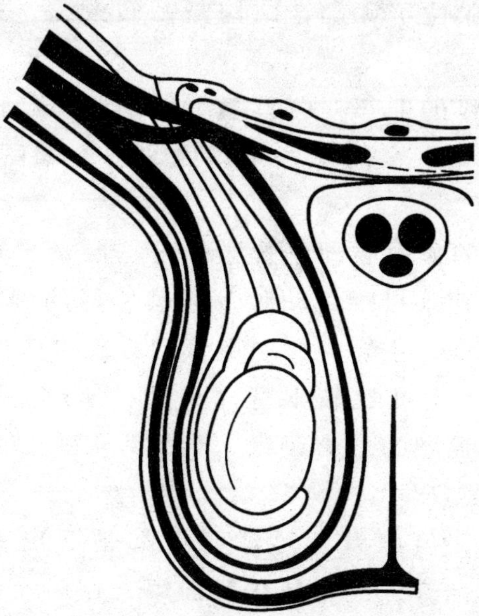

图 5-1 睾丸示意图

睾丸是男性的主要的内生殖器官，也是男性最主要的生殖器官。

正常的男性睾丸有两个，左右各一，大小差不多，位于阴囊内。

睾丸属于实质性脏器，表面附有坚实的被膜，实质部分主要由生精小管构成的睾丸小叶构成。

被膜有三层膜性结构，由浅入深依次为鞘膜、白膜和血管膜。睾丸鞘膜分脏、壁两层，脏层鞘膜即直接覆盖在睾丸和附睾表面的部分，除后缘外，几乎覆盖整个睾丸，所以又称睾丸外膜。

在睾丸后缘，脏层返折紧贴于阴囊的内表面，形成阴囊最内层，即鞘膜壁层，脏、壁两层鞘膜之间的腔隙成鞘膜腔，腔内含少量浆液，既有利于保持鞘膜腔的润泽，又便于睾丸在阴囊内的自由滑动，有助于防止外力的损伤。

睾丸的白膜位于深部，结构坚韧而致密，是保护睾丸的重要屏障。

在睾丸后缘的上部，白膜组织特别增厚且向睾丸实质内深入，形成上宽下窄的楔形组织区，内含睾网小管和血管，称睾丸纵隔。

睾丸被膜的最内层即血管膜，是一层富含血管的疏松结缔组织，其血管来自睾丸动脉及与其伴行的静脉分支，睾丸实质的代谢循环，主要与此层血管的分支供应有关。

睾丸的神经分布比较丰富，所以对牵拉、压榨等刺激比较敏感。如果强烈的外力刺激，会导致睾丸破裂或者疼痛性休克，甚至引起死亡。

在球场上，可以看到足球明星都是摆出下端马步的姿势，双手护住裆部，也就是在保护睾丸这一个敏感的器官免受损伤。可以想像，飞速的足球对睾丸的损伤是致命的。

睾丸的主要功能是分泌雄激素和生成精子。

雄激素也是维持男性特征的最主要激素。如果小时候，由于各种原因导致睾丸损伤、缺失，雄激素便会降低或者缺如，会使得男性发育迟缓或者无法发育。古时候的太监就是强行割除了睾丸，导致性功能的丧失。

在相对低温的情况下，睾丸发育生成精子，精子是人类繁衍的物质基础，承载着下一代，是男性生育能力的最直接体现。

睾丸的大小

在一般情况下，左右两侧睾丸的体积和重量略有差异。据统计，我们国家正常男性左侧睾丸重约10.20g（4.0～21.0g），长3.34cm（2.14～4.65cm），前后宽2.53cm

(1.71～3.23cm)，厚2.0cm (1.00～2.87cm)。

右侧睾丸重约10.70g (4.6～18.5g)，长3.52cm (2.17～4.83cm)，前后宽2.51cm (1.86～3.46cm)，厚2.09cm (1.24～2.79cm)。

临床上常以睾丸容积作为评价其功能的参考指标。睾丸容积正常为15～25ml，平均20ml，一般认为睾丸容积小于12ml则提示其功能不良。

粗略的估计，男性的睾丸大概也就鸽子蛋大小，但是，在这个基础上，大一些还是小一些都是在正常范围内的，只要有正常的功能，就不足为虑。

临床上有一些睾丸巨大的患者，多是丝虫病、鞘膜积液等，反而对健康没有好处。

输精管道也很重要

附睾是储存精子的车间

睾丸内部有很多车间，每天生产很多的精子，这些精子被睾丸制造出来后，还不是很成熟，也就是说，还没有正常的功能，不能使得卵子受精。

这些未成熟的精子只有通过输精管道的运输和包装后，才能最终成为出厂合格的产品。

输精管道主要包括附睾、输精管、精索等。

附睾为一对长扁圆形器官，分别位于睾丸后缘的外侧部。上端较为膨大，呈钝圆状，附于睾丸头端的后方，称附睾头，借睾丸输出小管与睾丸相连；附睾头下行变圆，无明显膨大，称附睾体；至睾丸后下缘渐尖细，借疏松结缔组织与睾丸后缘相连，称附睾尾。附睾尾末端自后方急转直上，移行于输精管。

◎ 输精管是精子运输的“流水线”

在附睾尾处，附睾管急转向上进入精索内，移行为输精管。输精管在腹股沟深环处进入盆腔，延至膀胱底部与精囊腺排泄管结合而成射精管。国人输精管全长左侧平均31.24cm，右侧平均31.12cm。内径0.20～0.85mm。按其解剖部位，可将输精管分为睾丸部、精索部、腹股沟部和盆部四段。其中精索部位置表浅，从体表易于触摸，是输精管结扎易实施部位。输精管末端呈梭形膨大叫输精管壶腹，其表面呈结节状，长2.3～7.0cm。

通常情况下，输精管是被包绕在精索中的，精索是自睾丸上端至腹股沟管深环处的一条柔软条索。输精管走行于其后内侧，与输精管伴行的结构主要有出入睾丸的血管、淋巴管、神经丛围绕在睾丸动脉外周，上述诸结构间，充满疏松结缔组织，外面由精索被膜包被，被膜内含有提睾肌。

◎ 精囊是存储精子的库房

精囊即精囊腺，位于膀胱底部，输精管壶腹的外侧，为长椭圆囊状，左右各一，上宽下窄，主要由迂曲的小管组成。精囊的排泄管向下内方伸出，与输精管壶腹的末端合成射精管。精囊的大小，因人、年龄、充盈程度而异，精囊的形状和位置，还随膀胱和直肠的充盈情况而改变。精囊一般长2.11～6.16cm；老年人随性功能衰退而减小，生活状态下，腔内充满淡黄色的胶性蛋白液。

腹股沟按摩能提高精子活力吗？

很多健身场所都推出输精管按摩等高档服务，声称能显著提高精子活力。这样的按摩服务自是价格不菲，然而，能否起到货真价实的服务效果，并没有真正的定论。

那么，对于非常迫切生育健康宝宝的生育期男女来说，是不是一定要进行腹股沟按摩？这种按摩真正能提高精子活力吗？

对于处于生育期的男女来说，为了生育一个健康的宝宝，优秀的精子是一个很重要的前提。从中医角度来看，正规的中医按摩讲究穴位、手法等。规范到位的按摩法确实能起到“疏通经络，行气活血”等很多功效。在保证生殖健康的前提下，适时按摩一下腹股沟区，对于提高精子的活力有不错的效果。

腹股沟区是一个比较薄弱的部位，是指下腹部两侧的三角区域。这个区域有腹壁形成的一个“裂隙”，中间有腹股沟管穿过，男性的精索（对女性来讲，是子宫圆韧带）就通过腹股沟管。精索中就有运输精子的管道——输精管、供应营养的血管、支配行动的神经。

所以说，腹股沟区是向睾丸输送精子到达精囊的“交通要道”。因此，规范的按摩这个部位，能有效地促进血液循环，改善局部的血供，进一步完善神经调控，促进精子的蠕动等，对提高精子的活力及质量有一定的好处。

具体的按摩手法是这样的，可以取平卧位，顺着腹股沟的方向，自上而下的按摩 30～50 次，力度中等，以感觉腹股沟区稍稍发热为止。每周坚持 3～5 次。

为何要用力中等呢？刚才讲了，腹股沟这个部位是一个“裂隙”，所以才能让精索通过，这个部位很薄弱，是腹股沟疝发生的常见部位。所以，对这个部位的按摩不要过度用力。

当然，精子的生成是一个复杂的系统工程。腹股沟按摩对提高精子的活力有帮助。但是，对“源头”的把关更为重要。事实上，睾丸的生精功能是精子的质量优劣的关键。如果源头的产品不好，再怎样按摩可能都不会有很好的效果。

第三节　男性不育——不仅仅是面子问题

近年来，男性不育在临床上非常常见，这也是我们为何称现代为精子危机时代的原因。当然，很多人都是丁克一族，承诺不要小孩，但也有可能是有难言之隐，尤其是男性不育，会让一个男人颜面丧失。

那么，啥叫男性不育症呢？

顾名思义，就是由于男方的原因导致不能生育的疾病，主要是指那些结婚或者有正常的性生活至少一年，而从未有过女方怀孕的情况（由于女方的原因导致的称为不孕症）。

男性不育一般分为原发性不育及继发性不育，前者指该男子从未使女方受过孕。而后者指患者曾经使妇女受过孕；希望再次生育的一年时间内，未能使女方受孕。

病因复杂

导致男性不育的原因是很多见的。

（1）先天性异常：先天性睾丸发育不全或不发育等。

（2）获得性睾丸损伤：如外伤炎症、高温射线、食用棉籽油等。

（3）勃起和射精功能障碍：常见严重勃起功能障碍、不射精及逆行射精。性交次数过频或过少也会影响生育。

（4）全身性疾病：慢性肝、肾、甲状腺性疾病、糖尿病或神经系统疾病，以及射线、高温、缺氧、长期接触有毒物质、长期大量抽烟、饮酒、吸食毒品、过度紧张、心理异常变化均会导致精子异常。

（5）医源性因素：某些男性患有内科方面疾病或恶性肿

瘤，需使用激素类药物、化疗药物、麻醉及镇静药物、放射治疗及部分泌尿生殖系统手术。

（6）感染性不育：生殖系统各部位如睾丸、附睾、精囊、精索、前列腺的炎症都有可能造成不育。对生育有影响的致病微生物为淋球菌、支原体、衣原体等。

（7）免疫性不育：睾丸及生殖道在炎症、外伤及感染等情况下可使男性产生自身抗体，即抗精子抗体。

（8）内分泌性不育：有明确的内分泌疾病。和生育相关的各种激素水平发生失调，如睾酮等激素水平异常。

（9）单纯的精浆异常症：有正常精子但精浆的物理生化指标、精液内白细胞或微生物检查有异常。

（10）精索静脉曲张：通过体检或多普勒超声确诊。常伴有精液质量和数量的变化。

（11）梗阻性无精子症：精液中无精子存在，由于先天、炎症、肿瘤、外伤等造成生殖管道完全或不完全梗阻。需做特殊检查，如测激素水平、精道造影，必要时需做睾丸活检。

（12）特发性少精子症：未找到原因，精子数量低于2000万/ml。

（13）特发性弱精子症：快速直线运动精子及A级精子<25%，无其他合适诊断。

（14）特发性畸形精子症：头部正常形态精子小于30%，无其他合适诊断。

（15）特发性无精子症：由目前未知原因所导致的无精子症。

（16）不明原因性不育：所有检查全部正常，无合适诊断。可能与精神因素或环境、心理等各方面因素有关。

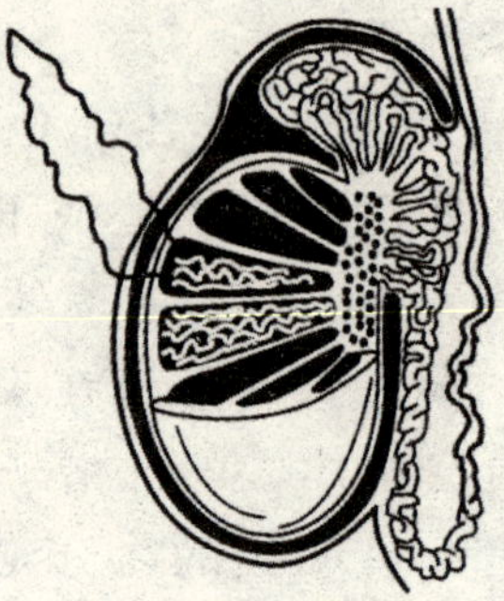

图 5-2　睾丸结构模式图

诊断和治疗要规范

要诊断男性不育症，首先不能忽略的就是病史。

首先婚后的生活史不能忽视。同时，建议做个精液的化验，排除是否是无精症还是弱精子，以及其他情况。

如果是无精症，可能和发育异常有关，可以进一步明确是否是由于生殖道梗阻导致精子运输通路的障碍而导致，如果是，则可以行输精管道通畅手术，从而获得精子运输通路的通畅。

如果不是梗阻性因素，那么，就应该查查是不是内分泌的原因，抽血化验各种激素的水平，同时配合睾丸组织的病理检查，可以明确生精小管的发育状态。

如果精子发育得好，可以取出来，做体外胚胎移植。如果发育的很差，或者没有正常的精子细胞，则建议行精子库治疗。

近年来，很多改善精子活力的药物被批准进入市场，疗效因人而异，可以试用。

最新的研究表明，遗传的缺陷也是导致不育的原因，最常见的就是男性 Y 染色体的微小缺失，使得精子分化和发育成熟障碍，如果是这一种病，只能借助于精子库行试管婴儿了。

关于试管婴儿

试管婴儿的全称为：体外授精与胚胎移植（IVF-ET）。

试管婴儿技术过程可概括为下面几个步骤。首先是采用药物的方法对妇女行超排卵处理。待其卵泡成熟再用腹腔镜或在B超导引下从阴道穿刺取成熟卵子与精子进行体外人工授精。

当授精胚胎发育到一定阶段（4～8细胞期），再将胚胎移植到母体的子宫内，直至分娩，也可把受精胚胎冻存到必要时再授精。实际上试管婴儿在试管内的时间仅3～4天，其余大部分在母体内孕育成熟。

这个方法是由英国学者Edward于1978年首先发明的，被认为是辅助生殖医学技术上的一个里程碑，也被称为第一代试管婴儿。

该技术主要解决了妇女输卵管问题导致的不孕及部分男性的特发性不育。目前，全球有超过350万名试管婴儿。

此后，1992年比利时的Palermo等发明卵泡浆内精子注射（ICSI）术，即在显微操纵系统下用特制穿刺针，将父亲的单个精子注入卵细胞内使其发育成受精卵，再移植回母体。适用于男性不育患者，如梗阻性无精子症、精卵结合障碍等原因引起的不育。

由于该技术使受精成功率提高到65%～70%，且精子可直接从睾丸或附睾内获得，比试管婴儿技术具有更广泛的用途，因此一经发明便得到了世界各国生殖医学专家的广泛应用，并取得了较高的临床妊娠率，被称为第二代试管婴儿。

目前人们对大多数遗传病的治疗尚无能为力，为预防遗传病的发生，在第一、二代试管婴儿技术基础上第三代试管婴儿技术，种植前遗传学诊断（PGD）应运而生。

它针对有遗传风险的夫妇将其几对精卵进行体外受精，当孕卵发育到6～8细胞期时，取1～2个细胞进行基因分析，剔出有遗传缺陷的胚胎，将正常胚胎植入母体子宫，既能避免因被动妊娠而怀上有遗传病的胎儿，又可避免产前诊断带来胎儿流产的风险。

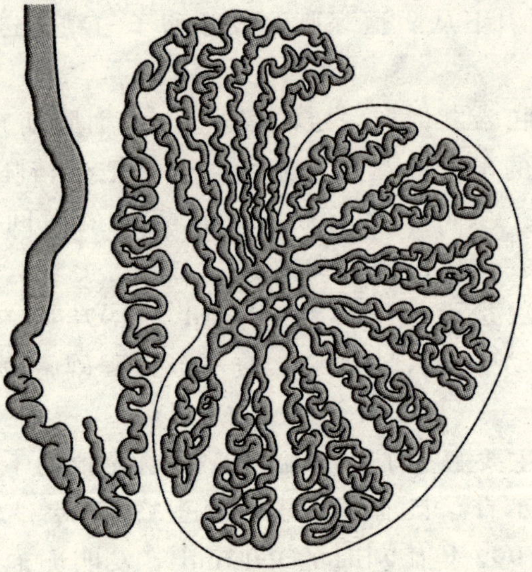

图5-3　复杂的睾丸曲细精管

除遗传因素外，现代生活方式、环境污染等因素影响，使男性精子数量及质量大打折扣，大量少精症患者常伴随有遗传基因缺陷，利用PGD技术中荧光原位杂交技术（FISH）判别胎儿性别，大大减少了子代出现同样遗传病的风险，对母婴也非常安全。

第四节 精索静脉曲张

常见不育的原因

精索静脉曲张常见于青年男性，表现为睾丸上方的蔓状静脉丛扩张。以左侧最常发生。

正常男性中约有15%的人患有精索静脉曲张，而在男性不育患者中约有40%的人患有精索静脉曲张。

什么是精索静脉曲张？

◎ 解剖基础

男性两条精索分别从双侧腹股沟出来通过腹股沟管到达睾丸，每一条精索里面都含有输精管、精索内动脉和外动脉、输精管动脉、蔓状静脉丛（往上形成精索静脉）、淋巴管以及神经。以上结构都由一层薄膜层包住。

◎ 造成原因

左侧精索静脉最易罹患静脉瓣膜关闭不全，再加上血管内血液的重力因素，可导致蔓状静脉丛内血液回流困难，使静脉血管逐渐迂曲增粗。有时肾脏肿瘤或其他疾病压迫精索静脉，也会造成精索静脉曲张。

◎ 危害

1. 损害睾丸的生精功能，使精液中精子数量、精子活力和活精子数量下降，从而影响生育。

2. 损害睾丸的内分泌功能，使体内雄激素水平下降。

◎ 症状

1. 30～40%的患者是因不育问题到医院就诊而发现患有

精索静脉曲张的。

2. 站立时患侧阴囊表面可见扩张、迂曲之静脉，而且睾丸位置低于健侧。

3. 长时间站立及屏气用力时可见静脉曲张明显，而平卧或半卧时曲张程度则减轻（注意：肾脏肿瘤或其他疾病压迫所致者，平卧后曲张不会减轻）。

4. 患侧阴囊或睾丸有坠胀感或坠痛，长期禁欲时明显，性生活后可减轻症状。

● 检查

1. 阴囊触诊可发现睾丸后上方扩张扭曲像团状蠕虫般的静脉肿块；触诊输精管可能发现壁厚、增粗，甚至可发现输精管缺如，后者对不育男性的诊断非常重要。

2. 阴囊超声检查可发现精索静脉管径增粗，用力屏气时可见血管内血液反流。

3. 精液检查有时可见精子数量、精子活力和活精子数量下降。

4. 如果患者在平卧后曲张不见减轻，则需要进一步检查以了解是否存在腹膜后肿瘤、肾脏肿瘤、肾积水等。

如何治疗精索静脉曲张?

除非怀疑精索静脉曲张导致不孕、产生疼痛，或者曲张程度严重到足以妨碍病人行动，否则无需治疗。

通常以手术方式在内腹股沟内环上方处结扎精索内静脉（这种手术在国内开展的最为普遍）。

因男性不育接受手术治疗的患者，有 50%~90% 术后精液质量有所改善，其中 30%~50% 的患者术后 6~9 个月时成功受孕。

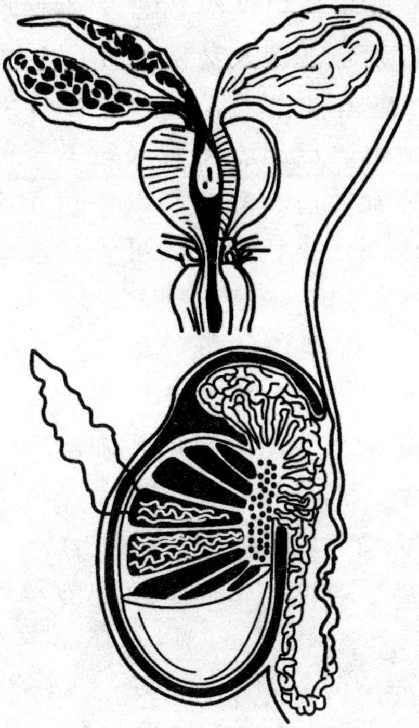

图 5-4 精索示意图

第五节 可怕的“血精”

西门庆的故事

《金瓶梅》第七十九回，描述西门庆如何油枯灯尽：“那管中之精，猛然一股喷将出来，犹水银之泻……，初时还是精液，往后尽是血水出来……，精尽继之以血，血尽出其冷气而已……，尘柄如铁，昼夜不倒。不数日，即呜呼哀哉，享年三十三岁。”

《金瓶梅》写尽饮食男女之云雨风情，意在警示世人。作者之所以安排纵情声色又无恶不作的西门庆最后死于血精症，或许是因为他也相信男性纵欲过度会导致血精，而且错误的认为出现血精表示已病入膏肓，时日不远。

男性射精时伴随着性高潮，是男性性行为的立即回馈与享受，等到事情结束以后，收拾残局时，有些男性发现自己射出的精液竟然掺有鲜血，有时则由伴侣先发现异样，当事人不免吓出一身冷汗。于是许多疑问马上袭上心头：

会不会流血不止？

还可以再做吗？需要停“机”多久？是不是做过头了？

身体哪里出错了，该看医生吗？

在东方的传统观念中，精液被认为是相当宝贵的，把它看成是元气的来源，而有所谓的“精、气、神”“一滴精十滴血”与“精尽人亡”等传说。

按照民间的肾亏理论，精血症被认为是因平日过度纵情色欲，使心脾气弱、肾气不足，以致血不及化精，所以性交时会出血，是个严重的问题。

因此当有些男性发现自己射出的精液中竟然掺有血液时，往往会紧张万分，惊出一身冷汗。

其实这些都是无稽之谈！

精液中除了有传宗接代不可或缺的精子以外，其余成分如有机物、生物酶、矿物质等均未发现有什么特殊功能，而射精只不过是人体内神经反射现象之一。

一般刚射出的精液呈胶冻状，大多数为乳白色、灰白色或灰黄色，大约十多分钟后凝块会自行液化，形成半透明、稍混浊的稀薄黏液。

若精液呈黄色，可能是发炎、精液内含有尿液或长时间未排放精液所致。服用某些抗生素、或较频繁的性行为则会造成精液较稀薄，呈透明水状。

何谓血精？

精液中出现血丝、血块、甚至见到鲜红的血液，使精液呈现棕色或红色，此时即称为血精。

血精的流行病学特点

血精通常发生于性生活频繁的男性，30～50岁是好发年龄，病人往往在不知不觉中发病，首先发现血精的常常是其妻子或性伴侣。

血精的发生率并不高，一百位男性中只有一位会发生血精。

然而血精会带给患者及其性伴侣极大的恐慌，而促使其迅速就医。

所幸绝大部分血精之原因属于良性，并且为自限性，因此多半是虚惊一场。

然而仍有少数情况会合并前列腺、尿道或精囊的恶性肿瘤或特殊炎症如结核菌感染等。

因此，一旦出现血精时应该找泌尿男科专科医师为您作详细的检查及适当的治疗。

血精的原因

造成血精的原因很多，但大部分病人找不到确切的原因。

传统上常将血精与性行为联系在一起，纵欲过度、长时间禁欲或习惯性交中断者出现血精的几率较高。

但是现在经直肠超声（TRUS）和磁共振检查可以让我们清楚地看到深藏在骨盆腔内与射精有关的器官（如前列腺、精囊、输精管壶腹部），因此大大增加了找到血精病因的机会。

泌尿生殖道炎症，如前列腺炎、精囊炎、尿路感染等，是导致血精最常见的原因之一。

前列腺或精囊血管异常、精囊壁黏膜增生以及后尿道血管异常或充血可以引起反复血精。

此外，前列腺或精囊肿瘤、尿道外伤、泌尿生殖系畸形（如异位性输尿管），或者一些全身性疾病如结核病、肝硬化、血吸虫病、白血病等等，也会使红细胞进入精液内而出现血精。

尽管生殖道炎症引起血精的机会最多，但是因前列腺或精囊血管异常而引起的血精也不在少数，而其他原因所引起的血精就少见多了。

对于年龄较大的血精患者，除考虑良性前列腺增生外，还应注意是否有前列腺癌的可能。

除了上面这些病理因素所导致的血精外，还有一种叫做生理性血精。

生理性血精的发生机制可能有以下三种：

（1）射精时精囊强烈的收缩引起囊壁血管的通透性改变，使血管中的红细胞渗透入精液中。

（2）性生活频率过低时，精囊内的分泌液增多使囊内压力升高，射精后精囊内压力骤然降低使囊壁血管破裂出血。

（3）精液中起溶解组织作用的纤维酶活性增加，使精囊壁上的血管受损而发生渗血。

如何诊断

血精是一种良性的（只有2%的血精与癌症有关）、会自行消失的症状，它可能只出现一次，但也可能持续数月之久或长期反复发作，而且通常发生在年轻的病人身上。

头一、二次射精可能会是鲜血，接着会有黑色的陈旧血。

多次射精可帮助排出血块，来不及排出的血块，过一段时间也会自行溶解吸收。

如果您去医院就诊时，一般建议做以下检查：

（1）尿液检查－察看是否有泌尿系统的感染；

（2）肛门指诊－触摸前列腺的大小，有无疼痛、肿胀情形，重要的是，是否有肿瘤；

（3）超声检查－常选择经直肠超声检查，可以检查出前列腺或精囊是否有肿瘤；

（4）膀胱镜检查－看看前列腺大小，有无血管充血，及尿道正常与否；

（5）尿路造影－做一下静脉肾盂造影看看有无输尿管异位开口，或者行尿道造影看看有无尿道外伤；

（6）病原微生物检查－尿培养可培养出何种细菌引起的尿路感染，前列腺液或精液培养可培养出引起前列腺或精囊发炎的病原体；

（7）尿液细胞学检查可以发现尿路可疑的恶性肿瘤细胞；

（8）盆腔计算机断层、磁共振—在怀疑前列腺、精囊有占位病灶时亦可协助诊断。

泌尿男科医师最重要的目标就是要缓解病人惊恐不安的情绪，因为血精很少有很严重的问题，尤其是在年轻的病人。

但是，如存在下面二个因素需要做全面性的检查与治疗：

（1）长时间与反复发生血精。

（2）血精伴有血尿。

血精的复发率在55%以上，反复出现血精时必须接受详细的泌尿生殖系统检查，找出原因，针对病因治疗。

若未发现异常，则血精多属良性情形而且常会自动停止，只需药物加上观察即可。

前列腺、精囊或尿道发炎可以给予抗生素治疗。

前列腺炎应用敏感抗生素的疗程需要较长的时间，一般4~6周；而尿路或生殖道结核则须使用抗结核药物，疗程至少半年。

如果是良性囊肿所引起，可以用穿刺针在超声引导下刺入囊肿内，并将囊内液体抽光，然后再注射药物使囊壁粘连即可，当然也可以手术切除囊肿。

如果是癌症引起的血精，则需进一步检查与治疗（须依癌症种类与分期，确定不同的治疗计划）。

若存在精囊的黏膜增生、后尿道血管异常或肿胀，可使用雌激素来治疗，如果失败可考虑用尿道镜电烧异常血管。

第六节 隐 睾 症

蛋蛋到哪里去了?

如果在给自己洗澡时，会无意中发现，阴囊内摸不到或只摸到一个睾丸。

您会有何感觉?

如果生理常识缺乏的话，您可能会没有意识到这是一种病。

这种情况称之为隐睾症。

顾名思义，隐睾症就是双侧或单侧睾丸没有下降到阴囊内的一种畸形状态。

在正常情况下，男性的睾丸会在阴囊里面，由外观及触诊可以清楚地检查到，如果单侧或双侧睾丸不在阴囊里，就应考虑到是隐睾症。阴囊空虚，睾丸隐而未现，那又会藏到那里去了呢?

蛋蛋为何不老实?

男性的睾丸在胚胎发育过程中大部分时间是在腹腔内，在胚胎发育到30周后下降到阴囊。

有隐睾症时，大部分的睾丸其实是停留在下降途中，只有少数隐睾症患者的睾丸偏离了正常的下降途径。

所以，有另一个名称“未下降的睾丸”，常常和隐睾症一样被用来形容睾丸不在阴囊内的情形。

睾丸未能下降到阴囊内的原因相当复杂，有时候是睾丸本身的问题，有时候也可能是性激素、睾丸引带等其他的问题造成。

到目前为止，造成隐睾的准确原因尚未明了。

胚胎时期男性的睾丸本来是在后腹腔内，靠近肾脏的位置。后来经过各种性激素的刺激作用，与阴囊底部相连的睾丸引带的牵引，使睾丸的位置逐渐下降，并穿过腹股沟管下降至阴囊内。这个下降的过程中如果出了差错，它就可能仍停留在后腹腔或腹股沟管内。

在足月产的男婴中患隐睾症的约占3%，其中大约70%的隐睾会在出生后3个月内自然下降至阴囊内。

到了1岁时，大约只有1%的男孩仍会有隐睾的问题。大部分隐睾症的病患是单侧隐睾，而且右侧发病的几率高于左侧，当然也有双侧发病的（双侧隐睾占25%）。

有很多家长缺乏医学知识，可能会忽略这个问题。有的时候，是当事人自己成年以后才发现与别人有些不一样才到医院就诊。

诊断很谨慎

一般情况下，腹腔内隐睾和腹股沟管隐睾通常都是无法被触摸到的，而腹股沟管外隐睾和异位睾丸则可以被触摸到。

但在临床工作中，查体摸不到睾丸除了考虑隐睾症外，还应想到睾丸本身发育异常造成睾丸萎缩或完全消失的可能。

当然，极少数情况下由于医生检查不仔细也会造成摸不到睾丸的情况发生。

一般来讲，单凭一次检查就想诊断出是哪种类型的隐睾是不大容易的。

这是因为，不论是儿童还是成年男子，其睾丸的位置往往有很大变化，随着环境温度变化、内心恐惧、精神紧张等因素的影响，睾丸可以缩到靠近腹腔附近。

所以，一个健康男子的睾丸，有时也会出现类似隐睾的症状。就像开头时提到的，在洗澡时容易进行判断，因为这时在温热的洗澡水中，睾丸容易自然而然地降到阴囊底端。如果这时进行检查，就会得出比门诊单纯检查时更为明确的诊断。

此外，在肥胖的男性，因皮下脂肪太厚，使得睾丸位置相对较高，有时容易与隐睾相混淆。

在此基础上，其他可能合并的异常如腹股沟疝、尿道下裂、鞘膜积液等，都可以直接在一般检查中发现。

除上述检查外，超声检查是最常使用的检查方法。

超声检查的好处是方便、无侵袭性，但有时仍无法通过超声检查看到未降的睾丸，这时就需要借助 CT、磁共振、血管造影、放射性核素扫描或腹腔镜检查来做进一步的诊断。

为什么要下降到阴囊内呢?

这是一个有趣的问题，但是很多人可能都不知道答案。

睾丸之所以必须要降到阴囊内，主要是为了保证睾丸的正常发育。

如果隐睾症的睾丸没有及时降入阴囊，那么睾丸的发育就会受到严重影响，睾丸产生精子和分泌雄激素的功能就会出现障碍。

由于成年男性的睾丸负责精子的制造，它需要在比体温低1~2℃的环境中，才能制造出优良品质的精子，而阴囊本身就是一个能够提供适宜温度的理想环境。

隐睾症使睾丸处于相对高温下，使睾丸不能正常产生精子。双侧隐睾，可因无精子症而造成不育，能够生育的几率只有33%；单侧隐睾，可波及对侧睾丸，只有87%的患者可以生育。

另外，隐睾症的另一个令人担心的并发症是睾丸肿瘤，隐睾发生肿瘤的机会比正常人高40倍。

在正常男性人群中，发生睾丸恶性肿瘤的机会是1/10万，但在隐睾症患者中，睾丸肿瘤的发生率则高达1/2550。这是隐睾症为何必须接受睾丸下降固定手术的另一个主要原因。

但是，如果成年了再进行行睾丸下降固定手术，将无助于恢复生精功能，也不能减少睾丸恶变的可能。

尽管如此，仍建议10岁以后的隐睾症（腹腔内隐睾除外）接受睾丸下降固定手术，因为当隐睾通过手术下降至阴囊后，检查时很容易摸得到，一旦睾丸发生恶性肿瘤，可以早期发现，及早治疗。

此外，隐睾症的患者在患病侧同时合并有腹股沟疝的机会高达90%，而且隐睾症发生睾丸扭转的机会也会增加。

如何治疗？

隐睾症的治疗，其实很简单。可分为药物治疗及手术治疗两部分。

药物治疗目前常用的是激素治疗如 GnRH（促性腺激素释放激素）及 hCG（绒毛膜刺激素），可以帮助睾丸下降。隐睾的位置越低，药物治疗的成功率越高，摸不到的高位隐睾很少能通过激素治疗而下降。一般而言，药物治疗成功率约有 20%。

手术治疗是隐睾症治疗的黄金方法。

手术过程包括彻底松解精索，将睾丸下降至阴囊内并做好固定。

手术成功率 70%～90%。高位隐睾（如腹腔内隐睾）如果下降困难，可分两期手术使其逐渐下降。对于 10 岁以上的腹腔内隐睾患儿，因考虑恶变几率较高，建议行睾丸切除。

隐睾症患儿如在生后 1 年内睾丸仍未下降，则自行下降的可能性就微乎其微了，继续观察等待没有任何意义。

为防止隐睾组织的持续性损伤，建议手术应在生后 12～18 个月内完成。手术前或手术后给予激素药物治疗对将来的生育有帮助。

隐睾症是一个令本人担忧的疾病，由于其发生的原因相当复杂，有时候很难确定隐睾的位置，又不知未降睾丸是否萎缩消失，会使得检查及治疗的过程变得复杂而又不确定。

所幸大部分的患者，在目前的医疗条件下都能有明确的诊断和合适的治疗，不用过度担忧，只要早发现早治疗，就可以解决蛋蛋隐藏带来的危机。

第六章　释解“伟哥”

阴茎勃起功能障碍是一个非常古老的话题，古今中外很多医学前辈都在倾注毕生的精力和智慧去尝试理想的治疗方法。

近年来随着对阴茎勃起生理、病理的深入研究，使医生对勃起功能障碍的认识有了革命性的飞跃，许许多多新的治疗方法被成功应用于临床。

我们在第二章里详细地介绍了 ED 的情况，并对治疗做了一个大概的了解。

很多患者可能就会问，市场上有那么多的治疗 ED 的药物的宣传，哪些药物可以用吗？怎样用？有没有副作用？

接下来的这一章，我们就和大家一起来谈谈壮阳药物的情况，以解除大家心头的疑惑。

首先让我们再来复习一下阴茎勃起的机制。

阴茎要勃起除了要有情欲刺激作为先决条件外，还必须在阴茎海绵体内充填足够量的血液。充填的血液由经过扩张的动脉供应，并在逐渐膨大的阴茎海绵体内积存血液，如此阴茎才能膨大、延长及勃起。

临床上大部分勃起功能障碍是血液供应不良所致，如高血压、高血脂、糖尿病等疾病均可导致不同程度的阴茎供血不良，目前常用的治疗方法大多也是以扩张阴茎内动脉及海绵体为目的。

这些知识我们已经在第二章里面做了详细的介绍。

伟哥时代

在20世纪末，发生了一个划时代的重大事件。

1998年3月27日，美国食品药物管理局FDA通过核准允许万艾可（也称伟哥）上市，这成为勃起功能障碍治疗史上划时代的里程碑。

随后同类药物希爱力和艾力达也通过美国FDA认证，快速在临床上应用起来，为勃起功能障碍的治疗锦上添花。

从此，人类步入了伟哥时代。

作用机制

伟哥是怎样起作用的？还是得从阴茎勃起的分子生物学调控说起。

这是一个很复杂的问题。顾名思义，分子生物学，就是从分子层面、基因层面来阐述问题。

毫无疑问，分子生物学是当今生命科学领域内研究最为火热的前沿之一，也产生了很多重大的成果，阴茎勃起的分子生物学调控就是其一。

在性刺激下，人体内产生一种重要的神经递质——一氧化氮（NO），NO进入阴茎海绵体平滑肌细胞内，可以使细胞内产生大量环磷酸鸟苷，由于环磷酸鸟苷能够引起平滑肌的松弛，导致海绵体扩张，从而使大量血液进入阴茎，产生勃起。

阴茎海绵体平滑肌细胞内含有一种对勃起功能不利的酶——5型磷酸二酯酶，该酶可将细胞内产生的环磷酸鸟苷分解，使海绵体平滑肌重新收缩，减少进入海绵体内的血液量，从而影响勃起产生。伟哥就是根据这个原理开发的。

可别小看了这个小小的理论，它可是获得诺贝尔生理和医学奖的重大成就之一。

万艾可、希爱力和艾力达这三种药物均可选择性地阻断阴茎海绵体平滑肌细胞内的5型磷酸二酯酶，从而阻止环磷酸鸟苷过快分解，保持阴茎海绵体的扩张状态，有利于勃起产生和维持，因此这类药物也称作5型磷酸二酯酶抑制剂（即前文所说的PDE5抑制剂）。

服用药物30分钟后，当您接受性刺激时，药物可以使阴茎海绵体保持充分扩张状态，使阴茎有更加充足的血液充盈，此时即可尝试进行性生活。

目前万艾可、希爱力和艾力达三种PDE5抑制剂作用机制相同，不论年龄大小以及勃起功能障碍严重程度如何，均可先在医生指导下服用上述药物。

但是，在服药前要充分了解这三种药物之间的区别，以及如何服用才能保证安全性和有效性。

◎ 药物有何不良反应吗？

如果目前正在服用硝酸酯类药物或α受体阻滞剂，口服PDE5抑制剂将会使您的血压降至危险水平。

硝酸酯类药物包括硝酸甘油，α受体阻滞剂普遍应用于前列腺疾病或高血压，如高特灵、可多华、马沙尼等。如您不清楚目前自己是否正在服用硝酸酯类或α受体阻滞剂等药物，要咨询专业的医生。

如有心脏疾患，已很久未尝试性生活，性交会加重您的心脏负担。

极个别患者服用后会导致勃起持续时间长，如超过4小时，血液瘀滞在阴茎内，会损伤阴茎海绵体，必须到医院紧急处理。

服药后可能会出现头痛、面部潮红、鼻塞、消化不良和短暂面色改变等不良反应，但一般较轻微，多次服用后可能自行缓解或消失。

虽然应用PDE5抑制剂在大多数情况下是安全的，但是在下列情况下需要提高警惕：

1. 未经医师同意就擅自同时应用其他治疗勃起障碍的方法。

2. 擅自加大药物剂量或增加用药次数。

3. 未详细告诉医师您的既往用药情况和既往病史。

4. 未告诉医师您在饮酒后服用药物后的效果。

● 有关的疑虑

问：有心血管疾病的人可以服用 PDE5 抑制剂（万艾可、希爱力和艾力达）吗？

答：PDE5 抑制剂会引起血压轻微下降，对患有冠心病的病人不会有明显的不良影响，截至目前为止尚未有严重不良反应的报告。但是，对规律服用或间断服用任何剂型硝酸酯类药物的患者，应严格禁止服用 PDE5 抑制剂，否则会导致血压急剧下降。

问：服用 PDE5 抑制剂会成瘾吗？

肯定的讲，服用 PDE5 抑制剂不会成瘾。病人潜在的病因和病情的严重程度才是决定其是否需要长期服药及药量多少的主要因素。

问：PDE5 抑制剂是“春药”吗？

答：不是。依据 PDE5 抑制剂的药物作用原理，该类药物不会促进性欲或使人变得亢奋，一些人误认为 PDE5 抑制剂无所不能，是治疗勃起功能障碍的灵丹妙药，这样认为是不正确的。对于轻、中度勃起功能障碍，有效率 80%～85%，重度勃起功能障碍的有效率仅为 40%～50%。

问：服用万艾可效果不好，改用希爱力或艾力达是否也一定效果不佳？

答：不一定。三种 PDE5 抑制剂尽管属于同一类药物，但各自的化学结构还是有轻微差别的，这些细微的差别可以影响到药物的药代动力学特点和在人体内的吸收和代谢，从而直接影响到药物的作用效果。当您试用一种 PDE5 抑制剂效果欠佳时，不妨可以改用其他两种，也许会收到意想不到的效果。

问：饮食有影响吗？

答：由于药物自身特性的不同，这三种药物还是有区别的。对于希爱力，它的半衰期长，适合青年人服用，并且不受饮食的影响。所以可以放心使用。对于艾力达，它的特点是起效快，最快时 5 分钟就可以起效。并且，它也不受常规饮食的影响。对于最常见的万艾可，截止到目前为止，它的处方量最大，全球达到了 1 亿多份。这个药物的特点是代谢特别快，24 小时就能从人体代谢完全，所以很适合老年人服用。但是，这个药物受饮食影响很大，高脂饮食会影响药物的吸收，所以，要尽量在饭前服用，或者饭后 2 小时以后再服用。

问：安全性问题？

答：由于西地那非具有增强硝酸类药物的降压作用，因此在服用该类药物的同时应当避免使用西地那非。同时，由于西地那非本身是否增加心脏病发作危险性尚不确定，性生活本身也可能诱发心脏病的发生，对于老年心血管疾病患者，应谨慎使用。

问：其他药物有效吗？

答：目前为止，治疗 ED 比较有效的药物就是这三种，其他的方法也有效，我们说口服药，还是这三种疗效比较好，是药监部门审定通过的。其他的药物的安全性还没有证据证明。

第七章　夕阳无限好　哪怕近黄昏
——度过男性更年期

第一节　第二个黄金期

一提到更年期，多数人认为，这是女性的专利。

事实上，男性步入老年前也会出现更年期，并且，随着环境的污染、竞争的加剧，男性更年期有提早发生趋势。

随着生活水平的提高和社会老龄化的加剧，这一问题日益受到重视。

男性更年期和女性的一样吗？

男性更年期还可以有性生活吗？

男性更年期服用睾酮安全吗？

这一章里，我们将和您一起来探讨男性更年期的问题。

顾名思义，男性更年期就是指与女性相对性的，随着衰老过程的主要是性腺（睾丸）功能减退导致内分泌紊乱的特殊时期，会伴随出现一系列症状和体征，影响生活质量。

不过，与女性相比，男性更年期出现的相对晚些，临床表现轻重不一，轻者甚至无所觉察，严重者则会影响生活。

一般认为在男性进入 50 岁以后，男性性腺结构和功能也会出现一个由盛到衰的演变过程，称为男性更年期。

然而长期以来，对于是否存在男子更年期综合征一直有争论。

原因是男子的生殖功能和女子不同，男性更年期是一个渐进性的更漫长的演变过程。

妇女更年期存在着一定的个体差异，男性更年期的个体差异则更大，相当一部分男人可能意识不到更年期而不知不觉已进入老年。

男子的生殖功能与女子不同，男子性器官及其功能也像体内其他器官一样逐渐衰退，然而生育能力虽然下降，但没有明显的终止界限，90 岁以上老人仍可不断产生精子。

老年人的性生理反应虽然较弱，但并非意味着进入老年后性功能必然丧失。

虽然雄激素水平是随年龄逐渐下降的，有非常大的个体差异，而且并非所有的老年男子都会出现具有临床意义的睾丸功能减退。

不少男性学者认为，男子进入 50 岁以后是一个关键时期，通过从内分泌、病理生理、男性更年期临床等诸方面进行研究，他们对男子度过更年期提出若干预防保健措施。

男性更年期的发病原因目前并不明了。

多数研究认为：主要由于睾丸的萎缩导致睾酮（雄激素，男性的主要性激素）的分泌减少，体内性激素调节失衡所致。

睾丸的退化萎缩过程是缓慢渐进的，也就是说这一过程是伴随年龄而加剧的，因此。男性更年期更专业的名字是“中老年男子雄激素部分缺乏症”，更为专业的术语是“迟发性性腺功能障碍”。

男性进入老年，事业有成，儿孙绕膝，颐养天年，是人生一大乐事。美轮美奂的夕阳成熟雍容，大度而怡然，是一道璀璨的人生风景。

与青年期的奋斗相比，老年期无疑是人生的第二个“黄金期”。虽然有“更年期”这一道门槛，毕竟瑕不掩瑜，所谓“夕阳无限好，哪怕尽黄昏”。

第二节 如何诊断?

症状因人而异

前面说了，有些人的症状比较轻微，有的人则很重，影响到生活，这是人的个体体质和耐受力决定的。

（1）自主神经和血管舒缩异常的症状　潮热、阵汗、失眠、神经质等。

（2）情绪和认知功能症状　焦虑、嗜睡、自我感觉欠佳，缺乏生活动力、智力减退、脑力下降、记忆力减退、思维和反应变慢、抑郁、缺乏自信心和无原因的恐惧感等。

（3）体能和精力下降　肌量减少和肌力下降、乏力、食欲减退、骨关节疼痛、脂肪增加和腹式肥胖、阴毛脱落等男性化减退的症状；容易疲劳，日常活动能力下降，容易跌倒和损伤。

（4）性功能下降　性欲减退、性活动减少、勃起功能障碍、性欲高潮质量下降，射精无力和精液量减少、晨间无自发性勃起等。

（5）骨骼系统　在骨质疏松引起骨折的患者中，7%~30%存在雄激素缺乏。老年男子股骨颈骨折的死亡率可达30%，是绝经妇女的2倍。

（6）其他　老年男子较常见轻度贫血，原因之一是血清睾酮水平（T水平）降低，补充雄激素有利于纠正贫血。

所以我们说，男性更年期综合征症状十分复杂，经研究可达37种之多，其实还不完整，有人认为前列腺增生、逐渐女性化等症状，也应包括在内。

所有这些症状可分为三大类。一是精神神经系统症状，二是循环系统和全身症状，三是性功能和生殖器官等方面的症状。

其中第三类症状最重要，应看作为核心症状，表现为性功能减弱、自感有阳痿、性欲降低与淡漠、勃起硬度减弱或不能勃起、性交次数明显减少、射精强度减弱或不能射精。

上述症状与睾丸功能减退和T水平进行性下降之间的关系仍不能肯定，所以不能依据血中的睾酮水平以及其他性激素的水平来诊断。

但是，上述症状因人而异，个体差别很大。综合医院的老年科、男科、泌尿外科都有专业的评定量表，如果感觉自己最近有上述的某些症状，可以向专业医师咨询，用专业的评定量表评估。

医生诊断时主要是根据症状和体征，考虑年龄、常规的化验结果等，很多患者的睾酮水平可以降低。

但是，如果不合并其他系统器质性病变的话，很多指标可以在正常范围内。

诊断男性更年期综合征（PADAM）要考虑三个内容。

（1）症状评价。

（2）血清中睾酮水平（T）或游离T。

（3）试验性雄激素补充治疗的反应。

单纯有症状或者血T降低，对雄激素补充治疗无反应的患者不能诊断为PADAM。

出现症状并伴有血清睾酮水平降低，在排除其他疾病或药物的影响后，提示症状可能与睾酮水平降低有关，试验性睾酮补充治疗可以进一步确定症状与睾酮水平的关系，只有通过试验治疗证明有效时，才能最后明确的诊断。

老年男子症状（AMS）问卷

目前尚缺乏更为准确的筛查手段，通常是使用以自我报告为基础的症状量表，对可疑的患者进行筛查。目前公开发表的症状量表有欧洲制定的Aging Males, symptoms (AMS) 和美国的ADAM问卷。日本的一项研究显示，AMS筛查效果优于ADAM。

老年男子症状（AMS）问卷（引自中华医学会男科学分会《男科疾病诊治指南》，2007）

1. 感到总体健康状况下降（总体健康状况，主观感觉）

2. 关节痛和肌肉痛（腰痛、关节痛、四肢痛、全背痛）

3. 多汗（非预期的/突然的阵汗、非劳力性潮热）

4. 睡眠障碍（入睡困难、睡眠过程障碍、早醒和感觉疲劳、睡眠不好、失眠）

5. 需要增加睡眠时间，常常感到疲劳

6. 烦躁易怒（爱发脾气、为小事生气、情绪化）

7. 神经质（内心压力、焦虑、烦躁不安）

8. 焦虑不安（感到惊恐）

9. 体力极差/缺乏活力（表现总体下降、活动减少、对休闲活动缺乏兴趣、感到做事少和收获少、感到必须强迫自己参加一些活动）

10. 肌肉力量下降（感到无力）

11. 情绪抑郁（情绪低落、忧伤、几乎落泪、缺乏动力、情绪波动、感到做什么事都没有意思）

12. 感到个人已走了下坡路

13. 感到精疲力竭、人生已到了最低点

14. 胡须生长减少

15. 性活动的频率和能力下降

16. 晨间勃起次数减少

17. 性欲减退（性活动失去愉悦感、缺乏性交欲望）

如有其他症状，请描述。

以上每项症状的评分：没有＝1分，轻度＝2分，中度＝3分，重度＝4分，极重＝5分，所有症状评分累加为总分。总分的评价如下：

总分_ 17～26分_ 27～36分_ 37～49分_ ＞50分，分值越高，说明越严重。

可以预防吗？

男性更年期的发病原因目前并不明了。

多数研究认为：主要由于睾丸的萎缩导致睾酮（雄激素，男性的主要性激素）的分泌减少，体内性激素调节失衡所致。

睾丸的退化萎缩过程是缓慢渐进的，也就是说这一过程是伴随年龄增长而加剧的。

可见，这一过程伴随人体衰老的自然规律而发生，目前暂时无法避免。

事实上，睾丸功能减退的机制并不清楚，可以想见，如果真正阐明了睾丸衰退的机制的话，运用符合生理状态的治疗靶点，有望使得男性在进入老年期内焕发第二次青春。

由于睾丸衰老的功能衰退的分子机制并不清楚，因此，目前的治疗多是对症的补充雄性激素，改善症状。

鉴于此，符合生理状态的治疗靶点的研究，是生物学和医学领域内的热点之一；当前，取得了很多重要成果，如笔者就从分子层面，对睾丸衰退的分子机制进行了深入探讨，研究结果显示睾丸衰老和多种基因的改变密切相关。

我们有理由相信，随着医学进步，睾丸衰老机制深入阐明，会发现更符合生理状态的治疗靶点，从而实现真正意义上男性“回春术”。

第三节 怎样度过这一黄金期

男性进入老年，事业有成，儿孙绕膝，颐养天年，是人生一大乐事。与青年期的奋斗相比，老年期无疑是人生的第二个“黄金期”。

如何安全度过更年期，是很多老年男性的美好愿望。

首先，树立积极乐观的心态。

心态决定命运，这句话非常有道理。乐观的心态能调节内分泌水平，有助于保持人体的平衡状态。

老年人要理解这一时期是人生的必然阶段，即使出现了明显症状，也不要过分担忧，只要心理上有所准备，做好调适，在医生指导下使用一些药物，多数症状可明显减轻，并不影响生活。

建议每半年做一次全面查体，发现或排除其他合并症，如高血压、胃肠功能能紊乱、心脏神经官能症、肿瘤等，通过体检，要清楚地了解自己的身心健康状况，可以针对性地预防和治疗相关疾病。

其次，如果相关症状明显，可以在医师的指导下，选择诸如补充睾酮的疗法。以期改善总体健康状态，提高性欲，增加肌力和骨密度。目前较为理想的药物是口服睾酮类药。

但必须注意，补充睾酮可能增加前列腺疾病发生风险，如前列腺增生和前列腺癌。

因此，在开始治疗前应详细检查，如出现前列腺癌和前列腺增生造成的下尿路梗阻则应该谨慎用药或不用药。

此外，要警惕高龄男性应用睾酮补充疗法发生前列腺癌的风险。

再次，在日常生活中，选择一些食品进行调理，做到膳食平衡。

可以吃一些富含锌、硒等微量元素的食物，以改善性腺功能，如牡蛎、海鱼、虾、羊肉、韭菜、核桃等。

也应多吃新鲜蔬菜和粗粮，多吃新鲜的水果；也可以吃一些有助于安神缓压的食物，如大枣、山楂、米粥等。

可以参照卫生部推荐的国人膳食指南来指导每日的饮食，做到营养全面而均衡。

最后，要加强自我保健，注重体育锻炼。

要特别注意克服不健康行为，如抽烟、酗酒、生活无规律等。

要善于控制自己的情绪，对矛盾、挫折，要心平气和地对待，避免焦虑、烦躁和赌气。

培养有益于健康的情趣，如积极参加健身、娱乐活动，如跳舞、书法、棋类等，学会用娱乐活动进行注意力转移，进行适宜的体育锻炼，增强体质。

哪些情况需要睾酮补充治疗？

睾酮治疗的适应证

中老年男子年龄 50 岁以上，一旦作了 PADAM 诊断，即应进行试验性 T 补充治疗，疗程为 3 个月。

如果无效，即可停止治疗。如果症状改善，可以长期应用。

睾酮治疗并非适合所有的中老年男子性功能障碍患者，如由于血管或神经紊乱导致的勃起功能障碍，睾酮补充治疗可以恢复患者雄激素基础水平，对于维持正常骨和肌肉密度、身体强健和较好的感觉敏感性等是必须的。

治疗的禁忌证

前列腺癌或乳腺癌患者、红细胞增多症患者、严重睡眠呼吸暂停综合征患者、良性前列腺增生伴严重下尿路梗阻患者、严重心脏或肝衰竭患者都不能应用睾酮补充疗法。

年龄大于50岁的男性开始雄激素治疗前应排除前列腺癌，因为后者可被雄激素刺激生长。

如果采用前列腺特异抗原（PSA）来筛查前列腺癌，临床实际测得的PSA应加倍，因为雄激素替代治疗后一般会导致PSA水平升高1倍。

PADAM的诊断与治疗方案、治疗的获益和风险以及监测措施，患者有知情权，接受治疗的患者原则上应该签署知情同意书。

◎ 睾酮制剂（T）和使用方法

睾酮制剂的活性核心是天然睾酮，为增强活性和延长作用时间，对其化学结构进行各种的修饰与改造。

多种T衍生物，基本上分为烷类和酯类化合物；从剂型上有口服、肌注、贴皮、皮埋；作用时间有短、中、长效，以及混合剂型。

选择一种合适的T制剂的原则是，在明确诊断和治疗目的前提下，选择具有较好药代动力学特点的制剂。

好的睾酮制剂理应具有符合T生理节律，给药后尽可能保持血T浓度波动于正常生理范围内。

然而现有的各种睾酮注射剂，丙酸睾酮、庚酸睾酮和混合制剂的药代动力学均不很理想，特别是丙睾和庚睾，在给药后引起血T浓度急骤升高和降低。

应用违反睾酮正常生理的昼夜节律的某些制剂，容易引起一些可能的副作用而难以达到最理想的治疗目标。

应选用那些给药后吸收缓慢，能保持血T浓度在正常范围之内的制剂，才能达到最理想的疗效和避免可能的副作用。如十一酸睾酮注射剂和透皮贴剂具有较好的药代特点。

睾酮治疗的风险

长期睾酮补充治疗的不良反应，主要是肝功能异常、前列腺增生、脂质代谢紊乱等。

睾酮酯，尤其是17-烷基化睾酮，经口服吸收，在肝脏中代谢，如甲基睾酮、氟甲基羟睾酮，对肝脏有毒性，现临床已不作为长期替代治疗方法。

十一酸睾酮口服经淋巴循环通路吸收，避开了从门静脉直接进入肝脏代谢，肝毒性小；注射用长效十一酸睾酮是将TU溶于茶籽油中制成的长效缓释制剂，维持治疗时间大于1月，没有肝毒性。

睾酮治疗是否会促进前列腺增生和临床型前列腺癌的发病率，一直是争论的问题。

所以已罹患前列腺癌和重度前列腺增生的患者应绝对禁止使用T治疗。

雄激素治疗的同时应全面体检和实验室检查，包括血压、直肠前列腺指检（DRE）、血清PSA、肝肾功能、血象、血T；每6个月复查1次这些指标。

监测的重点是前列腺癌，DRE加上PSA可以早期预测约50%的前列腺癌。

当血清PSA为2.5～4.0ng/ml、游离PSA/总PSA比值>0.16或PSA每年上升0.75ng/ml以上时，提示存在前列腺癌的可能。

当血清PSA>4ng/ml或DRE有结节时，应施行超声引导下的前列腺活检。

在睾酮治疗过程中，当出现排尿梗阻症状加重、DRE发现结节或PSA超标时，应该终止睾酮治疗，并进一步检查。

与女性比较，男性冠心病的发病率较高、起病年龄较早，这一现象曾认为是雄性激素有促进动脉粥样硬化作用所致，但是，近年来许多研究得出相反的结论。睾酮补充治疗可以引起总胆固醇和LDLC水平下降，这一结果得到许多研究者的证实。

如果雄激素具有促进动脉粥样硬化的作用，冠心病患者的血清睾酮水平必然是增高的，而实际检测结果却是减低的。

老年男子内源性雄激素水平降低将增加发生动脉粥样硬化的危险。

以前认为生理剂量睾酮会引起高脂血症的观点也已被近代的新证据所否定。随机双盲安慰剂对照研究表明，外源性睾酮补充治疗可以显著改善慢性稳定性心绞痛男性患者的心绞痛发作，睾酮补充治疗对心血管系统是甚至有益的。

睾酮治疗有增加红细胞的作用，有贫血的老年男子有利于纠正贫血，没有贫血的男子则可能增高血色素和红细胞计数，特别是使用超生理剂量的睾酮。

经皮肤吸收的睾酮制剂引起红细胞增多症发生率为3～15%，注射剂的发生率为44%。

一旦发生红细胞增多症，应该减少睾酮剂量或者停药。

和谐性爱正当时

我们说男性更年期是第二黄金期，还源于另一个原因，就是男人50多岁是享受和谐性爱的第二黄金期。

最新研究结果显示，男性一生的性生活满意度有两个高峰，一个是20岁左右，另一个是50岁左右。并且，50岁左右时的性满意度会高于年轻时期，因此50多岁，可能是享受性爱的最佳时期。

不可否认，男性性能力，包括其性欲、勃起硬度、持续时间、射精能力等，会在中老年阶段有所下降。但是，性满意度为何反而会因性能力的下降而得到提升呢？

其一，性能力和性满意度并不完全一致。

50 岁以上的人并没有丧失激情，依然渴望在性生活中得到刺激和享受。

并且，这个年龄段的人对自己的身体更加了解，也不像年轻时那么在意外在形象，因此他们做爱时顾虑更少，他们更知道自己喜欢什么，不喜欢什么。

此外，没有了妊娠的顾虑，老夫妻更能放得开，更容易享受到性爱的美妙。

其二，生活和工作状态的改变。

50 岁左右的男性，多数已是事业有成，生活和工作压力降低，与 20～30 岁男性疲于事业相比，50 岁的男性更加放松，心情更为平和，这为满意的性生活打下了良好的心理基础。

那么，50 岁的男性如何充分享受第二“春”呢？

简单说来，应该是以“质”取胜，量力而行。

◎ 性生活要重“质量”，轻“数量”

50 岁的男性要因人而异的安排性生活的次数，不要盲目追求数量，重在以质量取胜，注重双方的情感交流，以增强双方的满意度。

◎ 补充适量睾酮保持性欲

体检发现激素水平低下的 50 左右的男性朋友，为了保持适量性欲，可以在医师的指导下服用睾酮。但要定期检查前列腺特异抗原水平（PSA）。

◎ 以“平衡膳食”为物质基础

男人 50 岁，消化吸收及代谢功能都在减退，因此，性生活前后，更要注重补充营养，做到饮食科学，营养均衡。

多选择一些食品进行调理，可以吃一些富含锌、硒等微量元素的食物，以改善性腺功能，如牡蛎、海鱼、虾、羊肉、韭菜、核桃等。也应多吃新鲜蔬菜和粗粮，多吃新鲜的水果；也可以吃一些有助于安神减压的食物，如大枣、山楂、米粥等。可以参照卫生部推荐的国人膳食指南来指导每日的饮食，做到营养全面而均衡。

● 以“修身养性”为补充

50 岁的男性，更要重视“身体”这一本钱，为了能有满意和谐的性生活，要特别注意克服不健康行为，如抽烟、酗酒、生活无规律等。

要善于控制自己的情绪，对矛盾、挫折，要心平气和地对待，避免焦虑、烦躁和赌气。培养有益于健康的情趣，如积极参加健身、娱乐活动，如跳舞、书法、棋类等，学会用娱乐活动进行注意力转移，同时，要进行适宜的体育锻炼，增强体质。

在这本书里，我们一起在了解男性生殖生理的基础上，回顾了男性当前困惑的各种问题，希望通过本书的阅读，大家能了解自身，用科学的客观的医学知识来武装自己的头脑，尽量客观地评判和对待自己困惑的问题；通过本书的阅读改善自己的健康状态，促进家庭和谐。